譯註
禮記補註

④

曾子問·文王世子·禮運·禮器

譯註
禮記補註

④

曾子問·文王世子·禮運·禮器

김재로金在魯 저
정병섭鄭秉燮 역

學古房

　본 역서는 조선 후기 때의 학자인 김재로(金在魯)의 『예기보주(禮記補註)』를 번역한 것이다. 역자는 2009년부터 『예기집설대전(禮記集說大全)』의 번역을 시작하였고, 2017년 구정연휴기간에 『예기집설대전』의 49번째 편인 「상복사제(喪服四制)」의 역서를 탈고하였다. 8년 이상 지속해온 작업을 마무리하고 나니 나도 모르는 사이 정신이 풀어지며 의욕이 생기지 않았다. 본래는 『예기』 번역을 마무리하고, 이어서 『의례정의』와 『주례정의』 번역에 착수하려고 계획했으나 좀처럼 몸이 움직이지 않았다. 고백하자면 이 책을 번역하기 시작한 것은 순전히 나태해진 몸과 마음을 일깨우기 위한 것이었다. 흐느적거리는 정신을 붙잡고 다시 책상에 앉아 번역의 즐거움을 만끽하기 위한 지극히도 사사로운 목적이었다. 본래의 계획은 삼례(三禮)의 번역을 마치고 한국 유학자들의 예학 관련 저서들을 번역하기로 계획했었으나 삼례 자체가 워낙 방대한 양이어서 막연한 기약만 했었는데, 사사롭기는 하지만 막상 책상 앞에 앉아 번역을 시작하니, 얼마 되지 않아 한 권 분량의 번역서가 완성되었다. 다시 열정이란 돌멩이가 뜨겁게 달궈지는 기분이다. 『의례정의』와 『주례정의』 번역의 병행으로 인해 『예기보주』의 번역에만 매진할 수 없는 상황이지만, 이왕 시작한 번역이니만큼 조만간 끝을 볼 계획이다. 지극히도 개인적이며 이기적인 목적으로 작성된 역서이지만, 이 책을 발판으로 더 좋은 번역이 나왔으면 하는 바람이다. 끝으로 『예기보주』를 출판할 수 있도록 허락해주신 도서출판 학고방의 하운근 사장님께도 감사를 전한다.

▎일러두기

- 본 책은 역주서(譯註書)로써, 『예기보주(禮記補註)』를 완역하고, 자세한 주석을 첨부했다.

- 『예기보주』는 『예기집설대전(禮記集說大全)』에 대한 주석서로, 『예기』의 경문(經文) 및 진호(陳澔)의 『집설(集說)』, 호광(胡廣)의 『대전(大全)』 기록 중에서 일부 표제어만 제시하고, 『보주(補註)』를 기록하고 있다. 표제어만 제시되어 있으므로, 『예기보주』의 본래 기록만 가지고는 관련 『보주』가 본래의 주석과 어떤 차이점이 있는지 확인하기 어렵다. 이러한 점을 해결하기 위해 표제어 앞에 관련 경문, 『집설』, 『대전』의 본문과 번역문을 함께 수록하였다.

- 『예기보주』에 기록된 표제어는 참고로 수록한 경문, 『집설』, 『대전』의 원문에 밑줄로 표시하고, 같은 문장에 여러 표제어를 제시했을 경우, ① · ② · ③ 등의 표시를 붙여 구분하였다.

- 『예기』 경문의 해석에 있어서 다양한 이견이 있는 경우가 있는데, 『예기보주』는 『예기집설대전』에 대한 주석서이므로, 진호의 『집설』에 따른 경문 번역을 수록하였다.

- 『예기보주』의 본래 목차는 『예기』 각 편에 대한 간략한 목차이므로, 『예기』 각 편의 장을 분류하여 별도의 목차를 수록하였다.

- 본 역서의 『예기보주(禮記補註)』 원문과 표점은 한국유경편찬센터의 자료를 사용하였다.(http://ygc.skku.edu)

- 『예기보주』의 주석 대상이 되는 『예기집설대전』의 저본은 다음과 같다. 『禮記』, 서울 : 保景文化社, 초판 1984 (5판 1995)

- **원문**으로 표시된 것은 『예기보주』에 기록된 본래의 기록이다.

- 補註로 표시된 것은 『예기보주』에 기록된 주석의 기록이다.

- 참고-經文으로 표시된 것은 『보주』의 내용이 『예기』 경문에 대한 것일 경우, 관련 경문을 수록해둔 것이다.

- 참고-集說로 표시된 것은 『보주』의 내용이 진호의 『집설』에 대한 것일 경우, 관련 『집설』의 기록을 수록해둔 것이다.

- 참고-大全으로 표시된 것은 『보주』의 내용이 호광의 『대전』에 대한 것일 경우, 관련 『대전』의 기록을 수록해둔 것이다.

- ① 등으로 표시된 것은 『예기보주』에 표시된 표제어에 해당한다. 관련 경문에 대한 첫 번째 표제어인 경우 ①로 표시하고, 두 번째 표제어인 경우 ② 등으로 표시했다.

- 원문 및 번역문 중 '▼'로 표시된 부분은 한글로 표기할 수 없는 한자를 기록한 부분이다. 예를 들어 '▼(囧/皿)'의 경우 맹(盟)자의 이체자인데, '明'자 대신 '囧'자가 들어간 한자를 프로그램상 삽입할 수가 없어서, '▼(囧/皿)'으로 표시한 것이다. 즉 '▼(A/B)'의 형식으로 기록된 경우, A에 해당하는 글자가 한 글자의 상단 부분에 해당하고, B에 해당하는 글자가 한 글자의 하단 부분에 해당한다는 표시이다. 또한 '▼(A+B)'의 형식으로 기록된 경우, A에 해당하는 글자가 한 글자의 좌측 부분에 해당하고, B에 해당하는 글자가 한 글자의 우측 부분에 해당한다는 표시이다. 또한 '▼((A-B)/C)'의 형식으로 기록된 경우, A에 해당하는 글자에서 B 부분을 뺀 글자가 한 글자의 상단 부분에 해당하고, C에 해당하는 글자가 한 글자의 하단 부분에 해당한다는 표시이다.

▌목차

禮記補註卷之八
『예기보주』 8권

「문왕세자(文王世子)」 제8편 • 136

禮記補註卷之九
『예기보주』 9권

「예운(禮運)」 제9편 • 234

禮記補註卷之十
『예기보주』 10권

「예기(禮器)」 제10편 · 368

禮記補註卷之七

『예기보주』 7권

「증자문(曾子問)」제7편

陽村曰: 禮之常有者, 人所易知, 其不常有者, 非聖人難知. 曾子於 其常禮, 旣已盡知而無疑, 故特擧其不常而難知者, 以問之耳. 然則檀弓 所記曾子失禮之事, 皆爲誣妄明矣. 豈以曾子之篤實, 不知常禮之小, 而 先問不常之大者? 聖門敎不躐等, 豈不告以切己之病, 而遽告以難知者 乎?

번역 양촌이 말하길, 예법 중 일상적으로 지켜지던 것들은 사람들이 쉽게 알 수 있는 것이지만, 일상적이지 않은 것들은 성인이 아니라면 알기가 어렵다. 증자는 일상적인 예법에 대해서 이미 모든 것을 알고 있어서 의혹됨이 없었 다. 그렇기 때문에 특별히 일상적이지 않아 알기가 어려운 것들을 제시해서 질문을 한 것일 뿐이다. 그런데 『예기』「단궁(檀弓)」편에서는 증자가 예법을 실추했던 사안들을 기록하고 있으니, 이 모두는 거짓되고 망령스러운 것임 이 분명하다. 어찌 증자처럼 독실했던 자가 일상적인 예법 중에서도 사소한 것을 모른 상태에서 그보다 앞서 일상적이지 않은 중대한 사안에 대해 질문 을 할 수 있겠는가? 공자 학단의 가르침에서는 등급을 뛰어넘지 못했는데, 어찌 자신에게 절실한 병폐를 일러주지 않고 갑작스럽게 알기 어려운 것들 을 일러줄 수 있겠는가?

「증자문」 1장

참고-經文

曾子問曰: "君薨而世子生, 如之何?" 孔子曰: "卿大夫士從攝
主, ①北面於西階南, 大祝裨冕, 執束帛, 升自西階, 盡等, 不升
堂, ②命母哭."

번역 증자가 "군주가 죽자마자 세자가 태어난다면, 어떻게 해야 합니까?"라고 묻자
공자는 "경·대부·사는 섭주(攝主)[1]를 따라서, 서쪽 계단의 남쪽에서 북쪽을 바
라보며 서 있게 되고, 대축(大祝)은 비면(裨冕)[2] 복장을 하고, 한 묶음의 비단 폐
백을 들고서, 서쪽 계단을 통해 올라가니, 계단은 다 오르지만, 당에는 올라가지 않
으며, 그 곳에서 사람들에게 곡을 하지 말라고 명령을 내린다."라고 대답했다.

① 北面於西階南.

補註 鄭註: "變於朝夕哭位也." 疏曰: "於西階南者, 以將告殯, 近殯位也."
번역 정현의 주에서 말하길, "아침저녁으로 곡하는 자리에서 변화를 주는 것

---

1) 섭주(攝主)는 제주(祭主) 및 상주(喪主)의 일을 대신 맡아보는 자이다. 정식 제주
   및 상주는 종법제(宗法制)에 따라서, 종주(宗主)가 담당을 하였는데, 그에게 사정이
   생겨서, 그 일을 주관하지 못할 때, '섭주'가 대신 그 일을 담당했다. 군주의 경우에는
   재상이 담당하기도 하였으며, 나머지의 경우에는 제주 및 상주와 항렬이 같은 자들
   중에서 담당을 하기도 했다.
2) 비면(裨冕)은 비의(裨衣)를 입고 면류관[冕]을 착용하는 것이다. 제후 및 경(卿),
   대부(大夫) 등이 조회를 하거나 제사를 지낼 때 착용하는 면복(冕服)을 통칭하는
   말이다. 또한 곤면(袞冕)이나 가장 상등의 면복과 상대되는 용어로도 사용되었다.
   '비의'의 '비(裨)'자는 '비(埤)'자의 뜻으로 낮다는 의미이다. 예를 들어 천자의 육복
   (六服) 중에서 대구(大裘)가 가장 상등의 복장이 되는데, 나머지 5종류의 복장은
   '비의'가 된다. 『의례』「근례(覲禮)」편에는 "侯氏裨冕, 釋幣于禰."라는 기록이 있
   고, 이에 대한 정현의 주에서는 "裨冕者, 衣裨衣而冠冕也. 裨之爲言埤也. 天子六
   服, 大裘爲上, 其餘爲裨, 以事尊卑服之, 而諸侯亦服焉."이라고 풀이했다.

이다."라고 했다. 소에서 말하길, "서쪽 계단의 남쪽에서 하는 이유는 장차 빈소에 고하려고 하는데, 이 장소가 빈소의 위치와 가깝기 때문이다."라고 했다.

② 命母哭.

補註 疏曰: 將有告事宜靜, 故命母哭.

번역 소에서 말하길, 장차 고할 일이 있을 경우에는 마땅히 정숙해야 하기 때문에, 곡을 하지 말라고 명령하는 것이다.

참고-集說

①攝主, 上卿之代主國事者也. 禪冕者, ②天子諸侯六服, 大裘 爲上, 其餘爲禪服, 禪衣而著冕, 故云禪冕也. 等, 卽階也.

번역 섭주(攝主)는 상경(上卿)[3] 중에서 국사를 대신하여 주관하는 자이다. 비면(禪冕)이라는 것은 천자 및 제후의 육복(六服)[4] 중에서 대구(大裘)가 가장 좋은 것이 되며, 그 나머지 다섯 가지는 비복(禪服)이 되니, 비복을 입고 면류관을 착용하기 때문에, 비면(禪冕)이라고 부르는 것이다. 등(等)은 곧 계단을 뜻한다.

---

3) 상경(上卿)은 주(周)나라 제도에서, 경(卿) 중에서 가장 높은 자들을 뜻한다. 주나라 제도에서 천자 및 제후들은 모두 경을 두었으며, 상·중·하 세 등급으로 구분하였다.

4) 육복(六服)은 천자나 제후의 여섯 종류 복장을 가리키니, 대구(大裘), 곤의(袞衣), 별의(鷩衣), 취의(毳衣), 희의(希衣), 현의(玄衣)이다. 『주례(周禮)』「춘관(春官)·사복(司服)」에는 "祀昊天上帝, 則服大裘而冕, 祀五帝亦如之. 享先王則袞冕. 享先公, 饗射則鷩冕. 祀四望山川則毳冕. 祭社稷五祀則希冕. 祭群小祀則玄冕."이라는 기록이 있다. 즉 호천상제(昊天上帝) 및 오제(五帝)에게 제사지낼 때에는 대구를 입고 면(冕)을 쓰며, 선왕(先王)에게 제사지낼 때에는 곤면(袞冕)을 착용하고, 선공(先公)에 대한 제사 및 향사례(饗射禮)를 시행할 때에는 별면(鷩冕)을 착용하며, 산천(山川) 등에 제사지낼 때에는 취면(毳冕)을 착용하고, 사직(社稷) 등에 제사지낼 때에는 희면(希冕)을 착용하며, 기타 여러 제사에는 현면(玄冕)을 착용한다.

① 攝主上卿[止]國事.

補註 按: 蘇軾曰, "古者諸侯・卿・大夫之世子, 未生而死, 其弟若兄弟之子, 以當立者爲攝主, 子生而女也, 則攝主立, 男也則攝主退, 此之謂攝主"云, 而以鄭玄所謂上卿代君聽政之說爲誤.

번역 살펴보니, 소식은 "고대에는 제후・경・대부의 세자가 아직 태어나지 않았는데 제후・경・대부가 죽게 되면, 그의 동생이나 형제의 자식 중 30세에 해당하는 자를 섭주로 세우는데, 제후・경・대부의 자식이 태어났으나 여자인 경우라면 그대로 섭주를 세우고, 남자라면 섭주를 물리니, 이들을 바로 '섭주(攝主)'라고 부르는 것이다."라고 했고, 정현이 섭주를 상경 중에서 군주를 대신하여 국정을 담당하는 자라고 설명한 것을 잘못되었다고 여겼다.

② 天子諸侯[止]爲裨.

補註 覲禮註: "裨之爲言埤也. 天子六服, 大裘爲上, 其餘爲裨, 以事尊卑服之." 又曰: "諸侯之卿大夫所服裨冕, 絺冕・玄冕也."

번역 『의례』「근례(覲禮)」편의 주에서 말하길, "비(裨)자는 낮다는 뜻이다. 천자의 육복 중에서 대구가 가장 상등이 되며 그 나머지는 비(裨)가 되니, 존귀한 자를 섬기며 신분이 낮은 자가 착용한다."라고 했다. 또 말하길, "제후에게 소속된 경・대부가 착용하는 비면은 치면(絺冕)5)과 현면(玄冕)6)이

---

5) 치면(絺冕)은 희면(希冕)・치면(黹冕)이라고도 부른다. 치의(絺衣)와 면류관을 뜻한다. 천자 및 제후가 사직(社稷) 및 오사(五祀)에 대한 제사를 지낼 때 착용하던 복장이다. '치의'에는 쌀 모양의 무늬를 수놓았고, 다른 그림을 그려 넣지 않았다. 상의에는 1개의 무늬를 수놓고, 하의에는 2개의 무늬를 수놓게 되어, 총 3개의 무늬가 들어가게 된다. 『주례(周禮)』「춘관(春官)・사복(司服)」편에는 "祭社稷・五祀則希冕."이라는 기록이 있고, 이에 대한 정현의 주에서는 "希刺粉米, 無畫也. 其衣一章, 裳二章, 凡三也."라고 풀이했다.

6) 현면(玄冕)은 현의(玄衣)와 면류관을 뜻한다. 본래 천자 및 제후의 제사복장으로, 비교적 중요성이 덜한 제사 때 입는다. '현의' 중 상의에는 무늬가 들어가지 않고, 하의에만 불(黻)을 수놓는다. 『주례(周禮)』「춘관(春官)・사복(司服)」편에는 "祭群小祀則玄冕."이라는 기록이 있고, 이에 대한 정현의 주에서는 "玄者, 衣無文, 裳刺黻而

다."라고 했다.

補註 ○按: 據周禮, 則諸侯元無大裘.

번역 ○살펴보니, 『주례』의 기록에 따르면 제후에게는 본래 대구가 없다.

已, 是以謂玄焉."이라고 풀이했다.

「증자문」2장

祝聲三, 告曰: "某之子生, 敢告." 升①奠幣于殯東几上, 哭降. ②衆主人·卿·大夫·士·房中, 皆哭, 不踊, 盡一哀, ③反位. 遂朝奠, 小宰升擧幣.

번역 공자는 계속하여 "대축(大祝)은 신이 강림하여 폐백을 흠향하도록 애원하는 탄식을 3번 하며, 신에게 아뢰길, '부인 아무개씨의 자식이 태어나게 되어, 감히 아룁니다.'라고 한다. 그리고 당에 올라가 빈소의 동쪽에 설치된 안석 위에 폐백을 진설하고, 곡을 하고서 내려간다. 그런 뒤에 군주의 여러 친족들과 경·대부·사 및 부인들은 모두 곡을 하되, 발 구르기를 하지 않으며, 한 번에 애도의 뜻을 모두 표하고, 자신의 자리로 되돌아온다. 마침내 아침에 올리는 폐백을 진설하게 되면, 소재(小宰)가 올라가서 폐백을 거둬다가 양쪽 계단 사이에 매장한다."라고 했다.

① 奠幣[止]几上.

補註 鄭註: "几筵於殯東, 明繼體也." 疏曰: "殯宮几筵爲朝夕之奠, 常在不去. 今更特設几於殯東."

번역 정현의 주에서 말하길, "빈소의 동쪽에 안석과 대자리를 깔아두는 이유는 적자(嫡子)가 지위를 계승한다는 사실을 밝히기 위해서이다."라고 했다. 소에서 말하길, "빈소에 안석과 대자리가 있는 것은 아침저녁으로 올리는 폐백 때문이니, 항상 제거하지 않은 상태로 있게 된다. 지금 재차 빈소의 동쪽에 안석을 설치한다고 특별히 언급한 것이다."라고 했다.

② 衆主人.

補註 鄭註: 君之親也.

번역 정현의 주에서 말하길, 군주의 친족들이다.

③ 反位遂朝奠.

補註 鄭註: 反朝夕哭位.

번역 정현의 주에서 말하길, 아침저녁으로 곡하는 자리로 되돌아가는 것이다.

「증자문」 3장

참고─經文

①三日, 衆主人·卿·大夫·士, 如初位, 北面, 大宰·大宗·大祝, 皆裨冕, 少師奉子以衰. ②祝先, 子從, 宰·宗人從, 入門, 哭者止. 子升自西階, 殯前, 北面, 祝立于殯東南隅. 祝聲三, 曰: "某之子某, 從執事, 敢見." 子拜稽顙, 哭, ③祝·宰·宗人·衆主人·卿·大夫·士, 哭踊三者三, 降東反位, 皆袒. ④子踊, 房中亦踊, 三者三. 襲衰杖, 奠出, 大宰命祝·史, ⑤以名徧告于五祀·山川.

번역 공자는 계속하여 "세자가 태어난 지 3일이 지나고 나서, 군주의 친족들과 경·대부·사는 처음에 세자가 태어났음을 고했을 때의 위치에 서고, 북면을 하며, 대재(大宰)·대종(大宗)·대축(大祝)은 모두 비면(裨冕)을 착용하고, 소사(少師)는 최복(衰服)을 입고서 세자를 감싸 안는다. 대축이 앞장서면, 세자를 감싸 안고 있는 소사가 뒤따르고, 대재와 대종이 그 뒤를 따라 가며, 문에 들어서게 되면, 곡을 하던 자들은 모두 곡을 그친다. 세자를 감싸 안고 있는 소사가 서쪽 계단으로부터 올라가서, 빈소 앞에 서서 북면을 하면, 대축은 빈소의 동남쪽 모퉁이에 선다. 대축이 신이 강림하여, 폐백 흠향하길 애원하는 탄식을 3번 하며, 신에게 아뢰길, '부인 아무개씨의 자식 아무개가 집사(執事)하는 자들인 대재와 대종 등을 쫓아서, 감히 찾아뵙니다.'라고 한다. 그런 뒤에 세자를 감싸 안고 있는 소사가 절하길, 무릎을 굽히고 이마가 땅에 닿도록 조아리고, 그 상태에서 곡을 하며, 대축·대재·종인(宗人)과 군주의 친족들 및 경·대부·사는 곡과 발 구르길 3번씩 3번 반복하고, 그런 뒤에는 내려와 동쪽으로 가서, 본래의 위치로 돌아가서는 모두 웃옷을 벗는다. 세자를 감싸 안고 있는 소사가 일어나서 발 구르기를 하면, 부인들 또한 발 구르기를 하니, 3번씩 3번 반복한다. 그런 뒤에 세자에게 최복을 입히고, 곡할 때 잡는 지팡이를 잡게 하여, 아침에 올리는 폐백을 다 진설하고 밖으로 나오면, 대재는 대축과 대사(大史)에게 명령하여, 세자의 이름을 오사(五祀)와 산천(山川)의 신들에게 두루 아뢰게 한다."라고 했다.

① ○三日.

補註 鄭註: 三日, 負子日也.

번역 정현의 주에서 말하길, 3일은 태어난 후 3일이 지난 시기는 세자를 안을 수 있게 되는 날이다.

補註 ○按: 此據內則而言.

번역 ○살펴보니, 이것은 『예기』「내칙(內則)」편에 근거해서 말한 것이다.[1]

② 祝先子從.

補註 疏曰: 祝主接神, 故先進也.

번역 소에서 말하길, 축은 접신하는 일을 주관하기 때문에 먼저 나아간다.

③ 祝宰[止]哭踊三者三.

補註 按: 三者三, 只屬於踊, 則哭下當有吐, 而諺讀合哭踊三者四字爲句, 恐誤.

번역 살펴보니, 3번씩 3번한다는 것은 단지 용(踊)에만 해당하는 내용이니, 곡(哭)자 뒤에는 마땅히 토가 붙어야 하는데, 『언독』에서는 '곡용삼자(哭踊三者)'라는 네 글자를 하나의 구문을 끊었으니, 아마도 잘못된 것 같다.

④ 子踊.

補註 疏曰: 當子踊時亦袒也, 故下云襲衰杖. 旣云襲, 明初時袒也.

번역 소에서 말하길, 세자를 안고 있는 소사가 발 구르기를 할 때에는 또한 단(袒)을 해야 한다. 그렇기 때문에 아래문장에서는 "상복을 입고 지팡이를 잡는다."라고 했다. 이미 상복을 입는다고 했다면 이것은 애초에는 단(袒)을

---

1) 『예기』「내칙(內則)」: 子生, 男子設弧於門左, 女設帨於門右. <u>三日始負子</u>, 男射女否.

하고 있었음을 나타낸다.

⑤ **以名**.

補註 疏曰: 案內則及左傳, 三月乃名之. 今因負子三日卽名之, 以喪事促遽, 於禮簡略, 不暇待三月也.

번역 소에서 말하길, 『예기』「내칙(內則)」편과 『좌전』을 살펴보면, 3개월이 지나서야 곧 이름을 짓게 된다. 그런데 이곳 기록에서는 세자를 안을 수 있는 시기인 3일이 지난 이후에 곧 이름을 지었는데, 그 이유는 상사의 일이 급박하기 때문에 다른 예법에 대해서는 간략하게 한 것으로, 3개월을 기다릴 여유가 없기 때문이다.

「증자문」 4장

曾子問曰: "如已葬而世子生, 則如之何?" 孔子曰: "大宰·大宗, 從大祝而告于禰, ①三月, 乃名于禰, 以名②徧告, 及社稷·宗廟·山川."

번역 증자가 "만약 이미 군주에 대한 장례를 치른 상태인데, 이 시기에 세자가 태어난다면, 어찌해야 합니까?"라고 묻자 공자는 "대재(大宰)와 대종(大宗)이 대축(大祝)을 따라가서, 선군의 신주에 세자가 태어난 사실을 아뢰고, 3개월이 지나면 곧 선군의 신주 앞에서 세자의 이름을 짓고, 그 이름을 두루 아뢰되, 사직(社稷)·종묘(宗廟)·산천(山川)의 신들에게까지도 아뢴다."라고 대답했다.

① ○三月乃名于禰.

補註 疏曰: 葬後神事之, 故依平常之禮, 三月乃見, 因見乃名也.

번역 소에서 말하길, 장례를 치른 이후에는 신으로 섬기기 때문에 장상적인 예법에 따르는 것이니, 정상적인 예법에 따르면 세자는 태어난 후 3개월이 지나서 알현을 하게 되며, 알현하는 절차에 연유해서 세자의 이름을 짓게 된다.

② 徧告[止]山川.

補註 疏曰: 前不云社稷·宗廟, 此不云五祀, 互明也.

번역 소에서 말하길, 앞 문장에서는 '사직(社稷)'과 '종묘(宗廟)'를 언급하지 않았고, 이곳 문장에서는 '오사(五祀)'를 언급하지 않았으니, 상호 그 의미를 드러내도록 기록했기 때문이다.

「증자문」 5장

참고─經文

①孔子曰: "諸侯適天子, 必告于祖, 奠于禰, 冕而出, 視朝, ②命
祝·史, 告于社稷·宗廟·山川, 乃命國家五官, 而后行, 道而
出. 告者, 五日而徧, ③過是, 非禮也. 凡④告, 用牲幣, 反亦如之."

번역 공자가 증자에게 가르쳐주기를, "제후가 천자가 있는 수도로 찾아갈 때에는
반드시 조묘(祖廟)와 녜묘(禰廟)에 자신이 천자의 수도에 가게 된 사실을 아뢰며,
동시에 폐백을 차려서 올린다. 그리고 면류관을 쓰고서 침소에서 나와 조정에서 정
사를 듣고, 대축(大祝)과 대사(大史)에게 명령하여, 사직·종묘·산천의 신들에게
이러한 사실을 아뢰게 하며, 그리고는 곧 국가의 다섯 관부 수장들에게 명령을 내
려서, 자신이 없는 동안 국정을 잘 돌보라고 하고, 그런 이후에야 출발 행차를 시행
하되, 먼저 도로의 신에게 제사를 지내고 나서야 국경 밖으로 나간다. 처음 조묘
및 녜묘에 고하는 것부터 뭇 신들에게 두루 고하는 일은 5일 동안 두루 실천하니,
이 기간을 넘기게 되면 예에 맞지 않게 된다. 고하는 모든 의식에서는 제폐(制幣)[1]
를 사용하고, 천자의 수도에서 자신의 국가로 되돌아와서도, 또한 이와 같은 절차에
따라 잘 다녀왔다는 사실을 두루 아뢴다."라고 했다.

① ○孔子曰諸侯.

補註 疏曰: 凡無問而稱孔子曰者, 皆記者失問辭也.

번역 소에서 말하길, 증자가 질문한다는 내용이 없고 곧바로 '공자왈(孔子
曰)'이라고 기록한 것들은 모두 『예기』를 기록한 자가 질문한 내용을 빠트린
것이다.

---

1) 제폐(制幣)는 고대의 제사 때 바치게 되는 비단을 뜻한다. 제물로 사용되는 비단에
   는 일정한 규격이 있었기 때문에 '제(制)'자를 붙여서 부른 것이다. 『의례』「기석례
   (旣夕禮)」편에는 "贈用制幣玄纁束."이라는 기록이 있는데, 이에 대한 정현의 주에
   서는 "丈八尺曰制."라고 풀이했다. 즉 1장(丈) 8척(尺)의 길이로 재단한 비단을 '제
   (制)'라고 부른다.

② 命祝史告[止]山川.

補註 鄭註: 臨行, 又徧告宗廟, 孝敬之心也.

번역 정현의 주에서 말하길, 행차에 임해서 재차 종묘에 두루 고하는 이유는 조상에 대한 효성과 공경스러운 마음 때문이다.

補註 ○按: 上文已云告祖奠禰, 故此云又.

번역 ○살펴보니, 앞에서는 이미 조묘와 녜묘에 고한다고 했기 때문에 이곳에서 '우(又)'라고 말한 것이다.

③ 過是非禮也.

補註 鄭註: 既告, 不敢久留.

번역 정현의 주에서 말하길, 고하는 일이 끝났다면 감히 오래도록 머물 수 없기 때문이다.

④ 告用牲.

補註 鄭註: "牲, 當爲制. 制幣一丈八尺." 疏曰: "皇氏·熊氏以此爲諸侯禮, 不應用牲, 故牲當爲制, 其天子則當用牲. 校人云: '王所過山川, 則飾黃駒', 是也. 知諸侯不用牲者, 下文云幣帛皮圭以告故也."

번역 정현의 주에서 말하길, "생(牲)자는 마땅히 제(制)자가 되어야 한다. 제폐(制幣)는 1장 8척 길이의 비단이다."라고 했다. 소에서 말하길, "황간[2]과 웅안생은 이 문장의 내용을 제후에 대한 예법으로 여겼는데, 제후의 예법에 따르면 희생물을 사용할 수 없다. 그렇기 때문에 '생(牲)'자는 마땅히 제(制)

---

2) 황간(皇侃, A.D.488~A.D.545): =황씨(皇氏). 남조(南朝) 때 양(梁)나라의 경학자이다. 『주례(周禮)』, 『의례(儀禮)』, 『예기(禮記)』 등에 해박하여, 『상복문구의소(喪服文句義疏)』, 『예기의소(禮記義疏)』, 『예기강소(禮記講疏)』 등을 지었지만, 현재는 전해지지 않는다. 그 일부가 마국한(馬國翰)의 『옥함산방집일서(玉函山房輯佚書)』에 수록되어 있다.

자가 되어야 하니, 천자의 경우라면 희생물을 사용해야만 한다. 『주례』「교인(校人)」편에서 '천자는 행차를 할 때 지나가게 되는 산천에 대해서, 황색의 어린 말을 죽여서 희생물로 사용한다.'³⁾라고 한 말이 이러한 사실을 나타낸다. 제후가 희생물을 사용하지 않는다는 사실을 알 수 있는 이유는 아래 문장에서 '폐백(幣帛)과 피규(皮圭)로써 고한다.'⁴⁾고 했기 때문이다."라고 했다.

補註 ○按: 諸侯告禮不用牲, 無明據. 下文幣帛皮圭, 恐特言其用爲主命載于齊車, 而牲則非可載行, 故不言耳. 牲, 如字讀, 恐得.

번역 ○살펴보니, 제후의 고하는 예법에서는 희생물을 사용하지 않는다고 했는데, 명확한 근거가 있는 것은 아니다. 아래문장에서 폐백과 피규라고 한 것은 아마도 명령을 받들게 될 신주를 제거(齊車)⁵⁾에 싣기 위한 용도임을 특별히 언급한 것이며, 희생물의 경우에는 싣고서 떠날 수 있는 것이 아니다. 그렇기 때문에 언급하지 않은 것일 뿐이다. 따라서 생(牲)자를 글자대로 읽는 것이 아마도 옳은 것 같다.

참고-集說

告于祖, 亦告于禰, 奠于禰, 亦奠于祖也. 奠者, 奠幣爲禮而告之也. 視朝聽事之後, 卽徧告群祀, 戒命五大夫之職事, 使無廢

---

3) 『주례』「하관(夏官)·교인(校人)」: 凡將事于四海·山川, 則飾黃駒.

4) 『예기』「증자문(曾子問)」: 孔子曰, 天子諸侯將出, 必以幣帛·皮圭, 告于祖禰.

5) 제거(齊車)는 정갈하게 재계한 수레를 뜻한다. 금(金)으로 제작하기도 하였다. 제왕(帝王)은 순수(巡守), 조근(朝覲) 및 회동(會同) 때에 재계를 하게 되는데, 이 수레를 사용함으로써 재계를 했음을 나타낸다. 『주례』「하관(夏官)·제우(齊右)」편에는 "掌祭祀會同賓客前齊車."라는 기록이 있고, 이에 대한 정현의 주에서는 "齊車, 金路. 王自整齊之車也."라고 풀이했고, 손이양(孫詒讓)의 『정의(正義)』에서는 "敍官齊僕注云, '古者王將朝覲會同必齊.' 是齊車以齊戒爲名."이라고 풀이하였다.

弛也. 諸侯有三卿五大夫. 道而出者, 祖祭道神而后出行也. 五祀之行神則在宮內, 月令冬祀行是也. 喪禮, 毀宗躐行, 則行神之位在廟門外西方. 若①祭道路之行神謂之軷, 於城外委土爲山之形, 伏牲其上. 祭告禮畢, 乘車轢之而遂行也. 其神曰纍. 其牲, 天子犬, 諸侯羊, 卿大夫酒脯而已. 長一丈八尺爲制幣.

번역 조묘(祖廟)에 고한다는 말은 또한 녜묘(禰廟)에도 고한다는 뜻이며, 녜묘에서 폐백을 차려서 올린다는 말은 또한 조묘에도 폐백을 차려서 올린다는 뜻이다. 전(奠)이라는 것은 폐백을 진설하여 예를 갖춰 고한다는 뜻이다. 조회에 참관하여 정사를 들은 이후에는 곧바로 뭇 신들에게 두루 고하며 여러 제사들을 지내고, 주요 관부를 맡고 있는 다섯 명의 대부들에게, 그들의 직무에 대해 경각시키며 명령을 내려서 그들로 하여금 일이 중단되거나 느슨하게 시행됨이 없도록 한다. 제후에게는 3명의 경과 5명의 대부가 있다. "도(道)하고서 출(出)한다."는 말은 도로의 신에게 조제(祖祭)6)를 지낸 이후에 국경 밖으로 나가서 먼 길을 떠난다는 뜻이다. 오사(五祀) 중의 행신(行神)은 궁성 내에 있으니, 『예기』「월령(月令)」편에서 "겨울에 행(行)에 제사지낸다."7)라고 할 때의 '행(行)'이 바로 궁성 내에 있는 행신을 가리킨다. 상례에서는 종묘의 담을 헐어서, 그곳을 밟고 지나간다고 했으니,8) 행신의 위치는 묘문(廟門) 밖 서쪽에 해당한다. 만약 도로의 행신에게 제사지내면서 그것을 발(軷)이라고 한다면, 성문(城門) 밖에 흙을 쌓아 산의 형태를 만들어서 그 위에 희생물을 얹어놓는 제사에 해당한다. 제사를 지내며 고하는 의식이 끝나게 되면, 수레에 올라타고 그곳을 밟고 길을 떠나서 마침내 출행하는 것이다. 그 도로의 신을 누(纍)라고도 부른다. 이 신에게 제사지낼 때 사용하는 희생물의 경우, 천자는 개를 사용하고, 제후는 양을 사용하며, 경과 대부는 술과 포를 사용할 뿐이다. 길이가 1장(丈) 8척(尺)으로, 정갈하게 재단한 비단을 제폐(制幣)라고 부른다.

---

6) 조제(祖祭)는 도로의 신(神)에게 지내는 제사의 명칭이자, 그 제사를 지낸다는 뜻이기도 하다.

7) 『예기』「월령(月令)」: 其日壬癸, 其帝顓頊, 其神玄冥, 其蟲介, 其音羽, 律中應鍾, 其數六, 其味鹹, 其臭朽, <u>其祀行</u>, 祭先腎.

8) 『예기』「단궁상(檀弓上)」: 及葬, <u>毀宗躐行</u>, 出于大門, 殷道也. 學者行之.

① 祭道路之[止]之軷.

補註 疏曰: 宮內之軷, 祭古之行神. 城之軷, 祭山川與道路之神.

번역 소에서 말하길, 궁내에서 지내는 발(軷)제사는 고대의 행신에게 제사지내는 것이다. 성 밖에서 지내는 발제는 산천 및 도로의 신에게 제사지내는 것이다.

「증자문」 6장

①諸侯相見, 必告于禰, 朝服而出, 視朝, 命祝·史, 告于五廟·所過山川, 亦命國家五官, 道而出. 反必親告于祖禰, 乃命祝·史, 告至于前所告者, 而後聽朝, 而入.

번역 공자가 증자에게 계속하여 가르쳐주기를, "제후들끼리 서로 회동을 함에는 반드시 조묘(祖廟)와 녜묘(禰廟)에 자신이 회동을 위해 국가를 잠시 떠나게 된 사실을 아뢰며, 조복(朝服)을 착용하고 침소에서 나와서, 조정에서 정사를 듣고, 대축(大祝)과 대사(大史)에게 명령하여, 오묘(五廟)와 회동 행차 동안 지나치게 되는 산천의 신들에게 이러한 사실을 아뢰게 하며, 또한 국가의 다섯 관부 수장들에게 명령을 내려서, 자신이 없는 동안 국정을 잘 돌보라고 지시를 내리고, 그런 이후에 도로의 신에게 제사를 지내고 나서야, 국경 밖으로 나간다. 처음 조묘 및 녜묘에 고하는 절차로부터 뭇 신들에게 두루 고하는 일까지는 5일 동안 두루 실천하니, 회동 장소에서 국가로 되돌아와서도, 반드시 조묘와 녜묘에 잘 다녀왔음을 아뢰고, 그리고는 곧 대축과 대사에게 명령하여, 앞서 고했던 대상들에게 두루 아뢰도록 하고, 그런 이후에 조회에서 국정을 살피고서야 침소로 들어간다."라고 했다.

① 諸侯相見必告于禰.

補註 鄭註: 道近, 或可以不親告祖.

번역 정현의 주에서 말하길, 찾아가는 제후국의 거리가 가까우면, 간혹 직접 조묘(祖廟)에 고하지 않을 수도 있기 때문이다.

上章言冕而出, 視朝, 此言朝服而出, 視朝者, 按覲禮, ①侯氏禪冕, 今敬君欲豫習其禮, 故冕服以視朝. 諸侯相朝, 非君臣

也, 故但朝服而已. 諸侯朝服玄冠緇衣素裳, 而聘禮云 "諸侯相
聘, 皮弁服." 則相朝亦皮弁服矣. 天子以皮弁服視朝, 故謂之
朝服也.

번역 앞의 문장에서는 면복(冕服)을 착용하고 침소를 나와서 조회에 참가한다고
언급했고, 이곳에서는 조복(朝服)을 착용하고 침소를 나와서 조회에 참가한다고 언
급했는데, 『의례』「근례(覲禮)」편을 살펴보면, 제후들은 비면(裨冕)을 착용한다고
하였으니,[1] 이곳 경문에서 언급하는 상황은 상대방 군주를 공경하여 미리 그 예법
들을 익히게 하고자 했기 때문에, 행차하기 이전부터 면복을 착용하고 조회에 참가
하는 것이다. 그런데 제후들끼리 서로 회동을 할 경우에는 제후와 제후의 관계에서
발생하는 일이므로 군신의 관계가 아니다. 그렇기 때문에 상대방 군주를 존중한다
는 뜻에서 해당 복장을 미리 착용한다고 하더라도 단지 조복만 착용할 따름이다.
제후의 조복은 현관(玄冠)을 쓰고, 검은색의 상의와 흰색의 하의를 착용하는 것인
데, 『의례』「빙례(聘禮)」편에서 "제후들끼리 서로 빙문(聘問)할 때에는 피변(皮弁)
을 착용한다."라고 했으니, 제후들끼리 서로 회동을 할 때에는 또한 피변도 착용한
다는 뜻이다. 천자는 피변을 착용하고 조회를 보기 때문에, 피변을 조복이라고도
부르는 것이다.

① 侯氏裨冕.

補註 詩侯氏燕胥, 朱子註: 侯氏, 諸侯來朝者之稱.

번역 『시』의 "제후들이 서로 잔치를 하는구나."[2]라고 한 기록에 대해 주자
의 주에서 말하길, '후씨(侯氏)'는 제후들 중 찾아와서 조회하는 자를 지칭하
는 용어이다.

---

1) 『의례』「근례(覲禮)」: 侯氏裨冕, 釋幣于禰, 乘墨車, 載龍旂弧韣, 乃朝, 以瑞玉有繅.
2) 『시』「대아(大雅)·한혁(韓奕)」: 韓侯出祖, 出宿于屠. 顯父餞之, 淸酒百壺. 其殽
維何, 炰鼈鮮魚. 其蔌維何, 維筍及蒲. 其贈維何, 乘馬路車. 籩豆有且, 侯氏燕胥.

「증자문」7장

曾子問曰: "並有喪, 如之何? 何先何後?" 孔子曰: "葬, ①先輕而後重, 其奠也, 先重而後輕, 禮也. 自啓及葬, ②不奠, 行葬, ③不哀次, 反葬, 奠而後, ④辭於殯, 遂修葬事. 其虞也, 先重而後輕, 禮也."

번역 증자가 "부모의 상이나 조부모의 상 등이 동시에 생기면 어찌해야 합니까? 누구를 먼저 지내고 누구를 뒤에 지내야 합니까?"라고 묻자 공자는 "장례에서는 어머니나 할머니 쪽을 먼저 지내고, 아버지나 할아버지 쪽을 뒤에 지내며, 전제(奠祭)[1]를 지낼 때에는 아버지나 할아버지 쪽을 먼저 지내고, 어머니나 할머니 쪽을 뒤에 지내는 것이 예법이다. 어머니나 할머니의 빈소에서 가매장했던 영구를 꺼낼 때부터, 어머니나 할머니의 장례를 치를 때까지는 아버지나 할아버지의 빈소에 전제를 올리지 않고, 장례를 치를 때에도, 영구가 지나가는 대문 밖 오른쪽 위치에서 애도를 표하지 않으며, 장례를 치르고 되돌아와서는 아버지나 할아버지의 빈소에 전제를 올리고, 그 이후에 빈객들에게 내일 아버지나 할아버지의 빈소에서 가매장했던 영구를 꺼낼 것임을 알려서, 마침내 장례와 관련된 일들을 준비하게 된다. 우제(虞祭)를 지낼 때에도 아버지나 할아버지 쪽을 먼저 지내고, 어머니나 할머니 쪽을 뒤에 지내는 것이 예법이다."라고 대답했다.

① 先輕而後重.

補註 按: 楊梧以輕重爲服之輕重, 恐不然. 若以服之輕重爲言, 則只可通於父與母之竝喪, 而不能通於祖與父之竝喪. [祖母母同.] 必以位之尊卑解輕重, 然後其於父與母祖與父之竝喪俱通, 而無窒碍矣.

---

1) 전제(奠祭)는 죽은 자 및 귀신들에게 음식을 헌상하는 제사이다. 상례(喪禮)를 치를 때, 빈소를 차리고 나면, 매일 아침과 저녁에 음식을 바치며 제사를 지내게 되는데, '전제'는 주로 이러한 제사를 뜻한다.

번역 살펴보니, 양오는 경중(輕重)이라는 말을 상복의 수위가 가볍거나 무거운 것으로 여겼는데, 아마도 그렇지 않은 것 같다. 만약 상복의 수위로 말했다면, 이것은 단지 부친이나 모친의 상이 동시에 발생했을 때에만 통용되며, 조부나 부친의 상이 동시에 발생했을 때에는 통용되지 않는다. [조모와 모친의 상이 동시에 발생한 경우도 동일하다.] 반드시 지위의 고하로 경중을 풀이해야만 부친과 모친 및 조부나 부친의 상이 동시에 발생했을 경우에 모두 통용되니 저애될 것이 없게 된다.

② **不奠.**

補註 疏曰: 不奠, 謂不奠父. 不朝夕更改新奠, 仍有舊奠存也.

번역 소에서 말하길, 전제를 지내지 않는다는 것은 부친에 대해 전제를 지내지 않는다는 뜻이다. 아침저녁으로 새로운 음식들을 올려서 음식물들을 바꾸지 않으니, 곧 이전에 올린 음식물들이 그대로 남아 있게 된다.

③ **不哀次.**

補註 鄭註: 不奠, 務於當葬者. 不哀次, 輕於在殯者.

번역 정현의 주에서 말하길, 부친의 빈소에 전제를 지내지 않는 이유는 장례를 치러야 하는 모친에 대해서 매진하기 위해서이다. 차(次)에서 애도하지 않는 이유는 모친의 장례를 치르는 도중이라고 하지만 빈소에 있는 부친보다 낮춰서 장례를 치르기 때문이다.

補註 ○按: 陳註解不哀次, 本出疏說. 疏又曰: "所以然者, 若此悲哀, 恐輕於在殯也."

번역 ○살펴보니, 진호의 주에서 '불애차(不哀次)'를 풀이한 것은 본래 소의 설명에서 도출된 것이다. 소에서는 또한 "이처럼 하는 이유는 모친에 대해 비통하고 애통함을 표현한다면 빈소에 있는 부친에 대해 소홀하게 대할까 염려되기 때문이다."라고 했다.

補註 ○又按: 哀次, 見檀弓下.

번역 ○또 살펴보니, '애차(哀次)'에 대한 것은 『예기』「단궁하(檀弓下)」편에 나온다.

④ 辭於殯.

補註 鄭註: "殯, 當爲賓." 疏曰: "知非告殯以將葬, 而爲告賓者, 案旣夕禮, 主人請啓期, 告于賓之後, 卽陳喪事, 設盥陳鼎饌夷牀之屬. 下乃云祝聲三, 是告殯之事. 今先言辭於殯, 乃云遂修葬事, 故云殯當爲賓."

번역 정현의 주에서 말하길, "'빈(殯)'자는 마땅히 빈(賓)자가 되어야 한다."라고 했다. 소에서 말하길, "이 문장의 뜻이 빈소에 장차 장례를 치르겠다고 아뢴다는 내용이 아니며, 빈객에게 알린다는 내용임을 알 수 있는 이유는 『의례』「기석례(旣夕禮)」편을 살펴보면, 주인은 계빈(啓殯)할 시기를 여쭙고, 빈객들에게 알린다고 한 이후에, 곧 상사의 일들을 진행하여 대야를 설치하고, 정(鼎)과 성찬[饌], 이상(夷牀) 등의 부류들을 진설한다고 했다.[2] 그리고 아래 문장에서는 축(祝)이 소리내길 3번한다고 했으니, 이것은 빈소에 고하는 일에 해당한다. 이곳에서는 그보다 앞서서 '빈(殯)에 사(辭)한다.'고 말하고, 뒤이어서 '마침내 장례의 일들을 준비한다.'라고 했다. 그렇기 때문에 정현의 주에서 빈(殯)자는 마땅히 빈(賓)자가 되어야 한다고 말한 것이다."라고 했다.

補註 ○按: 辭於殯, 恐謂以葬母之由告于父殯也. 雖解以告啓於父殯, 亦自通. 所謂修葬事, 不必指設盥陳鼎之屬而言, 似指旣啓後薦車馬飾柩陳器之類, 則辭於殯, 固當在修葬事之前也. 恐是古者墓近, 卽日而葬, 故其禮如此歟.

번역 ○살펴보니, '사어빈(辭於殯)'은 아마도 모친의 장례를 치르게 된 연유

---

2) 『의례』「기석례(旣夕禮)」: 旣夕哭, 請啓期, 告于賓. 夙興, 設盥于祖廟門外, 陳鼎, 皆如殯. 東方之饌亦如之. 夷牀饌于階間.

를 부친의 빈소에서 아뢴다는 뜻인 것 같다. 부친의 빈소에 계빈을 한다고 아뢴다고 풀이하더라도 그 자체로 뜻이 통한다. 이른바 장례의 일들을 준비한다고 했을 때에는 대야나 정 등 진설하는 부류들을 가리켜서 말할 필요는 없으며, 계빈을 한 이후 수레와 말을 바치고 영구를 장식하고 기물을 진설하는 부류를 가리킨다면 '사어빈(辭於殯)'이라는 말은 진실로 장례의 일들을 준비한다는 것보다 앞에 기록되어야 한다. 아마도 고대에는 묘가 가까운 곳에 위치하여 당일에 곧바로 장례를 치르기 때문에 그 예법이 이와 같았던 것이다.

「증자문」 10장

참고—經文

"如將冠子, 而未及期日, 而有齊衰·大功·小功之喪, 則因喪服而冠." "除喪, 不改冠乎?" 孔子曰: "天子賜諸侯·大夫冕弁服於大廟, ①歸設奠, 服賜服, 於斯乎, ②有冠醮, 無冠醴. ③父沒而冠, 則已冠, 埽地而祭於禰, 已祭而④見伯父·叔父, 而後⑤饗冠者."

번역 공자가 계속하여 말하길, "만일 장차 자식에게 관례(冠禮)를 시행하려고 하는데, 관례를 시행하려고 계획했던 날짜가 아직 되지도 않아서, 자최복(齊衰服)·대공복(大功服)·소공복(小功服)을 입어야 할 상이 생기게 되면, 상복을 입어야 하기 때문에 관례를 해야 할 자는 상복에 착용하는 관을 대신 쓴다." 그러자 증자는 또한 "상례를 끝내고 나면 상중에 쓰고 있던 관을 벗고서, 다시 관례를 시행합니까?"라고 질문했고, 공자는 "천자가 제후 및 대부들에게 태묘에서 면복(冕服)과 변복(弁服)을 하사하게 되면, 제후 및 대부들은 자신의 영지로 되돌아와서, 묘(廟)에서 전제를 올리고, 하사 받은 복장을 입게 되니, 이때에는 관초(冠醮)만 있고 관례(冠醴)는 없다. 예법이 이러한데, 어찌 제상을 했다고 해서 관을 고쳐 쓰는 예를 시행하겠는가? 그리고 부친이 죽은 이후에 관례를 하게 되면, 관례를 끝내고서 그곳을 청결하게 청소하여 부친에게 제사를 지내고, 제사를 끝내고서 백부나 숙부 등을 찾아뵙고, 그 이후에는 관례 때문에 찾아온 빈객들과 관례를 돕기 위해 찾아온 자들에게 향연을 베푼다."라고 대답했다.

① ○歸設奠服賜服.

補註 按: 賜服下當句, 陳註亦如此, 而諺讀誤於上服下着吐.

번역 살펴보니, 사복(賜服)에서 구문을 끊어야 하고 진호의 주에서도 이와 같이 풀이했는데, 『언독』에서는 잘못 이해하여 앞의 복(服)자 뒤에 토를 달았다.

② 有冠醮無冠醴.

補註 疏曰: 於此之時, 唯有冠之醮法, 行醮以相燕飲. 無有冠之醴法, 以禮受服者之身, 所以然者, 凡改冠則當用醴. 今旣受服於天子, 不可歸還更改爲初冠禮法. 然則旣因喪而冠, 不可除喪更爲吉[1]冠也.

번역 소에서 말하길, 이러한 시기에는 다만 관례(冠禮)의 여러 절차들 중에서 초(醮)를 사용하는 예법만 있게 되어, 초를 사용하여 연회를 베풀게 된다. 관례 중 예(醴)를 사용하는 예법이 없다는 말은 이것을 이용하여 천자로부터 복장을 하사받은 자를 예우하지 않는 것이니, 이처럼 하는 이유는 무릇 관을 고쳐 쓸 때에는 마땅히 예를 사용해야 한다. 그런데 이곳에서 언급하는 상황은 이미 천자로부터 복장을 하사받았다고 하더라도, 자신의 영지로 되돌아와서 다시금 관을 고쳐 쓰고 애초에 시행하려고 했던 관례의 예법을 따를 수가 없기 때문이다. 그래서 이미 상례로 인하여 관을 쓰게 되면, 제상(除喪)을 한 뒤에 다시금 관을 고쳐 써서 길례에 해당하는 평상시 때의 관례를 시행할 수 없는 것이다.

③ 父沒而冠.

補註 疏曰: 孔子旣答其問, 又釋父沒而冠之禮.

번역 소에서 말하길, 공자는 이미 증자의 질문에 대답을 해주었는데, 그 문제와 연관하여 부친이 죽은 이후에 관을 씌워주는 예법에 대해서도 추가적으로 가르쳐준 것이다.

④ 見伯父叔父.

補註 按: 諺讀誤於伯父下着吐, 當移於叔父下.

번역 살펴보니, 『언독』에서는 잘못 이해하여 백부(伯父) 뒤에 토를 달았으니, 마땅히 숙부(叔父) 뒤로 토를 옮겨야 한다.

---

1) 길(吉)자에 대하여. '길'자는 본래 '언(言)'자로 되어 있었는데, 『예기주소』의 기록에 따라 '길'자로 수정하였다.

⑤ 饗冠者.

補註 疏曰: 冠者, 前註云賓及贊者, 此卽是饗賓及贊者. 士冠禮醴賓以一
獻之禮.

번역 소에서 말하길, 관자(冠者)에 대해서 앞의 주석에서는 "빈객 및 관례를
도와주는 자들이다."라고 했으니, 이곳의 내용은 빈객과 관례를 도와주는 자
들에게 향연을 베푼다는 뜻이다. 『의례』「사관례(士冠禮)」편에서는 "빈객들
에게 단술로 대접하길, 일헌(一獻)의 예로써 한다."라고 했다.

未及期日, 在期日之前也. 因喪服而冠者, 因著喪之成服, 而加
喪冠也. 此是孔子之言. 曾子又問他日除喪之後, 不更改易而
行吉冠之禮乎. 孔子答云, 諸侯及大夫有幼弱未冠, 總角從事
至當冠之年, 因朝天子. 天子於大廟中賜冕服弁服, 其受賜者
榮君之命, 歸卽設奠告廟, ①服所賜之服矣. 於此之時, 惟有冠
之醮, 無冠之醴. 醮是以酒爲燕飮, 醴則獨禮受服之人也. 其禮
如此, 安得有除喪改冠之禮乎. 父沒而冠, 謂除喪之後, 以吉禮
禮冠者, 蓋齊衰以下, 可因喪服而冠, ②斬衰不可.

번역 "기일에 아직 미치지 못했다."는 말은 관례를 치르기로 계획했던 날짜보다 이
전이라는 뜻이다. 상복을 입기 때문에 관례를 치러야 할 자들은 상중에 성복(成服)
을 착용하는 법도에 연유해서, 상례 때 착용하는 관을 대신 쓰게 된다. 여기까지가
공자의 말이다. 공자의 대답을 듣고 난 뒤에 증자는 또한 상을 끝내고 난 이후, 다
른 날을 잡아서 다시금 관을 바꿔서 쓰고, 정상적인 관례인 길관(吉冠)의 예법을
시행하는지를 물어본 것이다. 공자가 대답해주길, 제후 및 대부들 중에 아직 나이가
어려서 관례를 하지 않은 자가 있다면, 머리를 양 갈래로 묶고서 성인들처럼 일에
종사하게 되는데, 관례를 치러야 할 나이가 되면, 이것을 계기로 천자를 찾아뵙게
된다. 천자는 태묘 안에서 면복(冕服)과 변복(弁服)을 그들에게 하사해주니, 그 하
사품을 받은 자들은 군주의 명령을 영광으로 여겨서, 되돌아와서는 곧바로 전제를

올리며, 묘(廟)에 이러한 사실을 고하고 하사받은 복장을 입게 된다. 이러한 때에는 오직 관례에서 초(醮)만 있고, 관례 중의 예(醴)는 없게 된다. 초는 술로 향연을 베푸는 절차이며, 예는 유독 복식을 하사받은 사람에게만 단술을 따라주어, 예법에 따라 대접하는 절차이다. 그 예법이 이와 같은데 어떻게 제상을 한 뒤에 관을 고쳐 쓰는 예법이 있을 수 있겠는가? "부친이 죽은 이후에 관례를 한다."는 말은 제상한 이후에 길례에 따라서 관자(冠者)들을 예우한다는 뜻이니, 아마도 자최복(齊衰服) 이하의 복장을 착용하는 자들을 가리키는 것이며, 이러한 자들은 상복을 착용해야 하는 일에 연유해서, 상복에 따른 관을 대신 써서 관례를 대체할 수 있지만, 참최복 (斬衰服)을 입는 자들은 할 수 없다

① 服所賜之服矣.

補註 按: 疏此下有"更不改冠也"五字.

번역 살펴보니, 소의 기록에는 이 구문 뒤에 "다시금 관을 고쳐 쓰지 않는다 [更不改冠也]."라는 다섯 글자가 더 기록되어 있다.

② 斬衰不可.

補註 沙溪曰: 孔子曰, "武王崩, 成王年十三嗣立. 明年夏六月, 旣葬冠而 朝于祖", 據此則斬衰, 亦可冠也.

번역 사계가 말하길, 공자는 "무왕이 죽고 성왕은 13살의 나이에 제위를 계 승했다. 그 다음해 여름 6월에 장례를 마치고 관을 쓰고서 조묘에서 조회를 했다."라고 했으니, 이를 근거해보면 참최복을 착용하는 상에서도 상례에 따 라 관례를 치를 수 있다.

補註 ○按: 成王不但斬衰, 且與將冠而遇喪, 因成服而加喪冠者不同, 無 乃帝王家事與士庶異歟.

번역 ○살펴보니, 성왕의 일화는 단지 참최복의 상과 동일시할 수 없고 또 관례를 치르려고 하는데 상을 당한 경우, 성복을 하는 것에 따라 상에서의 관을 쓰는 것과는 다르니, 아마도 제왕의 경우는 사나 서인의 경우와 차이가 났기 때문일 것이다.

疏曰: 吉冠是吉時成人之服, 喪冠是喪時成人之服. 謂之醮者, ①
酌而無酬酢曰醮. 醴重而醮輕者, 醴是古之酒, 故爲重. 醮之所
以異於醴者, 三加之後, 總一醴之, 醮則②每一加而行一醮也.

번역 소에서 말하길, '길관(吉冠)'은 길한 시기에 성인이 입는 복장이며, '상관(喪
冠)'은 상중에 성인이 입는 복장이다. '초(醮)'라고 부르는 이유는 술을 따르되 서
로 술을 권하는 일이 없는데, 이때 사용하는 술이 초(醮)이므로, 이러한 절차조차도
초(醮)라고 부른다. '예(醴)'는 귀중한 것이고, 초는 비교적 덜 귀중한 것인데, 그
이유는 예가 고대로부터 전해 내려온 술이므로, 귀중한 것이 되기 때문이다. 후대에
새로운 방법으로 만든 초를 사용할 때, 예를 사용하는 절차와 다른 점은 삼가(三
加)[2]를 행한 이후에는 총괄적으로 한번 예를 따라주고, 초의 경우에는 매번 하나의
관을 더해줄 때마다 한 번의 초를 따라주는 것이다.

① 酌而無酬酢曰醮.

補註 疏又曰: "皇氏云: '醴亦無酬酢, 而云酒無酬酢者, 以酒有酬, 酢爲
常禮, 故無酬酢, 乃謂之醮.'" 又曰: "諸侯大夫旣受賜服而歸, 祭告之後,
使人酌酒以飮, 己榮上之賜, 不酬酢也."

번역 소에서 또 말하길, "황간은 '예(醴) 또한 서로 술을 권함이 없는데도 술
을 마시되 서로 권하는 일이 없다고 말하는 이유는 본래의 주례(酒禮)에 따
르면 술을 가지고 자신에게 술을 권한 사람에게 답례하는 의미에서 술을 따
라주니, 이처럼 술잔을 돌리는 것이 일상적인 예법이다. 그렇기 때문에 술을
권함이 없는 것을 곧 초(醮)를 시행한다고 부른다.'"라고 했다. 또 말하길,
"제후나 대부가 천자가 하사한 복장을 받고서 자신의 영지로 되돌아오게 되
면, 제사를 지내서 이러한 사실을 고한 이후에, 사람을 시켜서 자신에게 술

---

2) 삼가(三加)는 세 개의 관(冠)을 준다는 뜻이다. 관례(冠禮)를 시행할 때, 처음에
치포관(緇布冠)을 주고, 그 다음에 피변(皮弁)을 주며, 마지막으로 작변(爵弁)을
주기 때문에, '삼가'라고 부른다.

을 따르게 하여 마시며, 자기 본인은 천자에게 하사를 받았다는 사실을 은혜롭게 여기게 되지만, 다른 사람들에게 술잔을 권하지 않는다."라고 했다.

補註 ○按: 酌酒飮己, 卽所謂有冠醮歟.
번역 ○살펴보니, 술을 따라서 자신이 마시게끔 한다는 것은 곧 경문의 '유관초(有冠醮)'라는 말에 해당할 것이다.

② **每一加而行一醮.**

補註 按: 此泛言醮之常禮, 非釋經文有冠醮之義也.
번역 살펴보니, 이것은 초(醮)에 대한 일반적인 예법을 범범하게 설명한 것이니, 경문에 나온 '유관초(有冠醮)'라는 의미를 풀이한 것은 아니다.

「증자문」 11장

참고-經文

曾子問曰: "祭如之何, 則不行旅酬之事矣?" 孔子曰: "聞之, 小
祥者, ①主人練祭而不旅, 奠酬於賓, 賓弗擧, 禮也. ②昔者魯昭
公, 練而擧酬行旅, 非禮也. 孝公, 大祥, 奠酬弗擧, 亦非禮也."

번역 증자가 "제사를 지낼 때, 어떠한 경우에 여수(旅酬)[1]의 일을 하지 않는 것입
니까?"라고 묻자 공자는 "내가 듣기로, 소상(小祥)[2]을 지내는 경우에 상주는 연제
(練祭)[3]를 지내지만, 여수를 하지 않고, 빈객에게 술을 따라주지만, 빈객은 술잔을
들지 않는 것이 예이다. 옛적에 노나라 소공이 연제를 지내고, 술을 권하며 여수를
시행하였으니, 비례이다. 노나라 효공도 대상(大祥)[4]을 지냄에, 술을 권하되 술잔
을 들지 않았으니, 또한 비례이다."라고 대답했다.

① 主人練祭[止]於賓.

補註 鄭註: "奠無尸, 虞不致爵, 小祥不旅酬, 大祥無無筭爵, 彌吉." 疏
曰: "練, 小祥也." 又曰: "奠是未葬之前, 形體尙在, 未忍立尸異於生."
번역 정현의 주에서 말하길, "전제(奠祭)에는 시동이 없고, 우제(虞祭)에는

---

1) 여수(旅酬)는 본래 제사가 끝난 후에, 제사에 참가했던 친족 및 빈객(賓客)들이
   술잔을 들어 술을 마시고, 서로 공경의 예(禮)를 표하며, 잔을 권하는 의례(儀禮)이
   다. 연회에서도 서로에게 술을 권하는 절차를 '여수'라고 부른다.
2) 소상(小祥)은 본래 부모 및 군주의 상(喪)에서, 부모가 죽은 지 만 1년 만에 지내는
   제사이다. 이 제사가 끝나면, 자식은 3년상을 지낼 때의 복장과 생활방식을 조금씩
   덜어내게 된다. 또한 '소상'은 친족 및 타인의 상에서 1년이 지났을 때를 가리키기도
   한다.
3) 연제(練祭)는 소상(小祥)을 뜻한다. 삼년상에서 1년째에 지내는 제사이다. 소상 때
   에는 연관(練冠)과 연의(練衣)를 착용하고 제사를 지내기 때문에 '연제'라고 부른다.
4) 대상(大祥)은 부모의 상(喪) 및 삼년상 등을 치를 때 그 대상이 죽은 후 만 2년
   만에 탈상을 하며 지내는 제사이다.

술잔에 술을 따라서 건네주는 절차를 하지 않으며, 소상(小祥)에는 여수(旅酬)를 하지 않고, 대상(大祥)에는 무산작(無筭爵)[5]의 절차가 없으니, 흉례에서 길례로 점진적으로 변해가게 된다."라고 했다. 소에서 말하길, "'연(練)'자는 소상 때 지내는 제사를 뜻한다."라고 했다. 또 말하길, "전제(奠祭)는 장례를 치르기 이전에 지내는 제사이므로, 빈소에 죽은 자의 시신이 여전히 남아 있게 되어, 차마 시동을 세워서 죽은 자에 대해 모시기를 생전과 다르게 할 수 없기 때문이다."라고 했다.

補註 ○按: 致爵, 旅酬, 無筭爵, 竝見特牲饋食禮.
번역 ○살펴보니, 치작(致爵)·여수(旅酬)·무산작(無筭爵)에 대한 것은 모두 『의례』「특생궤식례(特牲饋食禮)」편에 나온다.

② 昔者魯昭公.

補註 陽村曰: 昔者以下, 非孔子之言. 說見下文昔者齊桓公章.
번역 양촌이 말하길, '석자(昔者)'로부터 그 이하의 구문은 공자의 말이 아니다. 설명은 아래 '석자제환공(昔者齊桓公)'장에 나온다.[6]

補註 ○按, 下文魯昭公少喪其母章補註, 陽村說當叅考.
번역 ○살펴보니, 아래 노나라 소공이 어렸을 때 친모의 상을 치른다는 문장[7]의 보주를 살펴보면, 양촌의 주장은 마땅히 참고해야만 한다.

---

5) 무산작(無筭爵)은 술잔의 수를 헤아리지 않는다는 뜻이다. 여수(旅酬)를 한 이후에, 빈객들의 제자들과 형제들의 자제들은 각각 그들의 수장에게 술을 따르고, 잔을 들어 올리는 것도 각각 그들의 수장에게 한다. 그리고 빈객들이 잔을 가져다가, 형제들 집단에 술을 권하고, 장형제(長兄弟)들은 잔을 가져다가 빈객의 무리들에게 술을 권하게 된다. 이처럼 여러 차례 술을 따르고 권하기 때문에, 이러한 절차를 '무산작'이라고 부르는 것이다.
6) 『예기』「증자문(曾子問)」: 昔者齊桓公, 亟擧兵, 作僞主以行, 及反, 藏諸祖廟, 廟有二主, 自桓公始也.

①朱子曰: 旅, 衆也. 酬, 導飮也. 旅酬之禮, 賓弟子兄弟之子,
各擧觶於其長而衆相酬. 蓋宗廟之中, 以有事爲榮, 故逮及賤
者, 使亦得以伸其敬也. 又曰: 主人酌以獻賓, 賓酢主人曰酢,
主人又自飮而復飮賓曰酬. 主人自飮者, 是導賓使飮也. 但賓
受之却不飮, 奠於席前, 至旅時亦不擧, 又自別擧爵.

번역 주자가 말하길, '여수(旅酬)'라고 할 때의 '여(旅)'자는 무리[衆]라는 뜻이다.
'수(酬)'자는 마시길 권한다는 뜻이다. 여수의 예법에서는 빈객의 제자들과 형제들
의 자식들이 각각 그 무리의 연장자들에게 뿔로 만든 술잔 치(觶)를 들어 올려서,
무리들끼리 서로 술을 권하게 된다. 무릇 종묘 안에서 시행하는 의례에서는 그 속
에서 일을 맡게 된 것을 영광으로 여긴다. 그렇기 때문에 술잔을 따라줄 때 비록
신분이 미천한 자가 있더라도 그런 자들에게까지 따라주는 것이니, 이것을 통하여
그들로 하여금 종묘에 봉안된 조상신에 대해, 공경하는 마음을 펼칠 수 있게끔 하
는 것이다. 또 말하길, 주인은 술을 따라서 빈객에게 바치고, 빈객이 주인에게 잔을
돌리는 행위를 초(酢)라고 부르며, 그런 뒤에 주인이 또한 본인 앞에 놓인 술을 마
시고서, 다시 빈객에게 술을 마시도록 하는 행위를 수(酬)라고 부른다. 주인 본인이
먼저 술을 마시는 이유는 빈객에게 술을 마시도록 권하기 위해서이다. 다만 빈객은
술잔을 받으면, 곧바로 마시지 않고, 자신의 자리 앞에 놓아두며, 여수를 할 때가
되어도, 또한 잔을 들지 않으며, 무리들과 별도로 빈객만 술잔을 들게 된다.

① **朱子曰[止]擧爵.**

補註 按: 自旅衆也, 至伸其敬也, 出中庸章句. 自又曰主人酌, 至別擧爵,
出語類, 而語類只論旅酬之常禮, 非釋此經小祥不旅之義也. 陳註引之
殊無意義. 賓受之却不飮奠于席前, 卽鄭註所謂不盡人之歡者也. 至旅

---

7) 『예기』「증자문(曾子問)」: 昔者魯昭公, 少喪其母, 有慈母良, 及其死也, 公弗忍
也, 欲喪之. 有司以聞曰, 古之禮, 慈母無服, 今也, 君爲之服, 是逆古之禮, 而亂
國法也, 若終行之, 則有司將書之, 以遺後世, 無乃不可乎. 公曰, 古者, 天子練冠
以燕居. 公弗忍也, 遂練冠以喪慈母, 喪慈母, 自魯昭公始也.

時亦不擧, 又自別擧爵, 謂旅酬之時, 亦不擧此所奠之爵, 而別擧他爵以旅也. 以儀禮, 則此所謂別擧爵, 似指鄕飮之旅酬, 若祭之旅酬, 則非別擧爵也.

번역 살펴보니, '여중야(旅衆也)'로부터 '신기경야(伸其敬也)'까지는 『중용장구』에 나오는 말이다. '우왈주인작(又曰主人酌)'으로부터 '별거작(別擧爵)'까지는 『어류』에 나오는 말인데, 『어류』에서는 단지 여수 중에서도 일반적인 예법만 논의했으니, 이곳 경문에서 말한 것처럼 소상에 여수를 하지 않는 뜻을 풀이한 것이 아니다. 진호의 주에서 이 문장을 인용한 것은 무의미한 것 같다. 빈객이 술잔을 받으면 곧바로 마시지 않고 자신의 자리 앞에 놓아둔다고 했는데, 이것은 정현의 주에서 남이 호의를 남김없이 베풀도록 하지 않는다고 한 말에 해당한다. 여수를 할 때가 되어도 잔을 들지 않고, 또 별도로 술잔을 든다고 한 것은 여수를 시행할 때에도 자리 앞에 놓아둔 술잔을 들지 않고, 별도로 다른 술잔을 들어서 여수를 한다는 뜻이다. 『의례』의 기록에 따르면 여기에서 별도로 술잔을 든다고 한 말은 아마도 향음주례에서의 여수를 가리키는 것 같으니, 제사 때의 여수라면 별도로 잔을 들지 않는다.

「증자문」12장

曾子問曰: "大功之喪, 可以與於饋奠之事乎?" 孔子曰: "豈大功耳? 自斬衰以下, 皆可, 禮也." 曾子曰: "不以輕服而重相爲乎?" 孔子曰: "非此之謂也. 天子・諸侯之喪, 斬衰者奠, 大夫, 齊衰者奠, ①士則朋友奠, 不足則取於大功以下者, 不足則反之."

번역 증자가 "대공복(大功服)을 입고서 상을 치르는 자는 다른 사람의 궤전(饋奠)[1]에 참여할 수 있습니까?"라고 묻자 공자는 "어찌 대공복을 입은 경우일 뿐이겠는가? 참최복(斬衰服) 이하의 상복을 입는 모든 경우에 가능하니, 또한 그렇게 하는 것이 예에 맞다."라고 대답했다. 그러자 증자가 "그렇게 된다면 자신이 상을 치르고 있다는 점을 가볍게 여기고, 남 돕는 일들을 더 중요하게 여기는 것처럼 들리는데, 이처럼 하는 것은 너무 지나친 일이 아닙니까?"라고 다시 묻자 공자는 "그것을 가리키는 것이 아니다. 자신과 관계없는 자의 궤전을 도와준다는 말이 아니라, 궤전을 지내야 하는 상대방에 대해, 내 자신이 그 사람과 관련이 있어서, 그 사람에 대한 상복을 입어야 하는 경우를 말하는 것이다. 예를 들면 천자와 제후의 상에서는 천자와 제후에 대해서 참최복을 입어야 하는 자들이 궤전을 하고, 대부의 상에서는 자최복(齊衰服)을 입어야 하는 자들이 궤전을 하며, 사의 상에서는 친구가 궤전을 하되, 사람이 부족하다면 대공복 이하의 상복을 입는 자들 중에서 충당하고, 그래도 부족하다면 반대로 대공복 이상의 상복을 입는 자들 중에서 충당한다."라고 대답했다.

① 士則朋友奠.

補註 疏曰: 以次差等, 士則應先取大功. 今先取朋友者, 以天子諸侯皆使臣爲奠, 大夫辟正君, 故遣昆弟奠, 士則位卑不嫌敵君, 故遣僚屬奠, 僚屬則朋友也.

---

1) 궤전(饋奠)은 상중(喪中)에 시행하는 전제사[奠祭]를 가리킨다.

번역 소에서 말하길, 신분의 등급에 따라 차이를 두게 되어서, 사의 경우에는 마땅히 대공복(大功服)을 입는 자들 중에서 우선적으로 충당해야 한다. 그런데 이곳 문장에서는 먼저 붕우에서 충당한다고 기록했다. 그 이유는 천자와 제후의 경우에는 모두 신하를 시켜서 궤전을 치르고, 대부는 군주의 예법을 피하기 때문에 자신에게 소속된 가신(家臣) 대신 형제들을 보내어 궤전을 하게 된다. 그런데 사의 경우에는 지위가 워낙 낮아서 관리가 대신 궤전을 치르게 되더라도 군주의 예법을 대등하게 적용하려고 했다는 혐의를 받지 않는다. 그래서 동료 관원들을 대신 보내서 궤전을 치르는데, 동료 관원들이 바로 '붕우(朋友)'들이다.

補註 ○按: 遣, 亦使也.
번역 ○살펴보니, '견(遣)'자 또한 사(使)자의 뜻이다.

「증자문」 13장

참고-經文

曾子問曰: "小功可以與於祭乎?" 孔子曰: "何必小功耳? 自斬衰以下, 與祭, 禮也." 曾子曰: "不以輕喪而重祭乎?" 孔子曰: "天子·諸侯之喪祭也, ①不斬衰者, 不與祭, 大夫齊衰者, 與祭, 士祭, 不足, 則取於兄弟大功以下者."

번역 증자가 "소공복(小功服)을 입은 자들은 우제(虞祭)나 졸곡제(卒哭祭)에 참여할 수 있습니까?"라고 묻자 공자는 "어찌 소공복을 입은 자들의 경우뿐이겠느냐? 참최복(斬衰服)을 입은 자들로부터 그 이하의 모든 경우에도 모두 우제나 졸곡제에 참여하니, 또한 그렇게 하는 것이 올바른 예법이다."라고 대답했다. 그러자 증자가 "그렇다면 상례를 가볍게 여기고, 제례를 더 중요하게 여기는 것이 아닙니까?"라고 다시 묻자 공자는 "천자나 제후의 상제(喪祭)1)를 지낼 때에는 참최복을 입지 않은 자들은 제례에 참여하지 않고, 대부의 상제를 지낼 때에는 자최복(齊衰服)을 입은 자들이 제례에 참여하며, 사의 상제를 지낼 때에 제례에 참여할 인원이 부족하다면, 죽은 자의 형제들 중 대공복(大功服) 이하의 상복을 착용한 사람들 중에서 충당한다."라고 대답했다.

① ○不斬衰者不與祭.

補註 按: 不斬衰者, 卽庶人故也.

번역 살펴보니, 참최복을 입지 않는 자는 곧 서인에 해당하기 때문이다.

---

1) 상제(喪祭)는 장례(葬禮)를 치른 이후에 지내는 제사들을 지칭하는 말이다.

「증자문」 14장

참고―經文

曾子問曰: "①相識, 有喪服, 可以與於祭乎?" 孔子曰: "緦, 不
祭, 又何助於人?"

번역 증자가 "만약 서로 알고 지내는 사이이고, 자신이 다른 사람을 위해 상복을
입고 있는 상태라고 한다면, 그의 제사에 참여할 수 있습니까?"라고 묻자 공자는
"본인이 시마복(緦麻服)을 입게 되어, 상 중에서 가장 가벼운 상중에 있다고 하더
라도, 본인의 종묘에서 그 옷을 입고 제사를 지내지 않는데, 어찌 남의 제사를 도울
수가 있겠느냐?"라고 대답했다.

① ○相識有喪服.

補註 沙溪曰: 諺吐作相識者有喪服, 與註意不同, 當以於相識者己有喪
服, 而可與祭爲解.

번역 사계가 말하길, 『언독』 토에서는 '상식자유상복(相識者有喪服)'으로
풀이하여 주의 뜻과는 다른데, 마땅히 서로 알고 지내던 자에 대해서 자신은
이미 상복을 착용하고 있는데 제사에 참여할 수 있느냐는 뜻으로 풀이해야
한다.

補註 ○按: 此非但陳註甚明, 鄭註亦曰問己有喪服者, 可以助所識者祭
否, 諺吐之誤於此, 益無疑.

번역 ○살펴보니, 이것은 진호의 주에서만 분명히 나타나는 것이 아니라 정
현의 주에서도 자신이 이미 상복을 입고 있는 상태인데 알고 지내던 자의
제사를 도울 수 있는지의 여부를 묻는다고 했다. 따라서 『언독』 토가 이 부
분에 대해 잘못 해석했다는 것은 의심할 것이 없다.

「증자문」15장

참고-經文

曾子問曰: ①廢喪服, 可以與於饋奠之事乎. 孔子曰: 說衰與奠, 非禮也, 以擯相, 可也.

번역 증자가 "본인의 복상 기간이 끝나서 상복을 이제 막 벗게 되었다면, 다른 사람의 궤전(饋奠)하는 일에 참여할 수 있습니까?"라고 묻자 공자는 "상복을 이제 막 벗고서 궤전에 참여하는 것은 비례이지만, 남의 상사에서 그에게 찾아온 빈객들을 인도하여 상례를 돕는 것은 괜찮다."라고 대답했다.

① ○廢喪服[止]可也.

補註 按: 廢喪服, 恐謂廢己之喪服也, 非除喪也. 蓋上文問有喪服與於祭, 夫子旣非之矣. 又恐祭是吉祭, 固不可與, 與於喪奠, 或無害義, 故再問也. 擯相, 如迎送弔禭之使卽是也.

번역 살펴보니, '폐상복(廢喪服)'은 아마도 자신의 상복을 잠시 벗는다는 뜻이지 상복을 완전히 제거한다는 뜻은 아닌 것 같다. 앞에서는 상복을 착용한 상태에서 남의 제사에 참여할 수 있느냐고 질문하였는데, 공자는 이미 잘못된 일이라고 했다. 그런데 이때의 제사가 길제인 경우라면 진실로 참여할 수 없지만, 상전(喪奠)과 같은 경우에는 해가 되지 않을까 의심했기 때문에 재차 질문한 것이다. 빈상(擯相)은 맞이하거나 전송하며 조문을 하거나 수의를 보내는 심부름과 같은 경우가 여기에 해당한다.

補註 ○又按: 註家解廢喪服爲方除喪, 而不云權釋喪服者, 蓋上文曾子已問大功之喪可與饋奠乎, 則此問似疊也. 然上文夫子之答, 只曰非此之謂也, 未嘗明言其非禮, 故此又因可與人吉祭之問, 而更問及此也. 且所謂喪服, 通輕重而言, 陳註訓廢爲方除喪, 雖出古註疏, 而經文未見此義. 喪服小記有疾者不喪服, 遂以主其喪, 非養者入主人之喪, 則不易己之喪服. 據此則擯相喪禮, 雖不脫己之衰, 亦可行之也.

번역 ○또 살펴보니, 주석가들은 '폐상복(廢喪服)'이라는 말은 이제 막 상복을 제거하려고 한다는 뜻으로 풀이하고, 임시방편으로 상복을 벗는다고는 풀이하지 않았다. 그 이유는 아마도 앞에서 증자는 이미 대공복(大功服)의 상을 치르는 도중 남의 궤전(饋奠)에 참여할 수 있느냐고 질문하였으니, 이곳의 질문은 중첩되기 때문이다. 그러나 앞에서 공자의 답변은 단지 이것을 말하는 것이 아니라고만 했고, 그것이 비례라고 분명히 말한 적이 없다. 그렇기 때문에 이곳에서는 재차 남의 길제(吉祭)에 참여할 수 있느냐는 질문에 연유하여 이러한 사안에까지 질문이 이어진 것이다. 또 상복(喪服)이라고 한 말은 수위가 낮은 것이나 무거운 것을 통괄해서 말한 것이다. 따라서 진호의 주에서 폐(廢)자를 이제 막 상복을 제거하려고 한다는 뜻으로 풀이한 것은 비록 옛 주와 소의 기록에 따른 것이지만, 경문에는 이러한 의미가 나타나지 않았다. 『예기』「상복소기(喪服小記)」편에서는 "위독한 병에 걸린 자를 봉양할 경우 자신이 입고 있던 상복을 벗고, 결국 그가 죽게 되면 그 상을 주관하며, 봉양을 했던 자가 아니지만 그의 상에 찾아와 상을 주관하게 된다면 자신의 상복을 바꾸지 않는다."[1]고 했다. 이 기록에 따르면 상례를 돕는 경우 비록 자신이 입고 있던 상복을 벗지 않더라도 돕는 일을 할 수 있다.

---

1) 『예기』「상복소기(喪服小記)」: 養有疾者不喪服, 遂以主其喪, 非養者入主人之喪, 則不易己之喪服. 養尊者必易服, 養卑者否.

「증자문」 16장

有吉日者, 期日已定也. 彼是父喪, 則此稱父之名弔之, 彼是母喪, 則此稱母之名弔之. 父母或在他所, 則稱伯父伯母名. 如無伯父母, 則用叔父母名可知. 壻雖已葬其親, 而喪期尚遠, 不欲使彼女失嘉禮之時, 故使人致命, 使之別嫁他人. 某之子此某字, 是伯父之名. 不得嗣爲兄弟者, 言繼此不得爲夫婦也. 夫婦同等, 有兄弟之義, 亦親之之辭. 不曰夫婦者, 未成昏, 嫌也. 使某致命此某字, 是使者之名. 致, 如致仕之致, 謂①致還其許昏之命也. 女氏雖許諾, 而不敢以女嫁於他人, 禮也. 及壻祥禪之後, 女之父母使人請壻成昏, 壻②終守前說而不取, 而后此女嫁於他族, 禮也.

번역 "길일이 있다."는 말은 혼인하기로 약조한 기일이 이미 정해졌다는 뜻이다. 저쪽 집안에 부친상이 발생하면, 이쪽 집안에서는 부친의 이름으로 조문을 하고, 저쪽 집안에 모친상이 발생하면, 이쪽 집안에서는 모친의 이름으로 조문을 한다. 부모가 혹여 다른 지역에 있다면, 백부나 백모의 이름으로 조문을 한다. 만일 백부와 백모가 없는 경우라면, 숙부나 숙모의 이름으로 조문할 수 있다는 사실을 이러한 용례를 통해서 유추할 수 있다. 사위될 사람이 비록 그 부모에 대해서 장례를 끝냈다고 하더라도, 상 기간이 아직도 요원하므로, 신부 집안의 여식으로 하여금 무작정 기다리게만 하여 가례를 올릴 시기를 놓치지 않게끔 하고자 하기 때문에, 사람을 시켜서 사양하는 말을 전달하여, 신부 집안으로 하여금 여식을 다른 사람에게 다시 시집보내게 하는 것이다. '아무개의 아들'이라고 할 때의 '모(某)'자는 백부의 이름이다. "형제가 되는 일을 계속하여 이어나갈 수 없다."는 말은 혼례를 계속 진행하여 부부가 될 수 없다는 뜻이다. 부부는 동등하므로 상하나 존비의 구분에 해당하지 않으니, 형제(兄弟)와 같은 관계를 가진다는 뜻이 있으므로, 부부를 형제라고 부르는 것은 또한 친근하게 대하는 말이다. 그런데 경문에서 부부라는 말을 사용하지 않은 이유는 아직 혼례를 성사시킨 것이 아니므로, 그 말을 사용하지 않은 것이다. "아무개를 시켜서 사양하는 말을 전달한다."라고 할 때의 '모(某)'자는 심부름을 간

사람의 이름이다. '치(致)'자는 "관직에서 물러난다."라고 할 때의 치(致)자의 뜻과 같으니, 양측 집안에서 이전에 혼례를 승인했던 언약을 사양하여 돌려준다는 뜻이다. 신부 집안에서 비록 상대편에서 보내온 사양하는 말에 승낙을 하더라도, 감히 여식을 다른 사람에게 시집보내지 않는 것이 예법에 맞는 행동이다. 사위될 사람이 죽은 부모에 대해서 대상(大祥)과 담제(禫祭)를 지낸 이후, 신부의 부모는 사람을 시켜서 사위 집안에 혼례를 다시 성사시키자고 청원을 하는데, 사위 집안에서 앞서 사양했던 말을 끝내 고수하며 받아들이지 않는다면, 그 이후에 이 여인을 다른 집안에 시집보내는 것이 올바른 예법이다.

① ○致還其許昏之命.

補註 按: 致命, 只是傳致其命之謂. 陳註恐不然.

번역 살펴보니, '치명(致命)'이라는 말은 단지 그 명령을 전달한다는 뜻일 뿐이다. 진호의 주에서 한 설명은 아마도 틀린 것 같다.

② 終守前說而不取.

補註 按: 此謂婿家若有他意不肯取, 則嫁他人也. 前說似指不得嗣爲兄弟之語, 然語意未瑩可疑.

번역 살펴보니, 이것은 사위 집안에서 다른 뜻을 품어 아내로 데려오는 것을 수긍하지 않는다면 다른 사람에게 시집을 보낸다는 뜻이다. 따라서 '전설(前說)'이라는 것은 아마도 "형제가 되는 일을 계속하여 이어나갈 수 없다."는 말을 가리키는 것 같지만, 말의 뜻이 분명하지 않아 의문스럽다.

「증자문」 19장

참고–經文

"①如壻親迎, 女未至, 而有齊衰·大功之喪, 則如之何?" 孔子曰: "男不入, 改服於外次, 女入, 改服於內次, 然後卽位而哭." 曾子問曰: "除喪則不復昏禮乎?" 孔子曰: "祭過時, 不祭, 禮也, 又何反於初?"

번역 증자가 다시 질문하기를, "만일 사위될 사람이 친영(親迎)[1]을 하기 위해 길을 떠났는데, 처가에서 여자를 데리고 오는 도중, 여자가 아직 시집에 도착하기도 전에 자최복(齊衰服)이나 대공복(大功服)을 입어야 하는 상의 소식을 접하게 된다면, 어찌해야 합니까?"라고 하자 공자는 "남자는 여자를 데리고 집으로 돌아오되, 남자는 집안에 들어가지 않고 집밖의 임시거주지에서 옷을 갈아입게 되며, 여자는 집안으로 들어가서 집안의 임시거주지에서 옷을 갈아입는다. 그런 뒤에야 자신의 자리에 나아가 곡을 하게 된다."라고 대답했다. 그러자 증자가 다시 질문하기를, "상을 다 끝내게 되면 다시 혼례를 치르는 것입니까?"라고 하자 공자는 "제사를 지낼 때에도 그 시기를 지나치게 된다면, 다시 제사를 지내지 않는 것이 예법인데, 또한 어찌 혼례를 처음으로 되돌려 다시 치르겠는가?"라고 대답했다.

① 如壻親迎[止]大功之喪.

補註 疏曰: 在塗聞齊衰大功廢昏禮, 若婦已揖讓入門, 內喪則廢, 外喪則行, 約上冠禮之文. 此熊氏之說, 然昏禮重於冠, 故雜記云: "大功之末, 可以冠子, 小功之末, 可以取妻."

번역 소에서 말하길, 남편을 따라 시집으로 오는 도중에 자최복이나 대공복을 입어야 하는 상의 소식을 접하게 되어 혼례를 중지한다는 내용이다. 만약 며느리 될 자가 이미 읍과 사양의 절차를 시행하고서 대문으로 들어왔다면,

---

1) 친영(親迎)은 혼례(婚禮)에서 시행하는 여섯 가지 예식(禮式) 중 하나이다. 사위될 자가 여자 집에 가서 혼례를 치르고, 자신의 집으로 데려오는 예식을 뜻한다.

발생한 상이 내상(內喪)인 경우라면 혼례를 중지하고, 외상(外喪)인 경우라면 혼례를 그대로 시행하니, 앞에서 관례를 치를 때의 변례에 대한 내용을 요약해보면 이러한 사실을 알 수 있다. 이것은 웅안생의 주장인데, 혼례는 관례보다 중요하다. 그렇기 때문에 『예기』「잡기(雜記)」편에서는 "대공복을 입고 지내는 상이 끝나면 아들에게 관례를 치러줄 수 있고, 소공복을 입고 지내는 상이 끝나면 아내를 맞이할 수 있다."[2]라고 말한 것이다.

참고─集說

此齊衰·大功之喪, 謂壻家也. 改服, 改其親迎之服, 而服深衣 於門外之次也. 女, 謂婦也, 入門內之次, 而以深衣更其嫁服 也. 此特問齊衰大功之喪者, 以小功及緦輕, 不廢昏禮, 禮畢乃 哭耳. 若女家有齊衰大功之喪, 女亦不反歸也. 曾子又問除喪 之後, 豈不復更爲昏禮乎. 孔子言祭重而昏輕, 重者過時尙廢, 輕者豈可復行乎. 然此亦止謂四時常祭耳, ①禘祫大祭, 過時 猶追也.

번역 이 문장에서 언급하고 있는 자최복(齊衰服)이나 대공복(大功服)을 입어야 하는 상이라는 말은 남자 집안에서 발생한 상을 뜻한다. '개복(改服)'은 남자가 친영(親迎)할 때 입었던 예복을 벗고서, 문밖에 있는 임시거주지에서 심의(深衣)를 입는다는 뜻이다. '여(女)'자는 부인을 뜻하니, 문안에 있는 임시거주지로 들어가서, 시집올 때 입었던 예복을 심의로 갈아입는다. 이 문장에서 특별히 자최복이나 대공복을 입는 상에 대해서 물어본 이유는 소공복(小功服)이나 시마복(緦麻服)을 입어야 하는 상의 경우는 다른 상들에 비해 가벼운 것에 속하므로, 이러한 상 때문에 혼례를 중지하지 않으며, 혼례를 다 끝마친 이후에야 곧 곡을 할 따름이기 때문이다. 만약 여자 집안에 자최복이나 대공복을 입어야 하는 상이 발생한다면, 여자는 또한

---

2) 『예기』「잡기하(雜記下)」: 大功之末可以冠子, 可以嫁子. 父小功之末可以冠子, 可以嫁子, 可以取婦.

이미 시집을 온 것으로 간주되고, 부모의 상처럼 막중한 사안이 아니기 때문에, 자신의 집으로 되돌아가지 않는다. 증자는 또한 상을 다 끝낸 이후에 어찌하여 재차 혼례를 치르지 않는지를 물어보았다. 공자의 대답은 제사와 혼례를 비교하자면, 제사는 더 중요한 사안이고, 혼례는 덜 중요한 사안인데, 중요한 사안인 제사에 대해서도 그 시기를 지나치게 된다면 오히려 폐지하는데, 덜 중요한 사안인 혼례에 대해서 어찌 다시 시행할 수 있겠느냐고 말한 것이다. 그러나 이 문장에서 말하는 제사라는 것은 단지 사계절마다 지내는 고정적인 제사를 가리킬 따름이니, 체협(禘祫)3)과 같은 대제(大祭)4)에서는 시기를 지나치게 되더라도 오히려 소급하여 지내게 된다.

---

3) 체협(禘祫)은 고대에 제왕(帝王)이 시조(始祖)에게 지냈던 제사를 뜻하니, 일종의 성대한 제사의례를 가리킨다. 간혹 '체협'을 구분하여 각각에 의미를 부여하기도 하며, 혹은 '체협'을 합쳐서 같은 의미로 사용하기도 한다. 이 문제에 대해서 장병린(章炳麟)은 『국고논형(國故論衡)』「명해고하(明解故下)」에서 "禘祫之言, 詢詢爭論旣二千年. 若以禘祫同爲殷祭, 祫名大事, 禘名有事, 是爲禘小於祫, 何大祭之云? 故知周之廟祭有大嘗·大烝, 有秋嘗·冬烝. 禘祫者大嘗·大烝之異語."라고 주장한다. 즉 '체협'이라는 말에 대해서 의견들이 분분한데, 만약 '체협'을 모두 은(殷)나라 때의 제사라고 말하며, '협(祫)'은 '중대한 사안[大事]'이 발생했을 때 지내는 제사를 뜻하고, '체(禘)'는 유사시에 지내게 되는 제사를 뜻한다고 한다면, '체'는 '협'보다 규모가 작은 것인데, 어떻게 대제(大祭)라고 말할 수 있겠는가? 그렇기 때문에 '체협'은 주(周)나라 때의 제사이다. 주나라 때 종묘(宗廟)에서 지내는 제사에는 대상(大嘗), 대증(大烝)이라는 용어가 있었고, 또 추상(秋嘗: 가을에 지내는 상(嘗)제사), 동증(冬烝: 겨울에 지내는 증(烝)제사라는 용어가 있었으니, '체협'은 대제(大祭)를 뜻하는 용어로, 대상이나 대증을 다르게 부른 명칭이다. 또한 『후한서(後漢書)』「장제기(章帝紀)」편에는 "其四時禘祫於光武之堂."이라는 기록이 있는데, 이에 대한 이현(李賢)의 주에서는 『속한서(續漢書)』를 인용하여, "五年再殷祭. 三年一祫, 五年一禘."라고 풀이한다. 즉 5년마다 2번의 성대한 제사를 지내게 되는데, 3년에 1번 '협'제사를 지내고, 5년에 1번 '체'제사를 지낸다.

4) 대제(大祭)는 큰 제사라는 뜻이며, 천지(天地)에 대한 제사 및 체협(禘祫) 등을 일컫는다. 『주례』「천관(天官)·주정(酒正)」에 "凡祭祀, 以法共五齊三酒, 以實八尊. 大祭三貳, 中祭再貳, 小祭壹貳, 皆有酌數."라는 기록이 있다. 이에 대한 정현의 주에서는 "大祭, 天地. 中祭, 宗廟. 小祭, 五祀."라고 풀이하여, '대제'는 천지에 대한 제사를 뜻한다고 설명한다. 그리고 『주례』「춘관(春官)·천부(天府)」편에는 "凡國之玉鎭大寶器藏焉, 若有大祭大喪, 則出而陳之, 旣事藏之."라는 기록이 있다. 이에 대한 정현의 주에서는 "禘祫及大喪陳之, 以華國也."라고 풀이하여, '대제'를 '체

① 禘祫[止]追也.

補註 疏曰: 過時不祭, 謂四時常祭也. 熊氏云: "若喪祭禘祫祭, 雖過時, 猶追而祭之", 禘祫志云: "昭十一年齊歸薨. 十三年會于平丘, 冬公如晉, 不得祫, 至十四年追而祫之, 十五年乃禘也." 僖八年春, 當禘, 以正月會王人于洮, 故七月而禘, 雜記三年之喪既穎, 其練祥皆行, 是追行練祥祭也.

번역 소에서 말하길, 시기를 지나치게 되어 제사를 지내지 않는다고 했을 때, 여기에서 말하는 제사는 사계절마다 주기적으로 지내는 제사를 뜻한다. 웅안생은 "상제(喪祭)와 체협(禘祫)의 제사 같은 경우에는 비록 시기를 놓쳤다고 하더라도, 오히려 소급하여 제사를 지낸다."라고 했다. 그렇기 때문에 『체협지』에서는 "소공(昭公) 11년에 노나라 군주의 부인 제귀(齊歸)가 죽었다. 소공 13년에는 평구(平丘) 땅에서 제후들끼리 회맹을 맺었는데, 겨울에 노나라 군주가 진(晉)나라에 가서, 협(祫)제사를 지낼 수 없었다. 소공 14년에 곧 소급하여 협제사를 지냈고, 소공 15년에는 곧 소급하여 체(禘)제사를 지냈다."라고 말했으며, 또 희공(僖公) 8년에도 봄에는 마땅히 체제사를 지내야 하는데, 정월에 천자가 보낸 사신과 회맹을 하여 조(洮) 땅으로 갔기 때문에, 7월이 되어서야 체제사를 지낸 것이다. 『예기』「잡기(雜記)」편에서 "삼년상이 겹쳤을 경우에는 마질(麻絰)로 바꾸게 되면, 그에 대한 연상(練祥)[5]을 모두 시행한다."[6]라고 말했으니, 이 말은 앞서의 연상에 대한 제사를 소급해서 시행한다는 뜻이다.

협'으로 설명한다. 그리고 '체(禘)'제사와 '대제'의 직접적 관계에 대해서는 『이아』「석천(釋天)」편에서 "禘, 大祭也."라고 풀이하고, 이에 대한 곽박(郭璞)의 주에서는 "五年一大祭."라고 풀이하여, '대제'로써의 '체'제사는 5년마다 지내는 제사로 설명한다.

5) 연상(練祥)은 소상(小祥)과 대상(大祥)을 뜻한다. '연상'에서의 '연(練)'자는 연제(練祭)를 뜻하며, '연제'는 곧 '소상'을 가리킨다. '연상'에서의 '상(祥)'자는 '대상'을 뜻한다. 소상은 죽은 지 13개월만에 지내는 제사이며, 대상은 25개월만에 지내는 제사이고, 대상을 지내게 되면 상복과 지팡이를 제거하게 된다. 『주례』「춘관(春官) · 대축(大祝)」편에는 "言旬人讀禱, 付練祥, 掌國事."라는 기록이 있고, 이에 대해 가공언(賈公彦)의 소(疏)에서는 "練, 謂十三月小祥, 練祭. 祥, 謂二十五月大祥, 除衰杖."이라고 풀이했다.

6) 『예기』「잡기하(雜記下)」: 如三年之喪, 則既穎, 其練祥皆行.

「증자문」 20장

참고—經文

孔子曰: "嫁女之家, 三夜不息燭, 思相離也. 取婦之家, 三日不擧樂, 思嗣親也. ①三月而廟見, 稱來婦也. 擇日而祭於禰, 成婦之義也."

번역 공자가 다시 가르쳐주기를, "딸을 시집보낸 집안에서, 시집보내고 나서 3일 밤 동안 촛불을 끄지 않는 이유는 서로 이별함을 그리워하기 때문이다. 며느리를 맞이하는 집안에서 3일 동안 음악을 연주하지 않은 이유는 자식이 결혼한다는 행위는 부친의 자리를 이어받는 것을 뜻하므로, 부친의 마음을 상하게 하지 않을까를 염려해서이다. 3개월이 지나고 난 뒤에 부인을 묘에 데려가서 조상에게 알현시키는 것은 아무개의 딸이 우리집에 와서 며느리가 되었음을 고하는 의식이다. 길일을 택하고서 녜묘(禰廟)에 제사를 지내는 것은 그 집안의 정식 부인이 되는 의식이다."라고 했다.

① 三月而廟見.

補註 語類曰: 昏禮廟見舅姑之亡者而不及祖, 蓋古者宗子法行, 非宗子之家不可別立祖廟, 故但有禰廟. 今只共廟, 如何只見禰而不見祖? 此當以義起, 亦見祖可也.

번역 『어류』에서 말하길, 혼례를 치르며 돌아가신 시부모의 묘에서 알현하고 조묘(祖廟)에는 알현하지 않는데, 아마도 고대에는 종자를 중시하는 예법이 시행되어, 종자의 집이 아니라면 별도로 조묘를 세울 수 없었기 때문에, 단지 녜묘만 두었던 것이다. 오늘날에는 부친과 조상을 같은 묘에 모시고 있는데 어떻게 단지 부친만 알현하고 조상을 알현하지 않을 수 있겠는가? 이것은 마땅히 의미에 따라 새로운 예법을 일으켜야 하니, 조상을 알현해도 괜찮은 것이다.

「증자문」 21장

참고―經文

曾子問曰: "女未廟見而死, 則如之何?" 孔子曰: "不遷於祖, 不祔
於皇姑, 壻不杖, ①不菲, 不次, 歸葬于女氏之黨, 示未成婦也."

번역 증자가 "여자가 시집을 와서 아직 묘에 알현하지도 않았는데 죽게 된다면 어
찌해야 합니까?"라고 질문하자 공자는 "조묘(祖廟)에 영구를 옮겨가서 조상신에게
고하지 않고, 죽은 시어머니 신주 옆에 며느리의 신주를 합사하지 않으며, 남편은
상복을 입지만 지팡이를 잡지 않고 짚신도 신지 않으며, 상복을 입는 기간 동안 본
래 상중에 임시로 거처하게 되는 장소에서 별도로 머물지 않고, 여자의 본가로 돌
려보내서 장사를 지낸다. 이처럼 시행하는 이유는 아직 정식 며느리가 되지 못했음
을 보이기 위함이다."라고 대답했다.

① ○不菲.

補註 疏曰: 菲, 草屨也.
번역 소에서 말하길, '비(菲)'자는 짚신을 뜻한다.

補註 ○喪服傳: 菅屨者, 菅菲也. 繩屨者, 繩菲也.
번역 ○『의례』「상복(喪服)」편의 전문에서 말하길, '관구(菅屨)'는 골풀로
엮은 짚신이다. '승구(繩屨)'는 새끼줄을 꼬아서 만든 짚신이다.

補註 ○按: 菲, 本作屝.
번역 ○살펴보니, '비(菲)'자는 본래 비(屝)자로 쓴다.

「증자문」 22장

참고-經文

曾子問曰: "取女, 有吉日, 而女死, 如之何?" 孔子曰: "壻齊衰而
弔, 旣葬而除之, ①夫死, 亦如之."

번역 증자가 "여자에게 장가들 때 혼인하는 길일까지 정해두었는데, 만약 여자가 죽
게 된다면 어찌해야 합니까?"라고 묻자 공자는 "사위될 사람은 자최복(齊衰服)을
입고 여자 집으로 찾아가서 조문을 하며, 장례를 끝내게 된다면 상복을 벗는 것이니,
만약 남편 될 자가 죽은 경우라 하더라도 또한 이와 같이 한다."라고 대답했다.

① ○夫死亦如之.

補註 類編曰: 此言女亦齊衰而弔也. 陳註女服斬衰, 出於鄭註, 而竊恐
未然. 齊衰而旣葬除之, 是齊衰三月之服, 斬衰無三月之服. 且此女必不
以有吉日之故, 遂不嫁, 則其於不貳斬之義, 何如也?

번역 『유편』에서 말하길, 이것은 아내 될 여자 또한 자최복을 입고 조문을
한다는 뜻이다. 진호의 주에서는 여자는 참최복을 입는다고 했는데, 이것은
정현의 주에서 도출된 것이지만, 아마도 그렇지 않은 것 같다. 자최복을 착
용하고 장례를 마치면 제거한다고 했는데, 이것은 자최복을 입고 3개월 동안
착용하는 복식이 되며, 참최복의 경우 3개월 동안 복상하는 경우가 없다. 또
이러한 경우 여자는 분명 길일까지 정해놓은 이유가 아니더라도 결국 시집
을 가지 않는다면, 참최복을 두 번 입지 않는다는 도의에 있어서는 어떠하겠
는가?

「증자문」 24~25장

참고―經文

①昔者齊桓公, 亟擧兵, 作僞主以行, 及反, 藏諸祖廟, 廟有二主, 自桓公始也. 喪之二孤, 則昔者衛靈公, 適魯, 遭季桓子之喪. 衛君請弔, 哀公辭, 不得命. 公爲主, 客入弔, 康子立於門右, 北面, 公揖讓, 升自東階, 西鄉, 客升自西階, 弔. 公拜興哭, 康子拜稽顙於位, 有司弗辯也. 今之二孤, 自季康子之過也.

번역 계속하여 공자가 가르쳐주기를, "옛적에 제나라 환공이 전쟁 일으키기를 좋아하여, 가짜 신주를 제작해서 행군을 하였고, 자신의 나라로 돌아옴에 미쳐서는 가짜로 만든 신주를 조묘에 보관하였으니, 묘에 두 개의 신주가 있게 된 것은 환공 때부터 시작된 일이다. 상중에 두 명의 상주가 생긴 경우에 대해 말해보자면, 옛적에 위나라 영공이 노나라에 갔다가 노나라 대부인 계환자의 상을 접하게 된 일이 있었다. 그때 위나라 영공은 노나라 애공에게 조문하길 청원하였는데, 애공이 사양하였지만 영공은 따르지 않았다. 그래서 부득이 애공이 계환자의 상에서 상주가 되었고, 조문객인 영공이 들어와서 조문을 하자 본래의 상주인 계강자는 문의 오른쪽에 서서 북면을 하였고, 애공이 읍과 사양을 하며 동쪽 계단으로부터 올라와서 서쪽을 향하자 영공이 서쪽 계단으로부터 올라와서 조문을 하였다. 애공이 절을 하고 일어나서 곡을 하자 계강자는 문의 오른쪽 자리에서 절을 하며 이마를 땅에 조아렸는데도 일을 맡아보던 유사(有司)가 잘못된 예임을 변별하지 못하였다. 그래서 오늘날 두 명의 상주가 생긴 것은 계강자의 과실로부터 시작된 일이다."라고 했다.

① ○昔者齊桓公[止]過也.

補註 按: 亟, 擧兵亟數也.
번역 살펴보니, '기(亟)'자는 병사를 동원하길 매우 빈번하게 했다는 뜻이다.

補註 ○楊村曰: 自昔者以下, 非孔子之言. 記者因上文孔子之言, 而釋之者也. 蓋孔子卒於哀公之世, 而此稱哀公之諡, 則非孔子之言明矣. 意者曾子之問, 因見康子事而發, 孔子不敢明言君大夫之失禮, 故不直曰非禮也, 而曰未知其爲禮也. 記者, 因竝記此, 以見發問之由也. 後皆倣此.

번역 ○양촌이 말하길, '석자(昔者)'라는 말로부터 그 이하의 기록은 공자의 말이 아니다. 『예기』를 기록한 자가 앞 문장에 있는 공자의 말에 따라 그 의미를 풀이한 것이다. 공자는 애공이 통치하던 때 죽었는데, 이곳에서는 애공의 시호를 지칭했으니, 공자의 말이 아님이 분명하다. 아마도 증자의 질문은 계강자의 일화를 보고 나온 것인데, 공자는 감히 군주나 대부의 실례를 분명하게 지적할 수 없었기 때문에 직접적으로 비례라고 말하지 않고 그것이 예가 되는지 모르겠다고 말한 것이다. 『예기』를 기록한 자는 그에 따라 이러한 사안들을 함께 기록하여 질문을 하게 된 연유를 드러낸 것이다. 뒤에 나오는 기록들도 이러한 경우에는 모두 그 의미가 이와 같다.

「증자문」 26장

참고-集說

遷廟主, 謂新祧廟之主也. 齊車, 金路也, ①又名曰公禰.

번역 천묘(遷廟)의 신주는 새롭게 조묘(祧廟)된 신주를 뜻한다. 제거(齊車)는 금으로 치장한 수레이니, 또한 공녜(公禰)[1]라고 부르기도 한다.

① ○又名曰公禰.

補註 按: 此五字當在主也之下.

번역 살펴보니, 이 다섯 글자는 마땅히 '주야(主也)'라는 글자 뒤에 와야 한다.

補註 ○又按: 辨疑曰: "禰, 當作祧. 蓋以文王世子在軍則守於公禰註知之." 然鄭註曰: "所以遷主言禰者, 在外親也." 以此觀之, 如字爲是.

번역 ○또 살펴보니, 『변의』에서는 "'녜(禰)'자는 마땅히 조(祧)자가 되어야 한다. 『예기』「문왕세자(文王世子)」편에서 '서자(庶子)가 군주의 출정에 따라가게 되어 군대 대열에 있게 된다면, 공녜(公禰)를 지킨다.'[2]고 한 문장의 주를 통해 이러한 사실을 알 수 있다."라고 했다. 그런데 정현의 주에서는 "천묘한 신주에 대해서 '녜(禰)'자를 붙여서 부른 것은 신주가 군주를 따라서 국외로 나가게 되어 친애하려는 뜻에서 붙인 글자이다."라고 했다. 이러한 기록을 통해 살펴보면 글자대로 읽는 것이 옳다.

---

1) 공녜(公禰)는 수레에서 실려서, 군주를 따라다니게 되는 신주(神主)를 뜻한다. 또한 그 수레를 지칭하기도 한다.
2) 『예기』「문왕세자(文王世子)」: 其在軍, 則守於公禰.

「증자문」 27장

①當七廟五廟, 無虛主, 虛主者, 惟天子崩諸侯薨, 與去其國與
祫祭於祖, 爲無主耳. 吾聞諸老聃曰, "天子崩國君薨, 則祝取
群廟之主, 而藏諸祖廟, 禮也. 卒哭成事而后, 主各反其廟."

번역 계속하여 공자가 가르쳐주기를, "천자의 종묘인 칠묘와 제후의 종묘인 오묘의
경우에는 신주를 비워두는 일이 없어야 하니, 신주를 비워두는 경우는 오직 천자가
죽었거나 제후가 죽었을 경우이며, 또는 제후가 그 나라를 버리고 떠나버렸거나 태
조의 묘에서 협(祫)제사를 지낼 경우에만 묘에 신주가 없게 될 따름이다. 내가 노
담에게서 듣기로, '천자가 죽거나 제후가 죽게 된다면, 대축(大祝)은 뭇 묘들에 설
치된 신주들을 가져다가 태조의 묘에 보관하는 것이 올바른 예법이다. 그런 다음에
졸곡을 지내며, 축문에 성사(成事)라고 한 이후에야 신주를 각각 본래의 묘로 되돌
려 보낸다.'"라고 했다.

① 當七廟五廟.

補註 按: 諺讀七廟下着吐, 恐誤, 當移於五廟下.
번역 살펴보니, 『언독』에서는 '칠묘(七廟)' 뒤에 토를 붙였는데, 아마도 잘못
붙인 것이니, '오묘(五廟)' 뒤로 토를 옮겨야 한다.

補註 ○又按: 當, 古今註無釋. 恐是於字之義.
번역 ○또 살펴보니, '당(當)'자에 대해서는 고주나 금주에 해석이 없다. 아
마도 이것은 어(於)자의 뜻인 것 같다.

馮氏曰: ①鄭注老耼, 古壽考者之稱. 石梁先生曰: 此老耼, 非
作五千言者.

번역 풍씨가 말하길, 정현의 주에서 설명하길, "'노담(老耼)'은 고대에 나이가 많은
사람에게 붙이는 칭호이다."라고 했고, 석양선생은 "여기에서의 '노담'은 오천여 말
을 지어낸 자1)가 아니다."라고 했다.

① 鄭註老耼[止]言者.

補註 按: 鄭註本文, 老耼古壽考者之號, 與孔子同時云, 此則似指作五千
言者, 而馮氏改號爲稱, 又沒與孔子同時一句, 以傳於石梁說. 然孔子之
問禮於老子, 見於家語·史記, 朱子亦以載之中庸章句, 蓋於理固無害
矣.

번역 살펴보니, 정현의 주 본문에서는 "'노담(老耼)'은 고대에 나이가 많은
자에게 붙이는 칭호이니, 공자와 동시대에 살았던 사람일 것이다."라고 했는
데, 이것은 아마도 『노자』를 지은 자를 가리키는 것 같은데, 풍씨는 '호(號)'
자를 칭(稱)자로 고쳤고, 또 '여공자동시(與孔子同時)'라는 한 구문을 생략
하고 석량왕씨의 주장을 덧붙였다. 그러나 공자가 노자에게 예를 물었다는
것은 『공자가어』 및 『사기』의 기록에 나오고, 주자 또한 이러한 내용을 『중
용장구』에 수록하였으니, 이치상 해될 것이 없기 때문이다.

---

1) '오천언(五千言)'은 『노자(老子)』라는 책을 가리키는 용어이다. 따라서 '오천여 말'
을 지어낸 자는 도가(道家)에서 말하는 노자(老子)를 뜻한다.

「증자문」 29장

참고–經文

祫祭於祖, 則①祝迎四廟之主, 主出廟入廟, 必蹕, 老聃云.

번역 계속하여 공자가 노담(老聃)에게서 들은 말을 전해주기를, "제후가 태조의 묘에서 협(祫)제사를 지내게 되면, 대축(大祝)은 나머지 4개의 묘에 설치된 신주들을 맞이하여, 태조의 묘에 모시게 되니, 신주가 묘 밖으로 나오거나 묘로 들어갈 때에는 반드시 행인(行人)들의 출입을 통제한다."라고 노담이 말했다.

① 祝迎四廟之主.

補註 疏曰: 天子祫祭, 則迎六廟之主, 今言迎四廟者, 舉諸侯言也.
번역 소에서 말하길, 천자의 협제사인 경우라면 6개의 묘에 있는 신주를 모셔오는데, 이곳 문장에서는 4개의 묘에 있는 신주를 모셔온다고 하였으니, 이 기록은 제후를 기준으로 언급한 내용이다.

「증자문」 30장

曾子問曰: "古者, 師行, 無遷主, 則何主?" 孔子曰: "主命." 問曰:
"何謂也?" 孔子曰: "天子諸侯將出, 必以①幣帛·皮圭, 告于祖
禰, 遂奉以出, 載于齊車以行, 每舍, 奠焉, 而后, 就舍, 反必告,
設奠卒, 斂幣玉, 藏諸兩階之間, 乃出, 蓋貴命也."

번역 증자가 "옛날에 군대를 출동시킬 일이 발생했는데, 만약 모시고 갈 천묘(遷廟)
의 신주가 없다면, 어떤 신주를 모시고 가야 하는 것입니까?"라고 묻자 공자는 "신
주의 명령을 받아서 간다."라고 대답했다. 그러자 증자가 제대로 이해하지 못하여
다시 질문하기를, "신주의 명령을 받아서 간다는 말은 무슨 뜻입니까?"라고 하자 공
자는 "천자와 제후가 장차 군대를 출동시킬 때에는 반드시 비단이나 가죽 또는 옥
등의 폐물을 가지고 종묘에 고하고서, 고하는 의식이 끝나면 폐물로 바쳤던 것들을
받들고서 종묘를 빠져나오며, 제거(齊車)에 그 폐물들을 싣고서 출동을 한다. 그리
고 이러한 행차 중에는 매번 임시 주둔지를 설치할 때마다 그 폐물들에게 전제(奠
祭)를 지내고, 그런 다음에야 임시 주둔지를 설치할 장소로 가서 막사를 설치하게
된다. 자신의 나라로 되돌아와서는 반드시 종묘에 고하고, 전제사가 끝나게 되면,
폐물들을 거둬다가 종묘의 양쪽 계단 사이에 매장을 하고서야 종묘를 빠져나오니,
이렇게 행동하는 이유는 그 신주의 명령을 귀하게 여기기 때문이다."라고 했다.

① ○幣帛皮圭.

補註 按: 此古註疏無明釋, 而恐幣帛與皮也.

번역 살펴보니, 이 부분에 대해 옛 주와 소에는 명쾌한 해설이 없는데, 아마
도 비단과 가죽을 폐물로 바친다는 뜻인 것 같다.

「증자문」 31장

참고-經文

子游問曰: “①喪慈母, 如母禮與?” 孔子曰: “非禮也. ②古者, 男子外有傳, 內有慈母, 君命所使敎子也, 何服之有?”

번역 자유가 “자모(慈母)¹⁾에 대한 상을 치를 때, 모친에 대한 상을 치를 때처럼 하는 것이 예법입니까?”라고 묻자 공자는 “비례이다. 옛적에 남자에게는 밖에 스승이 있고 안에 자모가 있었으니, 군주가 명령을 내려서 그들로 하여금 자식을 교육시키도록 했던 것일 뿐인데, 어떤 상복을 입고 상을 치르겠는가?”라고 대답했다.

① ○喪慈母如母.

補註 鄭註: 如母, 謂父卒三年也. 子游意以爲國君亦當然. 禮所云者, 乃大夫以下, 父所使妾養妾子.

번역 정현의 주에서 말하길, 모친과 같이 한다는 말은 이미 부친이 돌아가신 경우에는 자모를 위해서 3년간 상복을 입는다는 뜻이다. 자유의 생각은 한 나라의 군주는 자모에 대해서도 당연히 상복을 입어야 한다고 여긴 것이다. 예에서 언급하고 있는 내용은 곧 대부 이하의 경우에는 부친이 첩에게 명령을 하여, 모친이 없는 첩의 아들들을 양육하게 한다는 말이다.

補註 ○按: 家語, 喪慈母上, 有‘諸侯之世子’五字.

번역 ○살펴보니, 『공자가어』에는 ‘상자모(喪慈母)’라는 구문 앞에 ‘제후지세자(諸侯之世子)’라는 다섯 글자가 더 기록되어 있다.

---

1) 자모(慈母)는 모친을 뜻하기도 하지만, 고대에 자신을 양육시켜준 서모(庶母)를 뜻하기도 한다. 이곳에서는 후자의 뜻이다.

② 古者男子[止]之有.

補註 鄭註: 此指謂國君之子.

번역 정현의 주에서 말하길, 이 문장이 기준으로 삼고 있는 계층은 군주의 아들이다.

①妾之無子者, 養妾子之無母者, 謂之慈母. 然②天子諸侯不爲庶母服, 大夫妾子, 父在爲其母大功, 士之妾子, 父在爲其母期, ③是與己母同也. 何服之有, 謂天子諸侯也, 故下文擧國君之事證之.

번역 첩 중에서 자식이 없는 자가 첩의 아들 중 모친이 없는 자를 양육하는데, 그들을 자모(慈母)라고 부른다. 그러나 천자와 제후는 서모(庶母)를 위해서 상복을 입지 않으며, 대부의 첩 자식들은 부친이 생존해 있으면, 그의 자모를 위해서 대공복(大功服)을 입고, 사의 첩 자식들은 부친이 생존해 있으면, 그의 자모를 위해서는 기년복(期年服)으로 상을 치르니, 이것은 자신의 생모(生母)에게 행하는 예법과 동일한 것이다. "어떤 복이 있겠는가?"라는 말은 천자와 제후의 경우를 뜻한다. 그렇기 때문에 아래 문장에서 한 나라의 군주에 해당하는 일을 제시하여, 이러한 사실을 증명하고 있는 것이다.

① 妾之無子[止]慈母.

補註 喪服: "慈母如母, 傳曰: 慈母者何也? 妾之無子者, 妾子之無母者, 父命妾曰: '汝以爲子', 命子曰: '汝以爲母', 若是則生養之, 終其身. 死則喪之三年如母, 貴父之命也." 鄭註: "此主謂大夫·士也. 不命爲母子, 則亦服庶母慈己者之服可也. 父在大夫之妾子, 爲母大功, 士之妾子, 爲母期. 父卒則皆得伸三年."

번역 『의례』「상복(喪服)」편에서 말하길, "자모를 위해서는 친모와 마찬가지로 자최복을 입고 삼년상을 치른다. 전문에서 말하였다. 자모는 누구인가? 첩 중 자식이 없는 자와 첩의 자식 중 생모가 없는 자에 대해서, 부친은 첩에게 명령하여 '너는 이 아이를 아들로 삼아라.'라고 말하고, 다시 자식에게 명령하여 '너는 이 여인을 모친으로 삼아라.'라고 한다. 만약 그렇다면 자모가 생존해 계실 때에는 봉양하여 자모가 돌아가실 때까지 친모처럼 여기게 된다. 따라서 자모가 돌아가시면 친모에 대한 경우처럼 그녀를 위해 삼년상을 치르니, 부친의 명령을 존귀하게 여기기 때문이다."²⁾라고 했다. 정현의 주에서 말하길, "이 내용은 주로 대부 및 사에 대한 것이다. 모자관계를 맺도록 명령하지 않았다면, 또한 서모(庶母)들 중 자신을 길러준 자에게 착용하는 상복규정을 따라야만 한다. 대부의 첩 자식은 부친이 생존해 계실 때 친모를 위해서 대공복을 착용하니, 사의 첩 자식은 자신의 친모를 위해서 기년상을 치른다. 부친이 이미 돌아가신 상태라면, 두 계층 모두 자신의 정감을 펼칠 수 있어서 삼년상을 치른다."라고 했다.

② 天子[止]庶母服.

補註 疏曰: "喪服公子爲其母, 練冠麻衣, 親母尙不服, 庶母不服可知. 父卒, 得爲己母大功." 又曰: "國君之子尙不服庶母, 則國君身不服庶母可知."
번역 소에서 말하길, "『의례』「상복(喪服)」편에서 공자(公子)들은 그의 모친을 위해서 연관(練冠)³⁾을 쓰고 마의(麻衣)를 입는다고 하였다. 친모에 대해서도 오히려 상복을 입지 않으니, 서모에 대해서 상복을 입지 않는다는 사실을 알 수 있다. 만약 부친이 이미 돌아가신 경우라면, 자신의 모친을 위해서 대공복(大功服)을 입을 수 있다."라고 했다. 또 말하길, "군주의 아들도 오

---

2) 『의례』「상복(喪服)」: 慈母如母. 傳曰, 慈母者何也? 傳曰, 妾之無子者, 妾子之無母者, 父命妾曰, "女以爲子." 命子曰, "女以爲母." 若是, 則生養之終其身如母, 死則喪之三年如母, 貴父命也.

3) 연관(練冠)은 상(喪) 중에 착용하는 관(冠)이다. 부모의 상 중에서 1주기에 지내는 제사 때 착용을 하였다.

히려 서모에 대해서 상복을 입지 않는다고 한다면, 군주 본인 또한 서모를 위해서는 상복을 입지 않는다는 사실을 알 수 있다."라고 했다.

③ **是與己母同也**.

補註 按: 此謂慈母之服, 父在則亦降, 與父在爲其母者同. 疏曰: "大夫妾子, 父在爲母大功, 士之妾子, 父在爲母期, 則父在爲慈母亦當與己母同." 陳註蓋本於疏說, 而去此父在爲慈母一句, 以致看者疑晦可欠.

번역 살펴보니, 이것은 서모에 대한 상복은 부친이 생존해 계시다면 또한 낮추게 되어 부친이 생존해 계실 때 모친을 위해 착용하는 상복과 동일하다는 뜻이다. 소에서는 "대부의 첩 아들은 부친이 생존해 있을 때, 모친을 위해서 대공복을 입는다. 사의 첩 아들은 부친이 생존해 있을 때 모친을 위해서 기년복을 입으니, 부친이 생존해 있을 때에도 자모를 위해서는 또한 마땅히 자신의 모친과 동일하게 상을 치르는 것이다."라고 했다. 진호의 주는 아마도 소의 주장에 근본을 둔 것 같은데, '부재위자모(父在爲慈母)'라는 구문을 생략하여, 그 주석을 보는 자로 하여금 의문을 일으키게 했다.

「증자문」32장

참고-經文

①昔者魯昭公, 少喪其母, 有慈母良, 及其死也, 公弗忍也, 欲
喪之. 有司以聞曰, 古之②禮, 慈母無服, 今也, 君爲之服, 是逆
古之禮, 而亂國法也, 若終行之, 則有司將書之, 以遺後世, 無
乃不可乎. 公曰, 古者, 天子練冠以燕居. 公弗忍也, 遂練冠以
喪慈母, 喪慈母, 自魯昭公始也.

번역 공자가 계속하여 대답해주기를, "옛날 노나라 소공이 어렸을 때 그의 친모를
여의어서 상을 치렀고, 자모 중에 어진 자가 있어서 그녀가 소공을 양육하였다. 그
런데 그녀가 죽게 되자 소공은 차마 그냥 내버려둘 수가 없어서 그녀에 대한 상을
치르고자 하였다. 유사(有司)가 그 소식을 듣고서 소공에게 말하길, '옛 예법에는
자모에 대해서는 상복을 입지 않는다고 하였는데, 지금 군주께서 그녀를 위하여 상
복을 입으신다고 하니, 이것은 옛 예법을 어기는 것이며, 국법을 문란하게 만드는
경우입니다. 그러한데도 만약 끝내 그 일을 감행하고자 하신다면, 유사인 제가 장차
그 일을 기록하여서 후세에 전할 것이니, 자모에 대한 상을 치르는 것은 불가한 일
이 아니지 않겠습니까?'라고 하였다. 그러자 소공이 대답하기를, '옛적에 천자도 이
러한 경우에 연관(練冠)을 착용하고 퇴청하여 자숙하였다.'라고 했다. 그런 뒤에
소공은 죽은 자모에 대해 차마 그냥 내버려둘 수가 없어서, 마침내 연관을 착용하
고 자모에 대한 상을 치렀으니, 자모에 대한 상을 치르는 잘못은 노나라 소공으로
부터 시작된 일이다."라고 했다.

① 昔者[止]少喪其母.

補註 鄭註: "此據國君也. 昭公年三十, 乃喪齊歸, 猶無戚容, 是不少, 又
安能不忍於慈母? 此非昭公明矣, 未知何公也." 疏曰: "前經指國君之子,
此經引昭公, 故云據國君. 是國君與其子同也. 家語云孝公有慈母良, 今
鄭云未知何公者, 鄭不見家語也. 或家語王肅所足, 故鄭不見也."
번역 정현의 주에서 말하길, "이 문장은 군주에 기준을 두고 언급한 내용이

다. 소공은 30세 때 소공의 모친인 제귀(齊歸)에 대한 상을 치렀는데, 오히려 슬퍼하는 기색조차 없었다고 한다. 이것은 소공이 어렸을 때에 해당하는 일이 아닌데, 또한 어찌 자모에 대해서 차마 잊지 못하는 일이 있었겠는가? 따라서 이 문장에서 말하는 군주가 소공이 아니라는 사실은 분명하지만, 정확히 어떤 군주인지는 잘 모르겠다.”라고 했다. 소에서 말하길, “앞의 경문에서는 군주 아들을 대상으로 언급하였고, 이곳 경문에서는 노나라 소공의 일화를 인용하고 있기 때문에, 군주에 기준을 두고 언급한 내용이라고 말한 것이다. 위의 두 경문에서 언급하는 내용들은 또한 군주와 그의 아들에게 동일하게 해당하는 내용이다. 『공자가어』에서는 ‘효공에게 자모가 있었는데 선량하였다.’[1]라고 하였다. 그런데 정현이 ‘어떤 군주인지는 잘 모르겠다.’라고 말했으니, 정현은 『공자가어』를 살펴보지 않았기 때문일 것이다. 또한 그것이 아니라면 『공자가어』의 본문에는 왕숙이 사족을 단 부분이 있기 때문에, 정현이 안 보았을 수도 있다.”라고 했다.

補註 ○陽村曰: 昔者以下, 非孔子之言. 陳司敗問: “昭公知禮乎?” 孔子曰: “知禮”, 及司敗言其取同姓之非禮, 則孔子受以爲過而不辭, 人有指而問之, 亦且爲之隱諱, 豈自揚其先君之失乎? 且夫子, 魯人也, 豈其言先君而稱魯哉? 若後章所謂魯公伯禽者, 是擧老聃之言, 故引之.

번역 ○양촌이 말하길, ‘석자(昔者)’로부터 그 이하의 기록은 공자의 말이 아니다. 진나라 사패가 “소공은 예를 아셨습니까?”라고 묻자 공자는 “예를 아셨다.”라고 대답했고, 사패가 동성의 아내를 들인 일은 비례라고 말하자 공자는 그 말을 받아들여 자신의 잘못이라고 여기고 거부하지 않았고, 남이 잘못된 점을 지목하여 질문한 것에 대해서는 또한 그 잘못을 감춰서 피했던 것이니,[2] 어떻게 공자 스스로 선군의 잘못을 드러낼 수 있겠는가? 또 공자는 노

---

1) 『공자가어』「곡례자하문(曲禮子夏問)」: 昔魯孝公少喪其母, 其慈母良, 及其死也, 公弗忍, 欲喪之.

2) 『논어』「술이(述而)」: 陳司敗問昭公知禮乎, 孔子曰, “知禮.” 孔子退, 揖巫馬期而進之, 曰, “吾聞君子不黨, 君子亦黨乎? 君取於吳爲同姓, 謂之吳孟子. 君而知

나라 사람인데 어찌 선군에 대해 말하며 노나라라고 지칭했겠는가? 아래문
장에서 노나라 군주 백금이라고 말한 것[3]은 노담이 한 말을 전한 것이기 때
문에 그대로 인용했던 것이다.

② 禮慈母無服.

補註 按: 家語慈母上, 有國君二字.

번역 살펴보니, 『공자가어』에는 '자모(慈母)'라는 글자 앞에 국군(國君)이라
는 두 글자가 더 기록되어 있다.

참고-集說

良, 善也. ①古者, 周以前也. ②天子諸侯之庶子爲天子諸侯者,
爲其母緦. 春秋有以小君之禮服之者, 以子貴而伸也, 然必適
小君沒. 若適小君在, 則其母③厭屈, 故練冠也. 此言練冠以燕
居, 謂庶子之爲王者爲其母耳.

번역 '양(良)'자는 착하다는 뜻이다. '고자(古者)'는 주나라 이전을 뜻한다. 천자와
제후의 서자들 중에서 천자와 제후의 지위에 오른 자들은 그의 모친을 위해서 시마
복(緦麻服)을 착용한다. 『춘추』에 기록된 내용 중에는 소군(小君)[4]에 대한 예법과
관련하여, 친모에 대해 상을 치르는 경우가 기록되어 있는데, 서모(庶母)의 자식이
존귀한 신분이 되어 그러한 예법을 실행할 수 있었던 것이다. 그러나 반드시 이러
한 경우는 때마침 소군이 죽고 없었을 경우에 한정된다. 만약 때마침 소군이 생존

禮, 孰不知禮?" 巫馬期以告. 子曰, "丘也幸, 苟有過, 人必知之."
3) 『예기』「증자문(曾子問)」: 子夏曰: 金革之事, 無辟也者, 非與. 孔子曰: 吾聞諸老
聃曰, 昔者, <u>魯公伯禽</u>, 有爲爲之也, 今以三年之喪, 從其利者, 吾弗知也.
4) 소군(小君)은 주대(周代)에 제후의 부인을 지칭하던 용어이다. 『춘추』「희공(僖公)
2년」편에는 "夏五月辛巳, 葬我<u>小君</u>哀姜."이라는 용례가 있다.

해 있는 경우라면, 그의 친모인 서모에 대해서는 예법을 제대로 실행할 수 없다. 그렇기 때문에 연관(練冠)만 착용하였던 것이다. 이 문장에서 "연관을 착용하고 연거(燕居)하였다."는 말은 서자들 중에서 군주가 된 자가 자신의 친모인 서모를 위해서 그렇게 실행했다는 뜻일 뿐이다.

① **古者周以前也.**

補註 疏曰: 案喪服緦麻章云, "庶子爲後爲其母緦", 註服問云, "庶子爲後爲其母緦", 則是周法, 天子諸侯大夫士一也. 凡言古者, 皆據今而道前代, 以此經旣云古者天子爲其母, 則前代可知也.

번역 소에서 말하길, 『의례』「상복(喪服)」편의 시마장을 살펴보면 "서자들 중에 후계자가 된 자는 그의 친모를 위해서 시마복을 입는다."라고 했고, 『예기』「복문(服問)」편에 대한 주에서는 "서자들 중에 후계자가 된 자는 그의 친모를 위해서 시마복을 입는다."라고 했으니, 주나라의 예법에 해당하며, 천자・제후・대부・사가 동일하게 따랐던 것이다. 무릇 '고(古)'라고 언급한 말들은 모두 지금 시대를 기준으로 그 이전 시대를 언급한 말들이며, 이곳 경문에서도 이미 '옛적에 천자가 그 모친을 위해서'라고 언급하였으니, 이 말 또한 이전 시대에 시행했던 예법임을 알 수 있다.

② **天子諸侯[止]其母緦.**

補註 喪服, 緦麻三月, "庶子爲父後者爲其母." 疏曰: "此爲無冢適, 惟有妾子, 父死, 庶子承後, 爲其母緦也."

번역 『의례』「상복(喪服)」편의 시마삼월장에서는 "서자 중 부친의 후계자가 된 자가 자신의 생모를 위해서 시마복을 착용하고 3개월 동안 복상한다."[5]라고 했다. 가공언의 소에서 말하길, "이 경우는 적실이 낳은 적장자가 없고 오직 첩의 자식만 있는데, 부친이 죽어 서자가 지위를 계승해서 후계자가 되었을 때, 자신의 생모를 위해 시마복을 착용하는 상황이다."라고 했다.

---

5) 『의례』「상복(喪服)」: 庶子爲父後者爲其母.

補註 ○按, 陳註蓋據喪服, 而此說又見服問註, 又見圖式庶子爲其母條, 但無天子二字.

번역 ○살펴보면, 진호의 주는 아마도 『의례』「상복(喪服)」편의 기록에 근거한 것 같은데, 이러한 설명은 또한 『예기』「복문(服問)」편의 주에도 나오며 또 『도식』에서 '서자위기모(庶子爲其母)'의 항목에도 나오지만, '천자(天子)'라는 두 글자는 없다.

③ 厭屈故練冠也.

補註 喪服記: "公子爲其母, 練冠・麻, 麻衣縓緣, 旣葬除之." 傳曰: "何以不在五服之中也? 君之所不服, 子亦不敢服也." 註: "爲不制衰裳變也. 諸侯之妾子厭於父, 爲母不得伸, 權爲制此服, 不奪其恩也."

번역 『의례』「상복(喪服)」편의 기문에서 말하길, "공자는 자신의 생모를 위해서 연관(練冠)에 마로 만든 질(経)을 두르고, 마의에 분홍색의 가선을 댄다. 장례를 치르고 나면 제거한다."[6]라고 했다. 전문에서 말하길, "어찌하여 오복(五服) 안에 포함되지 않는가? 군주가 상복을 착용하지 않는 대상에 대해서는 자식 또한 감히 상복을 착용하지 못한다."[7]라고 했다. 주에서 말하길, "상복처럼 제작하지 않는 것이다. 제후 첩의 자식은 부친으로 인해 염강(厭降)[8]을 해서 자기 생모에 대해서는 정감을 펼칠 수 없으니, 권도에 따라 이러한 복장을 제작해서 자식의 은정을 빼앗지 않는 것이다."라고 했다.

補註 ○按: 雖厭屈似當服緦, 而乃爲練冠者, 恐此緦本據父死者, 而雖適小君在, 亦被厭, 不敢服云歟.

---

6) 『의례』「상복(喪服)」: 公子爲其母, 練冠・麻, 麻衣縓緣; 爲其妻, 縓冠・葛経帶・麻衣縓緣. 皆旣葬除之.

7) 『의례』「상복(喪服)」: 傳曰, 何以不在五服之中也? 君之所不服, 子亦不敢服也.

8) 염강(厭降)은 상례(喪禮)에 있어서, 돌아가신 모친을 위해 자식은 본래 삼년상(三年喪)을 치러야 하지만, 부친이 생존해 계신 경우라면, 수위를 낮춰서 기년상(期年喪)으로 치르는데, 이처럼 낮춰서 치르는 것을 '염강'이라고 부른다.

번역 ○살펴보니, 비록 낮추고 굽혀서 시마복을 입어야 하는 것처럼 보이지만 연관(練冠)을 착용했던 것은 아마도 시마복은 본래 부친이 돌아가셨을 경우에 기준을 둔 것이고, 비록 때마침 소군이 생존해 있더라도 또한 염강을 하게 되어 감히 착용하지 못하는 것이다.

「증자문」35장

曾子問曰: "天子嘗·禘·郊·社·五祀之祭, ①簠簋旣陳, 天
子崩·后之喪, 如之何?" 孔子曰: "廢."

번역 증자가 "천자가 상(嘗)·체(禘)·교(郊)·사(社)·오사(五祀)에 대한 제사
를 지내게 되었을 때, 일을 맡아보는 자들이 사전 준비 작업을 하여, 이미 보(簠)나
궤(簋)와 같은 제기들을 진설해 두었는데, 만약 천자가 죽거나 천자의 부인이 죽어
서 상을 치르게 되었다면, 어찌해야 합니까?"라고 묻자 공자는 "상을 치러야 하므
로 제사를 그만둔다."라고 대답했다.

① 簠簋旣陳.

補註 鄭註: "旣陳, 謂夙興陳饌牲器時也." 疏曰: "下文云: '當祭而日食',
此簠簋旣陳, 不當祭也."

번역 정현의 주에서 말하길, "이미 진설하였다는 말은 제사 당일 집정관들이
일찍 일어나서 성찬을 차려놓고 희생물들을 담는 그릇 등을 진설해둔 때를
뜻한다."라고 했다. 소에서 말하길, "다음 문장에서 제사를 지낼 때 일식이
발생하였다고 기록하였으니, 이곳 문장에서 보궤(簠簋)가 이미 진설되었다
고 한 말은 제사를 지낼 때에 해당하지 않는다."라고 했다.

補註 ○按: 註疏恐不然. 簠簋旣陳, 便是當祭之謂. 曾子旣聞天子崩后
之喪, 則雖當祭亦廢, 而更意日食太廟火稍輕, 似可仍行, 故直問其祭之
也, 當如何也? 下文旣陳·旣設, 亦皆爲當祭之時.

번역 ○살펴보니, 주와 소의 주장은 아마도 잘못된 것 같다. 보와 궤가 이미
진설되었다는 것은 제사를 지내야 할 때를 뜻한다. 증자는 이미 천자나 왕후
의 상이 발생하면 비록 제사를 지내야 할 때라도 폐지한다는 말을 들었는데,
다시금 일식이나 태묘에 화재가 발생하는 것처럼 비교적 덜 중요한 사안에

있어서는 아마도 시행해도 괜찮을 것이라는 생각이 들었다. 그렇기 때문에 직접적으로 제사를 지내려고 할 때 어떻게 해야 하느냐고 물어본 것이다. 아래문장에서 '기진(既陳)'이나 '기설(既設)'이라고 한 말들 또한 모두 제사를 지내는 때에 해당한다.

「증자문」36장

曾子問曰: "當祭而日食·大廟火, 其祭也, 如之何?" 孔子曰: 接祭而已矣. 如①牲至未殺, 則廢.

번역 증자가 "제사를 지낼 때 일식이 발생하거나 태묘에 화재가 발생한다면, 제사는 어찌해야 합니까?"라고 묻자 공자는 "신속하게 제사를 지낼 따름이다. 그런데 만일 희생물이 도착하였지만 아직 도살을 하지 않은 상태라면, 제사를 진행하지 않고 그만둔다."라고 대답했다.

① ○牲至未殺則廢.

補註 按: 上文旣云當祭, 而此云牲至未殺則廢. 然則自夙興陳饌牲器以後, 皆爲當祭也.

번역 살펴보니, 앞 문장에서는 이미 '제사를 지낼 때'라고 했고, 이곳에서는 "희생물이 도착했지만 아직 도살하지 않았다면 그만둔다."라고 했다. 그렇다면 아침 일찍 일어나 음식과 희생물에 사용하는 기물 및 제기들을 진설한 이후는 모두 제사를 지낼 때에 해당한다.

接, 捷也, 速疾之義. 此言宗廟之祭, 遇此變異, 則減略節文, 務在速畢, ①無迎尸於奧, 及迎尸入坐等禮矣.

번역 '접(接)'자는 첩(捷)자의 뜻이니, 신속하게 치른다는 의미이다. 이 문장의 뜻은 종묘에 대한 제사에서 이러한 변고를 만나게 된다면, 의례 절차를 생략하고 신속하게 끝내는데 힘쓴다는 말이다. 즉 아랫목으로 시동을 맞이하는 절차나 시동을 맞이하여 좌석에 앉히는 등등의 의례 절차들을 생략한다는 뜻이다.

① 無迎尸[止]入坐等禮.

補註 鄭註: "接祭而已, 不迎尸." 疏曰: "凡迎尸之禮, 其節有二. 祭也初
迎尸於奧而行灌, 灌畢而後出迎牲, 於時筵[1]尸於戶外, 殺牲薦血毛, 行
朝踐之禮, 設腥爓之俎於尸前, 是一也. 然後退而合亨, 更迎尸入坐於
奧, 行饋孰之禮, 是二也. 此云不迎尸者, 直於堂上行朝踐畢則止, 不更
迎尸而入也. 此謂宗廟之祭, 郊社之祭無文, 不迎尸亦謂此時也."

번역 정현의 주에서 말하길, "신속하게 제사를 지낼 따름이니, 시동을 맞이
하지 않는다."라고 했다. 소에서 말하길, "시동을 맞이하는 예법에는 그 절차
에 두 종류가 있다. 첫 번째는 제사를 지내는 초반에 시동을 아랫목으로 맞
이하고서, 관례(灌禮)[2]를 시행하고, 관례가 끝난 이후에 밖으로 나와서 희
생물을 맞이하게 되는데, 이 시기에는 방문 밖에서 시동에게 대자리를 깔아
주게 되며, 희생물을 도살하여 희생물의 피와 가죽을 바쳐서, 조천(朝踐)[3]
의 의례를 시행하고, 삶아서 익힌 고기를 도마에 담아서 시동 앞에 놓아두게
된다. 두 번째는 그런 뒤에 물러나서 희생물의 고기를 모아 삶고 다시금 시
동을 맞이하여 아랫목에 앉게 하고, 궤숙(饋孰)[4]의 의례를 시행한다. 이곳

---

1) '연(筵)'자에 대하여. '연'자는 본래 '영(迎)'자로 기록되어 있었는데, 『예기주소』의
   기록에 따라 '연'자로 수정하였다.

2) 관례(灌禮)는 제례(祭禮) 의식 중 하나이다. 술을 땅에 부어서 신(神)을 강림시키는
   것이다. 『논어』「팔일(八佾)」편에는 "禘, 自旣灌而往者, 吾不欲觀之矣."라는 기록
   이 있고, 이 기록에 대한 하안(何晏)의 『집해(集解)』에서는 공안국(孔安國)의 주장
   을 인용하여, "灌者, 酌鬱鬯灌於太祖以降神也."라고 풀이하였다.

3) 조천(朝踐)은 제례(祭禮) 의식 중 하나이다. 희생물의 피와 기름 등을 바치고, 단술
   을 따르게 되면, 비로소 제사를 본격적으로 시행하게 된다. 제주(祭主)의 부인이
   되는 주부(主婦)는 이때 제사 때 진설해두는 제기(祭器)인 두변(豆籩) 등을 바치게
   된다. '조천'은 바로 이러한 의식 절차를 가리킨다. 『주례』「춘관(春官)·사준이(司
   尊彝)」에는 "其朝踐用兩獻尊."이라는 기록이 있고, 이 기록에 대한 정현의 주에서
   는 "朝踐, 謂薦血腥, 酌醴, 始行祭事, 后於是薦朝事之豆籩."이라고 풀이하였다.

4) 궤숙(饋孰)은 '궤숙(饋熟)'이라고도 부른다. 제례(祭禮) 의식 중 하나이다. 제사를
   시행할 때에는 희생물을 잡아서 생고기를 바치고, 이후에 다시 익힌 고기를 바치는
   데, '궤숙'은 바로 익힌 음식을 바치는 절차를 뜻한다.

에서 시동을 맞이하지 않는다고 한 말은 단지 당상에서 조천의 의례만 시행하고 그것이 끝나면 그치며, 다시금 시동을 맞이하여 들여보내지 않는다는 뜻이다. 이러한 설명들은 모두 종묘에 대한 제사에 해당하는데, 교(郊)·사(社) 같은 제사에 대해서는 남아있는 기록이 없다. 따라서 시동을 맞이하지 않는다는 말은 또한 종묘에 대해 제사를 지내는 시기를 가리킨다."라고 했다.

補註 ○按: 陳註有若竝闕灌朝踐者, 然恐誤. 且陳註云此言宗廟之祭, 似因疏說郊社無文而言也. 然旣云當祭, 則竝包郊社五祀, 而必各有減節之道.

번역 ○살펴보니, 진호의 주에는 관례나 조천에 대해서 모두 생략하는 것처럼 기술하였는데, 아마도 잘못된 말인 것 같다. 또 진호의 주에서는 이것은 종묘의 제사를 뜻한다고 했는데, 아마도 소의 주장에서 교나 사와 같은 제사에 대해서는 남아있는 기록이 없다고 한 것에 따라 이처럼 말한 것 같다. 그러나 이미 제사를 지낼 때라고 말했다면 교나 사 및 오사 등도 모두 포함하는 것이며, 분명 각각에 대해 절차를 생략하는 법도가 있었을 것이다.

「증자문」 39장

曾子問曰: "大夫之祭, 鼎俎旣陳, 籩豆旣設, 不得成禮, 廢者, 幾?" 孔子曰: "九." "請問之." 曰: "天子崩·后之喪·君薨·夫人之喪·君之大廟火·日食·三年之喪·齊衰·大功, 皆廢. 外喪, 自齊衰以下, 行也. 其齊衰之祭也, 尸入, 三飯不侑, 酳不酢而已矣. 大功, 酢而已矣. 小功·緦, 室中之事而已矣. ①士之所以異者, 緦不祭, 所祭, 於死者, 無服則祭."

번역 증자가 "대부가 제사를 지내게 되어, 정(鼎)과 조(俎)를 이미 진설해두었고, 변(籩)과 두(豆)를 이미 설치해 두었는데, 예를 다 끝내지도 못하고서 중간에 그만두는 경우는 몇 가지나 됩니까?"라고 묻자 공자는 "총 9가지 경우가 있다."라고 대답했다. 증자가 "그 상세한 내용에 대해 청해 묻고자 합니다."라고 하자 공자는 "천자가 죽은 경우와 천자의 부인이 죽어서 상을 치르는 경우와 제후가 죽은 경우와 제후의 부인이 죽어서 상을 치르는 경우와 제후의 태묘에 화재가 발생한 경우와 일식이 일어난 경우와 삼년상에 처해 있는 경우와 자최복(齊衰服)이나 대공복(大功服)을 입고 상을 치르는 경우에는 모두 제사를 그만둔다. 외상(外喪)인 경우에는 자최복이나 그 이하의 상복을 입고 치르는 상에서는 제사를 시행한다. 다만 자최복을 입고 치르는 외상인 경우에는 시동을 맞이하여 자리에 앉히고 나서, 시동이 세 번 수저를 뜨고서 사양하면, 더 이상 권하지 않고, 입가심하는 술을 시동에게 따라주되, 주인 및 나머지 사람들과 술잔을 주고받는 절차를 시행하지 않을 뿐이다. 대공복을 입고 치르는 외상인 경우에는 시동이 입가심을 하는 술잔을 받은 이후, 주인 및 좌식(佐食)[1]이 술잔을 받는 등의 절차까지 시행하며, 그 이후의 절차는 생략하고 제사를 끝낸다. 소공복(小功服)이나 시마복(緦麻服)을 입고 치르는 외상인 경우에는 좌식이 술잔을 받는 절차까지 시행한 뒤에 제실(祭室) 안에서 빈객 등과

---

1) 좌식(佐食)은 제사를 지낼 때, 시동의 옆에서 시동이 제사 음식을 흠향할 수 있도록 시중을 드는 사람이다. 『의례』「특생궤식례(特牲饋食禮)」편에는 "佐食北面, 立於中庭."이라는 기록이 있는데, 이에 대한 정현의 주에서는 "佐食, 賓佐尸食者."라고 풀이했다.

술잔을 주고받는 등의 절차까지도 시행하며, 그 이후의 절차는 생략하고 제사를 끝낸다. 사의 경우 대부와 다른 점은 시마복의 상에서도 제사를 지내지 않으며, 제사 지내는 대상이 죽은 자에 대해 상복을 입지 않는 관계인 경우라면 제사를 지낸다."라고 했다.

① 士之[止]緦不祭.

補註 鄭註: "然則士不得成禮者十一." 疏曰: "士又加緦·小功, 故爲十一."
번역 정현의 주에서 말하길, "그렇다면 사는 예를 다 끝맺지 못하는 경우가 11가지이다."라고 했다. 소에서 말하길, "사에게는 또한 시마복과 소공복의 경우가 더해지기 때문에 11가지가 된다."라고 했다.

補註 ○按: 疏以士緦不祭者, 亦爲鼎俎旣陳而値喪, 但上文云緦不祭, 又何助於人, 則常時有緦者, 亦似不祭.
번역 ○살펴보니, 소에서는 사가 시마복의 상을 치를 때 제사를 지내지 않는다는 것을 또한 솥과 도마 등을 이미 진설해두었는데 상을 당한 경우로 여긴 것 같다. 그러나 앞에서는 시마복을 입고 있다면 제사를 지내지 않는데, 어찌 남의 제사를 도울 수 있느냐고 했으니,[2] 평상시에도 시마복의 상을 치르고 있다면 또한 제사를 지내지 않았을 것이다.

참고-集說

此言大夫宗廟之祭. 外喪, 在大門之外也. 三飯不侑, 酳不酢, 說見上章. 大功酢而已者, 大功服輕, 祭禮稍備, 十一飯之後, 主人酳酒酳尸, 尸酢主人, 卽止也. 室中之事者, 凡尸在室之

---

2) 『예기』「증자문(曾子問)」: 曾子問曰: 相識, 有喪服, 可以與於祭乎. 孔子曰: 緦, 不祭, 又何助於人.

奧, 祝在室中北廟南面, 佐食在室中戶西北面, 但主人主婦及
賓獻尸及祝佐食等三人畢則止也. 若平常之祭, 十一飯畢, 主
人酳尸, 尸卒爵酢主人, 主人獻祝及佐食畢, 次主婦獻尸, 尸酢
主婦, 主婦又獻祝及佐食畢, 次賓長獻尸, 尸得賓長獻爵, 則止
不擧. 蓋①奠其爵于薦之左也, 待致爵之後, 尸乃擧爵. 今以喪
服殺禮, 故止於賓之獻也. 士卑於大夫, 雖緦服亦不祭. 所祭,
於死者, 無服, 謂如妻之父母, 母之兄弟姊妹, 己雖有服, 而己
所祭者, 與之無服, 則可祭也.

번역 이 문장은 대부가 종묘에서 지내는 제사에 대한 내용을 언급하고 있다. 외상(外喪)은 대문 밖에서 지내는 친인척에 대한 상사를 뜻한다. '삼반불유(三飯不侑)'와 '윤불초(酳不酢)'에 대해서는 그 설명이 앞 문장에 나온다. 대공복(大功服)을 입고 치르는 상일 경우에는 제사를 지낼 때, 술잔을 돌리는 절차까지 시행하고 끝낸다고 하였는데, 대공복은 상복 중에서도 비교적 수위가 낮은 상복에 해당하여, 제례를 어느 정도 갖춰서 제사를 지낼 수 있다. 그러므로 시동이 11번 수저를 뜬 이후에 주인은 술을 따라서 시동에게 입가심을 하게 만들고, 그 뒤에 시동이 주인에게 술잔을 건네게 되면 곧 제사를 끝내게 되는 것이다. 실중(室中)의 일이라는 말은 종묘의 제사에서는 시동이 종묘 건물 중 묘실의 아랫목에 위치하고, 축관(祝官)은 묘실 안에서도 북상(北廂) 쪽에 위치하여 남면을 하며, 좌식(佐食)은 묘실 안에서도 방문의 서쪽에 위치하여 북면을 하는데, 경문에서 "실중의 일만 하고 그친다."는 말은 주인과 주부 및 빈객이 시동·축관·좌식 등 세 사람에게 술을 바치는 절차가 끝나면 곧 제사를 끝내게 된다는 뜻이다. 평상시 종묘에 대한 제사에서는 시동이 11번 수저를 뜨는 일이 끝나면, 주인은 시동에게 입가심하는 술을 따라 주고, 시동은 잔을 비운 다음에 주인에게 술잔을 돌린다. 주인이 축관과 좌식에게 술잔 돌리는 일이 끝나면, 그 다음으로 주부가 시동에게 술잔을 바치고, 시동은 다시 주부에게 술잔을 돌린다. 주부가 또한 축관과 좌식에게 술잔 돌리는 일이 끝나면, 그 다음으로 빈객들의 우두머리가 시동에게 술잔을 바친다. 시동이 빈객들의 우두머리가 바친 술잔을 받으면, 곧바로 마시는 것이 아니라 그 시점에서 잠시 멈추고 술잔을 들지 않는다. 무릇 그 술잔은 음식을 바친 곳의 좌측에 놓아두게 되는데, 술잔이 빈객들에게 골고루 다 돌아간 이후를 기다렸다가 시동이 술잔을 들게 된다. 그런데 이곳 문장에서 언급하고 있는 상황은 상복을 입고 있는 상태이기 때문에, 정상적인 예법보다 낮춘 것이다. 그러므로 빈객들이 술잔을 바치는 절차에서 제사를 끝내는 것이다. 사의 신분은 대부보다 낮으니, 비록 시마복(緦麻服)을 입는 상이라 하더라도 또한 제사를 지내지 않는다. 제사를 지내는 대상이 죽은 자에 대해 상복을 입지 않는 관계인 경우는 마치 처의 부모에 대한 경우나 모친의 형제와 자매에 대한 경우처럼, 자신은 비록 상복을 입는 관계에 해당하지만, 자신이 제사를 지내는 대상은 그들과 상복을 입지 않는 관계이므로, 제사를 지낼 수 있는 것이다.

① 奠其爵于薦之左.

補註 按: 薦, 卽脯醢也.

번역 살펴보니, '천(薦)'이라는 것은 육포나 육장 등에 해당한다.

今按: 致爵之禮, 賓獻尸三爵而止. 尸止爵之後, 執事者爲主人設席于戶內, 主婦酌爵而致于主人, 主人拜受爵, 主婦拜送爵, 主人卒爵拜, 主婦答拜, 受爵以酌而酢, ①執爵拜, 主人答拜, 主人降, 洗爵以酌, 而致于主婦, 主婦之席在房中南面, 主婦拜受爵, 主人西面答拜, 而②更爵自酌以酢, 此所謂致爵也. 祭統曰, 酢必易爵. 詳見特牲饋食禮.

번역 살펴보니, 술잔을 두루 돌리는 예법에 따르면, 빈객은 시동에게 술잔 바치기를 3번하고 그치게 된다. 시동은 술잔을 받아서 바로 들지 않고 내려놓게 되는데, 그런 이후에는 집정관이 주인을 위하여 방문 안쪽에 자리를 설치한다. 주부가 술잔에 술을 따라서 주인에게 건네게 될 때, 주인은 절을 하며 술잔을 받으니, 주부가 절을 하고 술잔을 건네면, 주인은 술잔을 비우고 절을 한다. 주부는 답배를 하고 다시 술잔을 받아서 술을 채운 뒤에 술잔을 권하니, 술잔을 잡고서 절을 하면 주인은 답배를 한다. 주인이 내려와서, 술잔을 씻어서 술을 따른 다음에 주부에게 술잔을 건네게 되는데, 주부는 방안에 자리를 깔고 남면을 한다. 주부가 절을 하고 술잔을 받으면, 주인은 서면을 하고 답배를 하며, 술잔을 바꾸고 스스로 술을 따른 뒤에 술잔을 돌린다. 이러한 절차를 바로 '치작(致爵)'이라고 부른다. 『예기』「제통(祭統)」편에서는 "술잔을 권할 때에는 반드시 술잔을 바꾼다."3)라고 하였다. 자세한 내용은 『의례』「특생궤식례(特牲饋食禮)」편에 보인다.

① 執爵拜主人答拜.

補註 按: 特牲禮本文, 此下有卒爵拜主人答拜一節.

번역 살펴보니, 『의례』「특생궤식례(特牲饋食禮)」편의 본문에는 이 구문 뒤에 "술잔을 비우고서 절을 하면 주인은 답배를 한다."라는 한 문단이 기록되어 있다.

② 更爵自酌.

補註 更, 音庚.

번역 '更'자의 음은 '庚(경)'이다.

補註 ○特牲禮疏曰: 主婦致爵于主人, 是房內爵, 主人致爵于主婦, 是下篚之爵. 主婦飮訖, 實于房中之篚, 主人更取房內之爵以酌酢. 酢訖, 奠于下篚.

번역 ○『의례』「특생궤식례(特牲饋食禮)」편의 소에서 말하길, 주부가 주인에게 치작(致爵)을 하는 것은 방안에 있는 술잔을 사용하는 것이고, 주인이 주부에게 치작을 하는 것은 당 아래의 광주리에 있는 술잔을 사용하는 것이다. 주부가 술을 다 마시면 방안에 있는 광주리에 술잔을 넣어두고, 주인은 다시 방안에 있는 술잔을 가져다가 술을 따라 술잔을 돌린다. 술잔 돌리는 일이 끝나면 당 아래에 있는 광주리에 술잔을 넣어둔다.

---

3) 『예기』「제통(祭統)」: 夫婦相授受不相襲處, <u>酢必易爵</u>, 明夫婦之別也.

「증자문」 41장

君重親輕, 以義斷恩也. 若君服在身, 忽遭親喪, 則不敢爲親制服. ①初死尚不得成服, 終可行除服之禮乎. 此所以雖過時而不除也. 殷祭, 盛祭也. 君服除, 乃得②爲親行二祥之祭, 以伸孝心. 以其禮大, 故曰殷也. 假如此月除君服, ③卽次月行小祥之祭, 又次月行大祥之祭, 若親喪小祥後, 方遭君喪, 則他時君服除後, 惟行大祥祭也. 然此皆謂適子主祭而居官者, 若庶子居官而行君服, 適子在家, 自依時行親喪之禮. 他日庶子雖除君服, 無追祭矣.

번역 상대적으로 비교하자면, 군주는 중대한 대상이고 자신의 부모는 덜 중요한 대상이니, 이러한 경우에는 의(義)로써 은정을 재단하는 것이다. 만약 군주를 위해 본인이 상복을 입고 있는데 갑작스럽게 부모의 상을 당하게 된다면, 감히 부모를 위해 상복을 재단하여 입을 수 없다. 군주를 위해 상복을 입고 있다면, 부모가 이제 막 돌아가셨을 때에도 오히려 상복을 갖춰 입을 수 없는데, 부모의 상이 끝나갈 때 상복을 벗는 예법을 시행할 수가 있겠는가? 이것이 바로 "비록 시기를 지나치더라도 탈상을 하지 않는다."는 이유이다. '은제(殷祭)'는 성대한 제사이다. 군주에 대한 상복을 벗으면 곧바로 부모를 위해 소상(小祥)과 대상(大祥)에 대한 제사를 지내서, 자신의 효성스러운 마음을 펼칠 수 있게 된다. 그 예법이 성대하기 때문에, '은(殷)'자를 붙여서 말한 것이다. 가령 이달에 군주에 대한 상복을 벗게 된다면, 곧바로 다음 달에 소상의 제사를 시행할 수 있고, 또 그 다음 달에 대상의 제사를 시행할 수 있는 것이며, 만약 부모의 상을 치를 때, 소상 이후에 군주의 상을 당하게 된다면, 그 때에는 군주에 대한 상복을 벗은 이후에 오직 대상에 대한 제사만 시행할 따름이다. 그러나 이러한 경우는 모두 적자의 신분을 가지고 있어서 제사를 주관하는 자이면서 동시에 관직에 있는 자들에게만 해당하는 말이다. 만약 서자의 신분이면서 관직에 있는 자들의 경우라면, 부모의 상과는 상관없이 군주를 위한 상을 치르게 된다. 그리고 적자의 신분이면서 관직이 없는 자들의 경우라면, 군주의 상과는 상관없이 자연히 본래 정해진 시기에 의거하여 부모에 대한 상례를 시행하는 것이다. 군주의 상이 끝난 이후의 시기에 서자는 비록 군주에 대한 상복을 벗었다고 하더라도 부모의 상을 주관하는 적자의 신분이 아니므로, 부모에 대해서 소급하여 제사를 지내는 일이 없게 된다.

① ○初死尙不得成服.

補註 沙溪曰: 必須初喪制, 父之服, 過君服畢後, 服父服, 以終三年, 無疑. 註曰: "初死尙不得成服", 孔子之意果如是乎? 不敢私服云者, 恐以君服爲重, 不敢常著私服之意.

번역 사계가 말하길, 분명 초상의 제도에 있어서 부모의 상복은 군주에 대한 복상 기간이 끝난 이후 부모의 상복을 착용하여 삼년상 기간을 마치도록 제정했을 것이니, 이것은 의심할 것이 없다. 주에서 "초상 때에도 오히려 상복을 갖춰서 입지 못한다."라고 했는데, 공자가 한 말의 의미가 과연 이와 같단 말인가? 감히 사적인 상복을 착용하지 않는다고 한 말은 아마도 군주에 대한 상복은 중대한 것이니, 항상 사적인 상복을 착용하고 있을 수 없다는 의미일 것이다.

② 爲親行二祥之祭.

補註 沙溪曰: 禫祭已過月數, 不可行也.

번역 사계가 말하길, 담제는 정해진 달수를 이미 지나쳤다면 시행할 수 없다.

③ 卽次月[止]大祥之祭.

補註 疏曰: 猶若久喪不葬者也.

번역 소에서 말하길, 마치 오래도록 장례를 치르지 못하는 경우[1]와 같은 것이다.

---

1) 『예기』「상복소기(喪服小記)」: 久而不葬者, 唯主喪者不除, 其餘以麻終月數者, 除喪則已.

「증자문」 42장

曾子問曰: "①父母之喪, 弗除, 可乎?" ②孔子曰: "先王制禮, 過時弗擧, 禮也. 非弗能勿除也, 患其過於制也, 故君子過時, 不祭, 禮也."

번역 증자가 "군주의 상 때문에 부모에 대한 상을 제대로 치르지 못한 경우, 군주의 상이 끝나고 난 뒤에도 부모의 상에 대해 탈상을 하지 않은 채 그대로 지나치는 것이 괜찮은 일입니까?"라고 묻자 공자는 "선왕이 예법을 제정함에 상례와 제례에 있어서, 그 시기를 지나치게 되면 다시 소급해서 지내지 않도록 제정하였으니, 이것이 올바른 예법이다. 탈상을 하지 않은 행위는 꼭 불가능해서 그렇게 하지 않는 것은 아니지만, 만약 탈상을 행하게 된다면 선왕이 제정한 예법을 어기게 될까봐 걱정하여 시행하지 않는 것이다. 그렇기 때문에 군자는 그 시기를 지나쳐서는 제사를 지내지 않으니, 이것이 올바른 예법이다."라고 대답했다.

① 父母之喪弗除可乎.

補註 鄭註: 以其有終身之憂.
번역 정현의 주에서 말하길, 탈상을 하지 못한 일이 종신토록 근심거리가 되기 때문이다.

② 孔子曰[止]不祭禮也.

補註 鄭註: 言制禮以爲民中, 過其時則不成禮.
번역 정현의 주에서 말하길, 선왕이 예법을 제정하여 백성들을 중용의 도리에 맞게끔 한 것이니, 그 시기를 놓치게 되면 본래 정해져 있던 예법대로 다 갖추지 못한다는 뜻이다.

補註 ○按: 陳註以庶子仕者, 雖除君服, 不復追祭者爲言. 經文旣未見

此意, 鄭註亦似不然, 而特因疏說而誤也. 竊恐曾子因孔子有過時不除
之語, 而更問, 親喪外除, 人子所不忍, 設或不除於當除之限, 其亦可乎?
此指無故不除者, 如子路有姊之喪, 可除而不除, 曰吾寡兄弟而不忍之
意. 孔子曰: 先王制禮, 不擧過時之禮者乃禮也, 故孝子苟欲勿除, 則非
不能也. 特患其過於制而不敢耳. 又以祭喩喪曰: "春祭不可行於夏, 夏
祭不可行於秋"者, 先王制禮, 過時不擧故也. 豈有除喪之練祥, 不行於
當行之期限乎? 甚言其不可過時也. 上文云有過時而弗除者, 乃君喪時
也, 故著一有字言. 平時固不可過時除服, 而唯當此之時有過時不除者
也, 有字深味之可見. 且非不能勿除, 陳註只以非不能除釋之, 勿字則不
言其歸宿, 恐誤.

번역 ○살펴보니, 진호의 주에서는 서자가 벼슬을 하고 있는 경우 비록 군주
에 대한 상복을 벗더라도 다시 소급하여 제사를 지낼 수 없다는 경우로 설명
하였다. 그러나 경문에는 이러한 의미가 나타나지 않고, 정현의 주 또한 그
와 같은 설명이 아닌 것 같다. 다만 소의 주장에 따라서 이처럼 잘못 풀이한
것이다. 내가 생각하기에 증자는 시기를 지나치면 탈상을 하지 않는다고 한
공자의 말에 따라 재차 질문을 한 것으로, 부모의 상을 치를 때에는 그 기한
이 끝났더라도 슬픔을 잊지 못하는 것이니,[1] 자식의 입장에서는 차마 하지
못하는 점이 있다. 따라서 탈상을 해야 하는 기한이지만 탈상을 하지 않아도
또한 괜찮은 것이냐고 물어본 것이다. 이것은 특별한 사정이 없는데 탈상을
하지 않는 경우를 가리키니, 마치 자로에게 누이의 상이 발생하여 기간이 지
나 탈상을 할 수 있음에도 하지 않고, "저에게는 형제가 적습니다. 따라서
누이에 대한 슬픈 마음이 남아 있어서, 차마 벗을 수가 없습니다."라고 말한
뜻과 같은 것이다.[2] 공자는 다음과 같이 말한 것이니, 선왕이 예법을 제정하
여, 시기를 지나친 예법은 시행하지 않는 것이 예에 맞다. 그렇기 때문에 자

---

1) 『예기』「잡기하(雜記下)」: 親喪外除, 兄弟之喪內除.
2) 『예기』「단궁상(檀弓上)」: 子路有姊之喪, 可以除之矣, 而弗除也. 孔子曰: "何弗
除也?" 子路曰: "吾寡兄弟而弗忍也." 孔子曰: "先王制禮, 行道之人皆弗忍也."
子路聞之, 遂除之.

식은 진실로 탈상을 하고 싶어 하지 않지만 이것은 불가능해서가 아니다. 단지 제도의 규정을 지나치게 될까를 염려하여 감히 하지 않을 따름이다. 또한 제사를 상례에 비유하여, "봄제사는 여름에 시행할 수 없고, 여름제사는 가을에 시행할 수 없다."라고 했는데, 선왕이 예법을 제정하며 시기를 지나친 것은 시행하지 않는다고 했기 때문이다. 따라서 어찌 상복을 차등적으로 제거하는 연상(練祥) 등의 제도가 있는데, 그 절차를 마땅히 시행해야 하는 기한에 시행하지 않을 수 있겠는가? 이것은 시기를 넘길 수 없음을 강조해서 말한 것이다. 앞 문장에서 "탈상할 시기를 지나치게 되더라도 탈상을 하지 않는다."[3]라고 한 말은 군주의 상을 치르는 시기를 뜻한다. 그렇기 때문에 '유(有)'자를 덧붙여서 말한 것이다. 그러나 평상시에는 진실로 기한을 넘겨서 상복을 제거할 수 없다. 다만 이러한 시기에 시한을 넘겼는데도 상복을 제거하지 않았던 자가 있었던 것이다. 따라서 유(有)자에는 매우 깊은 뜻이 있음을 확인할 수 있다. 또한 '비불능물제(非不能勿除)'라는 말에 대해서 진호의 주에서는 단지 비불능제(非不能除)로 풀이하여, 물(勿)자에 대해서는 귀착될 곳을 말하지 않았으니 아마도 잘못 풀이한 것 같다.

補註 ○類編曰: 可以除者, 謂練祥也. 旣不敢私服, 則無除服之禮. 蓋無事於除而自除耳. 待君喪畢後行時祭, 以伸孝心也. 鄭註謂主人也, 支子則否. 言宗子除君服, 後行時祭, 支子則不敢行時祭也. 曾子又以爲如此, 則親喪終無變除之節, 而孔子答之曰: "非不能除也, 患其過於制也." 復引過時不祭之事以證之, 勿字當爲衍文. 或曰非不能句絶, 言非不能除也, 勿除也, 言無所除也.

번역 ○『유편』에서 말하길, 상복을 제거할 수 있다는 것은 연상(練祥)을 뜻한다. 이미 사적인 상복을 감히 착용할 수 없다면 상복을 제거하는 예법이 없는 것이다. 제거하는 것에 정해진 절차가 없으니 스스로 제거할 따름이다.

---

3) 『예기』「증자문(曾子問)」: 曾子問曰: 大夫・士有私喪, 可以除之矣, 而有君服焉, 其除之也, 如之何. 孔子曰: 有君喪服於身, 不敢私服, 又何除焉. 於是乎, <u>有過時而弗除也</u>, 君之喪服除而后, 殷祭, 禮也.

군주의 상이 끝날 때까지 기다렸다가 시제를 시행하는 것은 효심을 펼치기 위해서이다. 정현의 주에서는 상주의 경우를 뜻하며, 지자(支子)의 경우에는 그렇지 않다고 했다. 즉 종자는 군주의 상복을 제거한 이후에 시제를 시행하고, 지자의 경우에는 감히 시제를 시행하지 않는다는 뜻이다. 증자는 또한 이와 같다면 부모의 상에 대해서는 끝내 상복을 바꾸거나 제거하는 절차가 없게 된다고 여겼는데, 공자는 그에게 답변을 하며 "상복을 제거하는 것이 불가능해서가 아니라 선왕이 제정한 예법을 어기게 될까 염려되기 때문이다."라고 했다. 그리고 시기를 지나치게 되면 제사를 지내지 않는다는 사안을 인용하여 증명을 했는데, '물(勿)'자는 연문에 해당한다. 혹자는 '비불능(非不能)'에서 구문을 끊어야 한다고 말하니, 제거할 수 없어서가 아니라 제거할 수 없다는 뜻으로, 제거할 것이 없다는 의미라고 설명한다.

補註 ○按: 類編說未知合於經旨. 三年而後葬者, 尚追行二祥, 豈以過時而廢除服之祭?
번역 ○살펴보니, 『유편』의 주장은 경문의 뜻과 부합되는지 잘 모르겠다. 삼년 이후에 장례를 치르는 경우에도 오히려 그 시기를 미루어서 소상(小祥)과 대상(大祥)을 치르게 되는데, 어떻게 시기를 지나쳤다고 해서 상복을 제거하며 지내는 제사를 폐지할 수 있겠는가?

「증자문」 43~45장

참고-經文

曾子問曰: "①君薨旣殯, 而臣有父母之喪, 則如之何?" 孔子曰: "歸居于家, 有殷事則之君所, 朝夕否." 曰: "君旣啓, 而臣有父母之喪, 則如之何?" 孔子曰: "②歸哭, 而反送君." 曰: "君未殯, 而臣有父母之喪, 則如之何?" 孔子曰: "歸殯, 反于君所, 有殷事, 則歸, 朝夕否. 大夫, 室老行事, 士則子孫行事. ③大夫內子, 有殷事, 亦之君所, 朝夕否."

번역 증자가 "만약 군주가 죽게 되어 이제 막 빈소를 차렸는데, 신하에게 부모의 상이 발생했다면, 이러한 경우에는 어찌해야 합니까?"라고 묻자 공자는 "군주의 빈소에서 물러나서 되돌아가 자신의 집에 머물게 된다. 군주의 빈소에서 은사(殷事)를 치르게 되면 군주의 시신이 있는 빈소로 가게 된다. 그러나 군주의 빈소에서 일상적으로 지내는 아침저녁의 전제사 때에는 참여하지 않는다."라고 대답했다. 계속하여 증자가 "군주의 상을 치를 때, 장례를 치르기 위하여 빈소에 매장되어 있던 영구를 꺼내게 되었는데, 신하에게 부모의 상이 발생했다면, 이러한 경우에는 어찌해야 합니까?"라고 묻자 공자는 "자신의 집으로 되돌아가서 곡을 하고, 다시 군주의 영구가 있는 곳으로 되돌아와서 군주의 영구를 전송한다."라고 대답했다. 계속하여 증자가 "군주에 대한 상이 발생하여, 아직 빈소를 차리지도 않았는데, 신하에게 부모의 상이 발생했다면, 이러한 경우에는 어찌해야 합니까?"라고 묻자 공자는 "집으로 되돌아가서 부모의 빈소를 차리고, 다시 군주의 시신이 있는 장소로 돌아오니, 신하는 부모에 대한 은사(殷事)를 치를 경우가 생기면, 자신의 집으로 되돌아가서 치르되, 일상적으로 지내는 아침저녁의 전제사에는 되돌아가지 않고, 군주의 시신이 있는 장소에 그대로 머문다. 그러나 부모의 빈소에 조석으로 지내게 되는 전제사를 그만 둘 수 없으므로, 대부의 경우는 가신 중 우두머리가 그 일을 대신 시행하고, 사의 경우는 신분이 낮으므로, 대부의 예법보다 낮춰서, 자손들이 그 일을 대신 시행한다. 대부의 처는 남편의 군주에 대해서도, 남편과 마찬가지로 신하된 도리로 상을 치르게 되니, 군주의 상에서 은사를 치르는 경우가 생기면, 그녀 또한 자최복(齊衰服)을 입고서, 군주의 시신이 있는 장소로 가게 되지만, 조석으로 지내는 전제사에는 참석하지 않는다."라고 대답했다.

① ○君薨旣殯[止]反于君所.

補註 類編曰: 君旣殯而遭親喪, 則歸居于家云者, 禮則然矣. 君旣啓而有親喪, 歸哭則可也. 反送君, 似非初喪所可行, 君未殯遭親喪者, 反于君所, 亦似難行. 禮時爲大, 古今喪禮之變節, 不可槪同如此. 雜記猶是與祭一義亦然. 春秋傳君至尊也, 去父之殯而往弔, 猶不敢一段, 見通解, 當參考.

번역 『유편』에서 말하길, 군주에 대해 빈소를 마련했는데 부모의 상을 당하게 된다면 되돌아가서 집에 머문다고 했는데, 예법에 따르면 이처럼 하는 것이다. 군주에 대해 계빈(啓殯)을 했는데 부모의 상을 당하게 된다면 되돌아가서 곡을 하는 것은 가능하다. 그러나 다시 되돌아와서 군주의 영구를 전송한다는 것은 부모의 초상에 시행할 수 있는 바가 아닌 것 같으며, 군주에 대해 아직 빈소를 차리지 않은 상태에서 부모의 상을 당한 자가 군주의 시신이 있는 곳으로 되돌아가는 것 또한 시행하기 어려울 것 같다. 예에서는 때가 가장 중대하며,[1] 고금의 상례에서 절차를 시기에 맞게 변화시킨 것도 이처럼 일괄적으로 동일하게 맞출 수 없다. 『예기』「잡기(雜記)」편에서는 여전히 남아서 군주의 제사에 참여한다고 한 것[2]도 하나의 도리가 된다는 측면에서 또한 그러하다. 『춘추전』에서는 군주는 지극히 존귀한 존재이지만, 부모의 빈소를 떠나서 찾아가 조문을 하는 것은 여전히 감히 시행할 수 없다고 한 단락[3]이 『통해』에 보이니 마땅히 참고해야만 한다.

補註 ○按: 古禮君臣猶一家, 故君喪則大夫士至於外命婦, 皆往, 臣喪

---

1) 『예기』「예기(禮器)」: 禮, <u>時爲大</u>, 順次之, 體次之, 宜次之, 稱次之. 堯授舜, 舜授禹, 湯放桀, 武王伐紂, 時也. 詩云, 匪革其猶, 聿追來孝.
2) 『예기』「잡기하(雜記下)」: 大夫士將與祭於公, 旣視濯而父母死, 則<u>猶是與祭也</u>. 次于異宮, 旣祭, 釋服出公門外, 哭而歸, 其他如奔喪之禮. 如未視濯, 則使人告, 告者反而后哭.
3) 『춘추곡량전』「정공(定公) 1년」: <u>君至尊也, 去父之殯而往弔, 猶不敢</u>, 況未殯而臨諸臣乎.

則君必臨弔撫尸, 爲其妻亦臨弔, 君之夫人亦弔於大夫士及外命婦. 詳見喪大記. 夫豈若後世公私之分截? 然不可竝行者, 不須疑也.

번역 ○살펴보니, 고대의 예법에서는 군주와 신하는 한 가족과 마찬가지였다. 그렇기 때문에 군주의 상이 발생하면 대부와 사로부터 외명부(外命婦)[4]에 이르기까지 모두 찾아갔고, 신하의 상이 발생하면 군주는 반드시 그 상에 임하여 조문하며 시신을 어루만졌으며, 그의 처에 대해서도 상에 임하여 조문을 했고, 군주의 부인 또한 대부 및 사와 외명부들에 대해서 조문을 했다. 자세한 사안은 『예기』「상대기(喪大記)」편에 나온다. 따라서 어찌 후세에서 공과 사를 철저히 구분했던 것처럼 할 수 있겠는가? 그러므로 병행할 수 없다는 것에 대해서는 의심할 필요가 없다.

補註 ○穀梁傳: 周人有喪, 魯人有喪, 周人弔, 魯人不弔, 周人曰: "固吾臣也, 使人可也", 魯人曰: "吾君也, 親之者也, 使大夫則不可也", 故周人弔, 魯人不弔, 以其下成康爲未久也. 君至尊也, 去父之殯而往弔, 猶不敢, 況未殯而臨諸臣乎?

번역 ○『곡량전』에서 말하길, 주나라에 상이 발생했고 노나라에 상이 발생했는데, 주나라에서는 조문을 했지만 노나라에서는 조문을 하지 않았다. 주나라에서는 "나의 신하국에 해당하니 사신을 보내서 조문을 해도 괜찮다."라고 했고, 노나라에서는 "나의 군주국에 해당하니 직접 조문을 해야 하는 것으로 대부를 사신으로 보낸다면 불가하다."라고 했다. 그렇기 때문에 주나라에서는 조문을 했지만 노나라에서는 조문을 하지 않았던 것이니, 성왕과 강왕으로부터 오랜 시간이 흐르지 않았기 때문이다. 군주는 지극히 존귀한 존재이지만, 부모의 빈소를 떠나서 찾아가 조문을 하는 것은 여전히 감히 시행할 수 없다. 하물며 아직 빈소를 차리지 않았는데 신하의 상에 임하는 일에

---

4) 외명부(外命婦)는 내명부(內命婦)와 상대되는 말이다. 본래 천자의 신하들인 경(卿)・대부(大夫)들의 부인들을 지칭하는 말이다. 『예기』「상대기(喪大記)」편에는 "外命婦率外宗哭于堂上, 北面."이라는 기록이 있고, 이에 대한 정현의 주에서는 "卿大夫之妻爲外命婦."라고 풀이하였다.

있어서랴?

補註 ○按: 此卽類編所引, 而外諸侯往弔天子之禮, 似與本國大夫之於君喪有異.

번역 ○살펴보니, 이것은『유편』에서 인용한 문장인데, 외제후(外諸侯)[5]가 천자에게 찾아가 조문하는 예법은 아마도 본국의 대부가 본국의 군주 상에 대한 경우와는 차이가 있었을 것이다.

② 歸哭而反送君.

補註 鄭註: "言送君, 則旣葬而歸也." 疏曰: "不待君之虞祭也."

번역 정현의 주에서 말하길, "송군(送君)이라고 말했으니, 군주의 장례를 다 치르고 나서야 자신의 집으로 되돌아가는 것이다."라고 했다. 소에서 말하길, "군주에 대한 우제(虞祭)까지 기다리지 않는다."라고 했다.

③ 大夫內子[止]夕否.

補註 鄭註: 謂夫之君旣殯, 而有舅姑之喪者.

번역 정현의 주에서 말하길, 남편의 죽은 군주에 대해서 빈소를 차리게 되었는데, 때마침 시부모의 상이 발생한 경우를 뜻한다.

補註 ○類編曰: 此十四字, 當在君薨旣殯條下.

번역 ○『유편』에서 말하길, 14글자는 마땅히 '군훙기빈(君薨旣殯)'이라는 조목 밑으로 가야 한다.

---

5) 외제후(外諸侯)는 천자의 직속 신하들인 '내제후(內諸侯)'와 상대되는 말이다. 일반적으로 봉지(封地)를 가지고 있는 제후들을 가리킨다. 천자의 수도 밖에 있는 자신의 영지에 머물기 때문에, '외(外)'자를 붙여서 부르는 것이다.

「증자문」 46장

참고一經文

賤不誄貴, 幼不誄長, 禮也. ①唯天子, 稱天以誄之, ②諸侯相誄, 非禮也.

번역 공자가 가르쳐주기를, "신분이 낮은 자는 신분이 높은 자에게 뇌(誄)를 하지 않으며, 나이가 어린 자는 나이가 많은 자에게 뇌를 하지 않는 것이 올바른 예법이다. 오직 천자만이 하늘의 이름을 빗대어 뇌를 할 수 있으며, 제후들끼리 서로 뇌를 하는 것은 비례이다."라고 했다.

① ○唯天子稱天以誄之.

補註 鄭註: "以其無尊焉, 春秋公羊說, 以爲讀誄制諡於南郊, 若云受之於天然." 疏曰: "諸侯及大夫, 其上猶有尊者爲之作諡, 天子則更無尊於天子者, 故唯爲天子作諡之時, 於南郊告天, 示若有天命然, 不敢自專也."

번역 정현의 주에서 말하길, "천자보다 존귀한 자가 없기 때문이다. 춘추공양학자들의 주장은 뇌문(誄文)을 읽고 시호를 제정하는 의식은 제천(祭天)의식을 시행하던 남쪽 교외에서 한다고 여겼는데, 그렇게 함으로써 마치 하늘로부터 그것을 수여받았다고 나타내기 위해서라고 설명한다."라고 했다. 소에서 말하길, "제후 및 대부인 경우에는 그들 위에 오히려 그들보다 존귀한 자가 있게 되니, 존귀한 자로 하여금 그들을 위해서 시호를 지어주게 한다. 그런데 천자의 경우라면, 천자보다 높은 자가 없게 된다. 그렇기 때문에 오직 천자를 위하여 시호를 지을 때에만 남쪽 교외에서 하늘에 고하여, 마치 천명을 받아서 그렇게 되었다는 듯이 나타내게 된다. 이렇게 하는 이유는 천자의 시호는 감히 자기 마음대로 지을 수 없기 때문이다."라고 했다.

② 諸侯相誄非禮也.

補註 疏曰: 非但賤不誄貴, 平敵相誄, 亦爲不可.

번역 소에서 말하길, 신분이 낮은 자가 높은 자에게 뇌(誄)를 할 수 없을 뿐만이 아니라 대등한 관계에서 서로 뇌를 하는 것 또한 안 된다.

補註 ○按: 自賤不誄貴至此, 與上下文不倫, 可疑.

번역 ○살펴보니, 미천한 자가 존귀한 자에게 뇌를 하지 않는다는 구문으로부터 이곳까지는 앞뒤 문맥이 매끄럽지 못하니 의문스럽다.

「증자문」 47장

참고—經文

曾子問曰: "君出疆, 以三年之戒, 以椑從, 君薨, 其入, 如之何?"
孔子曰: "①共殯服, 則子麻弁経, 疏衰, 菲杖, ②入自闕, 升自西
階, 如小斂, 則子免而從柩, 入自門, 升自阼階, 君·大夫·士,
一節也."

번역 증자가 "제후가 본국의 국경을 벗어나게 될 때에는 유사시를 대비하여, 3년
동안 버틸 수 있는 준비들을 갖춰서 나가고, 자신이 죽게 될 경우를 대비하여, 신하
를 시켜 본인의 관을 가지고 뒤따르게 하는데, 만약 제후가 타지에 나가 있다가 죽
게 된다면, 그 시신이 국경으로 들어올 때에는 어찌해야 합니까?"라고 묻자 공자는
"만약 대렴(大斂)을 이미 하여서, 유사(有司)가 빈소를 차릴 때 착용하는 상복을
제공하게 되면, 제후의 아들은 아직 영구를 따라 도로에 있는 상태이므로, 빈복(殯
服)을 모두 갖춰서 입지는 않고, 마변질(麻弁経)을 하고, 소최(疏衰)1)를 하며, 짚
신을 신고, 지팡이를 들게 되며, 영구가 빈소로 들어올 때에는 영구와 영구를 뒤따
르는 상주는 궐(闕)을 통해서 들어오고, 당으로 올라갈 때에는 서쪽 계단을 통해서
올라간다. 만일 소렴(小斂)인 경우라면, 제후의 아들은 면복(免服)을 하고 영구를
따라 들어오니, 빈소로 들어올 때에는 문을 통해서 들어오고, 당으로 올라갈 때에는
동쪽 계단을 통해서 올라간다. 이러한 예법은 제후·대부·사가 모두 동일하다."라
고 대답했다.

① ○共殯服.

補註 鄭註: 殯時主人所服, 共之以待其來也. 其餘殯事, 亦皆具焉.
번역 정현의 주에서 말하길, 빈소를 차릴 때 상주가 착용하는 옷이므로, 유
사(有司)가 그것들을 공급하여 영구가 본국으로 돌아오는 사안에 대비하는
것이다. 나머지 빈소를 차릴 때의 일들에 대해서도 모두 대비해둔다.

---

1) 소최(疏衰)은 자최복(齊衰服)이다.

補註 ○按: 此謂君喪未歸, 而本國有司預供殯服, 以待也.

번역 ○살펴보니, 이것은 군주의 상이 발생했는데 본국으로 영구가 아직 되돌아오지 않은 상태에서, 본국에 있던 유사가 미리 빈소를 차릴 때의 복장을 공급하여 되돌아오기를 기다리는 사안을 뜻한다.

② 入自闕.

補註 按: 闕, 卽殯宮門西邊墻毁處. 檀弓所謂毁宗也.

번역 살펴보니, '궐(闕)'은 빈소의 문 서쪽 편 담장 중 헐어놓은 곳에 해당한다. 『예기』「단궁(檀弓)」편에서 말한 훼종(毁宗)2)에 해당한다.

---

2) 『예기』「단궁상(檀弓上)」: 及葬, 毁宗躐行, 出于大門, 殷道也. 學者行之.

「증자문」48장

曾子問曰: "君之喪, 旣引, 聞父母之喪, 如之何?" 孔子曰: "遂, 旣封而歸, ①不俟子."

번역 증자가 "군주에 대한 상을 치르면서, 발인을 하게 되었는데, 갑작스럽게 부모의 상을 당하게 된다면, 어찌해야 합니까?"라고 묻자 공자는 "군주에 대한 발인을 그대로 시행하되, 군주의 영구를 하관하였다면, 곧바로 자신의 집으로 되돌아가니, 군주의 아들이 돌아갈 때까지 기다리지 않는다."라고 대답했다.

① ○不俟子.

補註 鄭註: 子, 嗣君也.

번역 정현의 주에서 말하길, '자(子)'는 군주의 지위를 계승한 자이다.

「증자문」49장

참고-經文

曾子問曰: "父母之喪, 旣引, 及塗, 聞君薨, 如之何?" 孔子曰: "遂, 旣封, ①改服而往."

번역 증자가 "부모의 상을 치르면서, 발인을 하게 되어, 장지로 가는 도중에 갑작스럽게 군주가 죽었다는 소식을 접하게 되면, 어찌해야 합니까?"라고 묻자 공자는 "그대로 부모에 대한 발인을 시행하되, 부모의 영구를 하관하게 되었거든 복장을 바꿔 입고서, 군주의 시신이 있는 곳으로 간다."라고 대답했다.

① ○改服而往.

補註 疏曰: 若尋常是吉, 忽聞君喪, 則去冠而笄纚. 今臣有父母之喪, 葬在於塗, 首先服免, 忽聞君喪, 若著其笄纚, 則與尋常吉同, 以首不可無飾, 故括髮也. 知葬時著免者, 以雜記云: "非從柩與反哭, 無免於塗", 故知也.

번역 소에서 말하길, 만약 평상시 때라면 길례에 따르게 되는데, 이러한 때 갑작스럽게 군주의 상을 접하게 된다면, 관을 벗고서 비녀나 머리싸개 등을 하게 된다. 그러나 이곳 문장에서 언급하는 상황은 신하가 부모의 상을 치르는 경우이며, 더군다나 장례를 치르기 위해 장지로 가는 도중에 해당하는 시기이니, 머리에는 이미 문(免)을 착용하고 있는 상태이며, 갑작스럽게 군주의 상을 당한 것인데, 만약 비녀와 머리싸개 등을 착용한다면, 평상시처럼 길례에 따르다가 갑작스럽게 상을 당하여 착용하는 복장의 예법과 동일하게 된다. 그리고 머리에는 예법에 따른 꾸밈이 없을 수 없기 때문에 괄발을 하게 된다. 장례 때 문을 착용하게 된다는 사실을 알 수 있는 이유는 『예기』「잡기(雜記)」편에서 "영구를 뒤따라가거나 반곡하는 경우가 아니라면, 길에서 문을 하는 경우가 없다."[1]라고 했기 때문이다. 그러므로 장례를 치르는 시기에 문을 착용한다는 사실을 알 수 있다.

---

1) 『예기』「잡기하(雜記下)」: 非從柩與反哭, 無免於塗.

「증자문」 50장

참고―經文

曾子問曰: "宗子爲士, 庶子爲大夫, 其祭也, 如之何?" 孔子曰: "①以上牲, 祭於宗子之家, 祝曰, 孝子某, 爲介子某, 薦其常事."

번역 증자가 "만약 어떤 집안에 적장자인 종자(宗子)는 신분이 사이고, 적장자가 아닌 서자 중에서 대부가 된 자가 있다면, 이러한 경우에 서자는 제사를 모실 수 없으므로 종자가 모실 텐데, 그렇다면 이처럼 신분적 차이가 생길 때에는 제사를 어떻게 지내야 합니까?"라고 묻자 공자는 "사는 신분상 특생(特牲)[1]의 희생물 밖에 쓸 수 없지만, 서자가 대부가 되었으므로, 대부가 사용할 수 있는 상생(上牲)[2]의 희생물로 종자의 집에서 제사를 지내게 된다. 다만 이러한 경우에는 축관(祝官)이 축문을 읽으며, '종자인 아무개가 대부가 된 서자 아무개를 대신하여, 정기적인 제사를 올립니다.'라고 말한다."라고 대답했다.

① ○以上牲[止]之家.

補註 鄭註: 貴祿重宗也.

---

1) 특생(特牲)은 한 종류의 가축을 희생물로 사용한다는 뜻이다. '특(特)'자는 동일 종류의 희생물을 한 마리 사용한다는 뜻이며, 특히 소를 사용할 때 사용하는 용어이기도 하다. 『춘추좌씨전』「양공(襄公) 9년」편에는 "祈以幣更, 賓以特牲."이라는 기록이 있고, 이에 대한 양백준(楊伯峻)의 주에서는 "款待貴賓, 只用一種牲畜. 一牲曰特."이라고 풀이했다. 그런데 어떠한 가축을 사용했는가에 대해서는 주석들마다 차이가 있다. 『국어(國語)』「초어하(楚語下)」편에는 "大夫舉以特牲, 祀以少牢."라는 기록이 있고, 이에 대한 위소(韋昭)의 주에서는 "特牲, 豕也."라고 풀이했다. 또한 『예기』「교특생(郊特牲)」편에 대한 육덕명(陸德明)의 제해(題解)에서는 "郊者, 祭天之名, 用一牛, 故曰特牲."이라고 풀이했다. 즉 '특생'으로 사용되는 가축은 '시(豕: 돼지)'도 될 수 있으며, 소도 될 수 있다.
2) 상생(上牲)은 상위 계층의 사용하는 희생물을 뜻한다. 사(士)의 입장에서 '상생'은 대부(大夫)가 사용하는 소뢰(小牢)의 희생물을 뜻한다.

번역 정현의 주에서 말하길, 대부의 예법에 따른 희생물을 사용하는 이유는 서자가 받는 녹봉을 존귀하게 대하기 때문이고, 종자의 집에서 제사를 지내는 이유는 종자를 중시하기 때문이다.

「증자문」51장

介子非當主祭者, 故謂之攝主, 其禮略於宗子者有五焉. 若以祭禮先後之次言之, 當云不配, 不綏祭, 不假, 不旅, 不厭祭. 今倒言之者, 舊說, 攝主非正, 故逆陳以見義. 亦或記者之誤與. 今依次釋之, 不配者, ①祭禮初行尸未入之時, 祝告神曰, 孝孫某, 來日丁亥用薦歲事于皇祖伯某, ②以某妃配某氏, 如姜氏子氏之類. 今攝主不敢備禮, 但言薦歲事于皇祖伯某, 不言以某妃配也. 不綏祭者, ③綏字當從周禮作隋, 減毀之名也. 尸與主人俱有隋祭, 主人減黍稷牢肉而祭之於豆間, 尸則取菹及黍稷肺而祭於豆間, 所謂隋祭也. 今尸自隋祭, 主人是攝主, 故不隋祭也. 不假者, 假字當作嘏, 福慶之辭也. 尸十一飯訖, 主人酳尸, 尸酢主人畢, 命祝嘏于主人曰, ④皇尸命工祝承致多福無疆于女孝孫, 來女孝孫, 使女受祿于天, 宜稼千田, 眉壽萬年, 勿替引之. 主人再拜稽首, 今亦以避正主, 故不嘏也. 不旅, 不旅酬也, 詳見前章. 不厭祭者, 厭是饜飫之義, 謂神之歆享也. 厭有陰有陽, 陰厭者, 迎尸之前, 祝酌奠訖, 爲主人⑤釋辭於神, 勉其歆享. 此時在室奧陰靜之處, 故云⑥陰厭也. 陽厭者, ⑦尸謖之後, 佐食徹尸之薦俎, 設於西北隅, 得戶明白之處, 故曰⑥陽厭. 制禮之意, 不知神之所在, 於彼乎, 於此乎, 皆庶幾其享之而饜飫也. 此言不厭祭, 不爲陽厭也, 以先後之次知之.

번역 개자(介子)는 마땅히 제사를 주관할 수 없는 자이다. 그렇기 때문에 이러한 경우에 있어서, 그를 섭주(攝主)라고 부르는 것이며, 그 예법 또한 종자가 제사를 지내는 정상적인 예법에 비해서 생략하는 것이 다섯 가지나 된다. 만약 제례의 절차에 따라서 선후의 순서대로 말을 한다면, 마땅히 "배(配)를 하지 않고, 수제(綏祭)를 지내지 않으며, 하[假]를 하지 않고, 여(旅)를 하지 않으며, 염제(厭祭)를 지내지 않는다."고 기록해야 한다. 그런데 지금 이곳 문장에서는 거꾸로 기록하고 있는데, 그 이유에 대하여 옛 학설에서는 "서자가 섭주가 되어 정식적인 경우가 아니기 때문에, 거꾸로 진술하여 정상적이지 않다는 뜻을 드러낸 것이다."라고 풀이하였다. 그것이 아니라면 혹여 기록한 자의 실수일 것이다. 이제 본래의 순서에 의거해서 설명을 하자면, "배를 하지 않는다."는 말은 제례를 처음 시작하여 시동이 아직 들어오지 않았을 때, 축관(祝官)은 신에게 고하길, "효손(孝孫) 아무개는 돌아오는 정해일(丁亥日)을 기하여, 황조(皇祖)의 맏이이신 아무개께 해마다 드리는 정규적인 제사를 올리며, 아무개의 배필을 통하여, 아무개 씨를 배향합니다."[1]라고 한다. 이때의 '아무개의 배필'이라는 말은 강씨(姜氏)나 자씨(子氏)니 하는 부류와 같은 것이다. 이곳 문장에서 설명하고 있는 상황에서는 섭주가 감히 정상적은 제례처럼 제대로 갖출 수 없으므로, 단지 "황조의 맏이인 아무개에게, 해마다 지내는 정규적인 제사를 올린다."고만 말하고, "아무개의 부인을 배향한다."고 말하지 않는다. "수제를 지내지 않는다."고 하였는데, 여기에서의 '수(綏)'자는 마땅히 『주례(周禮)』의 기록에 따라서 '수(隋)'자로 기록해야 하며,[2] 이 글자는 덜어낸다는 뜻이다. 시동과 제주는 모두 수제(隋祭)[3]의 의식을 지내는데, 제주는 기장과 희생물의 고기를 덜어서, 제기 사이에 그것들을 두고 제사를 지내며, 시동은 젓갈, 기장, 폐(肺) 등을 가져다가 제기 사이에 그것들을 두고 제사를 지내니, 이것이 이른바 수제라고 하는 것이다. 이곳 문장에서 설명하고 있는 상황에서는 시동은 제 스스로 수제를 지내게 되지만, 제주의 역할은 섭주가 맡고 있기 때문에, 섭주는 수제를 지내지 않는 것이다. "하[假]를 하지 않는다."고 하였는데, '가(假)'자는 마땅히 하(嘏)자로 기록해야 하며, 이 글자는 축복을 받는다는 뜻이다. 시동이 11번 수저 뜨는 것을 다 끝내면, 제주는 시동에게 입가심하는 술을 따라주고, 시동이 입가심을

---

1) 『의례』「소뢰궤식례(少牢饋食禮)」: 祝祝曰, "孝孫某, 敢用柔毛·剛鬣·嘉薦· 普淖, 用薦歲事于皇祖伯某, 以某妃配某氏. 尙饗!"

2) 『주례』「춘관(春官)·수조(守祧)」: 旣祭則藏其隋與其服.

3) 수제(綏祭)는 수제(隋祭)·타제(墮祭)라고도 부른다. 제사의 절차 중 하나이다. 음식을 흠향시키고자 할 때, 우선적으로 서직(黍稷)과 희생물의 고기를 덜어내어, 두(豆) 사이에 두고 음식에 대한 제사를 지내게 되는데, 이것을 '수제'라고 부른다. 『예기』「증자문(曾子問)」편에는 "攝主不厭祭, 不旅不假, 不綏祭, 不配."라는 기록이 있는데, 이에 대한 정현의 주에서는 "綏, 周禮作墮."라고 풀이했고, 공영달(孔穎達)의 소(疏)에서는 "謂欲食之時, 先減黍稷牢肉而祭之於豆間, 故曰綏祭."라고 풀이했다.

한 다음에, 다시 주인에게 술을 권하는데, 그 일까지 다 끝나면, 축관에게 명령을
하여, 제주에게 복을 내려주도록 해서, 축관이 "황시(皇尸)4)가 나 축관에게 명하
여, 효손인 그대에게 많은 복을 영원토록 내리게 하였다. 그대 효손으로 하여금, 하
늘로부터 녹봉을 받게 하고, 많은 농토를 경작하게 할 것이며, 장수하여 천년만년
향유하도록 할 것이니, 폐망하는 일 없이 잘 이끌어가야 한다."5)라고 말하게 된다.
그러면 제주는 재배를 하며, 머리를 조아리게 된다. 그런데 이곳 문장에서 설명하고
있는 상황에서는 서자인 섭주가 제주의 역할을 대신하고 있으므로, 본래의 제주에
대한 말들을 회피해야 한다. 그렇기 때문에 축복을 내려주는 말들을 하지 않는 것이
다. "여(旅)를 하지 않는다."는 말은 여수(旅酬)를 하지 않는다는 뜻이니, 자세한
내용은 앞장에 나온다. "염제(厭祭)6)를 지내지 않는다."고 하였는데, '염(厭)'자는
질리도록 실컷 먹는다는 뜻이니, 실컷 먹는다는 말은 신이 흠향하는 것을 뜻한다.
염에는 음염(陰厭)과 양염(陽厭)의 두 종류가 있다. 먼저 음염이라는 것은 시동을
맞이하기 이전에 축관이 술잔을 따라서 바치고, 그 일이 끝나면 제주를 위해서 신
에게 축문을 읽으며, 신이 흠향을 하도록 권하게 된다. 이러한 일들을 시행하는 때,
신들은 묘실의 아랫목인 음(陰)하고 고요한 장소에 강림하게 되므로, 이러한 절차
를 음염이라고 부른다. 다음으로 양염이라는 것은 시동이 일어나서 나간 이후에,
좌식(佐食)은 시동에게 바쳤던 도마를 치우고, 서북쪽 모퉁이에 다시 진설하여, 신
들이 호(戶)의 밝은 빛이 들어오는 장소를 차지하게 한다. 그렇기 때문에 양염이라
고 부르는 것이다. 제례의 의의에 따라 살펴보자면, 신이 위치한 장소를 알 수 없으
니, 저기에 있든 아니면 여기에 있든7) 상관없이, 이렇게 음염과 양염을 함으로써

---

4) 황시(皇尸)는 본래 군주의 시동에게 붙이는 경칭이다. 또한 일반적으로 시동을 높
여 부르는 용어로도 사용되었다.

5) 『의례』「소뢰궤식례(少牢饋食禮)」: 卒命祝, 祝受以東, 北面于戶西, 以嘏于主人
曰, "皇尸命工祝, 承致多福無疆于女孝孫. 來女孝孫, 使女受祿于天, 宜稼于田,
眉壽萬年, 勿替引之."

6) 염제(厭祭)는 정규 제사를 지내는 절차 중 하나이다. 정규 제사에서 본격적인 의식
은 시동을 통해 진행된다. '염제'는 시동을 이용하지 않고, 본식 이전과 이후에 간략
히 지내는 제사를 뜻한다. '염(厭)'자는 신을 흠향시킨다는 뜻이다. '염제'에는 음염
(陰厭)과 양염(陽厭)이 있다. '음염'은 시동을 맞이하기 이전에 축관이 술을 따라서
바치고, 그 술잔을 올려서 신을 흠향하게 만드는 것이다. '양염'은 시동이 묘실(廟室)
을 빠져 나간 이후에, 시동에게 바쳤던 조(俎)와 돈(敦) 등을 거둬들여서, 서북쪽
모퉁이에 다시 진설을 하는 것이다.

그들 모두가 제물들을 흠향하도록 하여, 실컷 향유하도록 만드는 것이다. 이곳 문장에서 "염제를 지내지 않는다."고 한 말은 양염만 지내지 않는다는 뜻이니, 그 이유는 선후의 순서로 따져보면 알 수 있다.

① ○祭禮初行[止]來日丁亥.

補註 疏曰: 案少牢饋食, 司宮筵于奧, 設饌畢, 祝酌奠于鉶南, 主人西面再拜稽首, 祝曰: "孝孫某, 敢用柔毛‧剛鬣‧嘉薦‧普淖, 用薦歲事于皇祖伯某, 以某妃配某氏, 尙饗." 此所謂配也.

번역 소에서 말하길, 『의례』「소뢰궤식례(少牢饋食禮)」편을 살펴보면, 사궁(司宮)8)이 아랫목에 대자리를 깔고, 성찬을 진설하며, 그 일이 다 끝나면, 축관이 국그릇의 남쪽에 술잔을 따라 올리고, 주인이 서쪽을 향해 서서, 재배를 하고 머리를 조아리면, 축관이 말하길, "효손(孝孫) 아무개가 감히 유모(柔毛)9), 강렵(剛鬣)10), 가천(嘉薦)11), 보뇨(普淖)12)를 사용하여, 이로써

---

7) 『예기』「교특생(郊特牲)」: 不知神之所在, 於彼乎? 於此乎?

8) 사궁(司宮)은 궁내(宮內)의 일들을 맡아보던 관리이다. 주(周)나라 때에는 천관(天官)의 수장인 대재(大宰)에게 소속된 관리 중 하나였으며, 궁과 묘(廟)에 대한 일을 담당하였다. 환관으로 충당을 했기 때문에 내관(內官)이라고도 부른다. 『의례』「공사대부례(公食大夫禮)」편에는 "司宮具几與蒲筵常."이라는 기록이 있고, 이에 대한 정현의 주에서는 "司宮, 大宰之屬, 掌宮廟者也."라고 풀이했다. 한편 『춘추좌씨전』「소공(昭公) 5년」에는 "司宮射之, 中目而死."라는 기록이 있는데, 이에 대한 양백준(楊伯峻)의 주에서는 "梁履繩補釋引周氏附論則云, 襄九年杜解'司宮, 奄臣', 蓋內官也."라고 풀이했다.

9) 유모(柔毛)는 제사 때 희생물로 사용되는 양(羊)에 대한 별칭이다. 살찐 양의 경우 털이 가늘고 유약하기 때문에 이러한 명칭이 생겼다. 『예기』「곡례하(曲禮下)」편에는 "凡祭宗廟之禮, 牛曰一元大武, 豕曰剛鬣, 豚曰腯肥, 羊曰柔毛."라는 기록이 있고, 이에 대한 공영달(孔穎達)의 소(疏)에서는 "若羊肥, 則毛細而柔弱."이라고 풀이하였다.

10) 강렵(剛鬣)은 제사 때 희생물로 사용되는 돼지[豕]에 대한 별칭이다. 살찐 돼지의 경우 털이 치솟고 굳세기 때문에 이러한 명칭이 생겼다. 『예기』「곡례하(曲禮下)」편에는 "凡祭宗廟之禮, 牛曰一元大武, 豕曰剛鬣, 豚曰腯肥, 羊曰柔毛."라는 기

황조(皇祖)의 맏이이신 아무개께 매해 지내게 되는 정규적인 제사를 지내게 되었습니다. 아무개의 배필을 통하여 아무개 씨를 함께 배향하니, 흠향하소서."라고 한다. 이것이 바로 이른바 배(配)라는 것이다.

補註 ○按: 此卽祭初未迎尸前陰厭時祝辭也. 若孝孫某來日丁亥云云, 乃筮日筮尸之辭, 來日二字, 可知其非祭祝也.

번역 ○살펴보니, 이것은 제사 초반부에 아직 시동을 맞이하기 이전 음염(陰厭)을 치르며 하는 축사에 해당한다. 효손 아무개가 돌아오는 정해일(丁亥日)을 기한다는 등등의 말들은 그 날짜와 시동에 대해 시초점을 치며 하는 말에 해당하는데, '내일(來日)'이라는 두 글자를 통해서 이것이 제사를 지낼 때의 축사가 아니라는 사실을 알 수 있다.

② 以某妃配某氏.

補註 按: 此謂以某妃配, 而又云是某氏也, 某妃猶皇祖妣, 某氏若姜氏 · 子氏.

록이 있고, 이에 대한 공영달(孔穎達)의 소(疏)에서는 "豕肥, 則毛鬣剛大也."라고 풀이하였다.

11) 가천(嘉薦)은 제사 때 사용되는 음식들을 가리키며, 특히 포나 젓갈, 채소 절임류 등을 가리킨다. '가(嘉)'자는 바치는 음식이 좋은 품질임을 뜻한다. 『의례』「사관례(士冠禮)」에는 "甘醴惟厚, 嘉薦令芳."이라는 기록이 있고, 이에 대한 정현의 주에서는 "嘉, 善也. 善薦, 謂脯醢芳香也."라고 풀이하였다. 또한 『의례』「소뢰궤식례(少牢饋食禮)」에는 "孝孫某, 敢用柔毛 · 剛鬣 · 嘉薦 · 普淖, 用薦歲事于皇祖伯某."라는 기록이 있고, 이에 대한 정현의 주에서는 "嘉薦, 菹醢也."라고 풀이하였다.

12) 보뇨(普淖)는 기장[黍稷]을 가리킨다. '보(普)'자는 크다는 의미이고, '뇨(淖)'자는 조화롭다는 의미이다. 군주의 덕이 성대하고 조화롭게 펼쳐졌기 때문에, 기장이라는 생물이 생산된 것이므로, 이러한 호칭으로 부르게 된 것이다. 『의례』「사우례(士虞禮)」에는 "嘉薦普淖, 明齊溲酒."라는 기록이 있고, 이에 대한 정현의 주에서는 "普淖, 黍稷也. 普, 大也, 淖, 和也. 德能大和, 乃有黍稷, 故以爲號云."이라고 풀이하였다.

번역 살펴보니, 이것은 아무개 비(妃)를 배향한다는 뜻인데, 재차 아무개 씨라고 했으니, 아무개 비라는 것은 황조비(皇祖妣)와 같은 것이며, 아무개 씨라는 것은 강씨(姜氏)나 자씨(子氏)와 같은 것이다.

③ 綏字當從周禮作隋.

補註 按: 隋, 與墮通, 虛規反. 特牲禮作挼, 少牢禮作綏.

번역 살펴보니, '隋'자는 '墮'자와 통용되니, '虛(허)'자와 '規(규)'자의 반절음이다. 『의례』「특생궤식례(特牲饋食禮)」편에서는 '수(挼)'자로 기록했고, 『의례』「소뢰궤식례(少牢饋食禮)」편에서는 '수(綏)'자로 기록했다.

④ 皇尸[止]引之.

補註 按: 此一節, 嘏主人之辭.

번역 살펴보니, 이 문장은 주인에게 하(嘏)¹³)를 하는 말에 해당한다.

補註 ○少牢禮註: 來讀爲釐, 賜也.

번역 ○『의례』「소뢰궤식례(少牢饋食禮)」편의 주에서 말하길, '내(來)'자는 뇌(釐)자로 풀이하니, 하사한다는 뜻이다.

---

13) 하(嘏)자는 축복을 받는다는 뜻이다. 제사를 지내게 되면, 시동이 입가심 하는 술을 받은 다음, 술잔이 오가게 되는데, 그 일이 끝나게 되면 축관(祝官)에게 명령하여, 제주(祭主)에게 축복을 내려주도록 한다. 이 의식을 '하'라고 부른다. 시동의 명령을 받은 축관은 '하'를 하게 되는데, 그 말에서는 "황시(皇尸)가 나 축관에게 명하여, 효손인 그대에게 많은 복을 영원토록 내리게 하였다. 그대 효손으로 하여금, 하늘로부터 녹봉[祿]을 받게 하고, 많은 농토를 경작하게 할 것이며, 장수하여 천년만년 향유하도록 할 것이니, 폐망하는 일 없이 잘 이끌어가야 한다."라고 한다. 이것이 바로 '하'에 사용되는 말이다. 『의례』「소뢰궤식례(少牢饋食禮)」편에는 "卒命祝, 祝受以東, 北面于戶西, 以嘏于主人曰, "皇尸命工祝, 承致多福無疆于女孝孫. 來女孝孫, 使女受祿于天, 宜稼于田, 眉壽萬年, 勿替引之."라는 기록이 있다.

⑤ 釋辭於神.

補註 按: 辭, 卽祝辭.
번역 살펴보니, '사(辭)'자는 축사에 해당한다.

⑥ 陰厭陽厭.

補註 按: 陰厭後迎尸正祭, 正祭後有酢獻酬等節. 尸起後, 乃有陽厭, 而禮畢.
번역 살펴보니, 음염(陰厭)을 치른 이후 시동을 맞이하여 정규 제사를 지내고, 정규 제사를 지낸 이후 술잔을 돌리고 바치며 권하는 등의 절차가 있게 된다. 시동이 일어나서 나가게 되면 양염(陽厭)을 치르고 의례를 끝낸다.

⑦ 尸謖.

補註 特牲禮註: 謖, 起也.
번역 『의례』「특생궤식례(特牲饋食禮)」편의 주에서 말하길, '속(謖)'자는 일어난다는 뜻이다.

補註 ○陸音, 謖, 所六反.
번역 ○육덕명의 『음의』에서 말하길, '謖'자는 '所(소)'자와 '六(륙)'자의 반절음이다.

「증자문」 52장

布奠於賓, 賓①奠而不擧, 不歸肉, 其②辭于賓曰, 宗兄・宗
弟・宗子, 在他國, 使某辭.

번역 계속하여 공자가 가르쳐주기를, "종자(宗子)가 타국에 있고, 개자(介子)가 섭
주(攝主)가 되어 제사를 지내는 경우에는 섭주가 빈객들에게 술을 따라주는 예법
을 시행하면, 술잔을 받는 예법만 시행하되 술잔을 들지 않고, 섭주는 제사가 끝난
뒤에 빈객들에게 나눠주게 되는 고기를 주지 않으며, 섭주는 빈객들에게 알리기를
'종형(宗兄), 종제(宗弟), 종자(宗子)가 모두 타국에 있어서, 아무개인 저로 하여
금 인사를 드리게 하였습니다.'라고 말한다."라고 했다.

① 奠而不擧.

補註 疏曰: 此卽不旅之事而重言者, 自此以下, 更別論賓禮之有闕也.
번역 소에서 말하길, 이것은 여수(旅酬)를 시행하지 않는 사안에 해당하는
데 거듭 언급한 것은 이 구문으로부터 그 이하의 기록은 재차 빈객을 대접하
는 예법에서 생략함이 있다는 사실을 별도로 논의하고 있기 때문이다.

② 辭于賓.

補註 鄭註: 宿賓之辭.
번역 정현의 주에서 말하길, 빈객에게 알리는 말이다.

補註 ○按: 祭禮有宿賓, 宿, 讀爲肅進也. 進之, 使知祭日當來.
번역 ○살펴보니, 제례에는 빈객에게 알리는 절차가 포함되는데, '숙(宿)'자
는 숙진(肅進)이라는 의미로 풀이한다. 즉 그들에게 찾아가서 그들로 하여
금 제사를 지내는 날짜를 공지하고 찾아와야 함을 알리는 것이다.

「증자문」 53장

曾子問曰: "宗子去在他國, 庶子無爵而居者, 可以祭乎?" 孔子曰: "祭哉." 請問, "其祭, 如之何?" 孔子曰: "望墓而爲壇, 以時祭. 若宗子死, ①告於墓而後, 祭於家. 宗子死, ②稱名, 不言孝, 身沒而已. ③子游之徒, 有庶子祭者, 以此, 若義也. 今之祭者, 不首其義, 故誣於祭也."

번역 증자가 "만약 종자(宗子)가 국경을 벗어나 다른 나라에 거주하고 있고, 서자(庶子)가 관직이 없는 미천한 신분인 자이면서 그 나라에 머물러 있는 경우에는 서자가 종자를 대신하여 제사를 지낼 수 있습니까?"라고 묻자 공자는 "제사를 지낼 수 있다."라고 대답했다. 증자가 그 상세한 내용을 알고 싶어서 재차 질문하기를 "그렇다면 이러한 경우에 서자가 지내는 제사는 어떻게 지내는 것입니까?"라고 하자 공자는 "서자는 묘를 바라볼 수 있는 곳에 제단을 만들고, 계절마다 지내는 제사를 그곳에서 시행한다. 만약 종자가 다른 나라에 거주하고 있다가 이미 죽은 경우라면, 서자는 묘에서 종자가 죽었음을 아뢰고, 그런 이후에 본인의 집에서 제사를 지내게 된다. 이렇듯 종자가 죽은 경우라면, 서자는 본인의 집에서 제사를 지내면서, 축문에 자신의 이름을 대고, '효자(孝子) 아무개'라고 일컫지 않으니, 이렇게 축문을 짓는 방식은 서자 본인이 죽을 때까지 그대로 따르며, 서자가 죽은 이후에는 이러한 방식으로 축문을 짓지 않는다. 자유의 무리들 중에 서자이면서 제사를 지낸 자가 있었는데, 바로 이러한 예법에 따라서 한 것이니, 성인이 제례를 제정한 뜻에 따른 것이다. 오늘날 서자이면서 제사를 지내는 자들은 성인이 제례를 제정한 뜻을 먼저 찾아보지도 않고 있으니, 그러므로 이러한 경우는 제사를 기만하는 것이니라."라고 했다.

① ○告於墓[止]於家.

補註 疏曰: 祭於庶子之家也. 或云是祭於宗子之家.

번역 소에서 말하길, 서자의 집에서 제사를 지낸다는 뜻이다. 혹자는 종자의 집에서 제사를 지내는 것이라고 풀이한다.

② 稱名[止]而已.

補註 通解呂氏曰: 此宗子死庶子尙在, 雖有宗子之適子, 未得主祭, 故庶子主之. 祝辭, 止曰: "子某薦其常事而已", 不言介, 明無所助也. 若庶子皆死, 則宗子之子乃主之, 故曰身沒而已. 今之無宗子者, 宜亦倣此.

번역 『통해』에서 여씨가 말하길, 이것은 종자가 죽은 상태이고 서자가 생존해 있을 때, 비록 종자의 적장자가 있더라도 아직까지 제사를 주관할 수 없는 경우이다. 그렇기 때문에 서자가 제사를 주관하게 된다. 축사에서는 단지 "자식 아무개가 정규적인 제사를 올립니다."라고만 말하고, 개(介)라고 말하지 않는데, 도울 대상이 없음을 나타내기 때문이다. 만약 서자도 죽은 상태라면, 종자의 자식이 제사를 주관하게 된다. 그렇기 때문에 "서자 본인이 죽으면 그친다."라고 말한 것이다. 현재는 종자가 없는 상태이므로 마땅히 이와 같이 따라야 한다.

補註 ○按: 呂說可疑.
번역 ○살펴보니, 여씨의 주장은 의문스럽다.

③ 子游之徒.

補註 陽村曰: 以此章所言子游之徒觀之, 則諸章昔者以下, 皆非孔子之言, 尤明矣. 孔子言禮, 豈引子游之徒以爲證? 且上旣言子游之徒, 而曰今之祭者不首其義, 則所謂今者, 在子游之徒之後, 是記者自指其時而言, 無疑矣.

번역 양촌이 말하길, 이 문장에서 말한 자유의 무리라는 구문을 통해 살펴보면, 여러 문장들에 있어서 '석자(昔者)'라는 말 뒤에 나오는 기록들은 모두 공자의 말이 아님이 더욱 분명해진다. 공자가 예법을 설명하며 어찌 자유의 무리들이 행한 일을 인용하여 증거로 삼았겠는가? 또 앞에서는 이미 자유의 무리들을 언급했는데도 "오늘날 서자이면서 제사를 지내는 자들은 성인이 제례를 제정한 뜻을 먼저 찾아보지도 않고 있다."라고 했으니, '금(今)'이라는 것은 자유의 무리들이 활동했던 시기보다 이후가 되니, 이것은 『예기』를 기록한 자가 직접 자신이 생존했던 시기를 가리켜서 말한 것임이 분명하다.

참고–經文

曾子問曰: "祭必有尸乎? ①若厭祭亦可乎?" 孔子曰: "祭成喪者, 必有尸, 尸必以孫, 孫幼, 則使人抱之, 無孫, 則取於同姓, 可也. ②祭殤, 必厭, 蓋弗成也. 祭成喪而無尸, 是殤之也."

번역 증자가 "제사를 지낼 때에는 반드시 시동을 두어야 하는 것입니까? 염제(厭祭)를 지내는 것처럼, 시동을 두지 않는 것 또한 괜찮은 것입니까?"라고 묻자 공자는 "성인(成人)이 된 이후에 죽은 자에 대해서 제사를 지낼 경우에는 반드시 시동을 두어야 하니, 시동은 반드시 죽은 자의 손자로 해야 하고, 만약 손자가 너무 어린 경우라면, 다른 사람을 시켜서 시동을 안고 있게 하며, 만약 손자가 없는 경우라면, 동성(同姓)인 자들 중에서 손자 항렬의 사람을 데려다가 시동으로 세우는 것이 옳다. 요절한 자를 제사지낼 때에는 반드시 염제로 지내게 되는데, 이렇게 하는 이유는 성인이 되지 못하였기 때문이다. 성인이 된 이후 죽은 자를 제사지낼 때, 시동을 세우지 않는 것은 죽은 자를 요절한 자처럼 대하는 것이다."라고 대답했다.

① ○若厭祭亦可乎.

補註 徐志修曰: 若厭祭, 謂同於厭祭之禮, 無尸也. 諺讀厓隱吐, 恐誤.

번역 서지수가 말하길, '약염제(若厭祭)'라는 말은 염제의 예법과 동일하게 하여 시동을 세우지 않는다는 뜻이다. 『언독』에서는 에는[厓隱]토를 붙였는데 아마도 잘못된 것 같다.

② 祭殤必厭.

補註 按: 此謂祭殤之禮, 止於厭也, 非謂殤獨有厭, 而成人無厭也.

번역 살펴보니, 이것은 요절한 자를 제사지내는 예법에서는 염제(厭祭)에서 그친다는 뜻이지, 요절한 자에 대해서만 염제를 지내고 성인이 된 이후에 죽은 자에 대해서는 염제를 지내지 않는다는 뜻이 아니다.

「증자문」 55장

孔子曰: "①有陰厭, 有陽厭." 曾子問曰: "②殤不祔祭, 何謂陰
厭·陽厭?" 孔子曰: "宗子爲殤而死, 庶子弗爲後也. 其吉祭, 特
牲, 祭殤, ③不擧, ④無肵俎, 無玄酒, 不告利成, 是謂陰厭."

번역 공자가 다시 가르쳐주기를 "염제(厭祭)에는 음염(陰厭)과 양염(陽厭) 두 종
류가 있다."라고 했다. 증자가 다시 질문하기를 "요절한 자에 대해서는 부제(祔祭)
도 지내지 않는데, 어찌하여 음염과 양염이 있다고 말할 수 있습니까?"라고 하자
공자는 "종자(宗子)가 어린 나이에 죽게 된다면, 서자(庶子)는 후계자가 될 수 없
다. 어린 나이에 요절한 종자에 대한 길제(吉祭)에서는 특생(特牲)을 사용하여, 요
절한 자에 대한 제사를 지내지만, 희생물의 폐나 등골뼈 등을 시동에게 주지 않고,
시동에게 바치는 근조(肵俎)¹⁾가 없으며, 현주(玄酒)²⁾가 없고, 축관(祝官)이 제주
(祭主)에게 봉양하는 예가 다 이루어졌다고 고하지도 않으니, 이것을 음염이라고
부르는 것이다."라고 대답했다.

---

1) 근조(肵俎)는 제사 때 사용하는 '도매[俎]'로, 시동을 공경하는 뜻에서 설치하였다.
   '근조'의 '근(肵)'자는 공경한다는 뜻이다. 본래 이 도마는 희생물의 심장과 혀를 올
   려두는 용도로 사용되었다. 『의례』「소뢰궤식례(少牢饋食禮)」편에는 "佐食升肵俎,
   鼏之, 設于阼階西."라는 기록이 있고, 이에 대한 정현의 주에서는 "肵, 謂心·舌之
   俎也. 郊特牲曰, '肵之爲言敬也.' 言主人之所以敬尸之俎."라고 풀이했다.

2) 현주(玄酒)는 고대의 제례(祭禮)에서 술 대신 사용한 물[水]을 뜻한다. '현주'의 '현
   (玄)'자는 물은 흑색을 상징하므로, 붙여진 글자이다. '현주'의 '주(酒)'자의 경우, 태
   고시대 때에는 아직 술이 없었기 때문에, 물을 술 대신 사용했다. 따라서 후대에는
   이 물을 가리키며 '주'자를 붙이게 된 것이다. '현주'를 사용하는 것은 가장 오래된
   예법 중 하나이므로, 후대에도 이러한 예법을 존숭하여, 제사 때 '현주' 또한 사용했
   던 것이며, '현주'를 술 중에서도 가장 귀한 것으로 여겼다. 『예기』「예운(禮運)」편에
   는 "故玄酒在室, 醴醆在戶."라는 기록이 있는데, 이에 대한 공영달(孔穎達)의 소
   (疏)에서는 "玄酒, 謂水也. 以其色黑, 謂之玄. 而太古無酒, 此水當酒所用, 故謂
   之玄酒."라고 풀이했다.

① ○有陰厭有陽厭.

補註 徐志修曰: 鄭註, "祭殤之禮, 有於陰厭之者, 有於陽厭之者", 儘精.
陳註所謂祭之始祭之終云者, 似若殤祭, 亦於厭祭之外別有正祭者, 然
欠精.

번역 서지수가 말하길, 정현의 주에서는 "요절한 자를 제사지내는 예법에는
음(陰)한 장소에서 흠향시키는 경우가 있고, 양(陽)한 장소에서 흠향시키는
경우도 있는 것이다."라고 했는데, 그 설명이 매우 정확하다. 진호의 주에서
제사의 초반부와 제사의 종반부라고 말한 것은 마치 요절한 자의 제사에서
는 또한 염제 외에도 별도로 정규 제사가 있는 것처럼 보이니, 다소 정밀하
지 못하다.

② 殤不祔祭.

補註 鄭註: "祔, 當爲備聲之誤也." 疏曰: "喪服小記殤與無後者從祖祔
食, 今云殤不祔祭, 與小記乖, 故知祔當爲備也."

번역 정현의 주에서 말하길, "'부(祔)'자는 마땅히 비(備)자가 되어야 하니,
소리가 비슷해서 생긴 오류이다."라고 했다. 소에서 말하길, "『예기』「상복소
기(喪服小記)」편에서는 '요절한 자와 후손이 없는 자에 대해서는 조묘(祖
廟)에 제사지낼 때 함께 흠향하도록 한다.'3)라고 했는데, 이곳에서는 '요절한
자에 대해서는 부제(祔祭)를 지내지 않는다.'라고 했으니, 「상복소기」편의
내용과 서로 어긋나게 된다. 그렇기 때문에 부(祔)자는 마땅히 비(備)자가
되어야 함을 알 수 있다."라고 했다.

③ 不擧.

補註 按: 擧下, 古經有肺字. 註疏正以不擧肺釋之, 陳註亦然, 而今經文
無肺字, 必是脫誤.

---

3) 『예기』「상복소기(喪服小記)」: 殤與無後者從祖祔食.

번역 살펴보니, '거(擧)'자 뒤에 『고경』에는 폐(肺)자가 기록되어 있다. 주와 소에서도 이를 바로잡아 폐를 들지 않는다고 풀이했고, 진호의 주에서도 이처럼 풀이했으니, 현행본 경문에 폐(肺)자가 없는 것은 분명 글자가 잘못하여 누락된 것이다.

④ 無肵俎.

補註 按: 肵, 音祈, 見郊特牲.

번역 살펴보니, '肵'자의 음은 '祈(기)'이니 『예기』 「교특생(郊特牲)」편에 나온다.

참고-集說

孔子言祭殤之禮, 有厭於幽陰者, 有厭於陽明者. 蓋適殤則陰厭於祭之始, 庶殤則陽厭於祭之終, 非兼之也. 曾子不悟其指, 乃問云祭殤之禮, 略而不備, 何以始末一祭之間有此兩厭也? 孔子言雖是宗子, 死在殤之年, 無爲人父之道, 庶子不得代爲之後, 其族人中有與之爲兄弟者代之, 而主其祭之之禮. 其卒哭成事以後爲吉祭, 祭殤①本用特豚, 今亦從成人之禮用特牲者, 以其爲宗子故也. 祭有尸, 則佐食擧肺脊以授尸, 祭而食之. 今無尸, 故不擧肺脊也. 凡尸食之餘歸之肵俎. 肵, 敬也. 主人敬尸而設此俎, 今無肵俎, 以無尸故也. 玄酒, 水也. 太古無酒之時, 以水行禮, 後王祭則設之, 重古道也. 今祭殤禮略, 故無玄酒也. 不告利成者, 利, 猶養也, 謂共養之禮已成也. 常祭, 主人事尸禮畢, 出立戶外, 則祝東面告利成, 遂導尸以出, 今亦以無尸廢此禮. 是謂陰厭云者, 以其在祖廟之奧陰暗之處, 厭之也.

번역 공자가 말하길, 요절한 자에 대해 제사를 지내는 예법에는 두 종류가 있으니, 그윽하고 음(陰)한 장소에서 지내는 염제(厭祭)가 있고, 양(陽)하고 밝은 장소에서 지내는 염제가 있다. 무릇 적장자가 요절한 경우라면, 제사를 지내는 초반부에 음염(陰厭)을 지내고, 서자(庶子)가 요절한 경우라면, 제사의 말미에 양염(陽厭)을 지내니, 두 가지를 한꺼번에 지낸다는 말이 아니다. 증자는 그 요지를 깨닫지 못하고, 마침내 재차 묻기를, 요절한 자에 대한 제례는 간소화하여 예법을 다 갖추지 않는데, 어찌하여 제사 초반부와 말미에 각각 염제를 지내서, 한 제사 속에 이러한 두 가지의 염제가 있을 수 있느냐고 물어본 것이다. 공자가 대답하길, 비록 종자(宗子)라고 하더라도, 죽었을 때가 요절에 해당하는 나이라면, 자식을 낳지 못하였으니, 아비로서의 도리를 시행함이 없는 것이며, 서자는 대신하여 그의 후계자가 될 수 없으니, 종자의 족인(族人) 중에서 그와 형제 항렬이 되는 자가 있다면, 그가 대신하게 되어, 종자에 대한 제사에서 그 예법을 주관하게 된다. 죽은 종자에 대해 졸곡(卒哭)을 하여, 일을 완수한 이후라면, 그에 대한 제사는 흉사(凶事)에서 길사(吉事)로 넘어가게 되어 길제(吉祭)가 된다. 그런데 본래 요절한 자에 대한 제사에서는 한 마리의 돼지를 희생물로 사용하는 것이지만, 지금 이 문장에서는 또한 성인(成人)에 대한 예법에 따라서, 한 마리의 소를 사용한다고 하였다. 그 이유는 요절한 자가 종자이기 때문이다. 제사를 지낼 때, 시동을 두게 되면, 좌식(佐食)은 희생물의 폐와 등뼈를 집어서 시동에게 바치고, 그것으로 제사를 지내고서 먹게 된다. 그런데 지금 이곳 문장에서 언급하는 상황에는 시동이 없기 때문에, 폐나 등뼈를 집지 않는 것이다. 무릇 일반적인 제사에서는 시동이 그 음식들을 맛보고, 남은 것들은 기조(胏俎)에 올려두게 된다. '기(胏)'자는 공경한다는 뜻이다. 제주가 시동을 공경하여, 이 도마를 설치하는 것인데, 지금 이곳 문장에서 "기조가 없다."고 한 이유는 시동을 두지 않기 때문이다. '현주(玄酒)'는 물이다. 먼 옛날 술이 없었던 시기에는 물로써 제례를 시행하였는데, 후세의 제왕들이 제사를 지내면서, 당시에 술이 있었음에도 현주도 함께 진설하였다. 그 이유는 고대의 법도를 존중하였기 때문이다. 지금 이 문장에서 설명하는 상황은 요절한 자에 대한 제사이므로, 예법을 간소하게 치른다. 그렇기 때문에 현주를 두지 않는 것이다. "이성(利成)을 고하지 않는다."고 하였는데, 여기에서 말하는 '이(利)'자는 공양한다는 뜻과 같으니, '이성(利成)'이라는 말은 "공양하는 예법이 이미 다 이루어졌다."는 뜻이다. 일상적인 제례에서는 제주가 시동을 섬기는 예가 다 끝나게 되어, 밖으로 나가서 호(戶) 밖에서 있게 되면, 축관(祝官)이 동쪽을 바라보며, '이성'이라고 고하고, 마침내 시동을 인도하여 밖으로 나서게 된다. 그런데 지금 이곳에서 설명하는 상황에서는 또한 시동이 없으므로, 이러한 예법을 폐지하는 것이다. "이것을 음염이라고 부른다."고 말한 이유는 이러한 제사 의식은 조묘(祖廟)의 아랫목인 음(陰)하고 어두운 곳에서 시행하여, 요절한 자를 흠향시키기 때문이다.

① 本用特豚[止]用特牲.

補註 沙溪曰: 豚, 是猪之小者. 三牲, 牛·羊·豕, 三牲中但用豕, 則謂之特牲.

번역 사계가 말하길, '돈(豚)'은 돼지 중에서도 몸집이 작은 것이다. 세 가지 희생물은 소·양·돼지를 뜻하는데, 세 가지 희생물 중에서도 단지 돼지만 사용한다면 이것을 '특생(特牲)'이라고 부른다.

「증자문」 56장

凡殤, 非宗子之殤也. 無後者, 謂庶子之無子孫者也. 此二者若
是①宗子大功內親, 則於宗子家祖廟祭之, 必當室中西北隅,
得戶之明白處, 其尊則設于東房, 是謂陽厭也.

번역 '범상(凡殤)'은 종자(宗子)가 아닌 자들 중에서 요절한 자들을 뜻한다. 무후
자(無後者)는 서자(庶子) 중에서 자손이 없이 죽은 자들을 뜻한다. 이 두 가지 경
우에 해당하는 자들이 만약 종자가 대공복(大功服)을 입어야 하는 친속관계에 있
는 동성(同姓)의 친척이라면, 종자의 집에 있는 조묘(祖廟)에서 그들에게 제사를
지내게 된다. 이러한 경우에는 반드시 묘실(廟室) 안의 서북쪽 모퉁이에 해당하는
곳에서 시행하여, 호(戶)에서 들어오는 밝은 빛을 받을 수 있는 장소로 정하고, 그
술잔 등을 차려내는 경우에는 동쪽 방에 진설을 하니, 이것을 '양염(陽厭)'이라고
부른다.

① ○宗子大功內親.

補註 疏曰: 鄭必限以大功內親者, 以上文云吉祭特牲, 唯據士禮, 適士二
廟, 有祖有禰, 下士祖禰共廟, 故鄭限以祖禰同者, 唯大功之內親也.
번역 소에서 말하길, 정현은 이 문장을 설명하면서 종자와 대공복의 관계에
있는 동성(同姓)의 친족이라고 한정을 지었는데, 앞 문장에서 "길제(吉祭)
에서는 특생(特牲)을 사용한다."고 했고, 사에게 해당하는 예법에 근거해보
면 적사(適士)들은 두 개의 묘(廟)를 세우니, 조묘(祖廟)와 녜묘(禰廟)가
있게 되고, 하사(下士)들은 조부와 부친을 하나의 묘에 함께 세운다. 그렇기
때문에 정현이 조녜(祖禰)가 같은 자들은 오직 종자와 대공복을 입게 되는
동성의 친족들인 경우라고 한정한 것이다.

「증자문」 57장

참고-經文

曾子問曰: "葬引, 至于堩, 日有食之, 則有變乎? 且不乎?" 孔子
曰: "昔者, 吾從老聃, ①助葬於巷黨, 及堩, 日有食之, 老聃曰,
'丘, 止柩就道右, 止哭以聽變.' 旣明反而後行, 曰, '禮也.' 反葬
而丘問之曰, '夫柩, 不可以反者也, 日有食之, ②不知其已之遲
數, 則豈如行哉?' 老聃曰, '諸侯朝天子, 見日而行, 逮日而舍
奠, 大夫使, 見日而行, 逮日而舍, 夫柩, 不蚤出, 不莫宿, 見星
而行者, 唯罪人與奔父母之喪者乎. 日有食之, 安知其不見星
也. 且君子行禮, ③不以人之親痁患', 吾聞諸老聃云."

번역 증자가 "장례를 치르기 위해 영구를 빈궁에서 꺼내어 길을 떠났는데 도로에 도달하여 갑작스럽게 일식이 발생한다면, 일상적인 예법에서 변경되는 사항이 있습니까? 아니면 변경하지 않고 그대로 시행하는 것입니까?"라고 묻자 공자는 "옛적에 내가 노담(老聃)을 따라서 향리에서 장례를 도운 적이 있었는데, 영구가 도로에 이르렀을 때 갑작스럽게 일식이 발생하였다. 그러자 노담이 내게 말하기를, '공구야, 영구를 멈춰 세워서 길의 오른쪽에 두고, 곡을 멈추고 일식이 바뀌는 것을 살펴라.'라고 했다. 해가 다시 정상적으로 되돌아온 이후에 길을 계속 가게 되니, 노담이 다시 말해주기를, '이것이 일식이 생겼을 때의 예법이다.'라고 하였다. 장지에서 되돌아온 이후에 나는 그 이유가 궁금하여 노담에게 묻기를, '무릇 영구는 한 번 길을 떠나면 되돌아올 수 없는 것이며, 일식이 발생한다면 그 현상이 끝나게 되는 것이 더딜지 아니면 빠를지도 알 수 없으니, 영구를 멈춰 세우는 것이 어찌 그대로 계속 길을 가는 것만 같겠습니까? 그러니 일식이 생기더라도 그냥 가는 것이 옳은 것이 아닙니까?'라고 하였다. 그러자 노담이 말하길, '제후가 천자를 찾아뵙기 위해 길을 나설 때에는 해가 뜬 것을 보고서 길을 떠나고, 해가 지는 것에 따라서 숙소로 들어가서 함께 모셔왔던 신주에게 전제사를 올리는 것이며, 대부가 사신으로 갈 때에는 해가 뜬 것을 보고서 길을 떠나고, 해가 지는 것에 따라서 숙소로 들어가는 것이니, 무릇 영구에 있어서도 해가 뜨기 전에 일찍 출발하는 것이 아니며, 날이 저문 뒤에 숙박하는 것이 아니니, 별이 뜬 것을 보고도 길을 계속 가는 경우는 오직 죄인인 경우와 부모의 상에 분상(奔喪)[1]하는 자들 밖에 없을 것이다. 그런데 영구를 따라 가는 중간에 일식이 발생한다면 날이 어두워지게 되는데, 어찌 별을 보게 되는 경우가 발생하지 않는다고 장담할 수 있겠는가? 그러므로 일식이 발생했을 때, 길을 계속 가게 된다면, 죄인이나 분상하는 경우에 해당하게 될 것이다. 또한 군자가 예를 시행할 때에는 남의 부모로 하여금 우환에 빠트리게 해서는 안 된다.'라고 했다. 나는 이러한 사실들을 노담에게서 들었다."라고 대답했다.

① 助葬於巷黨.

補註 鄭註: 巷黨, 黨名.

번역 정현의 주에서 말하길, '항당(巷黨)'은 당(黨)의 지명이다.

② 不知其已之遲數.

補註 鄭註: 已, 止也. 數, 讀爲速.

번역 정현의 주에서 말하길, '이(已)'자는 그친다는 뜻이다. '수(數)'자는 빠르다는 뜻으로 풀이한다.

③ 不以[止]痁患.

補註 按: 痁, 以阽字看, 似長.

번역 살펴보니, '점(痁)'자는 위태롭다는 뜻의 점(阽)자로 보는 것이 더 나은 것 같다.

---

1) 분상(奔喪)은 타지에 있다가 상(喪)에 대한 소식을 듣고, 급히 되돌아오는 예법(禮法)을 말한다. 『예기』「분상(奔喪)」편에 대해, 공영달(孔穎達)은 "案鄭目錄云, 名曰奔喪者, 以其居他國, 聞喪奔歸之禮."라고 풀이했다.

「증자문」 58장

참고—經文

曾子問曰: “爲君使而卒於舍, 禮曰, ‘公館復, 私館不復’, 凡所使之國, 有司所授舍, 則公館已, 何謂私館, 不復也?” 孔子曰: “善乎, 問之也. ①自卿大夫士之家曰私館, 公館與公所爲曰公館, 公館復, 此之謂也.”

번역 증자가 “군주의 명령을 받아서 다른 나라에 사신으로 가는 경우, 그가 사신으로 찾아간 나라의 숙소에서 죽게 되었다면, 본래의 예법에서는 ‘그가 죽은 장소가 공관(公館)이라면 초혼을 하고, 사관(私館)인 경우에는 초혼을 하지 않는다.’[1]라고 하였습니다. 그런데 사신으로 찾아간 그 나라의 유사(有司)가 사신에게 지정해 줘서 머물게 된 숙소라면, 당연히 공관일 따름인데, 어찌하여 사관에서는 초혼을 하지 않는다고 말하는 것입니까?”라고 묻자 공자는 “아주 좋은 질문이구나. 경으로부터 대부나 사에 이르기까지, 그들의 집을 모두 사관이라고 부르고, 본래부터 지정된 공관과 임시방편으로 군주가 명령을 내려서 빈객 등을 머물게 한 곳을 모두 공관이라고 부르니,[2] 공관에서 초혼을 한다는 말은 바로 이것을 가리켜서 하는 말이다.”라고 대답했다.

① ○自卿大夫[止]私館.

補註 疏曰: 非君命所使, 私相停舍, 謂之私館.

번역 소에서 말하길, 군주가 명령을 내려서 머물게 한 곳이 아니며, 사적으로 머무는 숙소를 사관(私館)이라고 부른다.

補註 ○按: 公館復私館不復之義, 有陽村說, 見雜記上補註.

번역 ○살펴보니, 공관에서는 초혼을 하고 사관에서는 초혼을 하지 않는다

---

1) 『예기』「잡기상(雜記上)」: 爲君使而死, <u>公館復, 私館不復</u>.
2) 『예기』「잡기상(雜記上)」: 公館者, 公宮與公所爲也.

는 뜻에 대해서 양촌은 자신만의 주장을 펼쳤는데,『예기』「잡기상(雜記上)」
편의 보주에 나온다.

「증자문」 59장

①曾子問曰: "下殤, 土周, 葬于園, 遂輿機而往, 塗邇故也, 今墓遠, 則其葬也, 如之何?"

번역 증자가 질문하기를 "요절한 자 중에서 하상(下殤)한 자에 대해서는 토주(土周)의 방식을 따라서 가까운 동산에서 장례를 치렀으니, 결국에 기(機)에 시신을 실어서 들어 올린 다음 장지로 가게 되는 것은 거리가 가깝기 때문일 것입니다. 그런데 오늘날에는 묘(墓)에 매장하는 것이 일반적인데, 묘와의 거리가 멀다면 그에 대한 장례를 어떻게 해야 합니까?"라고 했다.

① ○下殤土周章.

補註 徐志修曰: 曾子之意, 蓋以古者下殤葬于園則塗邇, 故可以不棺直輿而往. 今葬於墓則塗遠矣, 不棺而在塗有所不可, 故欲聞其當棺與否. 孔子引史佚之事答之, 蓋史佚將葬於墓以下殤之, 故不敢棺斂於宮中, 周公以不棺而在塗爲不可, 故使棺而往也. 如是看, 則上下文意相貫, 若以爲問當用車與否, 則孔子之答, 何無論用車事乎? 恐不然.

번역 서지수가 말하길, 증자의 생각은 아마도 고대에는 하상(下殤)에 대해 동산에서 장례를 치렀으니 그 길이 가깝다. 그렇기 때문에 관을 쓰지 않고 직접 들고서 장지로 갈 수 있었다. 현재는 묘에서 장례를 치르니 그 길이 멀다. 따라서 관을 쓰지 않고 그대로 길로 나서게 된다면 불가한 점이 있다. 그렇기 때문에 관을 써야 하는지 그렇지 않은지를 듣고자 했던 것이다. 공자는 사일의 일화를 인용해서 답변을 했는데, 사일은 묘에서 장례를 치르려고 했는데 아들이 하상의 경우에 해당했다. 그렇기 때문에 감히 궁 안에서 시신을 관에 안치하지 못하고 있었고, 주공은 관에 안치하지 않고 그대로 길로 나서는 것은 불가하다고 여겼기 때문에 관에 안치하여 장지로 가게끔 했다. 이러한 점을 봤을 때, 앞뒤의 문장은 그 뜻이 상호 일관되어 있는데, 만약 이것을 수레를 사용해야 하는지의 여부를 묻는 것으로 여긴다면, 공자의 답변에 어찌 수레를 사용하는 사안에 대해 논의함이 없단 말인가? 따라서 기존의 해석은 잘못된 것 같다.

八歲至十一爲下殤. 土周, 聖周也, 說見檀弓. 成人則葬於墓, 此葬于園圃之中. 輿, 猶抗也. 機者, 輿尸之具, 木爲之, 狀如牀而無脚, 以繩橫直維繫之, 抗擧而①往聖周之所, 棺斂而葬之, 塗近故也. 曾子言今世禮變, 皆棺斂下殤於家而葬之於墓, 則塗遠矣, 其葬也, 如之何. 問旣不用輿機, 則當用人擧棺以往乎, 爲當用車載棺而往乎. 然此謂大夫之下殤, 及士庶人之中下殤耳. 若大夫之適長殤中殤有遣車者, 亦不輿機而葬也.

번역 8세부터 11세 사이에 죽은 자를 하상(下殤)이라고 한다. 토주(土周)[1]는 직주(聖周)이니, 설명은 『예기』「단궁(檀弓)」편에 보인다. 성인(成人)이 된 이후 죽은 자에 대해서는 묘(墓)에서 장례를 치르는데, 하상인 경우에는 동산 안에서 장례를 치른다. '여(輿)'자는 들어 올린다는 뜻이다. '기(機)'라는 것은 시신을 들어 올리는 도구이니, 나무로 그것을 만들었다. 모양은 침상과 비슷하지만 기둥 다리가 없고, 새끼줄을 이용하여 가로 세로로 매어 묶고, 시신을 들어 올려서 직주하는 장소로 간다. 그곳에 도착하면 관에 시신을 넣어서 장례를 치르니, 이렇게 할 수 있는 이유는 동산과의 거리가 가깝기 때문이다. 증자가 질문하길, 오늘날에는 예법이 변화하여 모두들 그들의 집안에서 하상한 자의 시신을 관에 넣고 묘에서 장례를 치르게 되었다. 그 이유는 장지까지의 거리가 멀기 때문인데, 그렇다면 장례를 치를 때 어찌해야 하느냐고 물어본 것이다. 이 말은 곧 이미 현실에서는 기를 이용해 시신을 들어 올리는 방법을 사용하지 않고 있으니, 마땅히 사람을 써서 관을 들어서 가야

---

1) 토주(土周)는 직주(聖周)·즐주(聖周)라고도 부른다. 흙을 구워 벽돌을 만든 다음, 관을 넣을 네 면을 벽돌로 쌓아서 장례(葬禮)를 치르는 것이다.

하는 것이 아니냐고 물어본 것이며, 또한 그것이 아니라면 마땅히 수레를 이용하여 관을 싣고서 가야 하는 것이 아니냐고 물어본 것이다. 그러나 이렇게 하는 것은 대부 중에서 하상한 자이거나 사나 서인들 중에서 중상(中殤)이나 하상한 자의 경우에 해당할 뿐이다. 만약 대부의 적장자가 중상을 하게 된다면, 견거(遣車)라는 것이 있게 되니, 또한 기를 이용해 시신을 들어 올리는 방법을 사용하지 않고도 장례를 치르게 된다.

① 往聖[止]棺斂而葬.

補註 按: 以下文"下殤用棺衣棺, 自史佚始", 見之, 輿機而往者, 恐不用棺而遂葬於聖周之內也. 陳註雖本於鄭註就園而斂葬之說, 而古禮終無明據. 小註吳說似長.

번역 살펴보니, 아래문장에서는 "하상한 자에 대해서 관과 시신을 감싸는 의복 등을 사용하여 관에 안치했던 일은 사일로부터 시작된 것이다."라고 했는데, 이를 통해 살펴보면 '여기이왕(輿機而往)'이라는 말은 아마도 관을 사용하지 않고 길을 떠나서 결국 즐주(聖周)한 곳 안에 시신을 안치하여 장례를 치렀다는 뜻인 것 같다. 진호의 주는 비록 정현의 주에서 "동산에 나아가 염(斂)을 하고서 장례를 치른다."는 주장에 근본을 두고 있지만, 고례에는 명확한 근거를 찾을 수 없다. 소주에 나온 오씨의 주장이 나은 것 같다.

참고-大全 臨川吳氏曰: 周人葬下殤之禮, 不用棺, 但以衣斂尸而置之尸牀, 不用車載, 衆手昇之以往. 曾子問, 去墓園塗近者, 可如此, 若去墓之塗遠, 則昇尸以往, 而不用棺不用車, 似若不可, 故問當如之何. 孔子遂引老聃所言史佚之事以答. 蓋史佚曾葬下殤之子, 而其墓遠, 方疑於昇尸之不可, 而召公勸以棺斂於宮中, 則如成人而載以喪車, 不昇機也. 史佚以前未有此禮, 故有所不敢. 於是召公爲史佚問之周公. 周公曰, 豈不可. 蓋禮有從權而以義起者, 墓近則昇機, 墓遠則棺斂而車載以往, 雖前時禮所未有, 然亦無害於義也. 史佚依周公所言行之, 自是以後, 葬下殤者, 若墓遠則用棺也. 棺衣者, 謂斂以衣, 又斂於棺也. 下殤用棺而衣之棺之者, 蓋自史佚始. 前此則衣而已, 不棺之也.

번역 임천오씨가 말하길, 주나라 사람들이 하상(下殤)한 자를 장례 치렀던 예법에서는 관을 사용하지 않았으며, 단지 의복 등으로 시신을 감싸서, 시신을 올려두는 침상에 놓아두었다. 그리고 수레를 사용하여 실어가지 않았고, 대신 여러 사람들이 손으로 직접 침상을 들어 올려서 장지로 갔다. 증자가 질문한 내용은 묘로 사용되는 동산까지의 거리가 가까운 경우라면, 이처럼 하는 것이 가능하다. 하지만 만약 묘까지의 거리가 먼 경우라면, 시신을 직접 침상에 올려서 들고 가서, 관도 사용하지 않고, 수레도 사용하지 않는다면, 불가능할 것 같다고 여겼다. 따라서 오늘날에는 마땅히 어떻게 해야 하는지를 물어본 것이다. 공자는 노담(老聃)이 말해준 사일(史佚)의 일화를 인용하여 대답을 해주었다. 무릇 사일은 일찍이 하상한 아들에 대해서 장례를 치르게 되었는데, 그 묘가 먼 곳에 있어서, 시신을 들고 가는 방법이 불가능하지 않을까 의문이 들었다. 소공(召公)은 궁중에서 관에 시신을 안치하는 방법을 권해주었는데, 이 방법은 마치 성인(成人)에 대한 장례처럼, 상여에 싣고 가는 것으로, 기(機)를 사용하여 시신을 들어 올리는 방법이 아니었다. 사일은 이전에 이러한 예법이 없었기 때문에, 감히 자기 마음대로 할 수 없다고 여겼다. 이때에 소공은 사일을 위하여 주공(周公)에게 물어보았다. 주공이 말하길, "어찌 하지 못하겠느냐[豈不可]?"고 하였다. 무릇 예법에는 권도(權道)에 따라서 그 본래의 의의를 진작시키는 경우도 있는 것이다. 따라서 묘가 가깝다면 '기'를 사용하여 들고 가는 것이 옳겠지만, 묘가 멀다면 '관'에 안치하여 수레에 싣고서 가는 방법이 비록 이전 시대의 예법에 그러한 경우가 없었다고 하더라도, 또한 의미상으로도 해가 되지 않는 것이다. 사일은 주공이 말해준 것에 따라서 그대로 시행하였고, 이후로부터는 하상한 자를 장례지낼 경우, 만약 묘가 먼 곳에 있다면 관을 사용하게 된 것이다. '관의(棺衣)'라는 말은 의복 등으로 시신을 감싸고, 또한 관에 안치하는 것을 뜻한다. 하상한 자에 대해서 관을 사용하고, 의복으로 감싸서 관에 안치하는 방법은 무릇 사일로부터 시작된 것이다. 사일 이전에는 의복만 사용하여 시신을 감쌌을 뿐이지, 관에 안치하지는 않았다.

「증자문」 60장

孔子曰: "吾聞諸老聃曰, '昔者, 史佚, 有子而死, 下殤也. 墓遠, 召公謂之曰, ①何以不棺斂於宮中. 史佚曰, 吾敢乎哉? 召公言 於周公, 周公曰, ②豈不可? 史佚行之.' 下殤③用棺衣棺, 自史 佚, 始也."

번역 증자의 질문에 공자가 대답해주기를 "나는 이 문제와 관련하여 이전에 노담 (老聃)이 해준 말을 들은 적이 있었다. 그가 말하길, '옛적에 사일(史佚)이라는 신 하에게 아들이 있었으나 일찍 죽었는데, 요절한 경우에서도 하상(下殤)에 해당하 였다. 그런데 묘(墓)가 멀리 떨어져 있어서, 곤란해 하고 있었다. 소공(召公)이 그 에게 말하길, 어찌하여 궁중에서 아들의 시신을 관에 넣지 않는가라고 하였다. 그러 자 사일이 말하기를, 옛날의 법도가 정해져 있는데, 제가 어찌 감히 그것을 어기고, 아들의 시신을 관에 넣을 수가 있겠냐고 하였다. 소공이 이 문제를 주공(周公)에게 물어보았는데, 주공이 말하길, 어찌 하지 못하겠냐고 하였다. 소공이 사일에게 주공 의 대답을 들려주자, 사일이 그 말대로 시행하였다.'라고 했다. 그러므로 하상한 자 에 대해서, 관과 시신을 감싸는 의복 등을 사용하여, 관에 안치했던 일은 사일로부 터 시작된 것이다."라고 했다.

① 何以不棺斂於宮中.

補註 鄭註: 斂於宮中, 則葬當載之.
번역 정현의 주에서 말하길, 궁중에서 시신을 안치한다면, 장례를 치를 때에 도 마땅히 수레에 실어야 한다.

② 豈不可.

補註 鄭註: "不許也. 史佚行之, 失指以爲許也." 疏曰: "豈者, 恠拒之辭."
번역 정현의 주에서 말하길, "소공의 말에 동조하지 않은 것이다. 사일이 그대로 시행했던 것은 사일이 그 말을 허락한다는 뜻으로 잘못 알아들었기 때문이다."라고 했다. 소에서 말하길, "'기(豈)'라는 말은 기괴한 일을 꺼릴 때 쓰는 말이다."라고 했다.

補註 ○按: 舊說太曲. 陳註非之者, 是.
번역 ○살펴보니, 옛 주장들은 너무 왜곡이 심하다. 진호의 주에서 이를 비판한 것은 옳다.

③ **用棺衣棺.**

補註 下棺鄭註: 謂斂於棺.
번역 뒤의 관(棺)자에 대해 정현의 주에서 말하길, 관에 시신을 안치한다는 뜻이다.

補註 ○按: 用棺衣棺, 鄭意蓋謂用棺與衣, 以斂藏之.
번역 ○살펴보니, '용관의관(用棺衣棺)'에 대해 정현의 생각은 아마도 관과 옷을 사용하여 시신을 거두고 감춘다는 뜻으로 이해한 것 같다.

「증자문」61장

曾子問曰: "卿大夫①將爲尸於公, 受宿矣, 而有齊衰內喪, 則如之何?" 孔子曰: "出舍於公館, 以待事, 禮也."

번역 증자가 질문하기를, "경과 대부가 장차 제후가 지내는 제사에서 시동의 임무를 맡게 되어, 군주의 명령을 받아 집안에 머물며 재계를 하고 있는데, 갑작스럽게 자최복(齊衰服)을 입어야 하는 내상(內喪)이 발생하게 된다면, 어떻게 해야 합니까?"라고 묻자 공자는 "집을 나와서 공관(公館)에 머물며, 군주의 제사가 다 끝나기를 기다렸다가 그 이후에 집으로 돌아가서 상을 치르는 것이 올바른 예법이다."라고 대답했다.

① ○將爲尸[止]受宿矣.

補註 按: 受宿, 謂受其宿尸之命也. 特牲·少牢禮皆有宿尸. 註: "宿, 當爲肅, 肅進也." 又經文宿詞曰: "筮子爲某尸, 占曰吉, 敢宿", 是也. 陳註以爲宿齊戒, 恐未精.

번역 살펴보니, '수숙(受宿)'은 시동의 임무를 맡았으므로 제사 당일 오라는 명령을 받았다는 뜻이다. 『의례』「특생궤식례(特牲饋食禮)」편과 「소뢰궤식례(少牢饋食禮)」편에는 모두 '숙시(宿尸)'라는 말이 나온다. 주에서는 "숙(宿)자는 숙(肅)자가 되니, 엄숙하게 지내며 제사 당일 찾아오라는 뜻이다."라고 했다. 또 경문에서는 숙(宿)을 전하는 말에서 "그대를 아무개의 시동으로 시초점을 쳤는데, 점괘에서 길하다는 결과가 나왔으니 감히 숙(宿)합니다."라고 했다. 진호의 주에서는 숙(宿)자를 재계하고 경계한다는 뜻으로 여겼는데, 아마도 정밀하지 못한 것 같다.

「증자문」 63장

참고―經文

子夏問曰: "三年之喪, 卒哭, 金革之事, 無辟也者, 禮與? 初有司與?" 孔子曰: "夏后氏, 三年之喪, 旣殯而致事, 殷人, ①旣葬而致事, 記曰, '②君子, 不奪人之親, 亦不可奪親也', 此之謂乎."

번역 자하가 "부모에 대한 삼년상을 치르는데 졸곡(卒哭)을 하고서, 전쟁 등의 일이 발생하였다면, 피하지 않고 군주의 명령에 따라서 전쟁에 임하는 것이 예법입니까? 그것이 아니라면, 애초에 군주가 유사(有司)를 파견하여 그에게 다급한 상황을 말해주며, 전쟁에 임하도록 재촉하게 되어서, 오늘날처럼 전쟁에 참여하게 된 사례가 생긴 것입니까?"라고 묻자 공자는 "하후씨 때에는 부모에 대한 삼년상을 치르게 되면, 빈소를 차리고 나서 관직에서 물러났었고, 은나라 때에는 장례를 치르고 나서 관직에서 물러났으니, 옛말에 '군자는 남의 부모에 대한 효심을 빼앗지 않으며, 또한 그러한 마음을 빼앗을 수도 없는 것이다.'라고 했으니, 바로 이것을 뜻함일 것이다."라고 대답했다.

① ○旣葬而致事.

補註 按: 致事, 何待旣葬? 可疑. 疏解以殷人漸文, 思親彌深, 恐未必然.
번역 살펴보니, 관직에서 물러난다면 어찌 장례를 마칠 때까지 기다리겠는가? 따라서 이 말은 의문스럽다. 소에서는 은나라 때에는 점차 문식을 더하게 되었고 부모를 생각하는 마음이 보다 깊어졌기 때문이라고 풀이했는데, 아마도 반드시 그렇지만은 않을 것이다.

② 君子不奪[止]奪親也.

補註 鄭註: 二者, 恕也, 孝也.
번역 정현의 주에서 말하길, 두 가지는 군주에게 해당하는 서(恕)와 신하에게 해당하는 효(孝)를 나타낸다.

禮記補註卷之八

『예기보주』8권

「문왕세자(文王世子)」 제8편

補註 疏曰: 鄭云, "名曰文王世子者, 以其記文王善爲世子之禮." 篇內凡有五節.

번역 소에서 말하길, 정현은 "편명을 '문왕세자(文王世子)'라고 지은 것은 문왕이 세자였을 때 그 예법을 잘 시행한 것을 기록했기 때문이다."라고 했다. 「문왕세자」편 안에는 총 5개의 절목이 있다.

「문왕세자」 4장

文王謂武王曰: "女何夢矣?" 武王對曰: "夢帝與我九齡." 文王
曰: "女以爲何也?" 武王曰: "西方有九國焉, ①君王其終撫諸."
文王曰: "非也. 古者, 謂年齡, 齒亦齡也. 我百, 爾九十, 吾與爾
三焉." 文王九十七乃終, 武王九十三而終.

번역 문왕이 무왕에게 "너는 어떤 꿈을 꾸었느냐?"라고 묻자 무왕은 "꿈에 상제께
서 저에게 구령(九齡)을 주셨습니다."라고 대답했다. 문왕이 "너는 그것을 어떤 뜻
이라고 생각하느냐?"라고 묻자 무왕이 "서방에 아홉 개의 나라가 있으니, 군왕께서
끝내 그 나라들을 통치할 것이라는 뜻일 겁니다."라고 대답했다. 문왕이 "틀렸다.
옛날에는 나이를 '연령(年齡)'이라 하였고, 이빨 또한 '영(齡)'이라고 하였다. 너의
꿈은 내가 100살까지 살고 네가 90살까지 산다는 뜻이니, 내가 너에게 3살을 더 주
겠다."라고 했다. 이후 문왕은 97세가 되어 임종하였고, 무왕 또한 93세가 되어 임
종하였다.

① **君王其終撫諸.**

補註 鄭註: 撫, 猶有也.
번역 정현의 주에서 말하길, '무(撫)'자는 소유한다는 뜻이다.

補註 ○陽村曰: 文王在時, 未嘗稱王, 而曰君王, 記者之失也.
번역 ○양촌이 말하길, 문왕이 생존했을 당시에는 일찍이 '왕(王)'이라고 지
칭한 적이 없었는데도, '군왕(君王)'이라고 했으니, 이것은 『예기』를 기록한
자의 실수이다.

「문왕세자」 5장

成王幼, 不能涖阼. ①周公相, 踐阼而治, 抗世子法於伯禽, 欲令成王之知父子・君臣・長幼之道也. 成王有過, 則撻伯禽, 所以示成王世子之道也, ②文王之爲世子也.

번역 성왕은 나이가 너무 어려서, 천자의 자리에 오를 수가 없었다. 그래서 주공이 재상이 되어, 성왕 대신 임시로 천자의 직위에 올라 천하를 다스렸다. 그리고 자신의 아들 백금에게 세자를 가르치던 법도대로 교육을 하여, 성왕으로 하여금 백금을 관찰하도록 해서, 부자・군신・장유 사이에서 지켜야 하는 도리를 알게 하고자 하였다. 만약 성왕이 과실을 저지르게 되면, 주공은 성왕 대신 백금을 회초리로 때렸다. 그 이유는 성왕에게 세자로써 지켜야 하는 도리를 보이고자 했기 때문이다. 여기까지의 내용이 바로 문왕이 세자였을 때 시행하였던 도리이다.

① ○周公相踐阼.

補註 類編曰: 陳註踐履其臨阼之事, 文理未當, 當以小註方氏爲正.

번역 『유편』에서 말하길, 진호의 주에서는 "군왕의 일들을 대신 시행했다."라는 뜻으로 풀이했는데, 문맥상 합당하지 못하니, 마땅히 소주에 나온 방씨의 주장을 정론으로 삼아야 한다.

참고-大全 嚴陵方氏曰: 涖阼, 臨朝也. 阼者, 主人所有事之階, 故適子冠於阼以著代, 則繼體之臨朝行事, 謂之涖阼, 亦宜矣. 涖, 言以位臨之, 踐, 言以足履之. 成王主也, 故於阼曰涖, 周公相之而已, 故於阼曰踐, 此輕重之別也. 世子於屬則子也, 於位則臣也, 於齒則幼也. 知爲子, 然後能爲父, 知爲臣, 然後能爲君, 知爲幼, 然後能爲長, 故抗世子法於伯禽, 欲令成王之知父子・君臣・長幼之道也. 然其序, 則先父子而後君臣者, 內外之序也. 先君臣而後長幼者, 上下之序也. 於伯禽言法, 於成

王言道者, 蓋法則下之所守, 道則上之所揆.

번역 엄릉방씨가 말하길, '리조(涖阼)'는 조정을 주관한다는 뜻이다. '조(阼)' 자는 주인이 어떤 일이 있을 때, 밟고 올라가는 계단을 뜻한다. 그렇기 때문에 적장자가 '주인의 동쪽 계단[阼階]'에서 관례를 치르는 것은 이것을 통해 부친의 지위를 계승하게 될 것임을 상징적으로 드러내는 것이다.[1] 따라서 제왕의 지위를 계승한 자가 조정에 임해, 국정을 시행하는 것을 '리조'라고 부른 것도 또한 마땅한 것이다. '리(涖)'자는 지위로 임하게 된다는 뜻이며, '천(踐)'자는 발로 밟는다는 뜻이다. 성왕은 군주이기 때문에, 조계(阼階)에 대해서 "오른다[涖]."고 말한 것이며, 주공은 보좌를 할 뿐이므로, 조계에 대해서 "밟는다[踐]."고만 말한 것이니, 이것이 바로 경중의 차별이다. 세자는 친속 관계로 따지면 자식이 되고, 지위로 따지면 신하가 되며, 나이로 따지면 어린 자가 된다. 자식된 도리를 알아야만, 그런 연후에 부친이 될 수 있고, 신하된 도리를 알아야만, 그런 연후에 군주가 될 수 있으며, 어린 자의 도리를 알아야만, 그런 연후에 연장자가 될 수 있다. 그렇기 때문에 백금에게 세자가 지켜야 할 법도를 교육하여, 성왕으로 하여금 부자·군신·장유 간에 지켜야 하는 도리를 알게끔 하고자 한 것이다. 그런데 문장에 기록된 순차를 따져보면, 먼저 부자가 앞에 나오고 이후에 군신이 나온 것은 바로 내외에 따른 순서이다. 그리고 먼저 군신이 앞에 나오고 이후에 장유가 나온 것은 상하에 따른 순서이다. 이곳 기록에서는 백금에 대해서는 '법(法)'이라 말하고, 성왕에 대해서는 '도(道)'라 말하고 있다. 그 이유는 아마도 법은 아랫사람이 지켜야 하는 것이고, 도는 윗사람이 규범으로 삼는 것이기 때문일 것이다.

② 文王之爲世子也.

補註 鄭註: "題上事." 疏曰: "題, 題目也, 題目以上所設諸事也."
번역 정현의 주에서 말하길, "위에 나타난 기록들의 제목에 해당한다."라고

---

1) 『예기』「교특생(郊特牲)」: <u>適子冠於阼, 以著代也</u>. 醮於客位, 加有成也.

했다. 소에서 말하길, "'제(題)'자는 제목을 단다는 뜻이니, 앞에서 서술된 여러 가지 내용들에 대한 제목을 나타내는 것이다."라고 했다.

補註 ○按: 陽村亦以下文敎世子周公踐阼, 皆爲篇內小節之名, 與鄭註相類. 劉氏之釋固誤, 而王氏所謂衍文者, 亦恐未然.

번역 ○살펴보니, 양촌 또한 아래문장에 나오는 '교세자(敎世子)'2)와 '주공천조(周公踐阼)'3)에 대해서 모두 「문왕세자」편 안에 있는 소 절목의 제목이라고 여겨, 정현의 주와 비슷한 주장을 했다. 유씨의 해석은 진실로 잘못된 것이고, 왕씨는 연문이라고 여겼는데, 이 또한 아마도 잘못된 말인 것 같다.

참고-集說 劉氏曰: 成王幼弱, 雖已涖阼爲天子, 而未能行涖阼之事. 書曰, "小子同未在位", 亦言其雖已在位, 與未在位同也. 故周公以冢宰攝政, 相助成王, 踐履其臨阼之事而治天下. 以幼年卽尊位, 而不知父子·君臣·長幼之道, 何以治天下哉? 故周公擧世子事君親長上之法, 以敎伯禽, 使日夕與成王遊處, 俾其有所視效也. 其或成王出入起居之間有愆於禮法者, 則撻伯禽以責其不能盡事君之道, 所以警敎成王, 而示之以爲世子之道也. 然伯禽所行, 卽文王所行世子之道; 文王所行, 乃諸侯世子之禮, 故曰文王之爲世子也; 言伯禽所行, 非王世子之禮也.

번역 유씨가 말하길, 성왕은 비록 이미 군주의 자리에 올라서 천자가 되었지만, 나이가 너무 어려서, 아직 군주로서 해야 할 일들을 시행할 수 없었다. 『서』에서 "소자(小子: =成王)는 아직 재위에 오르지 않은 것과 같다."4)라고 말한 것도 또한 그가 비록 이미 재위에 있었지만, 아직 재위에 오르지 않은 것과 같다는 뜻이다. 그렇기 때문에 주공이 총재(冢宰)가 되어, 섭정을 해서 성왕을 보좌하고, 군왕의 일들을 대신 시행하며, 천하를 다스렸던 것이다.

---

2) 『예기』「문왕세자(文王世子)」: 始立學者, 旣興器用幣, 然後釋菜, 不舞, 不授器, 乃退, 儐于東序, 一獻, 無介語可也. <u>敎世子</u>.

3) 『예기』「문왕세자(文王世子)」: 周公踐阼.

4) 『서』「주서(周書)·군석(君奭)」: <u>小子同未在位</u>, 誕無我責.

성왕은 너무 어린 나이에 가장 존귀한 지위에 올랐으므로, 부자·군신·장유 사이에서 지켜야 할 도리들을 알지 못하였으니, 무엇을 가지고 천하를 다스리겠는가? 그렇기 때문에 주공이 세자가 군주·부친·연장자를 섬기는 도리를 가지고 백금을 교육하여, 백금으로 하여금 아침저녁으로 성왕이 노닐던 곳에 함께 지내게 해서, 성왕이 백금을 보고 배우는 점이 있게끔 한 것이다. 그 중 성왕이 출입하고 나서고 머무는 사이에, 혹여 예법에 맞지 않게 시행한 점이 있게 된다면, 백금에게 회초리를 대서, 백금이 군주를 섬기는 도리를 제대로 다하지 못한 것을 책망하였다. 이것은 곧 잘 타이르는 방법으로 성왕을 교육시켜서, 세자가 되었을 때 지켜야 하는 도리를 간접적으로 보여주었던 방법이다. 그러나 백금이 행동한 것은 곧 문왕이 제후의 신분이었을 때 행동하였던 세자로서의 도리이다. 따라서 문왕이 행동한 것은 곧 제후의 세자에게 해당하는 예법이다. 그렇기 때문에 경문에서 "이것은 문왕이 세자였을 때 실천했던 방법이다[文王之爲世子也]."라고 말한 것이니, 이 말은 곧 백금이 행동한 것은 천자의 세자에 해당하는 예법이 아니라는 사실을 뜻한다.

참고-集說 石梁王氏曰: "文王之爲世子也"一句, 衍文.
번역 석양왕씨가 말하길, '문왕지위세자야(文王之爲世子也)'라는 한 구절은 연문(衍文)이다.

참고—經文

凡學世子及學士, 必時, 春夏學干戈, ①<u>秋冬學羽籥</u>, 皆於東序.

번역 무릇 세자를 교육시키고, 태학에 입학한 국자(國子)들을 교육할 때에는 반드시 계절별로 각각 다르게 가르쳐야 한다. 즉 봄과 여름에는 방패와 창을 들고 추는 춤을 가르치고, 가을과 겨울에는 깃털과 피리를 들고 추는 춤을 가르치되, 이러한 교육 모두를 동서(東序)[1]에서 시행한다.

① ○秋冬學羽籥.

補註 按: 詩曰: "左手執籥, 右手秉翟." 翟, 卽羽也. 竝文舞所執.

번역 살펴보니, 『시』에서는 "왼손으로는 피리를 잡고, 오른손으로는 꿩의 깃털을 잡는다."[2]라고 했는데, 적(翟)이라는 것은 곧 우(羽)에 해당한다. 둘 모두 문무(文舞)[3]에서 잡게 되는 무용도구이다.

---

1) 동서(東序)는 본래 하후씨(夏后氏) 때의 태학(太學)을 가리킨다. 『예기』「왕제(王制)」편에는 "夏后氏, <u>養國老於東序</u>, 養庶老於西序."라는 기록이 있다. 후대에는 일반적인 학교 기관을 가리키는 용어로도 사용되었다.

2) 『시』「패풍(邶風)·간혜(簡兮)」: 有力如虎, 執轡如組. <u>左手執籥, 右手秉翟</u>. 赫如渥赭, 公言錫爵.

3) 문무(文舞)는 무무(武舞)와 상대되는 용어이다. 무용수들이 피리 및 깃털 등의 도구를 들고 추는 춤이다. 통치자의 치적(治積)을 기리는 뜻을 춤으로 표현한 것이다.

「문왕세자」 7장

①小樂正學干, 大胥贊之, 籥師學戈, 籥師丞贊之, ②胥鼓南.

번역 소악정(小樂正)이 방패를 들고 추는 악무를 국자(國子)들에게 가르치면, 대서(大胥)는 소악정을 도와서 함께 가르치고, 약사(籥師)가 창을 들고 추는 악무를 국자들에게 가르치면, 약사승(籥師丞)은 약사를 도와서 함께 가르치는데, 대서는 남(南)이라는 음악에 맞춰 북을 울려서, 악무의 빠르기를 조절한다.

① ○小樂正[止]學戈.

補註 鄭註: "通職, 秋冬亦學以羽籥." 疏曰: "此籥師敎戈, 周禮籥師掌敎國子舞羽吹籥, 是籥師旣敎戈, 又敎籥. 此小樂正敎干, 周禮·樂師敎小舞, 則六舞皆敎, 故知秋冬之時, 亦敎羽籥也."

번역 정현의 주에서 말하길, "그들의 직무를 통괄해보면, 가을과 겨울에도 또한 깃털과 피리를 들고 추는 악무를 가르쳤다."라고 했다. 소에서 말하길, "이곳에서는 약사(籥師)에 대해서 과(戈)를 가르친다고 했고, 『주례』에서는 '약사는 국자(國子)들에게 깃털을 들고 추는 춤과 피리를 부는 방법을 가르치는 일을 담당한다.'1)라고 하였으니, 이것은 약사가 과에 대해서도 가르치고 또 피리를 들고 추는 춤에 대해서도 가르친다는 사실을 나타낸다. 이곳에서는 소악정(小樂正)은 간(干)을 가르친다고 하였고, 『주례』에서는 악사(樂師)가 소무(小舞)2)를 교육한다고 하였으니,3) 이것은 곧 육무(六舞)4)를 모

---

1) 『주례』「춘관(春官)·약사(籥師)」: 籥師, 掌敎國子舞羽吹籥.

2) 소무(小舞)는 악무(樂舞) 중에서도 규모가 작은 것으로, 성인들이 추는 대무(大舞)와 상대된다. '소무'에 대한 교육은 악사(樂師)가 담당했다.

3) 『주례』「춘관(春官)·악사(樂師)」: 樂師, 掌國學之政, 以敎國子小舞. 凡舞, 有帗舞, 有羽舞, 有皇舞, 有旄舞, 有干舞, 有人舞.

4) 육악(六樂)은 육무(六舞)와 같은 말이다. 고대 황제(黃帝), 요(堯), 순(舜), 우(禹),

두 가르친다는 뜻을 나타낸다. 그렇기 때문에 가을과 겨울이 되어서는 또한 우(羽)와 약(籥)에 대해서도 가르친다는 사실을 알 수 있다.

② 胥鼓南.

補註 楊梧曰: 今按周禮掌敎夷樂, 乃旄人之職, 亦無胥鼓之事. 且初敎世子, 而卽雜以夷樂, 得無啓亂雅之漸乎? 或說, 二南者, 修身正家之要, 歌二南之詩, 而擊鼓以節, 則風化遠矣, 有理可從.

번역 양오가 말하길, 『주례』를 살펴보면 오랑캐의 악무 가르치는 일을 담당하는 것은 모인(旄人)의 직무이며,[5] 또한 서(胥)가 북을 친다는 일은 기재되어 있지 않다. 또 애초에 세자를 가르칠 때 곧바로 오랑캐의 음악까지도 뒤섞어서 가르친다면 악무의 도리를 이해시킬 수 없고 아송(雅頌)을 점차 문란하게 만들 수 있지 않겠는가? 혹자의 주장에 따르면 주남(周南)과 소남(召南)은 자신을 수양하고 집안을 바르게 하는 요점이며, 주남과 소남의 시가를 노래하고 북을 쳐서 악절을 맞춘다면 풍속의 교화가 원대해질 것이라고 하니, 그 주장이 타당하여 따를만하다.

補註 ○按: 陳註訓南以南夷之樂, 雖本於古註, 而恐楊說爲長. 詩以雅以南, 朱子註: "南, 二南也."

번역 ○살펴보니, 진호의 주에서는 남(南)자를 남쪽 오랑캐의 음악으로 풀이했는데, 비록 그 주장이 옛 주에 근본을 두고 있더라도 양오의 주장이 더 나은 것 같다. 『시』에는 "아(雅)로써 하고 남(南)으로써 한다."[6]는 말이 있

탕(湯), 무왕(武王) 때의 악무(樂舞)인 운문(雲門), 대권(大卷), 대함(大咸), 대소(大磬: =大韶), 대하(大夏), 대호(大濩), 대무(大武)를 뜻한다. 『주례』「지관(地官) · 대사도(大司徒)」편에는 "以六樂防萬民之情, 而敎之和."라는 기록이 있고, 이에 대한 정현의 주에서는 정사농(鄭司農)의 주장을 인용하여, "六樂, 謂雲門 · 咸池 · 大韶 · 大夏 · 大濩 · 大武."라고 풀이했다.

5) 『주례』「춘관(春官) · 모인(旄人)」: 旄人掌敎舞散樂, 舞夷樂.

6) 『시』「소아(小雅) · 고종(鼓鍾)」: 鼓鍾欽欽, 鼓瑟鼓琴. 笙磬同音. 以雅以南, 以籥

는데, 주자의 주에서는 "남(南)은 주남과 소남이다."라고 했다.

四人皆樂官之屬. 贊, 相助之也. 胥, 卽大胥也. 南, 南夷之樂
也. 東夷之樂曰昧, 南夷之樂曰南, 西夷之樂曰朱離, 北夷之樂
曰禁. 明堂位又云, "任, 南蠻之樂也." 周禮①旄人敎國子南夷
樂之時, 大胥則擊鼓以節其音曲, 故云"胥鼓南"也. 先王作樂,
至矣盛矣, 而猶以遠方蠻夷之樂敎人者, 所以示輿圖之無外,
異類之咸賓, 奏之宗廟之中, 侈其盛也. 獨擧南樂, 則餘三方皆
敎習可知.

번역 소악정(小樂正)·대서(大胥)·약사(籥師)[7]·약사승(籥師丞) 네 사람은 모두 악관(樂官)에 소속된 관리이다. '찬(贊)'자는 보조하여 돕는다는 뜻이다. '서(胥)'는 대서(大胥)를 가리킨다. '남(南)'은 남쪽 오랑캐의 음악이다. 동쪽 오랑캐의 음악을 매(昧)라고 부르고, 남쪽 오랑캐의 음악을 남(南)이라고 부르며, 서쪽 오랑캐의 음악을 주리(朱離)라고 부르고, 북쪽 오랑캐의 음악을 금(禁)이라고 부른다. 『예기』「명당위(明堂位)」편에서도 또한 "임(任)은 남만(南蠻)의 음악이다."[8]라고 했다. 『주례』에서 기록하고 있는 것처럼, 모인(旄人)이 국자(國子)들에게 남쪽 오랑캐의 음악을 교육시킬 때,[9] 대서는 북을 두드리며, 그 음악의 악곡을 조절한다고 하므로, 경문에서 "대서가 남 음악에 대해서 북을 친다."고 말한 것이다. 선

不僭.

7) 약사(籥師)는 악관(樂官)에 소속된 하위관리이다. 우(羽)와 약(籥)을 들고 추는 문무(文舞)의 교육을 담당하였다. 『주례』「춘관(春官)·약사(籥師)」편에는 "籥師, 掌敎國之舞羽龡籥."이라는 기록이 있고, 이에 대한 가공언(賈公彦)의 소(疏)에서는 "此籥師掌文舞, 故敎羽籥."이라고 풀이했다.

8) 『예기』「명당위(明堂位)」: 昧, 東夷之樂也. 任, 南蠻之樂也.

9) 『주례』「춘관(春官)·모인(旄人)」: 旄人, 掌敎舞散樂舞夷樂. 凡四方之以舞仕者屬焉. 凡祭祀賓客舞其燕樂.

왕이 음악을 제정할 때에는 곡진하면서도 융성하게 만들었는데, 오히려 먼 이방민족인 오랑캐들의 음악으로 사람들을 교육시킨다고 하였다. 그 이유는 선왕이 다스리는 강토에서는 오랑캐들의 영토에까지 교화가 미쳤다. 따라서 차별 없이 오랑캐들까지도 모두 손님으로 대접하였으니,[10] 그들의 음악을 종묘 안에서 연주하는 것은 교화의 융성함을 흘러넘치도록 한다는 사실을 상징적으로 보여주는 행위이다. 그런데 경문에서는 유독 남쪽 오랑캐의 음악만을 제시하고 있다. 이것은 특별한 뜻이 아니라 단순히 문장을 생략한 것이다. 따라서 나머지 세 오랑캐들의 음악도 모두 교육하여 익히게 했음을 알 수 있다.

① 旄人.

補註 春官屬官.

번역 춘관에 소속된 관리이다.

補註 ○按: 旄人敎舞散樂夷樂.

번역 ○살펴보니, 모인(旄人)은 산악(散樂)[11]과 이악(夷樂)에 대해 춤추는 것을 가르친다고 했다.

참고-大全

長樂劉氏曰: 周官大司樂以樂舞敎國子, 舞雲門·大卷·大咸·①大磬·大夏·大濩·大武, 蓋六代聖王神其德行以成變化以參天地, 載其地德以感神祇者, 樂與舞存焉. 故使國子學之, 由其舞以志厥功, 由其聲以想厥德, 然後中和生於誠明, 而志氣趨於聖智矣, 故孝友形於中, 而舞蹈應於外, 此三代遜於

---

10) 『서』「주서(周書)·여오(旅獒)」: 明王愼德, <u>四夷咸賓</u>, 無有遠邇, 畢獻方物, 惟服食器用.

11) 산악(散樂)은 주나라 때 민간에서 시행되었던 악무(樂舞)를 뜻한다.

五品無所入而弗自得者, 教國子以樂舞行於人倫也. 東序, 大學也. 是以小樂正教干大胥贊之, 籥師教戈籥師丞贊之, 各用其職以時擧焉. 胥鼓南者, 舞以樂爲節者也, 樂以舞爲成者也, 故奏六代之舞, 則合六代之樂. 先王用之致中和位天地澤四海來百蠻焉, 乃用四夷之樂以彰德化.

번역 장락유씨가 말하길, 『주례』에 기록된 대사악(大司樂)은 국자(國子)들에게 악무를 가르쳐서, 운문(雲門)12) · 대권(大卷)13) · 대함(大咸)14) · 대소(大磬: =大韶)15) · 대하(大夏)16) · 대호(大濩)17) · 대무(大武)18)를 추게 하였는데, 무릇 이러한 것들은 여섯 왕조의 성왕들이 그 덕행을 신묘하게 펼쳐서 인간사회의 교화를 이루고, 천지자연의 운행에 참여하여 도왔으며, 대지의 은덕을 받들어 신령들과 교감을 하였던 것들이 음악과 춤에 표현되어 남아있었던 것이다. 그렇기 때문에 국자들로 하여금 그것들을 익히게 해서, 그 춤을 통해서 성왕이 세운 공적을 본인의 뜻으로 삼게 하고, 그 음악을 통해서 성왕의 덕을 흠모하도록 한 것이다. 그리고 이처럼

---

12) 운문(雲門)은 황제(黃帝) 시대에 만들어진 악무(樂舞) 중 하나라고 전해진다. 주(周)나라의 육무(六舞) 중 하나로 정착하였다. 주로 천신(天神)에게 제사를 지낼 때 사용되었다.

13) 대권(大卷)은 황제(黃帝) 시대에 만들어진 악무(樂舞) 중 하나라고 전해진다. 주(周)나라의 육무(六舞) 중 하나로 정착하였다.

14) 대함(大咸)은 요(堯)임금 때의 악무(樂舞)이다. 주(周)나라의 육무(六舞) 중 하나로 정착하였다. 또한 함지(咸池)라고도 부른다.

15) 대소(大韶)는 순(舜)임금 때의 악무(樂舞)이다. 주(周)나라에 와서 육무(六舞) 중 하나로 정착하였다. 『장자(莊子)』「천하(天下)」편에는 "舜有大韶."라는 기록이 있다.

16) 대하(大夏)는 주(周)나라 때의 악무(樂舞) 중 하나이다. 하(夏)나라 우(禹)임금 때의 악무를 근간으로 삼아서 만든 악무이다.

17) 대호(大濩)는 탕(湯)임금 때의 악무(樂舞)이다. 주(周)나라의 육무(六舞) 중 하나로 정착하였다.

18) 대무(大武)는 주(周)나라 때의 악무(樂舞) 중 하나로, 무왕(武王)에 대한 악무이다. 『주례』「춘관(春官) · 대사악(大司樂)」편에는 '대무'에 대한 용례가 나오고, 이에 대한 정현의 주에서는 "大武, 武王樂也."라고 풀이하였다.

된 연후에야, 그들의 진실되고 밝은 덕성 속에서 중화(中和)의 기운이 생겨나게 되었고, 성현의 지모를 지향하게 되었다. 그러므로 효성과 우애 등은 마음속에서 형성되어, 무용을 통해서 외부로 나타나게 되는 것이니, 이것이 삼대(三代)가 오품(五品)19)에 따르면서도, 그 실질로 들어가서 스스로 터득하지 못한 경우가 없게 된 것이며, 이러한 연유에서 국자들에게 악무를 가르쳐서, 인륜을 시행하도록 했던 것이다. '동서(東序)'는 태학이다. 소악정이 간(干)을 들고 추는 악무를 가르칠 때에는 대서가 도왔고, 약사가 과(戈)를 들고 추는 악무를 가르칠 때에는 약사승이 도왔으며, 각각 그들의 직무를 따라서, 계절별로 이러한 교육을 시행하도록 하였다. 대서가 남(南)이라는 음악에 맞춰 북을 치는데, 그 이유는 춤이란 것이 음악으로 조절되기 때문이며, 또한 음악은 춤을 통해 완성되는 것이기 때문이다. 그래서 여섯 왕조의 춤을 추게 되면, 여섯 왕조의 음악을 함께 연주하였다. 선왕은 이러한 악무를 사용하여 중화를 지극하게 만들었고, 천지의 질서를 바로잡았으며, 은택이 천하에 골고루 미치도록 하였고, 모든 오랑캐들이 찾아들게끔 하였으니, 곧 사방 오랑캐들의 음악도 함께 사용하여서, 은덕을 통한 교화를 더욱 더 창성하게 했던 것이다.

① 大磬.

補註 磬, 當作磬, 與韶同.

번역 '경(磬)'자는 마땅히 소(磬)자가 되어야 하니, 소(韶)자와 같은 말이다.

---

19) 오품(五品)은 오상(五常)과 같은 말이며, 다섯 종류의 인륜(人倫)을 뜻한다. '오품'에서의 '품(品)'자는 품질(品秩)을 뜻한다. 한 가정 내에서는 서열에 따라 부·모·형·동생·자식의 다섯 등급으로 나뉘는데, 이러한 관계는 '품'에 해당하며, 이러한 관계 속에서 지켜야 하는 인륜은 의로움[義], 자애[慈], 우애[友], 공손함[恭], 효(孝)에 해당한다. 따라서 이러한 다섯 종류의 인륜을 '오품'이라고 부르는 것이다. 또한 이러한 다섯 종류의 인륜은 고정불변의 것으로, 항상 실천해야 하는 것이다. 따라서 '상(常)'자를 붙여서 '오상'이라고도 부르는 것이다. 『서』「우서(虞書)·순전(舜典)」편에는 "帝曰, 契, 百姓不親, 五品不遜."이라는 기록이 있고, 이에 대한 공안국(孔安國)의 전(傳)에서는 "五品謂五常."이라고 풀이했고, 공영달(孔穎達)의 소(疏)에서는 "品謂品秩, 一家之內尊卑之差, 卽父母兄弟子是也. 敎之義·慈·友·恭·孝, 此事可常行, 乃爲五常耳."라고 풀이했다.

「문왕세자」9장

凡祭與養老乞言・合語之禮, 皆①小樂正詔之於東序.

번역 모든 제사의 예법 및 노인을 봉양하며 걸언(乞言)하였던 예법과 합어(合語)하였던 예법에 대해서는 모두 소악정(小樂正)이 담당을 하여, 동서(東序)에서 국자(國子)들에게 가르쳤다.

① 小樂正詔之於東序.

補註 鄭註: 敎以三者之威儀也.

번역 정현의 주에서 말하길, 세 가지 예식에 대한 의례절차들을 가르치는 것이다.

참고–經文

①大樂正, 學舞干戚·語說·命乞言, 皆大樂正授數, ②大司成論說, 在東序.

번역 대악정(大樂正)은 국학에서 국자(國子)들에게 방패와 도끼를 들고 추는 춤, 합어(合語)를 하였던 말들, 걸언(乞言)을 시행하는 예법들을 가르치니, 이러한 교육 내용 모두에 대해서는 대악정이 가르칠 편과 장 등의 수치를 정해서 내려주고, 대사성(大司成)은 동서(東序)에서 가르침을 받는 자들의 깨우친 정도와 그들의 재주 및 능력의 우열을 판별한다.

① ○大樂正[止]命乞言.

補註 疏曰: "前文小樂正旣敎三者之威儀, 今大樂正又敎三者之義理, 干戚卽前文祭祀也. 祭祀之時, 舞其干戚之器也. 不云祭祀, 而云舞干戚者, 容祭祀之外, 餘干戚皆敎之." 又曰: "大樂正命此世子及學士於老者而乞言."

번역 소에서 말하길, "앞 문장에서는 소악정(小樂正)이 이미 세 가지 예식의 의례 절차들을 교육한다고 하였고, 이곳 문장에서는 대악정(大樂正)이 재차 세 가지 의례의 의미와 이치에 대해서 교육한다고 하였다. 방패와 도끼를 들고 추는 춤은 앞의 경문에 기록된 제사를 지낼 때에 사용된다. 제사를 지낼 때에는 방패와 도끼 등의 무용도구를 들고 악무를 시연한다. 그런데 이곳 경문에서 제사라고 언급하지 않고, 단지 방패와 도끼를 들고 추는 춤이라고만 말하고 있는데, 그 이유는 제사 이외의 요소까지도 포함하기 위해서이니, 기타 나머지 예식에서 방패와 도끼를 들고 추는 춤 등에 대해서도 모두 가르쳤다는 뜻이다."라고 했다. 또 말하길, "대악정이 세자 및 학사들에게 명령하여, 노인들에게 걸언(乞言)을 하도록 시킨다는 뜻이다."라고 했다.

② 大司成論說.

補註 鄭註: 論說, 課其義之淺深才能優劣.

번역 정현의 주에서 말하길, '논설(論說)'은 국자들이 교육받은 내용을 이해하고 있는 수준과 그들의 재주 및 능력의 우열을 시험하는 것이다.

補註 ○按: 陳註去課其二字, 致此晦謬.

번역 ○살펴보니, 진호의 주에서는 '과기(課其)'라는 두 글자를 생략하여, 이처럼 불명확하게 만들었다.

「문왕세자」 12장

凡學, 春官①釋奠于其先師, ②秋冬亦如之.

번역 무릇 태학에서는 봄마다 교육을 담당하는 관리들이 태학에서 위패를 모시고 있는 선사(先師)들에게 석전(釋奠)을 올리며, 가을과 겨울, 그리고 여름에도 또한 봄과 같이 석전을 올린다.

① ○釋奠于其先師.

補註 鄭註: "周禮・大司樂曰: '凡有道者有德者, 使教焉, 死則以爲樂祖, 祭於瞽宗.' 此之謂先師之類也. 若漢禮有高堂生, 樂有制氏, 詩有毛公, 書有伏生, 億可以爲之也." 疏曰: "億, 發語聲, 疑而未定也."

번역 정현의 주에서 말하길, "『주례』「대사악(大司樂)」편에서는 '무릇 도를 가지고 있고 덕을 가지고 있는 자들로 하여금 교육을 담당하게 한다. 그들이 죽게 되면 그들을 악(樂)의 시조로 삼아서, 고종(瞽宗)[1]에서 제사를 지낸다.'[2]라고 하였는데, 이러한 자들이 바로 선사(先師)들이다. 한나라의 경우에는 『예』 분야에서 뛰어났던 자로 고당생(高堂生)[3]이 있었고, 『악』 분야

---

[1] 고종(瞽宗)은 본래 은(殷)나라 때의 학교 명칭이다. 주(周)나라 때에는 태학의 건물들 중 하나로 여겼다.

[2] 『주례』「춘관(春官)・대사악(大司樂)」: 凡有道者有德者, 使教焉, 死則以爲樂祖, 祭於瞽宗.

[3] 고당생(高堂生, ?~?) : 전한(前漢) 때의 학자이다. 춘추시대(春秋時代) 제(齊)나라의 경(卿)이었던 고혜(高傒)의 후손으로 알려져 있으며, 고혜가 채읍으로 받은 지명을 따서, 후손들의 성(姓)을 고당(高堂)으로 삼게 되었다고 전해진다. 진시황의 분서갱유 이후, 예학(禮學)의 최초 전수자로 알려져 있다. 『사기(史記)』「유림열전(儒林列傳)」의 기록에 따르면, '고당생'이 『사례(士禮)』17편을 소분(蕭奮)에게 전수하였고, 소분은 맹경(孟卿)에게 전수하였으며, 맹경은 다시 후창(后蒼)에게 전수하여, 이후 대덕(戴德)과 대성(戴聖)에게 전수되었다.

에는 제씨(制氏)⁴⁾가 있었으며, 『시』 분야에는 모공(毛公)⁵⁾이 있었고, 『서』 분야에는 복생(伏生)⁶⁾이 있었으니, 아마도 이러한 자들을 선사로 삼을 수 있을 것이다."라고 했다. 소에서 말하길, "'억(億)'자는 발어사이며, 의문이 들어 확정하지 않을 때 쓰는 말이다."라고 했다.

② 秋冬亦如之.

補註 鄭註: 不言夏, 夏從春, 可知也.

번역 정현의 주에서 말하길, 여름을 언급하지 않았는데, 여름에 대한 석전은 봄에 지내는 석전을 통해서 동일하게 지낸다는 사실을 알 수 있다.

---

4) 제씨(制氏, ?~?) : 전한(前漢) 때의 사람이다. 이름은 자세히 알려져 있지 않다. 노 (魯)나라 지역 출신으로 알려져 있다. 『한서(漢書)』「예악지(禮樂志)」에 따르면, 악 가(樂家)로 분류되며, 대대로 악관(樂官)을 맡은 집안 출신이다. 악기 연주 및 춤에 대해서는 능통하였지만, 그 의미에 대해서는 설명을 잘 못했다고 한다.

5) 모공(毛公, ?~?) : =모장(毛長)·모장(毛萇)·소모공(小毛公). 전한(前漢) 때의 학 자이다. 하간헌왕(河間獻王) 때 박사(博士)를 지내기도 했다. 모시학(毛詩學)의 최초 전수자로, 모형(毛亨)에게서 『모시(毛詩)』를 전수받았다. 그래서 모형을 대모 공(大毛公)이라고 부르며, 모장을 소모공이라고 부른다.

6) 복생(伏生, ?~?) : =복승(伏勝). 전한(前漢) 때의 학자이다. 자(字)는 자천(子賤)이 다. 진(秦)나라 때 박사(博士)를 지냈으며, 분서갱유를 피해 『상서(尙書)』를 숨겨두 었다가, 한(漢)나라 때 『금문상서(今文尙書)』를 전수하였다.

「문왕세자」 13장

凡始立學者, 必釋奠于①先聖先師, 及行事, 必以幣.

번역 무릇 처음 태학을 세우는 경우에는 반드시 선성(先聖)과 선사(先師)들에게 석전(釋奠)을 지내며, 석전의 의례를 시행할 때에는 반드시 폐백을 진설한다.

① ○先聖先師.

補註 鄭註: 先聖, 周公若孔子.

번역 정현의 주에서 말하길, 선성(先聖)은 주공이나 공자와 같은 인물들이다.

補註 ○徐志修曰: 宋濂孔子廟堂議曰, "古者, 使有德者敎人, 死則以爲樂祖, 祭於瞽宗, 謂之先師." 又曰: "昔周立四代之學, 學有先聖, 虞庠以舜, 夏學以禹, 殷學以湯, 東膠以文王, 復各取當時左右四聖, 成其德業者爲之先師, 以配享焉." 若皐陶·伊尹·太公·周公·稷·契·夷·益云, 未知何據.

번역 ○서지수가 말하길, 송렴[1]의 「공자묘당의」에서는 "고대에는 덕을 갖춘 사람으로 하여금 사람들을 가르치도록 했고, 그 자가 죽게 되면 악의 시조로 삼아서 고종에서 제사를 지냈는데, 이들을 선사(先師)라 부른다."라고 했다. 또 말하길, "옛날 주나라 때에는 사대 때의 학교를 세웠고 각 학교에는 선성(先聖)이 있었으니, 우 때의 학교인 상(庠)에는 순임금을 모셨고, 하나라 때의 학교에서는 우임금을 모셨으며, 은나라 때의 학교에서는 탕임금을 섬겼

---

1) 송렴(宋濂, A.D.1310~A.D.1381): 명(明)나라 때의 학자이다. 자는 경렴(景濂)이고 호는 잠계(潛溪)이며 시호는 문헌(文憲)이다. 저서로는 『편학류찬(篇學類纂)』 등이 있다.

으며, 주나라 때의 학교인 동교(東膠)에서는 문왕을 섬겼는데, 재차 각 학교마다 좌우에 당시의 네 성인을 각각 모셨고, 덕과 학업을 완성한 자를 선사로 여겨, 함께 배향했다."라고 했다. 그런데 고요·이윤·태공·주공·후직·설·백이·익 등이라고 한 말에 대해서는 무엇을 근거로 했는지 알 수 없다.

「문왕세자」 14장

凡釋奠者, ①必有合也. 有國故, 則否. 凡大合樂, 必遂養老.

번역 무릇 석전(釋奠)을 지낼 경우에는 반드시 음악을 합주하는 의식이 있게 된다. 그러나 나라에 변고가 발생한 경우라면, 음악 합주를 하지 않는다. 무릇 성대한 규모로 음악을 합주할 경우에는 반드시 노인을 봉양하는 의식까지도 시행한다.

① ○必有合也[止]則否.

補註 通解曰: 今以下文考之, 有合當爲合樂, 國故當爲喪紀凶扎之類.

번역 『통해』에서 말하길, 아래문장들을 통해 고찰해보니, 유합(有合)이란 음악을 합주한다는 뜻이 되며, 국고(國故)는 상이나 흉사 등의 부류를 뜻한다.

補註 ○按: 陳註所引舊說, 旣經朱子勘破, 明是誤也.

번역 ○살펴보니, 진호의 주에서 인용하고 있는 옛 주장은 이미 주자를 거치면서 논파되었으므로, 잘못된 설명임이 드러난다.

「문왕세자」 15장

凡語于郊者, 必取賢斂才焉. 或以德進, 或以事擧, 或以言揚.
曲藝, 皆誓之, 以待又語. ①三而一有焉, ②乃進其等, 以其序,
③謂之郊人, 遠之. 於成均, 以及取爵於上尊也.

번역 무릇 교외에 있는 소학(小學)에서 수학하는 자들의 능력을 평가할 경우에는
반드시 현명한 자를 선발하고, 재주가 있는 자를 선발한다. 어떤 이들은 덕을 기준
으로 선발하고, 어떤 이들은 업무처리 능력으로 선발하며, 어떤 이들은 언변술로
선발을 한다. 한 가지 기예만 갖춘 자들에게는 그들 모두에게 더욱 열심히 하도록
격려를 하여, 매진하도록 만들어서 다음 번 선발시험까지 기다리도록 한다. 덕, 업
무처리 능력, 언변술 등 이 세 가지 항목 중에 하나를 갖춘 자들은 곧 그들을 승진
시키되, 그로 하여금 소학 안에서의 우열을 정하도록 한다. 이런 자들을 교인(郊
人)이라고 부르되, 그들은 미천한 신분이므로, 국자(國子)들에 비해 소원하게 대한
다. 그러나 태학에서 행사를 시행할 때에는 교인의 노고를 치하하게 되니, 그들도
초청하며, 당상에 설치된 술잔으로 술 권하는 의식은 할 수 있도록 허용한다.

① ○三而一有焉.

補註 楊梧曰: 擧說三事而一事有可取者, 只就曲藝上看. 一說, 三卽上
文德事言也.

번역 양오가 말하길, 세 가지를 시험하여 한 가지 분야에서 잘하여 등용할만
한 자라고 한 것은 단지 기예라는 측면에서만 본 것이다. 일설에 따르면 삼
(三)이라는 것은 앞 문장에 나오는 덕 · 업무처리 능력 · 언변술을 뜻한다고
한다.

② 乃進其等以其序.

補註 疏曰: 若說三事有一善, 則進於大衆輩中, 而猶不得與衆爲一, 使與

其輩中自爲高下之序也.

번역 소에서 말하길, 만약 세 가지 시험항목 중에서 하나의 항목에서 잘하는 점이 있는 자가 있다면, 여러 무리들 중에서 그를 선발하게 되며, 여러 무리들과 똑같이 대할 수는 없으니, 그들로 하여금 동급생 무리들 속에서 서열을 매기도록 시키는 것이다.

③ **謂之郊人.**

補註 疏曰: 若國子學士, 未官之前, 俱爲俊選, 而以小才技藝者, 未官之前, 不得同爲俊選, 但名曰郊人, 言其猶在郊學也.

번역 소에서 말하길, 국자(國子)와 학사(學士)의 경우에는 아직 관직에 나아가기 이전부터 모두들 준사(俊士)나 선사(選士)[1]로 선발된 자들이다. 따라서 소소한 기예를 가진 자들이 아직 관직에 나아가기 이전이라면, 국학에 입학한 준사나 선사와 같이 동일하게 여길 수 없어서 단지 '교인(郊人)'이라고만 부르니, 그들이 아직 교학(郊學)[2]에 속해 있다는 뜻이다.

참고─集說

語于郊者, 論辨學士才能於郊學之中也. 有賢德者, 則錄取之, 有才能者, 則收斂之. 道德爲先, 事功次之, 言語又次之. 曲藝,

---

1) 선사(選士)는 수사(秀士)들 중에서 덕행과 능력이 출중하여, 사도(司徒)에게 천거된 자를 뜻한다. 참고로 수사는 향학(鄕學)의 사(士) 중에서 덕행과 재예(才藝)가 뛰어난 사를 뜻한다.
2) 교학(郊學)은 주(周)나라 때 원교(遠郊) 지역에 설치된 소학(小學)을 뜻한다. 참고적으로 향학(鄕學)은 근교(近郊) 안에 위치하였다. 또한 동쪽 교외에 있는 동학(東學)을 왕성의 동쪽에 설치한 대학(大學)으로 여기고, 서쪽 교외에 있는 서학(西學)을 왕성의 서쪽에 있는 소학(小學)으로 여겨서, '교학'을 대학과 소학을 모두 지칭하는 용어로도 사용했다.

一曲之藝, 小小技能, 若醫卜之屬. 誓, 戒謹也. 學士中或無德無事無言之可取, 而有此曲藝之人, 欲①投試考課者, ②皆卻之使退, 而謹習所能, 以待後次再語之時, 乃考評之也. 三而一有者, 謂此曲藝之人擧說三事而一事有可善者, 乃進其等, 卽於其同等之中, 拔而升進之也. 然猶必使之於同輩中以所能高下爲次序, 使不混其優劣也. 如此之人, 但止目之曰郊人, 非俊選之比也, 以非士類, 故疏遠之. 成均, 五帝大學之名, 天子設四代之學. 上尊, 堂上之酒尊也. 若天子飲酒於成均之學宮, 此郊人雖賤, 亦得取爵於堂上之尊以相旅勸焉, 所以榮之也. 人字, 之字, 均字, 皆句絕.

번역 '어우교(語于郊)'는 교학(郊學) 안에서 학사들의 재주와 능력을 논변한다는 뜻이다. 현명하고 덕이 있는 자라면 기록하여 선발하고, 재주와 능력이 있는 자라면 거두어들인다. 도덕을 갖춘 사람이 우선순위가 되고, 일처리에 뛰어난 자가 그 다음 순번이 되며, 언변술이 뛰어난 자가 또한 그 다음이 된다. '곡예(曲藝)'는 한 가지의 기예를 뜻하며, 소소한 재주로 마치 의술이나 점술과 같은 부류들이다. '서(誓)' 자는 더욱 열심히 정진하라고 독려한다는 뜻이다. 학사들 중에 혹여 등용할 만큼의 덕성이 없거나 아니면 일처리에 뛰어난 점이 없거나 아니면 언변술에 뛰어난 점이 없더라도, 이처럼 한 가지 기예를 가지고 있는 자의 경우에는 시험을 부여하여, 그들의 능력을 살피게끔 한다. 그 이유는 그들 모두를 잠시 뒤로 물러나게 해서, 그 자신이 잘하는 것들을 더욱 정진하여 익히도록 하고, 다음 평가까지 기다리게 한 다음에 재평가를 하기 위해서이다. '삼이일유(三而一有)'라는 말은 이러한 기예를 가지고 있는 자들 중, 덕성, 업무처리 능력, 언변술 중 한 가지 분야에서 잘하는 점이 있는 자들을 뜻하니, 이러한 자들은 곧 그의 등급을 올려주는 것이다. '내진기등(乃進其等)'이라는 말은 그를 선발하여 승진시킨다는 뜻이다. 그런데 그들에 대해서는 반드시 동급의 무리들과 함께 머물게 하되, 능력의 우열에 따라서 등급을 매기게 하였다. 그 이유는 우열에 따른 서열을 문란하게 만들지 않기 위해서이다. 이와 같은 사람들은 단지 '교인(郊人)'이라고만 부르니, 준사(俊士)나 선사(選士)와 같은 자들에 비견할 바가 아니다. 따라서 그들은 태학의 학사들이 아니기 때문에 거리를 두고 대하는 것이다. '성균(成均)'은 오제(五帝) 때의 태학 명칭이다. 이러한 명칭을 사용할 수 있는 이유는 주나라 때의 천자는 네 왕조 때의 태학을 함께 건립하였기 때문이다. '상준(上尊)'은 당상에 있는 술동이이다. 천자가 성균이라는 학교 건물에서 술을 마시는 경우, 이러한 교인들은 비록 미천한 자들이라고 하지만, 또한 당상에 있는 술동이에서 술을 따라 다른 사람들에게 술을 권할 수 있으니, 이러한 것들을 허용해주는 이유는 그들의 노고를 위로하기 위해서이다. 경문의 '위지교인원지어성균(謂之郊人遠之於成均)'이라는 문장을 해석할 때에는 '교인(郊人)'의 '인(人)'자 '원지(遠之)'의 '지(之)'자 '성균(成均)'의 '균(均)'자에서 모두 구문을 끊는다.

① 投試考課.

補註 投, 疏本文作授.

번역 '투(投)'자를 소의 본문에서는 수(授)자로 기록했다.

② 皆郤之.

補註 按: 鄭註只曰, "皆使謹習其事", 元無郤之之語. 疏曰, "皆且郤之, 令謹習", 想因以待又語而發此義. 然郤之云者有病, 與誓字之義相違.

번역 살펴보니, 정현의 주에서는 단지 "모두 그들의 학업을 열심히 연마하라고 시키는 것이다."라고 했으니, 본래부터 잠시 물러나게 한다는 말이 없다. 소에서는 "이들 모두에 대해서는 또한 잠시 일선에서 물러나서, 자신의 특기를 열심히 연마시키고자 한 것이다."라고 했는데, 아마도 경문의 '이대우어(以待又語)'라는 구문으로 인해 이처럼 풀이한 것 같다. 그러나 물러나게 한다는 주장은 병폐가 있으니, 서(誓)자의 의미와도 서로 어긋난다.

「문왕세자」 16장

始立學者, ①既興器用幣, 然後②釋菜, 不舞, 不授器, 乃退, 償
于東序, 一獻, ③無介語可也. ④教世子.

번역 처음 태학을 건립하는 경우에는 예기(禮器)들이 아직 갖춰지지 않았으므로,
우선 예기들을 제작한다. 그리고 그것이 다 완성되면 갈라진 틈 사이에 희생물의
피 바르는 의식을 시행하고, 그 의식이 끝나면 폐백을 진설하여 아뢴다. 그런 뒤에
야 석채(釋菜)를 지내게 되는데, 이러한 경우에는 일반적인 예법보다 간략하게 시
행하므로, 이때의 석채에서는 춤을 추지 않으며, 또한 춤을 추지 않으므로, 자연히
무용수들에게 무용 도구를 지급하지 않는다. 그리고 이러한 석채 행사가 끝나면,
곧 석채를 치르던 우상(虞庠)에서 물러나서, 동서(東序)로 이동하여, 이곳에서 빈
객들을 대접하게 된다. 그런데 이러한 경우에는 예법을 간소하게 하므로, 이때에도
한 번 술잔을 바치는 것만 하고, 개(介)나 어(語)는 하지 않아도 괜찮다. 그 이유는
태학을 처음 건립하게 되어, 모든 것을 다 갖출 수 없는 상황이므로, 이처럼 간략하
게 하는 것도 예법상 문제가 되지 않기 때문이다. 여기까지의 경문 내용들은 세자
를 교육하는 내용들이다.

① 既興器.

補註 按: 興, 當作釁. 雜記, 宗廟之器, 其名者成, 則釁以貑豚, 是也.
번역 살펴보니, '흥(興)'자는 마땅히 흔(釁)자가 되어야 한다. 『예기』「잡기
(雜記)」편에서는 "종묘에서 사용하는 기물 중 명칭이 있는 것을 완성하면,
수컷 돼지를 사용하여 피칠을 한다."[1]라고 했다.

② 釋菜不舞不授器.

補註 鄭註: 釋菜禮輕也, 釋奠則舞, 舞則授器.

---

1) 『예기』「잡기하(雜記下)」: 凡宗廟之器, 其名者成, 則釁之以貑豚.

번역 정현의 주에서 말하길, 석채(釋菜)는 그 의례의 비중이 석전(釋奠)[2]보다 덜 중요하다. 석전을 지내게 되면 춤을 추게 되고, 춤을 추게 되면 무용도구들을 나눠주게 된다.

③ 無介語.

補註 按: 介語之訓, 見小註方說.
번역 살펴보니, 개(介)와 어(語)에 대한 풀이는 소주의 방씨 주장에 나온다.

補註 ○通解曰: 語則前經合語之等, 釋菜時, 未可語, 禮尙嚴也.
번역 ○『통해』에서 말하길, 어(語)는 앞의 경문에서 말한 합어(合語) 등을 뜻하는데, 석채를 지낼 때에는 어를 할 수 없지만, 그 의례는 여전히 준엄하게 치른다.

참고-大全 嚴陵方氏曰: 儐謂事畢而以賓禮接賓, 一獻則無酬酢之煩, 無介則無傳命之助, 無語則無合語之禮. 凡此又以始立學而事未暇備故也. 然非以之爲常, 特可一時而已.
번역 엄릉방씨가 말하길, '빈(儐)'자는 의식이 다 끝나서 빈객들을 접대하는 예법에 따라 손님들을 대접한다는 뜻이다. 그런데, '일헌(一獻)'만 한다고 했으니, 이 말은 곧 술잔을 주고받는 복잡한 절차가 없다는 뜻이고, '개(介)'가 없다고 했으니, 이 말은 곧 명령을 전달하는 일을 대신해주는 조력자가 없다는 뜻이며, '어(語)'가 없다고 했으니, 이 말은 곧 '합어(合語)'하는 예가 없다는 뜻이다. 무릇 이러한 제한들이 생긴 이유는 또한 처음으로 태학을 건립하게 되어, 절차들을 다 갖출 수 있는 여력이 아직 없기 때문이다. 그러나 이처럼 간소하게 치르는 것을 일상적인 예법으로 삼는다는 뜻이 아니다. 특별히 태학을 처음 건립했을 때에만, 이처럼 간략하게 시행해도 괜찮다는 뜻일 뿐이다.

---

2) 석전(釋奠)은 국학(國學)에서 거행되었던 전례(典禮) 중 하나이다. 성찬과 술을 진설하고, 폐백 등을 바쳐서, 선성(先聖)과 선사(先師)에게 지내는 제사이다.

④ 敎世子.

補註 鄭註: 亦題上事.

번역 정현의 주에서 말하길, 이 또한 앞의 사안들에 대한 제목이다.

「문왕세자」 18장

참고─經文

立太傅 · 少傅, 以養之, 欲其知父子 · 君臣之道也. 太傅, 審父子 · 君臣之道, 以示之, 少傅, 奉世子, 以觀太傅之德行, 而審喩之. 太傅在前, 少傅在後, 入則有保, 出則有師. 是以①教喩而德成也. 師也者, 教之以事, 而喩諸德者也. 保也者, 愼其身, 以輔翼之, 而歸諸道者也. 記曰, "虞夏商周, 有師 · 保, 有疑 · 丞, ②設四輔及三公, 不必備, 唯其人", 語使能也.

번역 삼대 때의 제왕들은 태부(太傅)[1]와 소부(少傅)[2]를 세워서 세자를 교육했는데, 그렇게 하는 이유는 세자가 부자와 군신 사이에서 지켜야 하는 도리를 깨우치게끔 하고자 해서이다. 태부는 부자와 군신 간의 도리를 자세히 살펴서 세자에게 그것을 제시한다. 소부는 세자를 받들어 모시면서 세자로 하여금 태부가 제시하는 덕행들을 살펴보게 만들어서 자세히 깨우치도록 만든다. 태부는 길을 걸을 때 세자의 앞에서 걷고, 소부는 세자의 뒤에서 걸으며, 세자가 항상 올바르게 행동할 수 있도록 돕는다. 세자가 집안에 머물 때에는 세자의 교육을 돕는 보(保)가 있게 되고, 집을 벗어나게 되면, 세자의 교육을 돕는 사(師)가 있게 된다. 이렇게 하는 이유는 이러한 자들을 통해 세자를 가르치고 깨우쳐서, 세자의 덕을 완성시키기 위해서이다. 사(師)를 담당하는 자들은 실제적인 일들로 세자를 가르쳐서, 덕을 깨우치도록 만드는 자이다. 보(保)를 담당하는 자들은 세자 본인의 몸가짐을 신중하게 하도록 만들며, 이러한 방법으로 세자를 보필해서, 도로 귀의시키는 자이다. 옛 기록에서 말하길, "우 · 하 · 은 · 주나라 때에는 세자의 교육을 돕는 자로는 사(師)와 보

---

1) 태부(太傅)는 주(周)나라 때의 관직으로, 삼공(三公) 중 하나이며, 삼공 중 서열은 두 번째에 해당한다. 천자를 보좌하여 국정 전반을 다스렸다. 『서』「주서(周書) · 주관(周官)」편에는 "立太師 · 太傅 · 太保, 茲惟三公, 論道經邦, 燮理陰陽."이라는 기록이 있다. 이 관직은 진(秦)나라 때 폐지되었다가, 한(漢)나라 때 다시 설치되기도 하였다.

2) 소부(少傅)는 주(周)나라 때 설치된 관직이다. 군주를 보필하는 임무를 맡았다. 소사(少師) 및 소보(少保)와 함께 삼고(三孤)가 된다.

(保)가 있었고, 의(疑)와 승(丞)이 있었다고 하니, 이러한 사보(四輔)³⁾들과 태사(太師)⁴⁾ · 태부(太傅) · 태보(太保)⁵⁾라는 삼공(三公)의 자리를 마련하되, 반드시 그 자리를 채워야 하는 것은 아니며, 단지 그 자리에 걸맞은 인물들이 있었을 때에만 그 자리에 앉힌다."라고 하였다. 이 말은 곧 세자를 교육하는 직책에는 유능한 사람을 등용해야 한다는 뜻이다.

① ○敎喩而德成.

補註 疏曰: 世子於師敎曉喩其德器成就.

번역 소에서 말하길, 세자는 이러한 스승들에게 가르침을 받고서, 통달하고 깨우쳐 자신의 덕과 학업을 성취했다.

---

3) 사보(四輔)는 사린(四鄰)이라고도 부른다. 군주를 보좌하는 네 명의 측근 신하들이다. 해당 관직명에 대해서는 이견이 있어서, 의(疑), 승(丞), 보(輔), 필(弼)을 '사보'로 부르기도 하며, 도(道), 필(弼), 보(輔), 승(承)을 '사보'로 부르기도 한다. 이들이각각 담당하는 일들에 대해서는 정확히 알려진 바가 없다. 다만 『예기』「문왕세자(文王世子)」편에 대한 공영달(孔穎達)의 소(疏)에서는 "尙書大傳云: '古者天子必有四鄰: 前曰疑, 後曰丞, 左曰輔, 右曰弼. 天子有問, 無以對, 責之疑; 可志而不志, 責之丞; 可正而不正, 責之輔; 可揚而不揚, 責之弼. 其爵視卿, 其祿視次國之君也.'"라고 기록하였다. 즉 공영달은 『상서대전(尙書大傳)』을 인용하여, 천자의앞에 있는 자를 '의'라고 부르고, 뒤에 있는 자를 '승'이라고 부르며, 좌측에 있는자를 '보'라 부르고, 우측에 있는 자를 '필'이라 부른다고 설명한다. 또한 '의'는 천자의 의문에 대하여 대답을 하는 자이고, '보'는 천자가 올바르게 행동할 수 있도록일러주는 자이며, '승'은 천자가 뜻으로 삼아야 할 것들을 알려주는 자이고, '필'은천자가 선양해야 할 것들을 알려주는 자라고 설명한다. 이들의 녹봉은 차국(次國)의 제후에 비견되었다.
4) 태사(太師)는 주(周)나라 때의 관직으로, 삼공(三公) 중 하나이며, 삼공 중 서열은첫 번째이다. 천자를 보좌하여 국정 전반을 다스렸다. 이 관직은 진(秦)나라 때폐지되었다가, 한(漢)나라 때 다시 설치되기도 하였다.
5) 태보(太保)는 주(周)나라 때의 관직으로, 삼공(三公) 중 하나이며, 삼공 중 서열은세 번째이다. 천자를 보좌하여 국정 전반을 다스렸다. 이 관직은 춘추시대(春秋時代) 이후 폐지되었다가, 한(漢)나라 때 다시 설치되기도 하였다.

② 設四輔[止]唯其人.

補註 鄭註: 得能則用之, 無則已, 不必備其官也. 小人處其位, 不如且闕.

번역 정현의 주에서 말하길, 유능한 자를 얻게 되면 그를 등용하는 것이고, 그런 사람이 없으면 그만두게 되니, 반드시 그 관직에 사람을 채워야 하는 것은 아니다. 만약 소인배가 그 자리에 오르게 되면 공석으로 놔두는 것만 못하게 된다.

참고-集說

養者, 長而成之之謂. 審喩, 詳審言之使通曉也. 前後, 以行步言. 出入, 以居處言. 愼其身, 使之謹守其身也. 師保疑丞, 四輔也. ①一說, 前疑·後丞·左輔·右弼, 爲四輔. 四輔與三公不必其全備, 惟擇其可稱職者. 惟其人以上, 皆記文. 語, 言也. "語使能也"一句, 是記者釋之之辭.

번역 '양(養)'이라는 말은 장성하게 만들어서 완성을 시킨다는 뜻이다. '심유(審喩)'는 먼저 본인이 자세히 살펴보고 상대방에게 그것을 설명해주어서, 그로 하여금 완전히 깨우치게 한다는 뜻이다. '전(前)'과 '후(後)'라는 말은 길가에서 걸어다닐 때를 기준으로 언급한 것이다. '출(出)'과 '입(入)'이라는 말은 거처하는 곳을 기준으로 말한 것이다. '신기신(愼其身)'은 그로 하여금 몸가짐을 신중하게 하도록 만든다는 뜻이다. '사(師)'·'보(保)'·'의(疑)'·'승(丞)'이 곧 사보(四輔)이다. 일설에는 앞에서 보좌하는 의(疑)·뒤에서 보좌하는 승(丞)·좌측에서 보좌하는 보(輔)·우측에서 보좌하는 필(弼)이 사보가 된다고 하였다.[6] 사보와 삼공(三公)의 직책은 반드시 채워두어야 하는 자리가 아니며, 오직 그 직책에 걸맞은 자가 있을 때에만 채운다. '유기인(惟其人)' 앞에 있는 말들은 모두 옛 기록의 문장들이다. '어(語)'자는 "뜻한다[言]."는 말이다. '어사능야(語使能也)'라는 한 구절은 『예기』를 기록한 자가 기문의 말을 해석한 것이다.

---

6) 『상서대전』 「하서(夏書)」: 古者天子必有四鄰, 前曰疑, 後曰丞, 左曰輔, 右曰弼.

① 一說前疑[止]爲四輔.

補註 疏曰: 四輔者, 案尙書大傳云, "古者天子必有四鄰. 前曰疑, 後曰丞, 左曰輔, 右曰弼."

번역 소에서 말하길, 사보(四輔)에 있어서, 『상서대전(尙書大傳)』을 살펴보면 "고대에 천자에게는 반드시 네 명의 측근이 있었으니, 앞에 있던 자를 '의(疑)'라고 부르고, 뒤에 있던 자를 '승(丞)'이라고 부르며, 좌측에 있던 자를 '보(輔)'라고 부르고, 우측에 있던 자를 '필(弼)'이라고 부른다."라고 했다.

補註 ○按: 四輔之訓, 此一說爲是. 小註長樂陳氏所謂, 師保謂之三公, 充其數則有傅, 疑丞謂之四輔, 充其數則有輔弼云者, 極好.

번역 ○살펴보니, 사보(四輔)에 대한 풀이는 일설의 주장이 옳다. 소주에서 장락진씨가 "사(師)와 보(保)를 삼공이라고 부르니, 그 나머지 자리를 채우게 된다면 부(傅)가 되고, 의(疑)와 승(丞)을 사보라고 부르니, 그 나머지 자리를 채우게 된다면 보(輔)와 필(弼)이 된다고 한 말들은 매우 옳다.

「문왕세자」 19장

①君子曰德. 德成而敎尊, 敎尊而官正, 官正而國治, 君之謂也.

번역 군자가 말하길, "세자에 대한 교육에서는 세자의 덕을 기르는 것이 무엇보다도 중요하다."라고 하였다. 세자의 덕이 완성되면 교육의 법도가 존엄해지고, 교육의 법도가 존엄해지면 관직자들이 공명정대하게 되며, 관직자들이 공명정대하게 되면 나라가 제대로 다스려지게 되니, 그런 뒤에야 세자를 군주가 될 만한 자라고 말할 수 있는 것이다.

① 君子曰德德成.

補註 按: 陳註之意, 似以君子曰德四字爲一句, 而竊恐一德字, 是傳寫之衍. 通解載此, 而亦無德字.

번역 살펴보니, 진호의 주에 나타난 의미는 아마도 '군자왈덕(君子曰德)'이라는 네 글자를 하나의 구문으로 여긴 것 같은데, 내가 생각하기에 덕(德)이라는 한 글자는 필사하는 과정에 연문으로 생긴 것 같다. 『통해』에서도 이 문장을 수록했지만 앞의 '덕(德)'자가 없다.

참고-經文

仲尼曰: "昔者, 周公攝政, 踐阼而治, 抗世子法於伯禽, 所以善
成王也. 聞之曰: '爲人臣者, 殺其身, 有益於君, 則爲之.' ①況
于其身, 以善其君乎? 周公, 優爲之."

번역 공자는 "옛적에 성왕(成王)의 나이가 너무 어려서 주공(周公)이 섭정을 하게
되었다. 그래서 천자의 직위에 올라서 나라를 다스렸고, 자신의 아들 백금(伯禽)에
게 세자를 가르치는 법도에 따라 가르쳤으니, 이것은 성왕을 잘 보필하는 방법이었
다. 내가 듣기로는 '신하된 자는 그 자신을 희생하더라도 군주에게 보탬이 된다면,
그 일을 시행한다.'라고 하였다. 이처럼 자신을 희생시키더라도 그러한 일들을 하는
데, 하물며 그 자신의 행동을 간접적으로 드러내서 주군인 성왕을 잘 보필하는 일
을 주공이 어찌 행동하지 않았겠는가? 그러므로 주공은 여유로운 태도로 그러한 일
들을 시행하였던 것이다."라고 했다.

① ○況于其身以善其君.

補註 陽村曰: 人臣有益於君, 則雖殺其身而爲之, 況於其身之在而善之
者乎? 舊說訓于爲迂, 其說似亦迂也.

번역 양촌이 말하길, 신하는 군주에게 보탬이 된다면 비록 자신의 목숨을 바
쳐서라도 그 일을 시행하는데, 하물며 자신의 몸을 온존히 보존하면서도 군
주를 선하게 만드는 일에 있어서는 어떻겠는가? 옛 학설에서는 '우(于)'자를
우(迂)자로 풀이했는데, 그 주장은 아마도 너무 우활한 것 같다.

補註 ○按: 陽村說, 恐不如本註, 而姑錄之以廣異義.

번역 ○살펴보니, 양촌의 주장은 아마도 본래의 주에 나타난 의미대로 본 것
같지 않은데, 본래의 주에서는 우(迂)자의 뜻을 넓다는 뜻의 광(廣)자로 다
시 풀이했으니, 일반적인 우(迂)자와는 다른 뜻이다.

「문왕세자」 21장

참고-經文

是故, 知爲人子, 然後可以爲人父, 知爲人臣, 然後可以爲人
君, 知事人, 然後能使人. 成王幼, 不能涖阼, 以爲世子, 則無爲
也. 是故, 抗世子法於伯禽, 使之與成王居, 欲令成王之知父
子·君臣·長幼之義也. ①君之於世子也, 親則父也, 尊則君
也, 有父之親, 有君之尊, 然後兼天下而有之. 是故, 養世子, 不
可不愼也.

번역 이러한 까닭으로 사람의 자식된 자가 지켜야 하는 도리를 안 이후에야 사람의
부모된 자가 지켜야 하는 도리를 시행할 수 있고, 사람의 신하된 자가 지켜야 하는
도리를 안 이후에야 사람의 군주된 자가 지켜야 하는 도리를 시행할 수 있으며, 남
을 섬길 줄 안 이후에야 사람을 잘 부릴 수가 있는 것이다. 그런데 성왕(成王)은
나이가 너무 어려서 천자의 지위에 오를 수가 없었고, 성왕을 세자로 삼아서 교육
을 시키려고 하더라도, 무왕(武王)이 이미 붕어한 상태이기 때문에 성왕이 세자로
처신할 수 없었다. 이러한 까닭으로 주공(周公)은 자신의 아들 백금(伯禽)에게 세
자가 지켜야 하는 법도를 적용하여 가르쳤고, 백금으로 하여금 성왕과 함께 기거하
게 해서 성왕으로 하여금 백금을 관찰하여, 부자·군신·장유 사이에서 지켜야 하
는 도리들을 알게끔 하였던 것이다. 군주는 세자에 대해서 친하기로 따지자면 부친
이 되고, 존엄하기로 따지자면 군주가 되니, 세자에게 부자·군신 사이에서 지켜야
하는 법도를 잘 가르치려고 한다면, 본인이 부친으로서의 친애함과 군주로서의 존
엄함을 갖추어야만 가능하며, 이러한 덕목을 갖춘 연후에야 천하를 온전하게 소유
할 수 있다. 이러한 까닭으로 세자를 양육하는 일은 신중하게 하지 않을 수가 없는
것이다.

① ○君之於世子[止]而有之.

補註 按: 小註吳氏說, 恐長.

번역 살펴보니, 소주에 나온 오씨의 주장이 더 뛰어난 것 같다.

補註 ○楊梧曰: 君之於世子以下, 與上文自別, 乃泛論敎世子之義.

번역 ○양오가 말하길, '군지어세자(君之於世子)'로부터 그 이하의 구문은 앞의 문장과 구별되니, 세자를 가르치는 의미에 대해 범범하게 논의한 것이다.

참고-大全 臨川吳氏曰: 凡天下之爲人父者於其子, 雖有父之親, 而無君之尊也. 凡天下之爲人君者於其臣, 雖有君之尊, 而無父之親也. 唯君之於世子, 其親則父, 其尊則君, 旣爲之父, 又爲之君, 然後能兼天下尊親二者而有之. 有之, 謂有父之親, 有君之尊也. 彼但有父之親而無君之尊者, 猶不可不知敎其子, 況兼親尊二者而有之者, 其於敎世子而可以不愼乎? 愼, 謂盡其心, 盡其道, 而不敢忽慢簡略也.

번역 임천오씨가 말하길, 천하의 모든 사람들 중 부모된 자는 그의 자식들에 대해서, 비록 부친으로서의 친애함을 갖춘다 하더라도 군주로서의 존엄함은 없다. 천하 모든 사람들 중 군주된 자는 그의 신하에 대해서, 비록 군주로서의 존엄함을 갖춘다 하더라도 부친으로서의 친애함은 없다. 따라서 오직 군주만이 세자에 대해서, 그 친애함으로는 부친이 되고 그 존엄함으로는 군주가 된다. 부친이 되면서도 또한 군주의 자격을 갖춘 자만이 천하의 존엄함과 친애함의 덕목을 함께 겸비할 수 있는 것이다. '유지(有之)'라는 말은 부친으로서의 친애함을 갖추고, 군주로서의 존엄함을 갖춘다는 뜻이다. 그가 단지 부친으로서의 친애함만 갖추고, 군주로서의 존엄함이 없는 자라고 할지라도, 오히려 그의 자식을 교육시켜야 한다는 사실을 모를 리가 없는데, 하물며 친애함과 존엄함을 겸비한 자가 그의 세자에 대한 교육에 대해서, 신중하지 않을 수가 있겠는가? '신(愼)'자는 그의 마음을 다하고 그 도리를 다하여, 감히 소홀히 하거나 태만하게 하거나 또는 간략하게 할 수 없다는 뜻이다.

「문왕세자」 22장

참고-經文

行一物, 而三善皆得者, 唯世子而已. 其齒於學之謂也. 故世子
齒於學, 國人觀之曰, 將君我, 而與我齒讓, 何也. 曰, ①有父
在, 則禮然. 然而衆知父子之道矣. 其二曰, 將君我, 而與我齒
讓, 何也. 曰, 有君在, 則禮然. 然而衆著於君臣之義也. 其三
曰, 將君我, 而與我齒讓, 何也. 曰, ②長長也. 然而衆知長幼之
節矣. 故父在, 斯爲子, 君在, 斯謂之臣, 居子與臣之節, 所以尊
君親親也. 故學之爲父子焉, 學之爲君臣焉, 學之爲長幼焉. 父
子·君臣·長幼之道得而國治. 語曰, ③樂正司業, 父師司成,
④一有元良, 萬國以貞. 世子之謂也.

번역 한 가지 선한 일을 시행하여 세 가지 선한 도리를 모두 얻게 할 수 있는 자는
오직 세자 밖에 없다. 한 가지 선한 일이라는 것은 바로 세자가 태학에서 국자(國
子)들과 지위가 아닌 나이에 따라 겸양(謙讓)하는 것을 뜻한다. 그러므로 세자가
태학에서 국자들과 나이에 따라 겸양을 하면, 국자들은 그 모습을 보고 의혹스러워
하며, "장차 우리들의 군주가 되실 분이 우리들과 함께 나이에 따라 겸양을 하는
것은 무슨 이유인가?"라고 묻게 된다. 그러면 그 까닭을 알고 있는 자가 말해주길,
"세자라 하더라도 부친이 생존해 계실 때에는 남 앞에 나서지 않고, 항상 자신을
겸손하게 낮추는 것이니, 본래 예가 그러한 것이다."라고 대답해준다. 그렇게 되면
국자들은 세자의 모습을 보고, 부자 사이에서 지켜야 하는 도리를 알게 된다. 이것
이 바로 첫 번째 선한 도리에 해당한다. 두 번째 선한 도리와 관련해서 말해 보자
면, 국자들은 "장차 우리들의 군주가 되실 분이 우리들과 함께 나이에 따라 겸양을
하는 것은 무슨 이유인가?"라고 의혹을 제기한다. 그러면 다시 그 까닭을 알고 있는
자가 말해주길, "세자라 하더라도 부친인 군주가 생존해 계시므로, 세자는 아직 신
하의 신분이다. 그렇기 때문에 남 앞에 나서지 않고, 항상 자신을 겸손하게 낮추는
것이니, 본래 예가 그러한 것이다."라고 대답해준다. 그렇게 되면 국자들은 세자의
모습을 보고, 군신 사이에서 지켜야 하는 도리를 알게 된다. 세 번째 선한 도리와
관련해서 말해 보자면, 국자들은 "장차 우리들의 군주가 되실 분이 우리들과 함께

나이에 따라 겸양을 하는 것은 무슨 이유인가?"라고 의혹을 제기한다. 그러면 다시 그 까닭을 알고 있는 자가 말해주길, "아무리 세자의 신분이라 하더라도, 웃어른은 웃어른으로 섬겨야 하는 것이다."라고 대답해준다. 그렇게 되면 국자들은 세자의 모습을 보고, 장유 사이에서 지켜야 하는 도리를 알게 된다. 그러므로 부친이 생존해 계실 때에는 세자는 자식의 입장이 되고, 군주가 생존해 계실 때에는 세자를 신하라고 부르니, 자식과 신하였을 때 준수해야 하는 도리는 군주를 높이고 부친을 친애하는 것이다. 그렇기 때문에 세자에게 부자 사이에서 지켜야 하는 도리를 가르치고, 군신 사이에서 지켜야 하는 도리를 가르치며, 장유 사이에서 지켜야 하는 도리를 가르치는 것이다. 세자가 부자·군신·장유 사이에서 지켜야 하는 도리를 얻게 되면, 천하가 잘 다스려지게 된다. 옛말에, "악정(樂正)은 세자의 학업 완성하는 일을 담당하고, 부사(父師)는 세자의 덕성 완성하는 일을 담당한다. 한 사람이 크게 어질면, 온 천하가 바르게 된다."라고 했다. 이 문장의 한 사람이란 바로 세자를 가리킨다.

① ○有父在則禮然.

補註 按: 有父下諺吐誤, 當作丨吐.

번역 살펴보니, '유부(有父)'라는 구문 뒤에 『언독』에서 토를 붙인 것은 잘못되었으니, 마땅히 丨토를 붙여야 한다.

② 長長也.

補註 疏曰: 不云兄在則禮然者, 世子無兄.

번역 소에서 말하길, "형이 계시다면 예법이 그러하다."라고 말하지 않은 것은 세자에게는 형이 없기 때문이다.

③ 樂正司業父師司成.

補註 按: 小註王氏所解儘精.

번역 살펴보니, 소주에 나온 왕씨의 풀이가 매우 정밀하다.

補註 ○家語註: 師有父道, 成生人者.

번역 ○『공자가어』의 주에서 말하길, 스승에게는 부친의 도리가 포함되어 있으니 사람을 낳고 완성시켜주는 자이다.

참고-大全 新安王氏曰: 樂正司業, 前章所謂大樂正授數, 是也. 父師司成, 所謂太傅少傅有保有師以成世子之德者也.

번역 신안왕씨1)가 말하길, "학정(樂正)은 학업을 담당한다."는 말은 곧 앞장에서 말한 "대악정(大樂正)이 편장의 수를 내려준다."2)라고 한 말을 가리킨다. 그리고 "부사(父師)는 이룸을 담당한다."는 말은 이른바 태부(太傅)·소부(少傅)·보(保)·사(師)를 두어서, 이들을 통해 세자의 덕을 이루게 한다는 뜻이다.3)

④ 一有元良.

補註 家語註: 一謂天子也, 大善太子也.

번역 『공자가어』의 주에서 말하길, '일(一)'자는 천자를 뜻하니, 매우 선한 태자를 뜻한다.

補註 ○通解載家語此註, 而曰: 今按, 此書·太甲篇文. 一有本作一人, 正謂天子而元良, 初不謂太子也. 古人引經多如此, 今但隨文觀之, 可也.

---

1) 신안왕씨(新安王氏, A.D.1138~A.D.1218): =왕염(王炎)·왕회숙(王晦叔). 남송(南宋) 때의 역학자(易學者)이다. 자는 회숙(晦叔)이다.

2) 『예기』「문왕세자(文王世子)」: 大樂正, 學舞干戚·語說·命乞言, 皆大樂正授數, 大司成論說, 在東序.

3) 『예기』「문왕세자(文王世子)」: 立太傅·少傅, 以養之, 欲其知父子·君臣之道也. 太傅, 審父子·君臣之道, 以示之, 少傅, 奉世子, 以觀太傅之德行, 而審喩之. 太傅在前, 少傅在後, 入則有保, 出則有師, 是以教喩而德成也. 師也者, 教之以事, 而喩諸德者也. 保也者, 愼其身, 以輔翼之, 而歸諸道也. 記曰, "虞夏商周, 有師·保, 有疑·丞, 設四輔及三公, 不必備, 唯其人", 語使能也.

번역 ○『통해』에서는 『공자가어』의 이 주석을 수록하며 말하길, 살펴보니 이것은 『서』「태갑(太甲)」편의 기록이다.4) '일유(一有)'는 본래 일인(一人)으로 기록되어 있으니, 천자가 매우 선량하다는 의미로, 애초부터 태자를 뜻하는 말이 아니다. 옛 사람들이 경문을 인용할 때에는 대체로 이러한 경우가 많은데, 지금은 단지 본래의 문장에 따라 살펴보아야 한다.

補註 ○按: 家語訓一字, 與疏及陳註異.

번역 ○살펴보니 『공자가어』에서 일(一)자를 풀이한 것은 소나 진호의 주와는 차이가 있다.

참고─集說

一物, 一事也, 與國人齒讓之一事也. ①三善, 謂衆人知父子 · 君臣 · 長幼之道也. 君我, 君臨乎我也. 世子與同學之人讓齒, 其不知禮者見之而疑, 其知禮者從而曉之曰, "父在之時, 常執謙卑, 不敢居人之前, 其禮當如此也." 如此而衆知父子之道矣. 其二其三, 皆此意. 學之, 敎之也. 語, 古語也. 樂正, 主世子詩書之業. 父師, 主於成就其德行. 一有, 書作一人, 謂世子也. 世子有大善, 則萬邦皆正矣.

번역 '일물(一物)'은 한 가지 일을 뜻하니, 곧 세자가 국자(國子)들과 함께 나이에 따라 서로 겸양(謙讓)하는 한 가지 일에 해당한다. '삼선(三善)'은 국자 무리들이 부자 · 군신 · 장유 사이에서 지켜야 하는 도리를 안다는 것을 뜻한다. '군아(君我)'는 군주로서 우리에게 군림한다는 뜻이다. 세자가 함께 수학하는 사람들과 나이에 따라 겸양을 하게 되면, 그들 무리 중에 예를 잘 모르는 자들은 그 모습을 보고 의혹스러워하게 되니, 그들 무리 중에 예를 아는 자가 그들의 의혹을 깨우쳐주길, "세

---

4) 『서』「주서(周書) · 태갑하(太甲下)」: 一人元良, 萬邦以貞.

자의 부친이 생존해 계실 적에는 항상 겸손하게 자신을 낮추어 행동하여서, 감히 남의 앞에 나서지 않는 것이므로, 세자가 시행하는 예가 마땅히 이와 같은 것이다." 라고 한다. 이처럼 된다면 그 무리들은 부자 사이에서 지켜야 하는 도리를 알게 되는 것이다. 두 번째 선한 도리와 세 번째 선한 도리라는 것도 모두 이러한 뜻이다. '학지(學之)'는 세자에게 가르친다는 뜻이다. '어(語)'는 옛말을 뜻한다. 악정(樂正)은 세자에게 『시』와 『서』 가르치는 업무를 주관한다. 부사(父師)는 세자의 덕행 완성하는 일을 주관한다. '일유(一有)'는 『서』에 '일인(一人)'으로 기록되어 있으니, 곧 세자를 가리킨다. 세자가 큰 선함을 갖추게 되면 온 천하가 모두 바르게 된다는 뜻이다.

① 三善謂[止]之道也.

補註 按: 此當以世子身上父子君臣長幼之禮皆得爲解, 衆人之知由此而推.
번역 살펴보니, 이것은 세자 본인이 부자 · 군신 · 장유 사이에서 지켜야 하는 예법을 모두 터득한다는 뜻으로 풀이해야 하며, 여러 사람들의 앎도 이를 통해 미루어가게 된다.

「문왕세자」 23장

①周公踐阼.

번역 여기까지의 내용은 주공이 섭정을 하며, 세자를 교육했던 내용들이다.

① 周公踐阼.

補註 鄭註: 亦題上事.

번역 정현의 주에서 말하길, 이 또한 앞의 사안들에 대한 제목이다.

「문왕세자」 24장

庶子, 司馬之屬官. 正於公族, 爲政於公族也. 周禮, ①庶子掌國
子之倅, 倅, 副貳也. 國子, 是公卿大夫士之子, 則貳其父者也.

번역 서자(庶子)는 사마(司馬)에게 소속된 관리이다. '정어공족(正於公族)'이라는
말은 공족에게 정령을 시행한다는 뜻이다. 『주례』에서는 서자(庶子: =諸子)가 국
자(國子)라는 '졸(倅)'들을 담당한다고 하였는데,[1] 이때의 졸자는 보좌한다는 뜻
이다. 국자들은 공·경·대부의 자제들이므로, '국자지졸(國子之倅)'이라는 말은
결국 그들의 부친을 보좌하는 장남이라는 뜻이다.

① ○庶子掌國子之倅.

補註 周禮·諸子, 掌國子之倅. 疏曰: "天子之諸子, 諸侯之庶子, 皆掌卿
大夫士之適子, 適子衆多, 故云諸, 或言庶, 諸·庶通名, 故天子諸子爲
庶子也."

번역 『주례』「제자(諸子)」편에서는 국자(國子) 중 졸(倅)에 대한 일을 담당
한다고 했다. 소에서 말하길, "천자에게 소속된 제자(諸子)라는 관리와 제후
에게 소속된 서자(庶子)라는 관리는 모두 경·대부·사의 적자에 대한 일을
담당하는데, 적자들의 수가 많기 때문에 '제(諸)'자를 붙여서 부르기도 하고
'서(庶)'자를 붙여서 부르기도 한다. 제(諸)자와 서(庶)자는 통용되는 명칭이
기 때문에 천자에게 소속된 제자라는 관리가 서자도 되는 것이다."라고 했다.

補註 ○燕義, 庶子官職諸侯·卿·大夫·士之庶子之倅. 疏曰: "天子謂
之諸子, 諸侯謂之庶子, 職掌同也."

번역 ○『예기』「연의(燕義)」편에서는 서자라는 관리는 제후·경·대부·사

---

1) 『주례』「하관(夏官)·제자(諸子)」: 諸子, 掌國子之倅.

들의 적자(適子)인 부친 다음 서열에 있는 자들을 담당한다고 했다.[2] 소에서 말하길, "천자에게 소속된 관리는 제자(諸子)라 부르고, 제후에게 소속된 관리는 서자(庶子)라 부르는데, 이들이 담당하는 일은 동일하다."라고 했다.

---

2) 『예기』「연의(燕義)」: 古者周天子之官, 有庶子官. 庶子官職諸侯・卿・大夫・士之庶子之卒, 掌其戒令, 與其敎治, 別其等, 正其位. 國有大事, 則率國子而致於大子, 唯所用之. 若有甲兵之事, 則授之以車甲, 合其卒伍, 置其有司, 以軍法治之. 司馬弗正. 凡國之政事, 國子存游卒, 使之修德學道, 春合諸學, 秋合諸射, 以考其藝而進退之.

「문왕세자」 25장

참고-經文

> 其朝于公內朝則東面北上, ①臣有貴者, 以齒.

번역 공족(公族)들이 제후에게 조회를 할 때, 조회하는 장소가 내조(內朝)인 경우에는 서쪽에 서서 동쪽을 바라보되, 서열이 높은 자부터 북쪽에 서게 되고, 참가한 인원들 중에 신분이 높은 자가 있다고 하더라도, 신분에 상관없이 나이에 따라 서열의 순서를 정한다.

① 臣有貴者以齒.

補註 按: 貴者下吐, 諺讀誤作羅, 當改以那吐. 以下文公族朝于內朝內親也章覆解此句者觀之, 益信.

번역 살펴보니, 귀자(貴者)자 뒤의 토에 있어서 『언독』에서는 잘못하여 라[羅]토를 달았는데, 마땅히 내[那]토로 고쳐야 하며, 아래문장에서 "군주가 공족(公族)들을 내조(內朝)에서 조회하는 것은 친족들을 친근하게 대하기 위해서이다."[1]라고 한 문장이 이곳 구문을 재차 풀이한 것을 통해 보면 고쳐야 함을 확신할 수 있다.

---

1) 『예기』「문왕세자(文王世子)」: 公族朝于內朝, 內親也. 雖有貴者以齒, 明父子也. 外朝以官, 體異姓也. 宗廟之中以爵爲位, 崇德也. 宗人授事以官, 尊賢也. 登餕受爵以上嗣, 尊祖之道也. 喪紀以服之輕重爲序, 不奪人親也. 公與族燕則以齒, 而孝弟之道達矣. 其族食世降一等, 親親之殺也. 戰則守於公禰, 孝愛之深也. 正室守太廟, 尊宗室而君臣之道著矣. 諸父諸兄守貴室, 子弟守下室, 而讓道達矣.

「문왕세자」 26장

其在外朝, 則以官, ①司士爲之.

번역 공족(公族)들이 외조(外朝)에서 조회하는 경우라면, 나이가 아닌 관직의 차등에 따라 서열을 정하며, 그 일은 사사(司士)가 담당을 하여, 자리를 배열한다.

① ○司士爲之.

補註 疏曰: 上文內朝不言庶子爲之者, 以文承庶子之下, 主之可知, 故不言也.

번역 소에서 말하길, 앞의 문장에서 내조(內朝)에 대한 설명을 할 때에는 서자가 그 일을 담당한다고 말하지 않았는데, 문장이 서자에 대한 내용 뒤에 이어져 있어서 서자가 주관하게 됨을 알 수 있다. 그렇기 때문에 언급하지 않은 것이다.

①外朝, 路寢門外之朝也. 若公族朝見於外朝, 與異姓之臣雜列, 則以官之高卑爲次序, 不序年齒也. 司士, 亦司馬之屬, 主爲朝見之位次者.

번역 '외조(外朝)'는 노침(路寢)의 문 밖에 있던 조정이다. 만약 공족(公族)들이 외조에서 제후를 조회하면서, 이성(異姓)의 신하들과 뒤섞여 도열을 하게 된다면, 관직의 차등에 따라 서열을 정하지, 나이에 따라 서열을 정하지 않는다. '사사(司士)' 또한 사마(司馬)에게 속한 관료이며, 조회를 할 때 서열 정하는 일을 주관하는 자이다.[1]

① 外朝路寢門外之朝.

補註 按: 天子諸侯三朝. 庫門之外曰外朝, 路門之外曰治朝, 路門之內
曰內朝. 而今陳註以治朝爲外朝者, 蓋本於鄭註也. 疏曰: "周禮・司士
掌正朝儀之位, 王族故[2]士虎士在路門之右南面, 太僕從者, 在路門之左
南面, 是在路門外也. 故知此外朝者, 路門外之朝也. 此對路寢庭朝爲外
朝, 若對庫門外朝, 則亦爲內朝, 故玉藻云: '視朝於內朝, 朝, 辨色始入.
君日出而視之, 退適路寢', 是也."

번역 살펴보니, 천자와 제후에게는 3개의 조정이 있었다. 고문(庫門) 밖에
있는 것을 외조(外朝)라고 부르며, 노문(路門) 밖에 있는 것을 치조(治朝)
라고 부르고, 노문 안에 있는 것을 내조(內朝)라고 부른다. 진호의 주에서는
치조를 외조로 여겼는데, 아마도 정현의 주에 따른 것 같다. 소에서 말하길,
"『주례』「사사(司士)」편에서는 조정에서의 의례에 따른 자리 배치를 담당한
다고 했고, 왕족(王族)의 고사(故士)[3] 및 호사(虎士)[4]는 노문(路門)의 오
른쪽에서 남쪽을 바라본다고 했으며, 대복(大僕) 등의 종자들은 노문의 좌
측에 서서 남쪽을 바라본다고 하였으니,[5] 이것은 곧 노문 밖에서의 자리 배
분을 뜻한다. 그렇기 때문에 여기에서 말하는 '외조(外朝)'가 노문 밖에 있는

---

1) 『주례』「하관(夏官)・사사(司士)」: 掌群臣之版, 以治其政令, 歲登下其損益之數,
   辨其年歲與其貴賤, 周知邦國都家縣鄙之數, 卿大夫士庶子之數.
2) '고(故)'자에 대하여. '고'자는 본래 '서(庶)'자로 기록되어 있는데, 『예기정의』와
   『주례정의』의 기록을 통해 글자를 수정하였다.
3) 고사(故士)는 신사(新士)와 대비되는 말이다. '신사'는 새로 등용이 되어, 사(士)가
   된 자들인데, 아직 정식적인 작위를 얻지 못한 자들이다. '고사'는 '신사'와 다르게,
   정식적인 작위를 가지고 있는 자들이며, 또한 궁중의 호위를 담당했던 자들이다.
   또한 이곳 문장에서는 왕족(王族)의 '고사'라고 지칭하고 있는데, 그들이 비록 천자
   와 동성(同姓)인 자들이라고 하더라도, 정식적인 벼슬에 임용되지 못한 자들을 가리
   킨다.
4) 호사(虎士)는 용맹한 사(士)를 뜻하는 말이다. 궁중의 호위를 담당했던 자들이다.
5) 『주례』「하관(夏官)・사사(司士)」: 正朝儀之位, 辨其貴賤之等. 王南鄉, 三公北
   面東上, 孤東面北上, 卿大夫西面北上, 王族故士虎士在路門之右南面東上, 大
   僕大右大僕從者在路門之左南面西上.

조정임을 알 수 있다. 이곳을 노침(路寢)의 마당에 위치한 조정과 대비했을 때, 상대적으로 밖에 있으므로 외조가 된다. 그러나 만약 고문(庫門) 밖에 있는 외조와 대비한다면 또한 내조가 된다. 그러므로 『예기』「옥조(玉藻)」편에서 '내조에서 조회를 하는데, 조회를 할 때 뭇 신하들은 새벽 동틀 무렵이 되어서야 비로소 응문(應門)으로 들어가고, 군주는 일출이 있은 다음에 참관을 하며 조정에서 물러나서는 노침으로 간다.'[6]라고 한 말이 바로 이곳을 가리킨다."라고 했다.

---

6) 『예기』「옥조(玉藻)」: 朝服以日視朝於內朝. 朝辨色始入. 君日出而視之, 退適路寢聽政.

「문왕세자」 27장

其在宗廟之中, 則如外朝之位. 宗人授事, ①以爵以官.

번역 공족(公族)들이 종묘 안에 있는 경우라면, 외조(外朝)에서의 자리 배치와 같게 한다. 종인(宗人)이 일을 분담하여 임무를 전달할 때에는 작위의 등급에 따라 높은 자가 앞 열에 서게 되고, 관직에 따라서 일을 분담한다.

① **以爵以官.**

補註 鄭註: 以爵, 貴賤異位. 以官, 官各有所掌. 如司徒奉牛, 司馬奉羊, 司空奉豕.

번역 정현의 주에서 말하길, '이작(以爵)'이라는 말은 작위의 귀천에 따라 자리를 다르게 배치해준다는 뜻이다. '이관(以官)'이라는 말은 관직별로 각각 담당하는 바가 따로 있다는 뜻이다. 예를 들어 사도(司徒)는 희생물로 사용될 소를 바치고, 사마(司馬)는 양을 바치며, 사공(司空)은 돼지를 바치는 등과 같은 부류이다.

補註 ○楊梧曰: 以爵屬定位, 以官屬授事.

번역 ○양오가 말하길, 작위에 따라 자리를 정하고, 관직에 따라 일을 배분한다는 뜻이다.

「문왕세자」 28장

참고-經文

①其登, 餕·獻·受爵, 則以②上嗣.

번역 당상에 올라가서 제사에서 남은 음식을 먹고, 술잔을 바치며, 술잔을 받는 경우에는 적장자를 가장 우선시하고, 나머지는 그 아래에 차례대로 도열한다.

① ○其登餕獻受爵.

補註 疏曰: 餕時登堂, 獻時登堂, 受爵之時亦登堂. 此一登字, 包三事.
번역 소에서 말하길, 준(餕)을 할 때 당상에 올라가며, 헌(獻)을 할 때에도 당상에 올라가고, 수작(受爵)을 할 때에도 당상에 올라간다. 그러므로 이 문장에 기록된 1개의 등(登)자는 이러한 세 가지 일들을 모두 포괄하는 글자이다.

② 上嗣.

補註 鄭註: "上嗣, 謂君之適長子. 大夫之嗣無此禮, 辟君也." 疏曰: "此天子諸侯及士之子禮."
번역 정현의 주에서 말하길, "상사(上嗣)는 군주의 적장자이다. 대부의 적장자에게 이러한 예법이 적용되지 않는 이유는 군주에 대한 예법보다 낮추기 때문이다."라고 했다. 소에서 말하길, "이것은 천자·제후 및 사의 자식에게 적용되는 예법이다."라고 했다.

補註 ○按: 此段旣連上文宗廟之事. 鄭註只訓以君之適子者此也. 若泛言, 則當通爲天子諸侯及士之禮, 而陳註只云此謂士禮者, 此字, 指所引特牲禮也. 引特牲禮者, 天子諸侯之祭禮亡逸故也.
번역 ○살펴보니, 이 단락은 이미 앞에서 말한 종묘의 일과 연결되어 있다. 정현의 주에서는 단지 군주의 적장자에 대한 사안으로 이 문장을 풀이했다.

만약 범범하게 말한다면 마땅히 천자·제후 및 사에게 통용되는 예법이 되는데, 진호의 주에서는 "이것은 사의 예법이다."라고만 말했다. 이때의 '차(此)'자는 인용하고 있는 『의례』「특생궤식례(特牲饋食禮)」편의 내용을 뜻한다. 진호가 「특생궤식례」편의 문장을 인용한 것은 천자 및 제후의 제례에 대한 기록은 망실되어 없어졌기 때문이다.

「문왕세자」29장

참고-經文

①庶子治之, 雖有三命, 不踰父兄.

번역 서자(庶子)는 공족(公族)들이 내조(內朝)에서 조회하는 예법을 담당하니, 비록 공족들 중에, 삼명(三命)의 등급에 해당하는 존귀한 신분을 가진 자가 있더라도, 그 자는 자신의 부형이 서는 위치를 넘어서 상석에 설 수 없다.

① ○庶子治之[止]踰父兄.

補註 疏曰: 此句應承前文"臣有貴者以齒"之下, 當是簡札遺脫.

번역 소에서 말하길, 이 구문은 마땅히 "신하들 중에 존귀한 신분을 가진 자가 있더라도 나이에 따라 서열을 정한다."[1]라는 구문 뒤에 기록해 두어야 하니, 죽간이 헝클어져서 이곳에 잘못 놓이게 된 것이다.

참고-集說

疏曰: 若非內朝, 其餘會聚, 則一命齒于鄕里. 謂一命尙卑, 若與①鄕里長宿燕食, 則猶計年也. 再命齒于父族, 謂再命漸尊, 不復與鄕里計年, 唯官高在上, 但父族爲重, 猶計年爲列也. 三命不齒, 謂三命大貴, 則亦不復與父族計年, 燕會則別席獨坐在賓之東矣.

번역 소에서 말하길, 내조(內朝)에서 모이는 경우가 아니라 그 나머지 회합인 경우라면, 일명(一命)인 자들은 향리에서 나이 서열에 따른다고 했다. 이 말은 곧 일명

---

1) 『예기』「문왕세자(文王世子)」: 其朝于公內朝則東面北上, <u>臣有貴者, 以齒</u>.

의 등급에 해당하는 자들은 신분이 여전히 낮으므로, 만약 향리의 장숙(長宿)[2]들과 함께 연회에 참가하게 된다면, 여전히 나이를 따지게 된다는 뜻이다. 그리고 이명(二命)인 자들은 부계 인척들과의 자리에서 나이 서열에 따른다고 했다. 이 말은 곧 이명의 등급에 해당하는 자들은 신분이 조금 높아진 것이므로, 향리에서는 다시금 나이에 따른 서열을 따르지 않고, 오직 관직이 높은 자가 그들의 상석에 위치하게 된다. 그러나 부계 인척들은 중요한 관계이므로, 여전히 나이를 따져서, 서열을 정하게 된다는 뜻이다. 그리고 삼명(三命)인 자들은 나이 서열에 따르지 않는다고 했다.[3] 이 말은 곧 삼명의 등급에 해당하는 자들은 신분이 매우 높으니, 부계 인척들과의 자리에서도 또한 나이를 따지지 않게 되니, 연회를 하게 되면, 별도의 좌석을 설치하여, 빈객들의 동쪽 편에서 홀로 앉아 있게 된다.

① 鄕里長宿.

補註 沙溪曰: 鄕中長老舊宿之人.

번역 사계가 말하길, 향리 안에서 나이가 많고 오랜 기간 살아왔던 사람을 뜻한다.

---

2) 장숙(長宿)은 나이가 많고 덕망이 있는 사람들을 가리키는 말이다.
3) 『주례』「지관(地官)·당정(黨正)」: 壹命齒于鄕里, 再命齒于父族, 三命而不齒.

「문왕세자」 30장

此謂君喪而庶子治其禮事. 大事, 喪事也. 臣爲君皆斬衰, 然①
衰制雖同, 而升數之多寡則各依本親. 庶子序列位次, 則辨其
本服之精麤, 使衰麤者在前, 衰精者在後. 非但公喪如此, 公族
之內有相爲服者亦然, 蓋亦是庶子序其精麤先後之次也. 以次
主人者, 謂雖有庶長父兄尊於主人, 亦必次於主人之下, 使主
人在上爲喪主也.

번역 이 문장의 내용은 군주의 상에서 서자(庶子)가 관련된 예식절차들을 다스린
다는 뜻이다. '대사(大事)'라는 것은 상사를 뜻한다. 신하들은 죽은 군주를 위해서,
원칙적으로 모두 참최복(斬衰服)을 입게 되는데, 참최복을 입는 것은 비록 동일하
다고 하더라도 베의 올 수가 많고 적은 차이는 각각 군주와의 친속 관계에 따르게
된다. 이러한 상황에서 서자가 서열에 따른 위치를 배분할 때에는 군주의 상에 참
여하는 자들이 본래부터 입게 되는 상복의 거칠고 조밀한 정도에 따라 변별하여, 거
친 상복을 입은 자는 앞에 서게 하고, 조밀한 상복을 입은 자는 뒤에 서게 한다. 그
런데 단지 군주의 상에서만 이렇게 하는 것이 아니니, 군주의 친인척 상에서도, '상
사의 일을 돕게 되어, 상복을 입어야 하는 자'들도 또한 이처럼 하게 되니, 아마도
이러한 경우에도 서자가 또한 그들이 입게 되는 상복의 거칠고 조밀한 정도에 따라
서, 앞에 서거 하거나 뒤에 서게 하는 등의 서열을 나누게 될 것이다. "주인 다음으
로 한다."는 말은 비록 여러 친인척들 중 나이가 많은 부형들이 상주보다 존귀한 신
분을 가지고 있다고 하더라도, 또한 반드시 상주의 뒤에 차례대로 서야 한다는 뜻으
로, 이처럼 하는 이유는 주인을 가장 상석에 앉혀서, 상주로 삼기 때문이다.

① ○衰制雖同[止]各依本親.

補註 鄭註: "其爲君雖皆斬衰, 序之必以本親." 疏曰: "君喪雖皆斬衰, 其
庶子官列次之時, 則以其本服之精麤爲序."
번역 정현의 주에서 말하길, "군주의 상에 참여하는 자들이 죽은 군주를 위

해서 모두 참최복(斬衰服)을 입더라도, 서열을 정할 때에는 반드시 군주와의 친소 관계에 따른다."라고 했다. 소에서 말하길, "군주의 상에서 비록 모두가 참최복을 입지만, 서자가 그들의 위치를 정할 때에는 그들이 각각 입게 되는 상복의 거칠고 조밀한 차이로 서열을 정하게 된다."라고 했다.

補註 ○按: 以此觀之, 所謂喪服之精麤, 猶言本服之輕重. 而陳註云升數多寡各依本親, 恐誤. 喪服圖式, 斬衰三升, 義服三升半, 臣爲君衰, 乃三升半之衰也. 豈有名爲斬衰, 而升數之細, 反如功緦之理乎? 一云, 君喪雖同服斬衰, 斬衰之中, 有正服義服升數之不同. 且兄弟俱爲國君, 則服期, 大夫之妻及君之外兄弟之妻, 皆爲君期, 所謂喪服之精麤, 正指見今所服之精麤, 非指本親之服也, 亦恐然矣.

번역 ○살펴보니, 이를 통해 살펴보면 상복의 정밀하고 거친 차이라는 것은 본래의 친족관계에 따른 상복의 수위를 뜻한다. 그러므로 진호의 주에서 승(升)수의 많고 적음은 각각 본래의 친족관계에 따른다고 한 말은 아마도 잘못된 설명인 것 같다. 『상복도식』에서는 참최복은 3승이고, 의복(義服)[1]은 3승 반이라고 했는데, 신하가 군주를 위해 착용하는 상복은 곧 3승 반으로 만든 상복이다. 따라서 어찌 참최복(斬衰服)이라고 부르면서 승수가 촘촘하여 도리어 대공복(大功服)·소공복(小功服)·시마복(緦麻服)과 같아지는 이치가 있겠는가? 일설에는 군주의 상에서는 비록 모두가 참최복을 착용하지만, 참최복 중에도 정복(正服)[2]과 의복에는 승수에 차이가 있다는 것을 뜻한다. 또 형제들은 모두 군주를 위해 기년상을 치르고, 대부의 처 및 군주의 외형제의 처는 모두 군주를 위해 기년상을 치르니, 이른바 상복의 정추

---

1) 의복(義服)은 본래 친속관계가 성립되지 않아서, 상복(喪服)을 착용해야만 하는 관계가 아닌데도, 도리에 따라 상복을 착용하는 것을 말한다.

2) 정복(正服)은 본래의 상례(喪禮) 규정에 따른 정식 복장을 뜻한다. 친족 관계에서는 각 등급에 따른 상례 절차가 규정되어 있으므로, '정복'이라는 것은 규정에 따른 상복(喪服)을 착용하는 것뿐만 아니라, 상(喪)을 치르는 기간과 각종 부수적 기물(器物)들에 대해서도 규정대로 따르는 것을 뜻한다.

(精麗)라는 것은 바로 현재 착용하는 있는 상복의 정밀하고 거친 것을 가리키는 것으로, 본래 친족관계에 따라 착용하는 상복의 수위를 말하는 것이 아니라고 하는데, 아마도 그러한 것 같다.

「문왕세자」 31장

참고―經文

若公與族燕, 則異姓爲賓, 膳宰爲主人, 公與父兄齒. ①族食世降一等.

번역 만약 군주가 친족들과 연회를 하게 된다면, 이성(異姓)인 자를 빈객으로 삼고, 선재(膳宰)1)를 주인으로 삼아서 술을 따라주게 하며, 군주와 친족들은 나이에 따라 서열을 정한다. 친족들과 연회를 할 때에는 촌수에 따라 한 등급씩 낮춘다.

① 族食世降一等.

補註 鄭註: 親者稠, 疏者希.
번역 정현의 주에서 말하길, 가까운 관계인 자와는 자주 연회를 하고, 소원한 관계인 자와는 드물게 연회를 한다.

---

1) 선재(膳宰)는 선부(膳夫)와 같은 말이다. 군주가 먹는 음식 등을 담당했던 관리이다. 천자에게 소속된 '선재'를 '선부'라고 불렀으며, 상사(上士)가 담당했다. 『의례』「연례(燕禮)」편에는 "膳宰具官饌于寢東."라는 기록이 있는데, 이에 대한 정현의 주에서는 "膳宰, 天子曰膳夫, 掌君飲食膳羞者也."라고 풀이했다. 그리고 『주례』「천관(天官)·선부(膳夫)」편에는 "膳夫掌王之食飲膳羞."라는 기록이 있다.

「문왕세자」 32장

其在軍, 則①守於公禰.

번역 서자(庶子)가 군주의 출정에 따라가게 되어, 군대 대열에 있게 된다면, 함께 모셔온 신주를 지킨다.

① ○守於公禰.

補註 鄭註: "公禰, 行主也. 所以遷主言禰在外親也." 疏曰: "行主, 是遷主, 而呼爲禰者, 欲依親親之辭."

번역 정현의 주에서 말하길, "'공녜(公禰)'는 행주(行主)[1]이다. 천묘(遷廟)한 신주에 대해 '녜(禰)'자를 붙여서 언급한 것은 신주가 군주를 따라서 국외로 나가게 되어 친애하려는 뜻에서 붙인 글자이다."라고 했다. 소에서 말하길, "행주(行主)는 천묘한 신주를 뜻하는데, 그것을 부를 때 '녜(禰)'자를 붙여서 부르는 이유는 신주가 국외에 머물게 되어 친친(親親)의 도리에 따르고자 해서 붙인 말이다."라고 했다.

補註 ○按: 陳註禰讀作祧, 而以古註疏則如字讀爲可.

번역 ○살펴보니, 진호의 주에서는 '녜(禰)'자를 조(祧)자로 풀이했지만, 옛 주와 소에서 글자대로 풀이했으니, 이 풀이가 옳다.

---

[1] 행주(行主)는 군주의 행차에 함께 따라간 신주(神主)를 뜻한다. 공녜(公禰)와 같은 말이다. '공녜'는 수레에서 실려서, 군주를 따라다니게 되는 신주를 뜻한다. 또한 그 수레를 지칭하기도 한다.

「문왕세자」 33장

公若有出疆之政, 庶子①以公族之無事者守於公宮, ②正室守太廟, ③諸父守貴宮貴室, ③諸子諸孫守下宮下室.

번역 군주에게 만약 국경 밖으로 나가게 될 정무가 생기게 된다면, 서자(庶子)는 공족들 중에서 특별히 담당하고 있는 임무가 없는 자들로 하여금 왕실을 지키게 하고, 공족의 적장자들로는 태묘를 지키게 하며, 군주의 백부 및 숙부들로는 태조 밑의 대수가 높은 선조의 묘와 군주의 노침을 지키게 하고, 공족의 적장자를 제외한 여러 아들과 손자들로는 대수가 낮은 조묘 및 군주의 연침(燕寢)[1]을 지키게 한다.

① ○以公族[止]守於公宮.

補註 疏曰: 守於公宮, 是總言之. 正室守大廟以下, 各言其別.

번역 소에서 말하길, "공궁을 지키게 한다."는 말은 총괄적으로 말한 것이다. "정실이 태묘를 지키게 한다."라는 구문으로부터 그 이하의 내용은 각각 세부적인 임무를 언급한 것이다.

補註 ○按: 陳註亦如此, 而諺讀著爲古吐, 誤矣.

번역 ○살펴보니, 진호의 주 또한 이와 같으니, 『언독』에서 하고[爲古]토를 붙인 것은 잘못되었다.

---

1) 연침(燕寢)은 본래 천자 및 제후들이 휴식을 취하던 장소를 가리킨다. 천자에게는 6개의 침(寢)이 있었는데, 앞쪽에 있는 1개의 침은 정전(正寢)으로, 이것을 노침(路寢)이라고 부르며, 뒤쪽에 있는 다섯 개의 침을 통칭하여, '연침'이라고 부른다. 『예기』「곡례하(曲禮下)」편에는 "天子有后, 有夫人"이라는 기록이 있는데, 이에 대한 공영달(孔穎達)의 소(疏)에서는 "周禮王有六寢, 一是正寢, 餘五寢在後, 通名燕寢."이라고 풀이하였다.

② 正室守大廟.

補註 疏曰: 公羊傳云, "周公稱人廟." 周公是魯之始祖, 故知諸侯大廟皆太祖之廟.

번역 소에서 말하길, 『공양전(公羊傳)』에서는 "주공의 묘를 태묘라고 부른다."[2]라고 하였는데, 주공은 노나라의 시조가 된다. 그렇기 때문에 다른 제후국들에서 태묘라고 하는 것들도 모두 그 나라의 태조 묘를 가리킨다는 사실을 알 수 있다.

補註 ○楊梧曰: 正室, 謂君嗣居嫡室者, 舊說謂公族之爲卿大夫士者之適子, 與後言君臣之道不合.

번역 ○양오가 말하길, '정실(正室)'은 군주의 지위를 계승할 적장자를 뜻하는데, 옛 학설에서는 공족 중 경·대부·사가 된 자들의 적장자라고 풀이했으니, 뒤에서 말하는 군신의 도의와는 합치되지 않는다.

補註 ○按: 鄭註只曰, "正室, 適子也." 其謂卿大夫之適子者, 乃疏也. 楊說似長, 而但君嗣不可混稱公族之無事者, 是爲可疑.

번역 ○살펴보니, 정현의 주에서는 단지 "'정실(正室)'은 적장자를 뜻한다."라고만 했다. 경·대부의 적장자라고 풀이한 것은 소의 주장이다. 양오의 주장이 더 낫지만, 군주의 지위를 계승할 자에 대해서 공족들 중에 임무를 맡고 있지 않은 자와 뒤섞어서 지칭했다는 것은 의문스럽다.

③ 諸父諸子諸孫.

補註 疏曰: 亦謂卿大夫之諸父子孫也. 不云諸兄諸弟者, 蓋諸兄從諸父, 諸弟從子孫也.

번역 소에서 말하길, 이 또한 경·대부의 작위를 가진 제부 및 자손들에 해

---

2) 『춘추공양전』 「문공(文公) 13년」 : 世室屋壞, 世室者何? 魯公之廟也. 周公稱太廟, 魯公稱世室, 群公稱宮.

당한다. '제형(諸兄)'과 '제제(諸弟)'들을 언급하지 않은 것은 아마도 제형은 종제부(從諸父)에 해당하고, 제제는 종자손(從子孫)에 해당하기 때문일 것이다.

補註 ○按: 陳註云, "諸父, 公之伯父·叔父." 與疏說異. 且下文覆解此段處, 作諸父·諸兄守貴室, 子弟守下室. 疏下說, 蓋由此而知也.

번역 ○살펴보니, 진호의 주에서는 "'제부(諸父)'는 군주의 백부 및 숙부들을 뜻한다."라고 하여 소의 주장과 차이를 보인다. 또 아래문장에서 이곳 단락을 재차 풀이한 곳에서는 제부(諸父)와 제형(諸兄)이 귀실(貴室)을 지키고, 자제(子弟)가 하실(下室)을 지킨다고 했다.[3] 소의 주장이 잘못되었다는 것은 이를 통해서 알 수 있다.

---

3) 『예기』「문왕세자(文王世子)」: 公族朝于內朝, 內親也. 雖有貴者以齒, 明父子也. 外朝以官, 體異姓也. 宗廟之中以爵爲位, 崇德也. 宗人授事以官, 尊賢也. 登餕受爵以上嗣, 尊祖之道也. 喪紀以服之輕重爲序, 不奪人親也. 公與族燕則以齒, 而孝弟之道達矣. 其族食世降一等, 親親之殺也. 戰則守於公禰, 孝愛之深也. 正室守太廟, 尊宗室而君臣之道著矣. 諸父諸兄守貴室, 子弟守下室, 而讓道達矣.

참고-經文

①五廟之孫, 祖廟未毁, 雖爲庶人, 冠取妻, 必告, 死必赴, 練祥
則告.

번역 제후는 다섯 개의 묘를 세우는데, 시조의 묘를 제외하고, 나머지 네 개의 묘에
모시고 있는 선조들의 경우, 해당 선조의 자손들에 대해서는 그들 선조의 묘가 대
수(代數)가 끝나지 않아서 아직 헐리지 않았다면, 비록 그 자손들의 신분이 서인이
되었다고 하더라도, 관례를 치르거나 부인을 맞이하는 혼례를 치르게 될 때, 반드시
제후에게 그 사실을 아뢰고, 그가 죽게 되면 자손들은 반드시 제후에게 부고를 알
리며, 연상(練祥)과 같은 경우에도 또한 그 사실을 제후에게 아뢴다.

① ○五廟[止]未毁.

補註 鄭註: 實四廟孫, 而言五廟者, 容顯考爲始封子也.

번역 정현의 주에서 말하길, 실제로는 4개의 묘에 안치된 조상의 후손들만
해당되지만, '오묘(五廟)'라고 기록한 이유는 고조의 묘는 처음 분봉 받은 시
조묘 바로 밑에 있어서 아들 항렬이 되기 때문에, 시조까지 포함하여 오묘라
고 말한 것이다.

補註 ○按: 顯考, 卽高祖, 見祭法. 此容始封之君爲五世祖者, 若五世祖
已祧者, 則不可謂未毁故也.

번역 ○살펴보니, '현고(顯考)'는 고조에 해당하니, 『예기』 「제법(祭法)」편에
나온다. 이것은 처음 분봉받은 군주를 5세대의 조상으로 삼는 경우까지도
포괄한 것이니, 만약 5대조의 조상이 이미 조묘(祧廟)가 된 경우라면, 아직
훼철되지 않았다고 말할 수 없기 때문이다.

참고-經文

族之相爲也, 宜弔不弔, 宜免不免, 有司罰之. 至于①贈賻承含,
②皆有正焉.

번역 족인들은 상사 등의 일을 서로 도와야 하는 것이니, 마땅히 조문을 해야 하는
상대에 대해서 조문을 하지 않고, 또 마땅히 단문(袒免)을 해야 하는 상대에 대해
서 단문을 하지 않는다면, 유사가 그들을 벌한다. 각종 부의를 보내는 봉(贈)·부
(賻)[1]·승(承)·함(含)에 대해서도 모두 정해진 예법이 있다.[2]

① ○贈賻承含.

補註 楊梧曰: 一說, 承當作襚. 註不必另添襚字, 甚通.

번역 양오가 말하길, 일설에 따르면 '승(承)'자는 마땅히 수(襚)[3]자가 되어야

---

1) 부(賻)는 부의를 보낸다는 뜻이며, 또한 부의로 보내는 특정 물건을 가리키기도
한다. '부'는 상사를 진행하는데 필요한 재화를 보내는 것이다. 『춘추공양전』「은공
(隱公) 1년」에는 "賻者, 蓋以馬, 以乘馬·束帛. 車馬曰賵, 貨財曰賻, 衣被曰襚."
라는 기록이 있다.

2) 경문의 '봉(賵)', '부(賻)', '승(承)', '함(含)'에 대하여. 다른 글자에 대한 이견(異見)은
없지만, '승'자에 대한 이견은 많다. 부의를 보내는 행위와 '승'자는 연관성이 없기
때문인데, 정현은 '승'자를 보낸다는 '증(贈)'자로 풀이하여, 부의를 보낸다는 뜻이라
고 하였다. 정현의 주장에 따르면, '승'자와 '증'자는 혼용하여 쓸 수 있는 글자가
된다. 그러나 공영달(孔穎達)은 '승' 대신 '수(襚)'를 첨가하여 해설하고, 정현의 주
장을 수용하여 '승'을 '증'자로 풀이하고 있다. 그러나 '증'자를 또한 '봉', '부', '함',
'수'를 통괄하는 용어로 풀이하고, '증'자와 나머지 '봉', '부', '함', '수'와의 관련성은
언급하고 있지 않다. 진호(陳澔) 또한 정현 및 공영달의 주장을 그대로 수용하고
있다. 그러나 공영달의 주장에 따라 '증'자를 '봉', '부', '함', '수'를 통괄하는 의미로
해석했을 때 파생되는 문제에 대해서는 언급하지 않고 있다.

3) 수(襚)는 부의를 보낸다는 뜻이며, 또한 부의로 보내는 특정 물건을 가리키기도
한다. '수'는 시신과 함께 매장하게 될 의복이나 이불 등을 부의로 보내는 것이다.

한다. 주에서 별도로 수(襚)자를 덧붙여서 설명하지 않더라도 뜻이 잘 통한다.

② 皆有正焉.

補註 類編曰: 謂不如禮者, 有司以法正之也.

번역 『유편』에서 말하길, 예법과 같지 않다면 유사가 법도에 따라 바르게 만든다는 뜻이다.

『의례』「사상례(士喪禮)」편에는 "君使人襚, 徹帷, 主人如初, 襚者左執領, 右執要, 入升致命."이라는 기록이 있는데, 이에 대한 정현의 주에서는 "襚之言遺也, 衣被曰襚."라고 풀이했다.

「문왕세자」 36장

참고–經文

公族, 其有死罪, 則磬于甸人. ①<u>其刑罪, 則纖剸</u>, 亦告于甸人.
公族無宮刑.

번역 군주의 족인들 중에 사형에 해당하는 죄를 범한 자가 있다면, 전인(甸人)1)에
게 알려서, 족인에 대해 사형 중 목매다는 형벌을 집행하게 한다. 육형(肉刑)2)에
해당하는 죄를 범했다면, 절단하는 형벌을 내리니, 또한 전인에게 죄상에 대한 내용
을 알려서, 그로 하여금 형벌을 집행하게 한다. 군주의 족인들은 대(代)가 끊어지면
안 되니, 생식기를 자르는 형벌은 내리지 않는다.

① ○<u>其刑罪則纖剸</u>.

補註 鄭註: 纖, 讀爲殲, 刺也. 剸, 割也. 臏·墨·劓·刖, 皆以刀鋸刺割
人體也.

번역 정현의 주에서 말하길, '섬(纖)'자는 섬(殲)자로 풀이하니, 찌른다는 뜻
이다. '전(剸)'자는 자른다는 뜻이다. 빈형(臏刑)3)·묵형(墨刑)·의형(劓
刑)·월형(刖刑)들은 모두 칼로 인체를 찌르거나 자르는 형벌이다.

補註 ○類編曰: 視凡人略加剸割, 如當剸九分者, 剸七分.

---

1) 전인(甸人)은 교외(郊外)에 대한 일과 공족(公族)들에 대한 형벌 집행을 담당하던
관리이다. 『주례』의 체제에 따르면, 전사(甸師)가 된다.
2) 육형(肉刑)은 죄인의 신체를 자르거나 찌르는 형벌을 총칭하는 말이다. 궁형(宮刑),
묵형(墨刑), 의형(劓刑) 등에 해당하는데, 후대에는 육체상에 가하는 모든 형벌들을
지칭하는 용어로도 사용하였다.
3) 빈형(臏刑)은 월형(刖刑)과 같은 말이다. 다리를 자르는 형벌이다. 주(周)나라 때
빈형(臏刑)의 명칭을 월형(刖刑)으로 고쳤다고 전해진다. 『주례』「추관(秋官)·사
형(司刑)」편에는 "刖罪五百."이라는 기록이 있는데, 이에 대한 정현의 주에서는 "斷
足也. 周改臏作刖."이라고 풀이했다.

번역 ○『유편』에서 말하길, 사람들을 살펴보고 대략 몇 등분으로 자른다는 뜻이니, 마치 9등분이나 7등분으로 잘라야 하는 경우와 같다.

補註 ○按: 若如類編說, 則纖如字.

번역 ○살펴보니, 만약 『유편』의 주장에 따른다면 섬(纖)자를 글자대로 풀이한 것이다.

참고-大全

長樂陳氏曰: 公之於族, 示之以孝弟睦友子愛之道, 所以敎其善, 示之以廟朝之禮, 所以敎其敬, 示之以喪服之禮, 所以敎其哀, 示之以燕食之禮, 所以敎其親, 示之以宮室之守, 所以敎其忠, 示之以赴告弔免, 所以敎其義. ②俟之已盡而猶犯焉, 然後隨之以刑可也. 其死罪, 則縊之於甸人, 其刑罪, 則纖剸, 亦①告于甸人, 不忍與衆棄之也. 不忍與衆棄之, 而必於甸人, 亦以甸人共祭薦之物故也. 蓋不以親廢法, 不以私滅公, 然後宗廟可得而事然, 則以親而體百姓, 乃所以事宗廟也.

번역 장락진씨가 말하길, 군주가 족인들에 대해서, 효제 · 목우 · 자애의 도리를 시행하는 것[4]은 그들의 착한 마음을 교화시키기 위해서이고, 종묘 및 조회 때의 예법을 시행하는 것[5]은 그들의 공경스러운 태도를 교화시키기 위해서이며, 상복과 관련된 예법을 시행하는 것[6]은 그들의 애도하는 마음을 교화시키기 위해서이고, 연회에 대한 예법을 시행하는 것[7]은 그들의 친애하는 마음을 교화시키기 위해서이

---

4) 『예기』「문왕세자(文王世子)」: 庶子之正於公族者, 敎之以孝弟 · 睦友 · 子愛, 明父子之義 · 長幼之序.

5) 『예기』「문왕세자(文王世子)」: 其朝于公內朝則東面北上, …… 其在宗廟之中, 則如外朝之位.

6) 『예기』「문왕세자(文王世子)」: 其公大事, 則以其喪服之精麤, 爲序, 雖於公族之喪, 亦如之, 以次主人.

며, 궁실에 대한 수비를 시행하는 것8)은 그들의 충성심을 교화시키기 위해서이고, 부고ㆍ조문 및 단문(袒免) 등에 대한 상례를 시행하는 것9)은 그들의 의로운 마음을 교화시키기 위해서이다. 이미 그들을 대우해주는 것을 이처럼 극진하게 대했는데도, 오히려 그들이 죄를 범하게 된다면, 그 죄에 따른 형벌을 집행하는 것이 옳다. 만약 족인들이 범한 형벌이 사형에 해당한다면, 전인(甸人)을 시켜서 목을 매달게 하고, 육형을 받을 죄에 해당한다면, 절단을 하게 시키는데, 이 또한 전인에게 지시한다. 이처럼 하는 이유는 차마 대중들과 함께 하는 자리에서 그를 내버릴 수 없기 때문이다. 그런데 차마 대중들과 함께 하는 자리에서 그를 내버릴 수 없어서, 반드시 전인에게 시키는 이유는 전인은 또한 교야(郊野)에서 생산되는 물건들로 제사 때 바쳐야 하는 제물들을 공급하는 자이기 때문이다. 이 말은 곧 족인들에 대한 형벌집행을 알리지 않기 위해서, 외곽지역을 담당하는 전인에게 시킨다는 뜻이다. 무릇 친분 때문에 법을 폐지하지 않고, 사적인 것으로 공적인 것을 없애지 않으면, 그런 이후에야 종묘에서 조상들을 섬길 수 있으니, 족인을 대하듯 백성들을 똑같이 대우하는 것은 곧 종묘에서 조상들을 섬기는 방법인 것이다.

① 告于甸人.

補註 鄭註: 告讀爲鞫, 讀書用法曰鞫.
번역 정현의 주에서 말하길, '고(告)'자는 국(鞫)자로 풀이하니, 조문을 읽고 형벌을 적용하는 것을 '국(鞫)'이라고 부른다.

② 俟之已盡.

補註 俟, 當作敎.
번역 '사(俟)'자는 마땅히 교(敎)자로 기록해야 한다.

---

7) 『예기』「문왕세자(文王世子)」: 若公與族燕, 則異姓爲賓, 膳宰爲主人, 公與父兄齒. 族食世降一等.

8) 『예기』「문왕세자(文王世子)」: 公若有出疆之政, 庶子以公族之無事者守於公宮, 正室守太廟, 諸父守貴宮1)貴室, 諸子諸孫守下宮下室.

9) 『예기』「문왕세자(文王世子)」: 族之相爲也, 宜弔不弔, 宜免不免, 有司罰之. 至于賵賻承含, 皆有正焉.

「문왕세자」 37장

獄成, 有司讞于公. 其死罪, 則曰: "某之罪在大辟." 其刑罪, 則
曰: "某之罪在小辟." 公曰: "宥之." 有司又曰: "在辟." 公又曰:
"宥之." 有司又曰: "在辟." 及三宥, 不對走出, 致刑于甸人. 公
又使人追之曰: "雖然, 必赦之." 有司對曰: "無及也." 反命于公.
①公素服不擧, 爲之變. 如其倫之喪, ②無服, ③親哭之.

번역 취조가 다 끝나서 판결문이 작성되면, 유사는 군주와 형벌 수위에 대해서 의
논을 한다. 그 죄가 사형에 해당한다면, 유사는 군주에게 "아무개의 죄는 큰 죄에
해당합니다."라고 보고하고, 그 죄가 사형을 제외한 나머지 형벌에 해당한다면, 유
사는 군주에게 "아무개의 죄는 작은 죄에 해당합니다."라고 보고한다. 그러면 군주
는 유사에게 "그의 죄를 용서하라."라고 명령한다. 유사는 다시 "그에게는 죄가 있
습니다."라고 대답하고, 군주는 다시 "그의 죄를 용서하라."라고 명령한다. 그러면
유사는 다시 "그에게는 죄가 있습니다."라고 하는데, 이처럼 세 차례 사면을 해주라
는 군주의 말이 나오면, 유사는 더 이상 대답을 하지 않고, 달려 나가서, 전인(甸
人)에게 형벌을 집행하도록 전한다. 그러면 군주는 또 유사에게 사람을 보내서, "비
록 죄가 있다고는 하지만, 반드시 그의 죄를 사면해주어라."라고 전달하게 한다. 그
러면 유사는 대답하길, "분부에 따를 수가 없습니다."라고 하고, 군주에게 돌아가
서, 이미 처벌을 하였다고 보고를 한다. 그러면 군주는 소복(素服)[1]을 입고, 식사
를 할 때에도 성대한 음식을 차리지 않게 하니, 형벌을 받은 족인을 위하여, 이처럼
평소 때의 예법을 바꾸는 것이다. 따라서 군주는 마치 족인 중에 상을 당한 자가
있을 때처럼 행동을 하되, 그를 위해서는 상복을 입지 않고, 다만 직접 곡만 할 따
름이다.

---

1) 소복(素服)은 흰색의 옷감으로 상의와 하의를 만든 옷을 뜻한다. 또한 채색하지
않은 옷감으로 만든 상의와 하의를 가리키기도 한다. 상(喪)을 당하거나, 흉사(凶
事)를 접했을 때 착용하던 복장이다. 『예기』「교특생(郊特牲)」편에는 "皮弁素服而
祭, 素服以送終也."라는 기록이 있고, 이에 대한 정현의 주에서는 "素服, 衣裳皆
素."라고 풀이했다. 한편 후대에는 일상복을 뜻하는 용어로도 사용하였다.

① 公素服.

補註 通解曰: 今按傳文, 素服下, 脫居外不聽樂五字.

번역 『통해』에서 말하길, 전문을 살펴보니 '소복(素服)'이라는 글자 뒤에는 "밖에 거주하며 음악을 듣지 않는다[居外不聽樂]."라는 다섯 글자가 누락되어 있다.

② 無服.

補註 鄭註: 同姓則緦衰以弔. 今無服者, 不往弔也.

번역 정현의 주에서 말하길, 동성(同姓)인 자에 대해서는 시최(緦衰)[2]를 착용하고서 조문을 했을 것이다. 이곳 문장에서는 상복을 착용하지 않는다고 하였으니, 찾아가서 조문하는 일도 하지 않았다.

③ 親哭之.

補註 通解曰: 今按傳文, 此下亦脫於異姓之廟五字, 當補之.

번역 『통해』에서 말하길, 전문을 살펴보니, 이 구문 뒤에는 또한 '이성의 묘에서[於異姓之廟]'라는 다섯 글자가 누락되어 있으니 마땅히 보충해야 한다.

참고─大全

長樂劉氏曰: 聖人代天工, 立人道, 百王授受者, 禮樂政刑而已也. 故悖于中者, 禮樂之必棄, 政刑之必加, 又敢私於其宗族哉? 不幸而悖于中者, ①出放公族, 聖人猶有三宥之心, 而有司之正不可奪也. 於是素服不擧樂, 不御正寢, 不羞常膳, 哭之, 如其倫之喪也.

---

2) 시최(緦衰)는 석최(錫衰)와 비슷한 재질로 만든 옷으로, 일종의 상복(喪服)에 해당한다. 천자의 경우, 제후의 상(喪)에 착용했던 복장이다.

번역 장락유씨가 말하길, 성인은 하늘의 소임을 대신하여 인도를 세웠으니, 모든 제왕들이 전수받고 전수해야 할 것들은 바로 성인이 제작한 예악과 형정일 따름이다. 그렇기 때문에 예악과 형정에 대해 어기는 자가 있다면, 예악을 통해서 반드시 그를 버리고, 형정을 통해서 반드시 그에게 처벌을 부여하게 된다. 따라서 군주가 감히 그 종족에 대해서만 사적으로 편애할 수 있겠는가? 그런데 불행하게도 공족 중에서 예악과 형정을 어기는 자가 발생한다면, 공족에서 내치는데,[3] 성인은 오히려 이러한 자에 대해서도 세 번 용서하는 마음을 두었다. 그러나 그렇다고 하더라도 유사(有司)의 올곧음을 빼앗을 수는 없는 것이다. 이러한 경우에 군주는 소복(素服)을 입고, 음악을 연주하지 않으며, 정침(正寢)에서 업무를 다스리지 않고, 항상 먹게 되던 성대한 음식들을 먹지 않으며, 그를 위해 곡을 하니, 마치 공족들 중에서 상을 당한 자가 있는 경우처럼 행동하는 것이다.

① **出放公族**.

補註 放, 當作於.

번역 '방(放)'자는 마땅히 어(於)자로 기록해야 한다.

---

3) "공족에서 내친다[出放公族]."는 문장에서 '방(放)'자를 『사고전서(四庫全書)』에서는 '어(於)'자로 기록하고 있다. '어'자로 해석할 경우, 앞 문장과 연동하여 '불행하게도 예악(禮樂)과 형정(刑政)을 어기는 자가 공족 중에서 나올 경우'로 해석된다.

「문왕세자」 38장

公族朝于內朝, 內親也. 雖有貴者以齒, 明父子也. 外朝以官, 體異姓也. 宗廟之中以爵爲位, 崇德也. 宗人授事以官, 尊賢也. 登餕受爵以上嗣, 尊祖之道也. ①喪紀以服之輕重爲序, 不奪人親也. 公與族燕則以齒, 而孝弟之道達矣. 其族食世降一等, 親親之殺也. 戰則守於公禰, 孝愛之深也. 正室守太廟, ②尊宗室而君臣之道著矣. 諸父諸兄守貴室, 子弟守下室, 而讓道達矣.

번역 군주가 공족들을 내조(內朝)에서 조회하는 것은 친족들을 친근하게 대하기 위해서이다. 비록 친족들 중에 존귀한 신분을 가진 자가 있더라도, 나이에 따라 서열을 정하는 것은 소목(昭穆)의 질서를 밝히기 위해서이다. 외조(外朝)에서 나이가 아닌 관직의 등급에 따라 서열을 정하는 것은 이성(異姓)인 신하들까지도 예로 대우하기 위해서이다. 종묘 안에서 작위의 등급에 따라 위치를 정하는 것은 덕을 숭상하기 위해서이다. 종인(宗人)이 일을 분배할 때 관직의 등급에 따르는 것은 현명한 자를 높이기 위해서이다. 당상에 올라가서 제사에서 남은 음식을 먹거나, 술잔을 받는 경우에, 적장자를 가장 우선시하는 것은 선조를 존숭하는 도리이다. 상사에서 상복의 수위에 따라 서열을 정하는 것은 친소의 관계를 문란하게 만들지 않기 위해서이다. 군주가 족인들과 연회를 할 경우, 군주는 신분을 따지지 않고, 족인들과 나이에 따라 서열을 정함으로써, 효제의 도리를 온 천하에 두루 통용되게 한다. 군주가 족인들과 연회를 할 때, 촌수마다 한 등급씩 낮춰서 시행하는 이유는 친친의 도리가 등급에 따라 낮춰지기 때문이다. 전쟁에 참전하게 되면, 공녜(公禰)를 수호하는데, 이것은 효애의 마음이 깊은 것이다. 족인들 중 적장자들이 태묘(太廟)를 수호하는 것은 종실을 높여서, 군신의 도리가 밝게 드러나도록 하는 것이다. 또한 백부 및 숙부의 항렬에 속한 족인들이 귀실을 수호하고, 아들과 손자 항렬에 속한 족인들이 하실을 수호하여, 온 세상에 겸양의 도리가 두루 퍼지게 된다.

① 喪紀[止]爲序.

補註 鄭註: 紀, 猶事也.
번역 정현의 주에서 말하길, '기(紀)'자는 사(事)자와 같다.

補註 ○按: 喪紀二字爲一句, 以服之輕重爲序七字, 又爲一句, 而今諺讀喪紀以服之下著吐, 誤矣.
번역 ○살펴보니, '상기(喪紀)'라는 두 글자가 하나의 구문이 되고, '이복지경중위서(以服之輕重爲序)'라는 일곱 글자가 또한 하나의 구문이 된다. 그런데 『언독』에서는 '상기이복지(喪紀以服之)' 뒤에 토를 달았으니, 잘못되었다.

補註 ○沙溪曰: 俗解以服之爲句, 非是.
번역 ○사계가 말하길, 세속에서는 이복지(以服之)까지를 하나의 구문으로 풀이하는데 잘못되었다.

② 尊宗室[止]道著.

補註 鄭註: 以其不敢以庶守君所重.
번역 정현의 주에서 말하길, 적통이 아닌 자들로 하여금 감히 군주가 가장 중요시하는 곳을 지키게 할 수 없기 때문이다.

補註 ○楊梧曰: 君嗣爲宗族所宗, 故曰君臣之道著.
번역 ○양오가 말하길, 군주의 지위를 계승할 자는 종족들에게는 종주가 된다. 그렇기 때문에 군신의 도의가 드러난다고 말한다.

五廟之孫, 祖廟未毀, 雖及庶人, 冠取妻必告, 死必赴, 不忘親
也. 親未絶而列於庶人, 賤無能也. ①敬弔臨賻賵, ②睦友之道
也. 古者庶子之官治而邦國有倫, 邦國有倫而③衆鄕方矣.

번역 제후는 다섯 개의 묘를 세우는데, 시조의 묘를 제외하고, 나머지 네 개의 묘에
서 모시고 있는 선조의 경우, 해당 선조의 자손들에 대해서는 그들 선조의 묘가 대
수(代數)가 끝나지 않아서 아직 헐리지 않았다면, 비록 그 자손의 신분이 서인이
되었더라도, 관례를 치르거나 부인을 맞이하는 혼례를 치르게 될 때, 반드시 제후에
게 그 사실을 아뢰고, 그가 죽게 되면, 그의 자손들은 반드시 제후에게 부고를 알린
다. 이것은 친애하는 도리를 잊지 않기 때문이다. 아직 친척 관계가 끊어지지 않았
는데도, 그 자가 서인으로 전락하였다면, 사사로운 감정으로 그의 신분을 상승시켜
주지 않으니, 이것은 그의 무능함을 천시하기 때문이다. 제후가 족인들에 대해서,
조문을 하고 부의를 하는 일에 공경을 다하는 것은 화목과 우애를 지키는 도리이
다. 고대에는 서자(庶子)라는 관리가 이러한 일들을 잘 다스려서, 나라에는 군주와
족인 간에 인륜이 살아 있었고, 또한 인륜이 살아 있게 되자, 백성들이 지향해야
할 방향을 알게 되었다.

① ○敬弔臨賻賵.

補註 疏曰: 此覆解前宜弔不弔, 宜免不免, 及賵賻必有正焉之事.
번역 소에서 말하길, 이 문장은 앞에서 언급했던 마땅히 조문해야 할 곳에
조문하지 않고, 마땅히 단문(袒免)해야 하는데도 단문하지 않는 일 및 봉부
(賵賻) 등에는 반드시 정해진 예법이 있다는 사안에 대해서 재차 해석하고
있다.

補註 ○按: 陳註有若只主君言, 恐誤.
번역 ○살펴보니, 진호의 주는 군주만을 위주로 말한 측면이 있는데 아마도

잘못된 설명인 것 같다.

② 睦友之道也.

補註 楊梧曰: 此下恐脫公族之罪一段.

번역 양오가 말하길, 이곳 구문 뒤에는 아마도 공족의 죄에 대한 한 단락이
누락된 것 같다.

③ 衆鄉方矣.

補註 類編曰: 鄉方, 向於道也. 註云: 所向之方, 恐非.

번역 『유편』에서 말하길, '향방(鄉方)'은 도를 지향한다는 뜻이다. 주에서는
지향하는 방향이라고 했는데, 아마도 잘못된 해석인 것 같다.

「문왕세자」 40장

①公族之罪, 雖親②不以犯有司正術也, 所以體百姓也. 刑于
隱者, ③不與國人慮兄弟也. 弗弔, 弗爲服, 哭於異姓之廟, 爲
忝祖, 遠之也. 素服居外, 不聽樂, 私喪之也, 骨肉之親無絶也.
公族無宮刑, 不剪其類也.

번역 공족들 중 죄를 범한 자에 대해서, 그가 비록 군주와 가까운 친척이 된다고
하더라도, 이러한 이유 때문에 유사가 집행하는 공명정대한 법령에 간여해서는 안
된다. 이것이 바로 백성들과 차별 없이 대하는 방법이다. 공족에 대한 형벌 집행을
외진 곳에서 하는 이유는 나라 사람들이 자신의 형제가 범한 과오에 대해서 따져보
지 못하게 하기 위해서이다. 사형을 받아서 죽은 족인에 대해서는 조문을 하지 않
고, 그를 위해 상복도 입지 않지만, 그 대신 이성(異姓)의 묘에 가서 곡을 한다.
그 이유는 그가 조상의 얼굴에 먹칠을 하였기 때문에, 그를 소원하게 대하는 것이
다. 이처럼 그를 소원하게 대하면서도, 군주 본인은 소복(素服)을 입고, 밖에 거처
하며, 음악도 듣지 않는데, 그 이유는 개인적으로 그를 애도하기 때문이며, 골육의
친함은 끊어질 수 없는 것이기 때문이다. 공족에게 궁형(宮刑)을 집행하지 않는 이
유는 그 가문의 후사를 끊지 않기 위함이다.

① ○公族之罪[止]類也.

補註 楊梧曰: 此一條在結句之後, 此古文字不拘處, 不如移置便看.
번역 양오가 말하길, 이 조목은 결론을 맺는 구문 뒤에 기록되어 있는데, 고
문에서는 구애되지 않지만, 문장의 위치를 옮겨서 보는 것만 못하다.

② 不以犯有司正術也.

補註 楊梧曰: 一說, 公族之罪, 聽有司治而不敢犯, 蓋正法術也, 亦通.
번역 양오가 말하길, 일설에 따르면 공족이 범한 죄에 대해서는 유사가 처리

하는 방식을 듣기는 하지만 권한을 침범할 수 없으니, 올바른 법령이기 때문이라고 하는데, 그 뜻 또한 통한다.

③ 不與國人慮兄弟.

補註 按: 小註方氏所謂非與衆棄之者得之. 疏說亦然. 陳註與猶許也者, 恐非.

번역 살펴보니, 소주에서 방씨가 "대중들과 함께 그를 비난하는 것이 아니다."라고 한 말은 옳다. 소의 주장 또한 이러하다. 진호의 주에서는 여(與)자를 허락한다는 뜻을 풀이했는데, 아마도 잘못된 해석인 것 같다.

「문왕세자」41장

天子視學, 大昕①鼓徵, 所以警衆也. 衆至然後, 天子至, 乃②
命有司, 行事, 興秩節, 祭先師先聖焉. 有司卒事, 反命.

번역 천자가 태학을 시찰할 때, 동틀 무렵에 북을 치는 이유는 의식행사에 참여해
야 할 사람들에게 일찍 모이도록 알리는 방법이기 때문이다. 사람들이 모두 모인
이후에, 천자가 도착을 하게 되면, 곧 유사에게 명령하여 일을 집행하되, 통상적인
예법에 따라 시행하여, 선사(先師) 및 선성(先聖)에게 제사를 지내도록 시킨다. 유
사는 의식행사가 다 끝나고 나면, 다시 천자에게 그 결과를 보고한다.

① ○鼓徵.

補註 周禮 · 大胥: 以鼓徵學士.

번역 『주례』「대서(大胥)」편에서 말하길, 북을 쳐서 학사들을 소집한다.[1]

② 命有司[止]先聖焉.

補註 鄭註: 不親祭之者, 視學觀禮耳, 非爲報也.

번역 정현의 주에서 말하길, 천자가 직접 제사를 지내지 않는 이유는 시학
(視學)[2]을 하게 되면 그 의례진행을 관람만 할 뿐이며, 이때의 석전(釋奠)
은 선사 및 선성에게 보답하는 제사가 아니기 때문이다.

---

1) 『주례』「춘관(春官) · 대서(大胥)」: 凡祭祀之用樂者, 以鼓徵學士.
2) 시학(視學)은 천자가 석전(釋奠) 및 양로(養老) 등의 의례를 위해, 친히 태학(太學)에
왕림하는 것을 말한다. 일반적으로 천자가 '시학'을 하는 시기는 중춘(仲春), 계춘(季
春), 중추(仲秋)에 해당한다. 중춘 때에는 태학에서 합무(合舞)를 하고, 계춘 때에는
합악(合樂)을 하며, 중추 때에는 합성(合聲)을 하기 때문이다. 『예기』「문왕세자(文王
世子)」편에는 "天子視學."이라는 기록이 있는데, 이에 대한 공영달(孔穎達)의 소(疏)
에서는 "天子視學, 必逢養老之法則, 養老旣畢, 乃命諸侯群吏令養老之事. 天子視
學者, 謂仲春合舞, 季春合樂, 仲秋合聲. 於此之時, 天子親往視學也."라고 풀이했다.

「문왕세자」 42장

참고-經文

始之養也, 適東序, ①釋奠於先老, 遂設三老·五更·群老之
席位焉.

번역 처음 태학을 건립하게 되면, 천자는 노인을 봉양하는 장소로 가는데, 동서(東序)로 가서 선대의 삼로(三老)와 오경(五更)이었던 자들에게 석전(釋奠)을 올리고, 그 일이 끝나면, 현재의 삼로 및 오경과 군로(群老)들의 자리를 설치한다.

① ○釋奠於先老.

補註 鄭註: 親奠之者, 己所有事也.

번역 정현의 주에서 말하길, 천자가 직접 석전(釋奠)을 올린다는 말은 천자 본인도 일을 맡아서 하는 것이 있음을 뜻한다.

참고-集說

天子視學在虞庠之中, 事畢反國, ①明日乃之東序而養老. 始,
謂始初立學之時也. 若非始立學, 則無釋奠先老之禮. 先老, 先
世之爲三老·五更者也. ②三老五更各一人, 群老無定數. 蔡
邕云, "更, 當爲叟. 三老三人, 五更五人." 未知是否. 然皆③年
老更事致仕者, 舊說取象三辰五星.

번역 천자가 시학(視學)하는 것은 우상(虞庠)[1] 안에서 하며, 의식행사가 다 끝나

---

1) 우상(虞庠)은 주(周)나라 때의 소학(小學)으로 서교(西郊)에 위치하였다. 주나라에서는 유우씨(有虞氏) 때의 상(庠)에 대한 제도를 본떠서, 소학을 지은 것이기 때문

면, 궁성으로 돌아간다. 그리고 다음날이 되면, 다시 동서(東序)로 가서 노인을 봉양한다. '시(始)'자는 태학을 처음 세웠을 때를 뜻한다. 만약 처음으로 태학을 세웠을 때가 아니라면, 선로(先老)에게 석전(釋奠)을 지내는 예가 없다. 선로는 전 세대의 삼로(三老)와 오경(五更)이었던 자들이다. 삼로와 오경은 각각 1명씩이며, '군로(群老)'는 정해진 수가 없다. 채옹(蔡邕)은 "'경(更)'자는 마땅히 노인을 뜻하는 '수(叟)'자가 되어야 한다. 삼로는 3명이고, 오경은 5명이다."라고 하였는데, 옳은 주장인지는 잘 모르겠다. 그러나 이들 모두는 나이가 연로하여 세상사를 두루 겪어서 알고 관직에서 물러난 자들인데, 옛 학설에서는 이 사람들을 삼로와 오경이라고 부르는 이유에 대해서, 삼신(三辰)[2]과 오성(五星)[3]을 본떴기 때문이라고 설명하였다.

① 明日乃[止]之時.

補註 楊梧曰: 天子視學, 始之養也, 此二節, 諸家皆謂始立學者, 蓋祖註疏, 而不加考究也. 天子視學, 鄭無註, 孔疏謂仲春合舞, 季春合樂, 仲

에, 그 학교를 '우상'이라고 부른 것이다. 『예기』「왕제(王制)」편에는 "周人養國老於東膠, 養庶老於虞庠. 虞庠在國之西郊."라는 기록이 있고, 이에 대한 정현의 주에서는 "虞庠亦小學也. 西序在西郊, 周立小學於西郊 …… 周之小學爲有虞氏之庠制, 是以名庠云."이라고 풀이했다. 한편 '우상'에는 두 가지 뜻이 포함되어 있는데, 하나는 태학(太學)의 건물들 중 북쪽에 있는 학교를 뜻하는 것으로, 이것을 또한 상상(上庠)이라고도 불렀고, 다른 하나는 앞서 설명한 것처럼 교외(郊外)에 설치했던 소학을 뜻한다. 『주례』「춘관(春官)·대사악(大司樂)」편에는 "掌成均之灋."이라는 기록이 있는데, 이에 대한 손이양(孫詒讓)의 『정의(正義)』에서는 "案虞庠有二, 一爲大學之北學, 亦曰上庠, 一爲四郊之小學, 曰虞庠."이라고 풀이했다.

2) 삼신(三辰)은 해[日], 달[月], 별[星]을 가리킨다. 『춘추좌씨전』「환공(桓公) 2년」편에는 "三辰旂旗, 昭其明也."라는 기록이 있는데, 이에 대한 두예(杜預)의 주에서는 "三辰, 日·月·星也."라고 풀이했다.

3) 오성(五星)은 목성(木星), 화성(火星), 토성(土星), 금성(金星), 수성(水星)의 다섯 행성(行星)을 가리킨다. 『사기(史記)』「천관서론(天官書論)」편에는 "水火金木塡星, 此五星者, 天之五佐."라는 기록이 있다. 방위와 이명(異名)으로 설명하자면, '오성'은 동쪽의 세성(歲星: =木星), 남쪽의 형혹(熒惑: =火星), 중앙의 진성(鎭星: =塡星·土星), 서쪽의 태백(太白: =金星), 북쪽의 진성(辰星: =水星)을 가리킨다.

秋合聲, 於此之時, 天子親往視學, 元無始立學之文也. 其謂始立學者, 爲有祭先聖也. 前章, 凡始立學者, 必釋奠于先聖・先師, 孔疏甚明. 此則天子不親, 有是禮乎? 視學旣無始立學之文, 則養老之, 謂始立學, 及事畢反國, 明日養老, 又何所典據乎? 今只該言凡天子視學養老之禮, 依文解之, 不必用始立學及明日等說. 然始之養也四字, 疑有脫誤. 一云, 始初養老之時, 對下退字・反字・閞字看.

번역 양오가 말하길, 천자가 시학(視學)을 한다는 것과 처음 태학을 건립하면 노인을 봉양하는 장소로 간다는 두 문단에 대해서 학자들은 모두 처음 태학을 건립하는 경우로 여겼는데, 아마도 주와 소의 주장에 따르기만 하고 별도로 고찰해보지 않았기 때문일 것이다. 천자가 시학을 한다는 것에 있어서 정현은 주를 달지 않았고, 공영달의 소에서는 중춘에 합무를 하고 계춘에 합악을 하며 중추에 합성을 하는데, 이 시기에 천자가 직접 찾아가서 시학을 한다고 했으니, 본래부터 처음 태학을 건립한다는 기록이 없다. 처음 태학을 건립한다는 말은 선성에 대한 제사가 있는 경우를 위해서 설명한 것이다. 앞에서 "무릇 처음 태학을 세우는 경우에는 반드시 선성과 선사들에게 석전을 지낸다."[4]라고 했는데, 공영달의 소에서는 매우 분명히 설명하고 있다. 이곳의 경우에는 천자가 직접 하지 않는다고 했는데, 이러한 예법이 있단 말인가? 시학을 한다는 말에 있어서 이미 처음으로 태학을 건립했다는 기록이 없다면, 노인을 봉양한다는 것이 처음 태학을 건립하고 그 일이 끝나서 국성으로 되돌아가면 그 다음날 노인을 봉양한다고 했는데, 이것은 또한 무엇을 근거로 했단 말인가? 이것은 단지 천자가 시학을 하고 노인을 봉양하는 예법에 대해서 함께 설명한 것으로, 문장에 따라 풀이한다면 처음 태학을 건립했다거나 다음날 시행한다는 등의 설명을 할 필요가 없다. 그렇다면 '시지양야(始之養也)'라는 네 글자는 아마도 누락되거나 잘못 기록된 점이 있을 것이다. 일설에 따르면 처음 노인을 봉양하는 때라고 하니, 뒤에 나오는 퇴(退)・반(反)・결(閞)자와 대비해서 본 것이다.

---

4) 『예기』「문왕세자(文王世子)」: 凡始立學者, 必釋奠于先聖先師, 及行事, 必以幣.

② 三老五更各一人

補註 按: 此本鄭註.
번역 살펴보니, 이것은 정현의 주에 근본한 설명이다.

補註 ○鄭註又曰: 以鄕飮禮言之, 三老如賓, 五更如介, 群老如衆賓.
번역 ○정현의 주에서는 또 말하길, 향음주례를 기준으로 말해보자면 삼로(三老)는 빈(賓)과 같고, 오경(五更)은 개(介)와 같으며, 군로(群老)는 중빈(衆賓)과 같다.

③ 年老更事[止]五星.

補註 沙溪曰: 史註三老知天地人之事者, 五更知五行之更代者, 與此註不同.
번역 사계가 말하길, 『사기』의 주에서는 삼로(三老)는 천·지·인의 사안을 알고 있는 자이고, 오경(五更)은 오행이 번갈아가며 시행되는 것을 아는 자라고 했으니, 이곳의 주와는 차이가 난다.

「문왕세자」 43장

참고-經文

適饌, 省醴·養老之①珍具, 遂發咏焉, 退, 修之以孝養也.

번역 천자는 음식이 차려진 장소로 가서, 단술과 노인을 봉양하기 위해 차려진 음식 상태를 사열하니, 그 일이 끝나면, 밖으로 나간다. 그리고 마침내 음악이 연주되면, 천자는 음악소리에 맞춰 노인들을 인도하여, 음식이 차려진 장소로 들어오고, 그들이 자리에 앉게 되면, 다시 물러나서, 단술을 들고 그들에게 잔을 따라주게 되니, 이것은 효성으로 노인을 봉양하는 도리를 수행하는 것이다.

① **珍具**.

補註 通解曰: 珍, 謂內則八珍, 淳熬之屬.

번역 『통해』에서 말하길, '진(珍)'은 『예기』「내칙(內則)」편에서 말한 팔진(八珍)[1]을 뜻하니, 순오(淳熬) 등의 부류를 가리킨다.

---

1) 팔진(八珍)은 여덟 가지 맛 좋은 음식들을 뜻한다. 구체적으로는 순오(淳熬), 순모(淳母), 포돈(炮豚), 포장(炮牂), 도진(擣珍), 지(漬), 오(熬), 간료(肝膋) 등을 가리킨다. 이 음식들은 『예기』「내칙(內則)」편에 기록된 것들인데, '순오'는 젓갈을 달여서, 밭에서 생산된 쌀로 지은 밥 위에 얹어 놓고, 그 위에 기름을 바른 음식이다. '순모'에서의 '모(母)'자는 "본뜬다."는 의미의 '모(模)'자로, '순오'와 똑같지만, 쌀 대신 기장을 사용한 음식이다. '포돈'과 '포장'은 조리 방법이 동일한데, 돼지[豚]를 사용하느냐, 또는 '암컷 양[牂]'을 사용하느냐의 차이가 있다. '포돈'과 '포장'에서의 '포(炮)'라는 조리방법은 먼저 해당 가축을 잡은 뒤에, 배를 갈라서 내장을 제거한다. 그리고 그 안에 대취[棗]를 채우고, 익모초[萑]로 묶은 뒤, 진흙을 발라서 굽는다. 진흙이 다 마르면, 그것들을 떼어낸 뒤에 쌀가루를 다시 입힌다. 고기가 모두 잠길 정도로 기름을 충분히 채우고서 다시 달인다. 큰 솥에 물을 끓이고, 고기들은 다시 작은 솥으로 옮겨서, 향신료를 가미한다. 고기가 담긴 작은 솥을 큰 솥에 넣고 3일 동안 달인다. 이후 식초와 젓갈 등을 가미하게 된다. 이것이 바로 '포돈'과 '포장'의 조리방법이다. '도진'을 만들 때에는 쇠[牛], 양[羊], '큰 사슴[麋]', 사슴[鹿], 노루[麕]의 고기들을 골고루 준비하는데, 반드시 등심살을 사용하며, 각 고기들의 양은 소고기

의 양과 균일하도록 준비한다. 질긴 부위를 제거하고, 나머지 부위들을 버무린 뒤에, 익힌 음식이다. '지'는 소고기와 양고기를 사용하는데, 반드시 새로 잡은 것으로 사용한다. 얇게 썰고, 힘줄을 제거한 뒤에 술에 담갔다가, 하루 정도 지난 뒤에 먹는 음식이다. '오'는 소고기나 양고기를 사용하는데, 겉살을 벗겨낸 다음 익모초 위에 펼쳐둔다. 계피[桂]나 생강[薑] 등을 뿌리고, 소금을 그 위에 뿌린 뒤에, 말려서 먹는 음식이다. '간료'는 개의 간으로 만드는데, 개의 지방질[膋]을 간 위에 덮고, 지방 부위를 태워서 조리한 음식이다. 『주례』 「천관(天官)·선부(膳夫)」편에는 "珍用八物."이라는 기록이 있고, 이에 대한 정현의 주에서는 "珍, 謂淳熬·淳母·炮豚·炮牂·擣珍·漬·熬·肝膋也."라고 풀이했으며, 가공언(賈公彦)의 소(疏)에서는 "云'珍謂淳熬'已下, 皆內則文. 按內則, '淳熬, 煎醢加于陸稻上, 沃之以膏, 曰淳熬. 淳母, 煎醢加于黍食上, 沃之以膏, 曰淳母. 母, 模也. 炮, 取豚若牂, 刲之刳之, 實棗於其腹中, 編萑以苴之, 塗之以墐塗, 炮之. 塗皆乾, 擘之, 濯手以摩之, 去其皽. 爲稻粉, 糔溲之以爲酏, 以付豚, 煎諸膏, 膏必滅之. 鉅鑊湯, 以小鼎薌脯於其中, 使其湯母滅鼎, 三日三夜母絶火, 而後調之以醯醢. 擣珍, 取牛羊麋鹿麕之肉, 必脤, 每物與牛若一. 捶反側之, 去其餌, 孰出之, 去其皽, 柔其肉. 漬, 取牛羊肉, 必新殺者, 薄切之, 必絶其理, 湛諸美酒, 期朝而食之, 以醯若醯醢意. 爲熬, 捶之, 去其皽, 編萑, 布牛肉焉, 屑桂與薑, 以洒諸上而鹽之, 乾而食之. 施羊亦如之. 肝膋, 取狗肝一, 幪之以其膋, 濡炙之, 擧焦其膋, 不蓼也."라고 풀이했다.

「문왕세자」 44장

참고-經文

反, 登歌清廟. 旣歌而語以成之也, 言父子 · 君臣 · 長幼之道,
①合德音之致, 禮之大者也.

번역 노인들이 술잔을 받고난 뒤에, 자신의 자리로 모두 되돌아가면, 악공(樂工)들
은 당상에 올라가서 청묘(清廟)라는 시를 노래로 부르고, 또한 노래에 맞춰서 음악
을 연주한다. 노래가 다 끝나면, 서로 선왕의 선도(善道)에 대해 말하게 되니, 이때
에는 부자 · 군신 · 장유 관계에서 지켜야 하는 도리를 언급하여, 청묘라는 시가 나
타내는 문왕(文王)의 지극한 덕음에 합치시키는데, 이것은 예 중에서도 성대한 것
에 해당한다.

① ○合德音之致.

補註 疏曰: 言說父子 · 君臣 · 長幼之道理, 合會文王道德音聲, 理之至
極也.

번역 소에서 말하길, 부자 · 군신 · 장유 사이에서 지켜야 하는 도리에 대해
논설하며, 청묘에 나타난 문왕의 도덕에 대한 내용과 부합시키니, 이것은 이
치 중에서도 지극한 것들에 해당한다는 뜻이다.

補註 ○按: 陳註蓋出於疏, 而愚意, 德音, 恐謂善言, 合德音, 卽上文所
謂合語也, 致, 卽德音之極致也. 養老禮, 旅酬時, 有合語, 見上文註.

번역 ○살펴보니, 진호의 주는 아마도 소의 주장에서 비롯된 것 같은데, 내
가 생각하기에 '덕음(德音)'이라는 것은 아마도 선언(善言)을 뜻하는 것 같
으니, '합덕음(合德音)'이라는 것은 앞 문장에서 말한 합어(合語)에 해당하
며, '치(致)'는 덕음의 지극함을 뜻한다. 노인을 봉양하는 예법에서는 여수
(旅酬)를 시행할 때 합어를 하는 절차가 있으니 앞 문장의 주에 나온다.

「문왕세자」 45장

참고-經文

①下管象, 舞大武, 大合衆以事, ②達有神, 興有德也. ③正君
臣之位, 貴賤之等焉, 而上下之義行矣.

번역 당하에서는 상무(象舞)에 맞는 악곡을 관악기로 연주하고, 마당에서는 대무
(大武)를 춤추며, 국학의 학생들을 모두 불러 모아서, 노인을 봉양하는 일에 참여
하게 하여, 신명에 소통하게 만들고, 그들의 덕성을 진작시키는 것이다. 그리고 이
것을 통해 군신의 지위를 바르게 하고, 귀천의 등급을 바르게 하며, 그리고 상하의
의로운 행동을 바르게 한다.

① ○下管象舞大武.

補註 鄭註: "象, 周武王伐紂之樂也. 以管播其聲, 又爲之舞." 疏曰: "堂
下管中, 奏此象武之曲, 庭中舞此大武之舞, 大武卽象也, 變文耳."

번역 정현의 주에서 말하길, "'상(象)'은 주나라 무왕이 은나라 주왕을 정벌
했던 일화를 표현한 음악이다. 관악기로 그 음악을 연주하고 또 그것에 대한
춤을 춘다."라고 했다. 소에서 말하길, "당하에서 관악기가 진열되면, 무왕의
일화를 표현한 악곡을 연주하고, 마당에서는 여기에 해당하는 대무(大武)라
는 춤을 추게 되는데, 대무는 곧 상(象)에 해당하는 것으로, 글자만 바꿔 썼
을 뿐이다."라고 했다.

補註 ○按: 明堂位, 下管象, 冕而舞大武, 鄭註: "象, 謂周頌·武也." 小
學成童舞象, 註: "象, 周頌·武詩也." 竝與陳註異.

번역 ○살펴보니, 『예기』「명당위(明堂位)」편에서는 "당하에서는 상(象)이
라는 시를 관악기로 연주하고, 면복(冕服)[1]을 착용하고 대무(大武)를 춤춘

---

1) 면복(冕服)은 대부(大夫) 이상의 계층이 착용하는 예관(禮冠)과 복식을 뜻한다. 무

다."2)라고 했고, 정현의 주에서는 "상(象)은 『시』「주송(周頌)·무(武)」라는 편이다."라고 했다. 또 『소학』에서는 "성동(成童)3)은 상(象)에 맞춰 춤을 춘다."라고 했고, 주에서는 "상(象)은 『시』「주송(周頌)·무(武)」라는 편이다."라고 했다. 따라서 둘 모두 진호의 주와는 차이를 보인다.

② 達有神興有德.

補註 按: 古註疏, 以爲達有神者, 明達上天授命周家之有神也. 興有德者, 發起文王·武王之有德也. 陳註下一說, 與此相近而差異, 恐註疏爲長.

번역 살펴보니, 옛 주와 소에서는 '달유신(達有神)'이라는 말을 상천(上天)4)이 주나라에 천명을 내려주어 신의 가호를 받았다는 사실을 천하에 드러낸다는 뜻으로 여겼다. 또 '흥유덕(興有德)'이라는 말을 문왕과 무왕에게 덕이 있었다는 사실을 나타낸다는 뜻으로 여겼다. 진호의 주에서 뒤에 나온 일설은 이것과 유사하지만 차이가 있으니, 아마도 주와 소의 주장이 더 뛰어난 것 같다.

릇 길례(吉禮)를 시행할 때에는 모두 면류관[冕]을 착용하는데, 복장의 경우에는 시행하는 사안에 따라서 달라진다.

2) 『예기』「명당위(明堂位)」: 升歌淸廟, 下管象. 朱干玉戚, 冕而舞大武. 皮弁素積, 裼而舞大夏. 昧, 東夷之樂也. 任, 南蠻之樂也. 納夷蠻之樂於太廟, 言廣魯於天下也.

3) 성동(成童)은 아동들 중에서도 나이가 찬 자들을 뜻한다. 8세 이상이 된 아동을 뜻한다고 풀이하기도 하며, 15세 이상이 된 아동을 뜻한다고 풀이하기도 한다. 『춘추곡량전』「소공(召公) 19년」편의 "羈貫成童, 不就師傅, 父之罪也."라는 기록에 대해, 범녕(范甯)의 주에서는 "成童, 八歲以上."이라고 풀이했고, 『예기』「내칙(內則)」편의 "成童, 舞象, 學射御."라는 기록에 대해, 정현의 주에서는 "成童, 十五以上."이라고 풀이했다.

4) 상천(上天)은 상제(上帝)와 같은 뜻으로, 만물을 주재하는 자이다. 고대인들은 '상천'이 길흉(吉凶)과 화복(禍福)을 내릴 수 있는 능력을 갖추고 있었다고 생각하였다. 『서』「주서(周書)·태서상(泰誓上)」편에는 "今商王受, 弗敬上天, 降災下民."이라는 용례가 있다.

③ 正君臣[止]行矣.

補註 鄭註: "由淸廟與武也." 疏曰: "登歌淸廟, 是文王詩, 下管象, 是武王詩. 君父詩在上, 臣子詩在下, 故得正君臣之義·貴賤之等."

번역 정현의 주에서 말하길, "청묘(淸廟)와 대무(大武) 등을 통해서 그렇게 되는 것이다."라고 했다. 소에서 말하길, "당상에 올라서 청묘(淸廟)를 노래하는데, 이것은 문왕에 대한 시이다. 당하에서 상(象)을 관악기로 연주하는데, 이것은 무왕에 대한 시이다. 군주와 부친에 대한 시는 당상에서 시행하고 신하와 자식에 대한 시는 당하에서 시행한다. 그렇기 때문에 군신의 도의를 바르게 하는 것이며 귀천의 등급을 바르게 하는 것이다."라고 했다.

補註 ○楊梧曰: 向略君臣貴賤之分, 而養老矣. 今合語之後, 天子南面, 而君臣之位正焉. 天子升自阼階, 老更降自西階, 而貴賤之等秩焉. 夫君臣之位·貴賤之等, 義之所在也. 玆皆有以正之, 則勢雖略於須臾, 而名分終不容於泯沒, 上下之義, 不於是而行乎?

번역 ○양오가 말하길, 앞에서는 군신 및 귀천에 대한 구분은 간략히 하고 노인을 봉양했다. 지금은 합어(合語)를 한 이후 천자는 남면을 하여 군신의 자리가 바르게 된다. 천자가 동쪽 계단을 통해 올라가고 삼로와 오경이 서쪽 계단을 통해 내려와서 귀천의 등급이 질서정연하게 된다. 군신의 자리와 귀천의 등급이라는 것에는 도의가 포함되어 있다. 이것들에 대해 바르게 할 수 있다면 권세가 비록 잠시 동안 소략하게 되더라도 명분은 끝내 없어지지 않을 것이니, 상하 계층의 도의가 여기에서 시행되지 않을 수 있겠는가?

下管象者, 堂下以管奏象舞之曲也. 舞大武者, 庭中舞大武之舞也. 象是文王之舞, 周頌維淸乃象舞之樂歌. 武則大武之樂歌也. 武頌言勝殷遏劉, 維淸不言征伐, 則①象·武決非武舞

矣. ②註疏以文王武王之舞皆名爲象, 維清·象舞爲文王, 下
管象爲武王, 其意蓋謂淸廟與管象, 若皆爲文王, 不應有上下
之別. 殊不知古樂歌者在上, 匏竹在下, 凡以人歌者皆曰升歌,
亦曰登歌; 以管奏者皆曰下管, 周禮大師帥瞽登歌, 下管奏樂
器, 書言下管鼗鼓是也. 淸廟以人歌之, 自宜升, 象以管奏之,
自宜下. 凡樂皆有堂上堂下之奏也. 此嚴氏之說, 足以正舊說
之非, 故今從之. 大合衆以事, 謂大會衆學士, 以行此養老之
事. 而樂之所感, 足以通達神明, 興起德性也. 一說, 周道之四
達, 以有神明相之, 周家之興起, 以世世修德, 皆可於樂中見
之. 上言父子·君臣·長幼之道, 此言正君臣之位, 貴賤之等,
而上下之義行, 則先王養老之禮, 豈苟爲虛文而已哉?

번역 '하관상(下管象)'이라는 말은 당 아래에서 관악기로 상무(象舞)에 맞는 악곡
을 연주한다는 뜻이다. '무대무(舞大武)'라는 말은 마당 가운데에서 대무(大武)라
는 춤을 춘다는 뜻이다. 상무는 문왕의 덕을 표현한 춤이며, 『시』「주송(周頌)·유
청(維淸)」편이 곧 상무라는 춤에 해당하는 노래가사이다. 그리고 『시』「주송(周
頌)·무(武)」편은 대무라는 춤에 해당하는 노래가사이다. 한편 『시』「주송·무」편
은 은나라를 이겨서 살육을 멈추게 한 사실을 밝히는 내용이며, 『시』「주송·유청」
편에서는 '정벌(征伐)'에 대해서 언급하지 않고 있으니, 상무와 대무는 결코 무무
(武舞)가 아니다. 정현의 주와 공영달의 소에서는 문왕과 무왕에 대한 춤을 모두
상이라 부르고 있으며, 유청과 상무를 문왕에 대한 것이라 여기고, 당 아래에서 관
악기로 연주하는 상을 무왕에 대한 것이라고 여겼다. 그들의 의중은 아마도 다음과
같았을 것이다. 즉 청묘와 당 아래에서 연주하는 상을 모두 문왕에 대한 것이라고
한다면, 당상과 당하의 구별이 서지 않기 때문에, 이처럼 구분을 했던 것이다. 그러
나 고대에는 노래를 부르는 자가 당상에 있고, 포죽(匏竹)[5]과 같은 관악기들이 당
하에 있게 되어, 무릇 사람이 노래를 부르는 것을 모두 '승가(升歌)'라고 불렀던 것

---

5) 포죽(匏竹)은 대나무로 만든 악기로, 생(笙)·우(竽)·소(簫)·적(笛) 등의 악기를
뜻한다. 『국어(國語)』「주어하(周語下)」편에는 "匏竹利制."라는 기록이 있고, 이에
대한 위소(韋昭)의 주에서는 "匏, 笙也; 竹, 簫管也."라고 풀이했다.

이고, 또한 '등가(登歌)'라고도 불렸던 것이며, 한편 관악기로 연주하는 것을 모두 '하관(下管)'이라고 불렸던 것이다. 그들은 이러한 사실을 몰랐기 때문에 이처럼 주장한 것인데, 『주례』「대사(大師)」편에서 "장님 악사(樂師)들을 인솔하여 등가를 한다."고 하고, "하관하여 악기들을 연주한다."고 하며,6) 『서』에서 "하관하여 도고(鼗鼓)를 연주한다."7)라고 한 말이 바로 앞서 설명했던 사실들을 나타낸다. 청묘는 사람이 노래로 부르는 것이니, 당상에 올라간다고 표현하는 것이 마땅하고, 상은 관악기로 연주하는 것이니, 당하라고 표현하는 것이 또한 마땅하다. 다만 모든 음악에 있어서 연주를 할 때에는 당상과 당하에서 모두 연주를 하게 된다. 이것은 엄릉 방씨의 주장으로, 그 주장이 타당하여 옛 주석의 잘못된 점을 바로잡을만한 것이므로, 여기에서는 이 주장에 따른다. "크게 중인(衆人)들을 모아서 일하게 한다."는 말은 학사(學士)들을 모두 불러 모아서 노인 봉양하는 일을 시행하도록 한다는 뜻이다. 그리고 이러한 일들을 통해 학사들은 음악을 듣고 감흥하게 되어, 충분히 신명과 소통할 수 있게 되며, 그들의 덕성 또한 진작시킬 수 있게 된다. 일설에는 이말을 "주나라의 도가 사방에 두루 통하여, 신명이 그를 돕게 되니, 주나라가 흥기하게 되어, 대대로 덕을 닦았는데, 이러한 모든 내용들을 그 음악 속에서 확인할 수있다."는 뜻이라고 주장한다. 앞 문장에서는 부자·군신·장유 사이에서 지켜야 하는 도리에 대해서 언급하였고, 이곳 문장에서는 군신 간의 지위와 귀천의 차이, 그리고 상하 계층 간의 의로운 행동에 대해서 바로잡는다고 하였으니, 선왕이 노인을 봉양하는 의례에 대해서, 어찌 허례허식이라고 여겼겠는가?

① **象武決非武舞矣.**

補註 象武之武, 當作舞.

번역 '상무(象武)'의 무(武)자는 마땅히 무(舞)자로 기록해야 한다.

補註 ○按: 內則, 十有三年舞勺, 成童舞象. 鄭註: "先學勺, 後學象, 文武之次也." 況堂下奏文舞之詩, 而庭中行武舞, 恐無是理. 設令是文王

---

6) 『주례』「춘관(春官)·대사(大師)」: 大祭祀帥瞽登歌令奏擊拊. 下管播樂器令奏鼓鼗.
7) 『서』「우서(虞書)·익직(益稷)」: 虞賓在位, 群后德讓, 下管鼗鼓, 合止柷敔, 笙鏞以間.

之詩, 當爲象文王武功之詩, 而象舞之爲武舞, 則明矣.

번역 ○살펴보니, 『예기』「내칙(內則)」편에서는 "성동(成童)은 상(象)이라는 춤을 춘다."8)라고 했고, 정현의 주에서는 "먼저 작(勺)을 익히고, 이후에 상(象)을 익히는 것은 문과 무에 따른 순서이다."라고 했다. 따라서 당하에서 문무에 대한 시가를 연주하고 마당에서 무무를 시연한다면 아마도 이러한 이치는 없었을 것이다. 설령 이것이 문왕에 대한 시라 하더라도 마땅히 문왕이 무공을 세운 것을 상징하는 시로 보아야 하고, 상(象)에 대한 춤이 무무가 되어야 함이 자명하다.

② 註疏以[止]爲武王.

補註 疏本文曰: 案詩維淸奏象舞, 是武王作樂稱象也. 故左傳云: "見舞象箾南籥"者, 必知此是武王伐紂之樂者, 以上文云: "登歌淸廟", 此云: "下管象", 下云: "正君臣之位, 上下之義", 故知此象爲武王樂在堂下也. [按: 武王作樂稱象云者, 似指維淸, 爲祀文王之詩, 而武王作之云爾. 左傳季札觀周樂, 見舞象箾南籥者, 曰: "美哉, 猶有憾." 註曰: "文王恨不及己致太平." 見舞大武者, 曰: "美哉, 周之盛也." 註曰: "言武王之興周也." 疏引詩·維淸及左傳者, 蓋謂文王維淸亦名象, 而今此下管象, 則明是武王伐紂之樂也.]

번역 소의 본문에서 말하길, 『시』를 살펴보면, "유청(維淸)으로 상무(象舞)를 연주한다."9)라고 하였으니, 이것은 곧 무왕의 일화를 음악으로 연주할 때 그 춤을 상(象)이라고 부른다는 사실을 뜻한다. 그렇기 때문에 『좌전』에서 "상소(象箾)와 남약(南籥)에 대한 춤을 보았다."10)라고 말한 것이다. 이 음악들은 무왕이 주왕을 정벌할 때의 일화를 나타낸 것이다. 이러한 사실을 확신할 수 있는 이유는 앞 문장에서 "당상에서 청묘(淸廟)를 노래 부른다."라

---

8) 『예기』「내칙(內則)」: 十有三年, 學樂, 誦詩, 舞勺. 成童, 舞象, 學射御.

9) 『시』「주송(周頌)·유청(維淸)」의 모서(毛序): 維淸, 奏象舞也.

10) 『춘추좌씨전』「양공(襄公) 29년」: 見舞象箾·南籥者, 曰, "美哉!猶有憾."

고 하였고, 이곳 문장에서 "당하에서 상(象)을 관악기로 연주한다."라고 하였으며, 아래 문장에서 "군신의 위치와 상하의 도리를 바르게 한다."라고 하였기 때문이다. 따라서 여기에서 말하는 상(象)이 무왕에 대한 악무이고, 당하에서 연주한다는 사실을 알 수 있다. [살펴보니, '무왕작악칭상(武王作樂稱象)'이라는 말은 아마도 유청(維淸)편을 가리키는 것 같으니, 문왕에 대해 제사를 지내며 사용한 시가인데, 무왕이 작(作)한다고 말한 것일 뿐이다. 『좌전』에서 계찰이 주나라의 악무를 살펴보며 상소(象箾)와 남약(南籥)에 대한 춤을 보고서 "아름답습니다만, 한스러운 점이 있는 것 같습니다."라고 했고, 주에서는 "문왕은 자신이 통치하던 시대에 태평성세를 이루지 못한 것을 한스럽게 여겼다."라고 했다. 그리고 대무(大武)에 대한 춤을 보고서는 "아름답습니다, 주나라의 융성함이 드러납니다."라고 했고, 주에서는 "무왕이 주나라를 흥성하게 했음을 뜻한다."라고 했다. 소에서 『시』「유청」편과 『좌전』을 인용한 것은 아마도 문왕에 대한 유청(維淸)편을 또한 상(象)이라 부르고, 이곳에서는 당하에서 관악기로 상(象)을 연주한다고 했으니, 이것은 무왕이 주왕을 정벌했을 때의 악무를 나타낸다고 여긴 것 같다.]

補註 ○按: 以詩・維淸奏象舞, 及左傳見舞象見舞大武之別觀之, 則象似非大武, 而但詩・武朱子註曰: "春秋傳以此爲大武之首章, 大武, 周公象武王武功之舞, 歌此詩以奏之." 以此觀之, 朱子亦似以武爲象, 而其謂象者, 蓋象武王武功故也. 其小註曰: "禮註云, 象, 周頌・武詩也." 又曰: "內則成童舞象, 象, 武舞也. 蓋象武王伐紂而成功也." 小註之意, 明以武爲象也.

번역 ○살펴보니, 『시』「유청(維淸)」편으로 상(象)이라는 춤에 연주를 하고, 『좌전』에서 상(象)을 춤추는 것을 보았고 대무(大武)를 춤추는 것을 보았다고 구별해둔 것을 통해 살펴보면, 상(象)은 아마도 대무(大武)가 아닌 것 같은데, 『시』「무(武)」편에 대한 주자의 주에서는 "『춘추전』에서는 이것을 대무(大武)의 첫 장이라고 여겼는데, 대무(大武)는 주공이 무왕의 무공을 형상화한 춤이며, 이 시를 노래하여 춤에 맞춰 연주한다."라고 했다. 이를 통해 살펴보면 주자 또한 아마도 무(武)라는 시를 상(象)이라는 춤에 연주하는 것으로 여긴 것 같은데, 그것을 '상(象)'이라고 부르는 이유는 아마도 무왕의 무공을 형상화했기 때문일 것이다. 소주에서 "『예기』의 주에서는 상(象)은 『시』「주송(周頌)·무(武)」편의 시이다."라고 했다. 또 "『예기』「내칙(內則)」편에서는 성동(成童)은 상(象)이라는 춤을 춘다고 했는데, 상(象)은 무무(武舞)이다. 아마도 무왕이 주왕을 정벌하여 공적을 이룬 것을 형상화했기 때문일 것이다."라고 했다. 소주의 뜻은 분명하게도 무(武)편의 시를 상(象)이라는 춤에 연주하는 것으로 여기고 있다.

補註 ○又按: 張子曰, "象武, 武王象文王武功之舞, 歌維淸以奏之, 成童學之. 大武, 武王沒, 嗣王象武王之功之舞, 歌武以奏之, 冠者舞之." 此則以成童舞象之象, 爲維淸之詩.

번역 ○또 살펴보니, 장자는 "상무(象武)는 무왕이 문왕이 세운 무공을 형상화한 춤으로, 유청(維淸)이라는 시를 노래하여 연주하며, 성동이 배우는 것이다. 대무(大武)는 무왕이 죽은 뒤 그 뒤를 이은 성왕이 무왕의 공적을 형상화한 춤으로, 무(武)라는 시를 노래하여 연주하며, 관례를 치른 자들이 춤추게 된다."라고 했다. 이것은 성동이 상(象)을 춤춘다고 했을 때의 상(象)을 유청(維淸)편의 시로 여긴 것이다.

補註 ○又按: 朱子於詩·頌皆引經傳, 以見其詩之所用及異名. 如武下註, 是也. 果令象是維淸, 則維淸章下宜有所論而無之, 朱子之意, 不以維淸爲象歟. 蓋此二者未詳孰是, 而姑從古註疏.

번역 ○또 살펴보니, 주자는 『시』의 송(頌)에 대해서 모두 경문과 전문을 인용하여 그 시의 용도와 다른 명칭들을 드러내었다. 무(武)편에 달린 주가 바로 이러한 경우이다. 가령 상(象)이 유청(維淸)에 해당한다면, 「유청」편 밑에 마땅히 그에 대한 논의가 있어야 하는데도 없다. 따라서 주자의 생각은 아마도 유청(維淸)편을 상(象)으로 여기지 않은 것 같다. 아마도 이 두 가지에 대해서는 누가 옳은지 알 수 없으니, 옛 주와 소의 주장에 따른다.

「문왕세자」 47장

참고-經文

是故聖人之記事也, 慮之以大, 愛之以敬, 行之以禮, 修之以孝
養, ①紀之以義, 終之以仁. 是故古之人一擧事而衆皆知其德
之備也. 古之君子擧大事, 必愼其終始, 而衆安得不喩焉? 兌命
曰, "②念終始典于學."

번역 이러한 까닭으로, 성인이 노인을 봉양하는 예법을 기록함에는 효제(孝悌)의
대도(大道)를 고려하였고, 사랑하길 공경함으로써 하였으며, 시행하길 예법에 맞춰
서 하였고, 다스리길 효에 따른 봉양의 도리로써 하였으며, 기강을 잡길 도리로써
하였고, 끝맺기를 인자한 은덕으로써 하였다. 이러한 까닭으로, 고대 사람들은 한
차례 노인 봉양하는 의식을 시행함에, 대중들이 모두 그 속에 도덕이 완비되어 있
다는 사실을 알게 되었다. 고대에는 군자가 큰일을 시행할 때, 반드시 시작과 끝을
한결같이 신중하게 시행하였는데, 대중들이 어찌 그 의미를 깨우치지 못할 수 있었
겠는가? 그래서 『서』「열명(說命)」편에서 "시작과 끝을 항상 신중하게 생각하여,
학문에 펼친다."[1]라고 한 것이다.

① 紀之以義.

補註 按: 義卽上文"上下之義行矣"之義. 小註馬氏所解是.
번역 살펴보니, '의(義)'자는 앞에서 '상하 계층의 의로운 행실'[2]이라고 했을
때의 의(義)에 해당한다. 소주에서 마씨가 풀이한 것이 옳다.

참고-大全 馬氏曰: 慮之以大者, 孝弟, 仁之本也. 孝弟, 所以示其愛, 愛而
弗敬, 獸畜之也, 故愛之以敬, 所以行敬之情, 而曲致者, 存乎禮, 行之

---

1) 『서』「상서(商書)·열명하(說命下)」: 惟斅學半, <u>念終始典于學</u>, 厥德修罔覺.
2) 『예기』「문왕세자(文王世子)」: 下管象, 舞大武, 大合衆以事, 達有神, 興有德也.
正君臣之位, 貴賤之等焉, <u>而上下之義行矣</u>.

不以禮, 則直情徑行, 戎狄之道也. 行之以禮, 則無所不盡, 而養之不可以無其具, 故修之以孝養. 自慮之以大, 推而至於修之以孝養, 則君臣又嫌於不分, 故紀之以義, 以定上下之分. 紀之以義, 所以致其尊, 而亦不可以不致其親, 故又終之以仁. 慮之以大者, 仁之本, 終之以仁者, 仁之成. 君子始終之所依者, 仁而已矣.

번역 마씨가 말하길, "고려하길 효제(孝悌)의 대도(大道)로써 한다."고 하였는데, 효제는 '인(仁)'을 실천하는 근본이 된다.[3] 또한 효제는 사랑하는 마음을 나타내는 것인데, 사랑만 하고 공경을 하지 않는 것은 짐승들처럼 기르는 것이다.[4] 그렇기 때문에 사랑하길 공경함으로써 하는 것이니, 이것은 곧 공경의 정감을 시행하는 것이다. 그런데 이러한 정감을 곡진하게 표현하려면, 그 성공여부는 예에 맞게끔 하느냐에 달려 있다. 따라서 시행하길 예에 맞게 하지 않는다면, 감정을 직접적으로 드러내며 본능대로 시행하는 꼴이 되니, 이것은 오랑캐나 따르는 방법이다.[5] 그러므로 시행하길 예법에 따라서 하면, 곡진하게 못한 점이 없게 된다. 그런데 노인을 봉양할 때에는 갖추지 않는 것이 없어야 하므로, 다스리길 효에 따른 봉양의 도리로써 하는 것이다. "고려하길 효제의 대도로써 한다."는 조항으로부터 미루어 나아가, "다스리길 효에 따른 봉양의 도리로써 한다."는 조항까지 이르게 되면, 군신 사이에 구분이 세워지지 않을 수 있는 위험이 있다. 그렇기 때문에 의(義)로써 기강을 세워서, 상하의 구분을 확정하는 것이다. 의로써 기강을 세우는 것은 존귀하게 대하는 마음을 지극하게 나타내는 것이다. 그런데 또한 그 친애하는 마음도 지극하게 나타내지 않을 수가 없기 때문에, 또한 끝맺기를 인(仁)함으로써 하는 것이다. 따라서 "고려하길 효제의 대도로써 한다."는 것은 인을 실천하는 근본이 되고, "끝맺기를 인함으로써 한다."는 것은 '인'을 완성하는

---

3) 『논어』「학이(學而)」: 有子曰, "其爲人也孝弟, 而好犯上者, 鮮矣, 不好犯上, 而好作亂者, 未之有也. 君子務本, 本立而道生. 孝弟也者, 其爲仁之本與!"

4) 『맹자』「진심상(盡心上)」: 孟子曰, "食而弗愛, 豕交之也, 愛而不敬, 獸畜之也. 恭敬者, 幣之未將者也. 恭敬而無實, 君子不可虛拘."

5) 『예기』「단궁하(檀弓下)」: 子游曰, "禮有微情者, 有以故興物者, 有直情而徑行者, 戎狄之道也. 禮道則不然.

것이다. 또한 군자가 모든 일에 있어서 시종일관 따르게 되는 요소는 인일 따름이다.

② 念終始典于學.

補註 鄭註: 典, 常也. 念事之終始常於學. 學, 禮義之府.
번역 정현의 주에서 말하길, '전(典)'자는 변함없는 법도를 뜻한다. 그 사안의 시작과 끝을 고려하여 학문에 법도로 적용한다. 학문은 예와 도리가 깃드는 곳이다.

補註 ○按: 此訓雖不甚襯於書之本旨, 而鄭特從此經文而解之.
번역 ○살펴보니, 이 풀이는 비록 『서』의 본래 의미와는 크게 관련이 없지만, 정현은 단지 이곳 경문에 따라서 풀이를 한 것이다.

「문왕세자」 48~49장

참고—經文

①世子之記曰, 朝夕至于大寢之門外, 問於內豎曰, "今日安否
何如?" 內豎曰, "今日安." 世子乃有喜色. 其有不安節, 則內豎
以告世子, 世子色憂不滿容. 內豎言復初, 然後亦復初. 朝夕之
食上, 世子必在視寒煖之節. 食下, 問所膳羞, 必知所進, 以命
膳宰, 然後退. 若內豎言疾, 則世子親齊玄而養.

번역 「세자지기」편에서 말하길, 일반 세자들이 부왕을 모실 때에는 아침과 저녁때
에만 문안인사를 드린다. 문안인사를 드릴 때에는 부왕이 거처하는 대침(大寢)[1]의
문밖으로 가서 숙직을 섰던 환관에게 묻기를, "오늘 부친의 안부는 어떠하시느냐?"
라고 한다. 숙직했던 환관이 "오늘은 편안하십니다."라고 말하면, 세자는 곧 얼굴에
기뻐하는 기색을 나타낸다. 부왕에게 병이 생겨서 평상시와 다른 점이 발생하게 되
면, 숙직했던 환관은 이 사실을 세자에게 알린다. 그러면 세자는 얼굴에 수심이 가
득하여 위엄과 용모를 제대로 갖출 수가 없게 된다. 숙직했던 환관이 부왕이 평상
시처럼 회복되었다고 알리고 난 이후에야 세자도 또한 평상시처럼 행동하였다. 아
침저녁으로 음식을 올릴 때, 세자는 반드시 음식의 차갑고 따뜻한 정도가 적당한지
를 살펴보아야 한다. 음식이 물려나올 때에는 차려올린 음식 중에 어느 것을 많이
드시고, 또 어느 것을 적게 드셨는지에 대해서 물어서, 반드시 드신 음식들에 대해
서 알아야 하며, 이로써 선재(膳宰)에게 명령하여, 남은 음식을 가지고 다시 밥상
을 차리는 일이 없도록 하고, 그렇게 한 이후에야 물러난다. 만약 숙직했던 환관이
부왕에게 질병이 있다고 알리면, 세자는 직접 제현(齊玄)의 복장을 착용하고서, 부
왕을 봉양한다.

---

1) 대침(大寢)은 노침(路寢)을 뜻한다. 천자나 제후가 정무(政務)를 처리하던 곳이다.
『주례』「하관(夏官)·태복(太僕)」편에는 "建路鼓于大寢之門外, 而掌其政."이라
는 기록이 있고, 이에 대한 정현의 주에서는 "大寢, 路寢也."라고 풀이했다.

① ○世子[止]寒燠之節.

補註 上文在視寒燠之節, 鄭註: "在, 察也."

번역 앞 문장에서는 '재시한난지절(在視寒燠之節)'²⁾이라고 했는데, 정현의 주에서는 "재(在)자는 살핀다는 뜻이다."라고 했다.

補註 ○按: 據此則諺讀必在下句絶, 恐誤. 沙溪亦曰: "以必在爲句者非當, 連視字讀."

번역 ○살펴보니, 이것에 근거해보면 『언독』에서는 '필재(必在)'에서 구문을 끊었으니 아마도 잘못된 것 같다. 사계 또한 "필재(必在)에서 구문을 끊는 것은 합당하지 않으니, 시(視)자와 연계해서 풀이해야 한다."라고 했다.

---

2) 『예기』「문왕세자(文王世子)」: 其有不安節, 則內豎以告文王, 文王色憂, 行不能正履. 王季復膳然後, 亦復初. 食上, 必在視寒暖之節, 食下, 問所膳, 命膳宰曰, 末有原. 應曰, 諾. 然後退.

禮記補註卷之九

『예기보주』 9권

「예운(禮運)」 제9편

補註 語類: 問, "禮運言三王不及上古事, 人皆謂其說似莊·老." 曰, "禮運之說有理, 三王自是不及上古." 又問, "禮運似與老子同?" 曰, "不是聖人言. 胡明仲云, '禮運是子游作, 樂記是子貢作.' 計子游亦不如是之淺."

번역 『어류』에서 말하길, "「예운」편에서는 삼왕은 상고시대의 일에는 미치지 못한다고 했는데, 사람들은 모두 그 주장이 장자나 노자와 유사하다고 말합니다."라고 묻자 "「예운」편의 주장은 일리가 있으니, 삼왕 스스로 상고시대에는 미치지 못했다."라고 대답했다. 또 "「예운」편의 내용은 노자와 유사하지 않습니까?"라고 묻자 "이것은 성인의 말이 아니다. 호명중은 '「예운」편은 자유가 지었고 「악기」편은 자공이 지었다.'라고 했다. 그러나 자유에 대해 살펴보면 또한 이와 같이 천박하지는 않았을 것이다."라고 대답했다.

補註 ○疏曰: 鄭云, "名曰禮運者, 記五帝三王相變易, 及陰陽旋轉之道."

번역 ○소에서 말하길, 정현은 "편명을 '예운(禮運)'이라고 지은 것은 오제(五帝)와 삼왕(三王)이 서로 답습하며 변화시키고 음양이 순환하며 바뀌는 도리를 기록했기 때문이다."라고 했다.

補註 ○按: 此篇間多韻語.

번역 ○살펴보니, 「예운」편에는 운을 맞추는 어구가 많다.

「예운」1장

昔者, 仲尼①與於蜡賓, 事畢, ②出遊於觀之上, 喟然而嘆. 仲尼之嘆, 蓋嘆魯也. 言偃在側曰, "君子何嘆?" 孔子曰, "大道之行也, 與三代之英, 丘未之逮也, ③而有志焉."

번역 옛적에 공자가 사(蜡)제사의 빈으로 참여를 하였는데, 제사가 다 끝난 뒤에는 밖으로 나와서 관(觀)의 위로 올라가 휴식을 취하며, 한숨을 쉬며 탄식을 하였다. 공자가 탄식을 하였던 것은 아마도 노나라의 일을 걱정해서 탄식한 것 같다. 자유가 곁에서 공자를 모시고 있다가 탄식 소리를 듣고서 물어보길, "스승님은 군자이신데, 어떤 이유로 탄식을 하신 겁니까?"라고 하였다. 그러자 공자가 대답해주길, "대도가 시행되던 일과 삼대의 영웅 및 현명한 자들이 시행했던 일들을 내가 비록 그 일들을 직접 볼 수는 없지만, 나는 그것을 목표로 삼고 있다."라고 했다.

① **與於蜡賓.**

補註 鄭註: "蜡, 索也. 歲十二月合聚萬物而索饗之, 亦祭宗廟." 疏曰: "若總而言之謂之爲蜡, 若析而言之, 祭百神曰蜡, 祭宗廟曰息民. 知此蜡是祭宗廟者, 以下云: '出遊於觀之上', 故知也."

번역 정현의 주에서 말하길, "'사(蜡)'자는 찾는다는 뜻이다. 한 해가 끝나는 12월에 만물을 취합하여 신이 있는 곳을 찾아서 흠향을 하도록 제사를 지내며, 또한 종묘에서도 제사를 지낸다."라고 했다. 소에서 말하길, "총괄적으로 말하게 된다면 이러한 제사를 사(蜡)라고 부르고, 구분하여 말하게 된다면 백신(百神)[1]들에게 제사지내는 것을 사(蜡)라고 부르며, 종묘에서 제사지내는 것을 식민(息民)이라고 부른다. 이곳의 사(蜡)제사가 종묘에서 지내는

---

1) 백신(百神)은 백물(百物)이라고도 부른다. 온갖 신들을 총칭하는 말인데, 주요 신들은 제외되고, 주로 하위 신들을 가리킨다.

제사에 해당함을 알 수 있는 이유는 아래문장에서 '밖으로 나가서 관(觀)의 위에서 노닌다.'라고 했기 때문에 이러한 사실을 알 수 있다."라고 했다.

② **出遊於觀之上.**

補註 疏曰: 公羊何休註, "天子兩觀, 諸侯臺門", 則諸侯不得有闕. 魯以天子之禮, 故得有之也. 此觀又名象魏, 以其縣法象魏. 魏, 巍也, 其處巍巍高大, 哀三年, 桓宮灾, 季桓子至, 御公立於象魏之外, 命藏象魏曰, "舊章不可亡也."

번역 소에서 말하길, 『공양전』에 대한 하휴의 주에서는 "천자는 양관(兩觀)인 외궐(外闕)을 두고, 제후는 대문(臺門)을 둔다."[2]라고 하였으니, 제후는 궐(闕)을 세울 수 없다. 그런데 노나라는 천자의 예법을 시행할 수 있었으므로, 궐(闕)을 세울 수 있었다. 여기에서 말하는 '관(觀)'은 또한 상위(象魏)라고도 부르는데, 그곳에 법령을 게시해두었기 때문이다. '상위(象魏)'의 위(魏)자는 높다는 뜻으로, 그 장소가 매우 웅장하고 높았기 때문에, 애공 3년 환궁(桓宮)에 화재가 발생하자 계환자(季桓子)가 당도하여, 군주가 탈 수레의 끈을 쥐고 상위의 밖에 서서 사람들에게 상위를 잘 보존하라 명령하며, "옛날의 전장제도가 없어져서는 안 된다."라고 했던 것이다.[3]

③ **而有志焉.**

補註 按: 古疏以爲身不及見, 有志記之書也. 家語亦作而有記焉, 而愚意則陳註爲長.

---

2) 이 문장은 『춘추공양전』 「소공(昭公) 25년」편의 "子家駒曰, 設兩觀."이라는 기록에 대한 하휴의 주이다. 그러나 하휴의 주 본문에는 "禮, 天子諸侯臺門, 天子外闕兩觀, 諸侯內闕一觀."이라고 하여 문장이 다르다. 즉 천자와 제후가 세우는 대문(臺門)의 경우, 천자는 외궐(外闕)인 한 쌍의 관(觀)을 두고, 제후는 내궐(內闕)인 1개의 관(觀)을 두게 된다.

3) 『춘추좌씨전』 「애공(哀公) 3년」: 季桓子至, 御公立于象魏之外, 命救火者傷人則止, 財可爲也. 命藏象魏, 曰, "舊章不可亡也."

번역 살펴보니, 옛 소의 기록에서는 공자 본인은 직접 보지 못했지만, 그것에 대해 기록한 서적들이 있다고 여겼다. 『공자가어』에서도 '이유기언(而有記焉)'이라고 기록했는데, 내가 생각하기에 진호의 주장이 더 뛰어나다.

「예운」2장

大道之行也, 天下爲公. ①選賢與能, ②講信脩睦, 故人不獨親其親, 不獨子其子. 使老有所終, 壯有所用, 幼有所長, 矜寡·孤獨·廢疾者, 皆有所養. 男有分, 女有歸. 貨, 惡其棄於地也, 不必藏於己. 力, 惡其不出於身也, 不必爲己. 是故謀閉而不興, 盜竊亂賊而不作. 故外戶而不閉, 是謂大同.

번역 공자가 계속해서 말해주길, "대도가 시행되었던 오제(五帝) 시대 때에는 천하를 모든 사람들의 공동 소유물로 여겼으므로, 제왕의 지위를 자신의 아들에게 물려주지 않고 현명하고 유능한 자에게 선양하였다. 그래서 현명한 자와 유능한 자를 선발하고, 진실과 신의를 가르치고 화목함을 실천하였다. 그렇기 때문에 사람들은 자신의 부모만을 부모로 여기지 않았고, 자신의 자식만을 자식으로 여기지 않았다. 노인은 여생을 잘 마칠 수 있었고, 장성한 자는 일할 곳을 가질 수 있었으며, 어린아이는 잘 성장할 수 있었고, 홀아비나 과부, 고아나 가족이 없는 자, 질병에 걸린 자들은 모두 보살핌을 받을 수 있었다. 남자들은 자신의 능력에 맞는 각자의 직업을 가졌고, 여자들은 모두 화목한 집안으로 시집을 갈 수 있었다. 재화에 대해서는 그대로 버려두어 쓸모없게 됨을 미워하였지만, 자기의 이익만을 챙기지는 않았다. 힘에 대해서는 각자 다 발휘하지 않는 것을 미워하였지만, 자기만을 위해서 사용하지는 않았다. 이러한 까닭으로 중상모략이 생겨나지 않았고, 도적질과 강도질이 발생하지 않았다. 그러므로 대문을 걸어 잠글 필요가 없었으니, 이러한 세상을 '대동(大同)'이라고 부른다."라고 했다.

① ○選賢與能.

補註 徐志修曰: 陳註以此釋天下爲公, 恐牽强. 疏引擧十六相事, 良是.

번역 서지수가 말하길, 진호의 주에서는 이 구문으로 '천하위공(天下爲公)'이라는 구문을 풀이하였는데, 아마도 견강부회인 것 같다. 소에서는 십륙상(十六相)[1]을 천거했던 일화를 인용하였는데 참으로 옳은 해석이다.

② 講信修睦.

補註 楊梧曰: 註作當時之人說. 一說, 俱是在上者事. 至下露出箇人字 來方說到, 衆人上去, 亦通.

번역 양오가 말하길, 주에서는 당시의 사람들이 익히는 것이라고 설명했다. 일설에 따르면 이 모두는 위정자가 익히는 사안들이라고 한다. 그 뒤에 인(人)자가 나와서 이처럼 설명하게 된 것인데, 일반인들이 익히는 것으로 풀이하더라도 뜻이 통한다.

---

1) 십륙상(十六相)은 십륙족(十六族)이라고도 부른다. 고양씨(高陽氏)의 후손들 중 재주가 특출하였던 8명의 자손과 고신씨(高辛氏)의 후손들 중 재주가 특출하였던 8명의 자손을 합쳐 부르는 말이다. 8명의 고양씨 후손들은 팔개(八愷)라고도 부르는데, 창서(蒼舒), 퇴애(隤敳), 도인(檮戭), 대림(大臨), 방강(尨降), 정견(庭堅), 중용(仲容), 숙달(叔達)이 그들이다. '팔개'는 팔개(八凱)라고도 부르는데, '개(愷)'자는 화(和)자의 뜻으로, 조화를 잘 이룬다는 의미이다. 이들은 자신이 담당하는 분야에 대해서 조화를 잘 이루며 공적을 세웠기 때문에, '팔개'라고 부르게 된 것이다. 한편 8명의 고신씨 후손들은 팔원(八元)이라고도 부르는데, 백분(伯奮), 중감(伯堪), 숙헌(叔獻), 계중(季仲), 백호(伯虎), 중웅(仲熊), 숙표(叔豹), 계리(季貍)라는 자들이 그들이다. '원(元)'자는 선(善)자의 뜻으로, 잘한다는 의미이다. 이들은 자신이 담당하는 일들을 잘 처리하여 공적을 세웠기 때문에, '팔원'이라고 부르게 된 것이다. 그리고 '팔개'와 '팔원'은 순(舜)임금을 통해 요(堯)임금에게 천거되어 신하가 되었는데, 각자 그들의 맡은 분야에서 큰 공적을 세웠다. 그래서 씨족(氏族)을 하사받게 되었다. 이들을 '십륙상'이라고 부르는 이유는 '상(相)'자는 돕는다는 뜻으로, 신하라는 의미를 가진다. 그렇기 때문에 이들을 '십륙상'이라고 부르는 것이다. 그리고 '십륙족'이라고 부르는 이유는 이들이 씨족을 하사받았기 때문이다. 『춘추좌씨전』「문공(文公) 18년」편에는 "昔高陽氏有才子八人, 蒼舒·隤凱·檮戭·大臨·尨降·庭堅·仲容·叔達, 齊·聖·廣·淵·明·允·篤·誠, 天下之民謂之八愷. 高辛氏有才子八人, 伯奮·仲堪·叔獻·季仲·伯虎·仲熊·叔豹·季貍, 忠·肅·共·懿·宣·慈·惠·和, 天下之民謂之八元. 此十六族也, 世濟其美, 不隕其名."이라는 기록이 있다.

天下爲公, 言不以天下之大私其子孫, 而與天下之賢聖公共
之. 如堯授舜, 舜授禹, 但有賢能可選, 卽授之矣. 當時之人, 所
講習者誠信, 所修爲者和睦, 是以親其親以及人之親, 子其子
以及人之子. 使老者壯者幼者各得其所, 困窮之民, 無不有以
養之. 男則各有士農工商之職分, 女則得歸於①良奧之家. 貨
財, 民生所資以爲用者, 若棄捐於地而不以時收貯, 則廢壞而
無用, 所以惡其棄於地也. 今但得有能收貯以資世用者足矣,
不必其擅利而私藏於己也. 世間之事, 未有不勞力而能成者,
但人情多詐, 共事則欲逸已而勞人, 不肯盡力, 此所以惡其不
出於身也. 今但得各竭其力, 以共成天下之事足矣, 不必其用
力而獨營己事也. 風俗如此, 是以姦邪之謀, 閉塞而不興; 盜竊
亂賊之事, 絶滅而不起. 暮夜無虞, 外戶可以不閉, 豈非公道大
同之世乎? 一說, 外戶者, 戶設於外而閉之向內也.

번역 '천하위공(天下爲公)'이라는 말은 천하의 대권을 사사롭게 자신의 자손들에게만 물려주지 않았고, 천하의 성현들과 함께 공적으로 공유하였다는 뜻이다. 마치 요임금이 순임금에게 천하를 물려주고, 순임금이 우임금에게 천하를 물려주었던 것처럼, 단지 그에게 선발될만한 현명함과 능력이 있다면, 곧 그에게 천하를 물려주었던 것이다. 그 당시의 사람들이 익히고 배웠던 것들은 성(誠)과 신(信)이었고, 닦고 실천하였던 것들은 화(和)와 목(睦)이었다. 이러한 까닭으로 자신의 부모를 친애하게 대하여, 남의 부모에게까지 그 친애함이 미쳤던 것이며, 자신의 자식을 자애롭게 대하여, 남의 자식들에게까지 그 자애로움이 미쳤던 것이다. 노인, 장성한 자, 어린아이가 각각 자신에게 알맞은 자리를 획득할 수 있도록 하였고, 곤궁한 백성들이 부양되지 않는 경우가 없도록 하였다. 남자들은 각자 사(士)·농(農)·공(工)·상(商)에 따른 자신에게 맞는 직분이 있게 되었고, 여자들은 모두 선량하고 화목한 집안으로 시집을 갈 수 있었다. 재화의 경우, 백성들이 생활하는데 바탕이 되는 것을 쓸모 있는 것으로 여기는데, 만약 땅에 방치가 되어 적절한 시기에 거둬서 저장해두지 않는다면, 쇠락해져서 쓸모가 없게 되니, 이것이 바로 땅에 그대로 방치해두는 것을 미워했던 까닭이다. 오늘날에도 단지 잘 수렴하여 저장을 해서, 세간의 쓰임에 공급만 되면 충분할 뿐이니, 이로움을 독차지하여 사사롭게 자기만 소유할 필요가 없다. 그리고 세상의 일이란 것은 노력을 하지 않고 성취할 수 있는 것이 없는데, 다만 사람의 감정에는 거짓됨이 많으므로, 함께 일을 한다면, 자기는 쉬려고 하고 남만을 수고롭게 하여, 기꺼이 자신의 힘을 발휘하지 않으려고 하니, 이것이 바로 각자 힘을 발휘하지 않는 것을 미워했던 까닭이다. 오늘날에도 단지 각자 그 힘을 다 발휘하여서, 천하의 일들을 함께 성취할 수 있으면 충분할 뿐이니, 그 힘을 발휘하는 것을 유독 자신의 일에만 쏟아 부을 필요가 없다. 그 당시의 풍속이 이와 같았으니, 이러한 까닭으로 간사한 모략들이 차단되어 생겨나지 않았고, 도적질과 강도질이 근절되어 발생하지 않았다. 날이 저물어도 근심할 것이 없어서, 대문을 걸어두지 않을 수 있었으니, 어찌 공정한 도리가 살아 있는 대동(大同)의 세상이 아니겠는가? 일설에는 '외호(外戶)'라는 말을 호(戶)를 밖에 설치하여, 밖에서부터 곧장 안으로 향하는 방향을 가려두는 것이라고 풀이하였다.

① 良奧之家.

補註 按: 此出鄭註, 而良奧未詳. 自警編, 鍾離權先嫁前令女事, 亦有別求良奧之語. 臆謂, 奧, 安也, 良奧, 謂良順安善之家.

번역 살펴보니, 이것은 정현의 주에서 도출된 설명인데, '양오(良奧)'라는 말은 그 뜻이 상세하지 않다. 『자경편』에서는 종리권이 앞서 전령의 여식을 시집보내며 또한 별도로 양호(良奧)의 말을 구했다고 한다. 내가 생각하기에, '오(奧)'자는 편안하다는 뜻이니, 양호(良奧)는 어질고 온순하며 편안하고 선한 집안을 뜻하는 것 같다.

補註 ○更按: 士昏禮, 御衽于奧, 媵衽良席在東. 註: "衽, 臥席也. 婦人稱夫曰良." 疏曰: "衽于奧, 主于婦席." 良奧之義, 出於此歟.

번역 ○다시 살펴보니, 『의례』「사혼례(士昏禮)」편에서는 신랑의 종자가 방의 서남쪽 아랫목에 신부의 이부자리를 펴고, 신부의 종자가 그 동쪽에 신랑의 자리를 편다고 했고,[2] 주에서는 "임(衽)자는 눕는 자리이다. 부인은 남편

---

2) 『의례』「사혼례(士昏禮)」: <u>御衽于奧, 媵衽良席在東</u>, 皆有枕, 北止.

을 '양(良)'이라고 부른다."라고 했다. 소에서는 "서남쪽 아랫목에 이부자리를 펴는 것은 부인의 자리를 위주로 하기 때문이다."라고 했다. 양오(良奧)라는 의미는 여기에서 도출되었을 것이다.

「예운」 3장

今大道旣隱, 天下爲家, 各親其親, 各子其子, ①貨力爲己. 大人世及以爲禮, 城郭溝池以爲固, 禮義以爲紀, 以正君臣, 以篤父子, 以睦兄弟, 以和夫婦, 以設制度, 以立田里, 以賢勇知, ②以功爲己. 故謀用是作, 而兵由此起. ③禹·湯·文·武·成王·周公, 由此其選也. 此六君子者, 未有不謹於禮者也, 以著其義, 以考其信, 著有過, 刑仁講讓, 示民有常. 如有不由此者, ④在執者去, 衆以爲殃, 是謂小康.

번역 공자가 계속해서 말해주길, "대도가 숨어버리게 되자 천하는 더 이상 공동의 소유물이 아니었으므로, 천자의 지위도 자신의 자손들에게 전수하게 되었고, 백성들도 모두 각자 자신의 부모에게만 친애하게 대했고, 자신의 자식들에게만 자애롭게 대했으며, 재화와 힘은 자신만을 위해서 사용하게 되었다. 천자나 제후 등의 군주들은 자신의 자손들 및 형제들에게 지위를 전수해주는 것을 예법으로 정하였고, 성곽이나 도랑 등을 설치하여 자신의 나라를 단단하게 방비하였으며, 예(禮)와 의(義)를 범할 수 없는 기강으로 정하여, 이로써 군신의 관계를 바로잡았고, 부자의 관계를 돈독하게 하였으며, 형제의 관계를 화목하게 만들었고, 부부의 관계를 조화롭게 하였으며, 제도를 설정하고, 농경지와 주택지의 경계를 세웠으며, 용맹하고 박식한 자를 현명한 자로 여기게 되었고, 자신만을 위해서 공적을 세우게 되었다. 이러한 까닭으로 모략이 이러한 틈을 타서 생겨나게 되었고, 전쟁이 이러한 상황으로 인해 발생하게 되었다. 우·탕·문왕·무왕·성왕·주공은 이러한 예의(禮義)를 통하여 선발된 자들이다. 이 여섯 명의 군자들은 예(禮)에 삼가지 않은 경우가 없어서, 이것을 통해 의(義)를 드러내고, 신(信)을 완성하였으며, 백성들 중에서 잘못이 있는 자에 대해서는 그 죄를 온 천하에 드러내어 일벌백계를 하였고, 인애(仁愛)의 도리를 법칙으로 삼고 겸양의 도리를 설명해주어, 백성들에게 상도와 상법이 있음을 보여주었다. 만약 이러한 예의(禮義)를 통해 일을 시행하지 않는 자가 있다면, 그가 비록 군주의 자리에 오른 자라고 할지라도 제거가 되었고, 백성들은 그를 재앙을 가져오는 나쁜 군주라고 여기게 되었으니, 이러한 세상을 '소강(小康)'이라고 부른다."라고 했다.

① 貨力爲己.

補註 按: 此與上文"不必藏於己. 不必爲己", 正相反.

번역 살펴보니, 이것은 앞에서 "자기의 이익만을 챙기지는 않았다. 자기만을 위해서 사용하지는 않았다."라고 한 말과 정반대가 된다.

② 以功爲己.

補註 陽村曰: 貨力爲己, 在事未成之前, 而爲己以爲之也. 以功爲己, 在事已成之後, 而以爲己之功也. 故二爲字音不同.

번역 양촌이 말하길, "재화와 힘은 자신만을 위해서 사용하게 되었다."는 말은 해당 사안이 아직 완성되기 이전에 자신을 위해서 그처럼 한다는 뜻이다. "자신만을 위해서 공적을 세우게 되었다."는 말은 해당 사안이 이미 완성된 이후에 자신의 공적으로 여겼다는 뜻이다. 그렇기 때문에 두 구문에 나온 2개의 '위(爲)'자는 음이 다르다.

③ 禹·湯[止]其選也.

補註 疏曰: 由, 用也. 此, 謂禮義也. 禹·湯等能以禮義成治, 故云由此其選.

번역 소에서 말하길, '유(由)'자는 사용한다는 뜻이다. '차(此)'는 예의(禮義)를 가리킨다. 우임금이나 탕임금 등은 예의를 통해서 정치를 평화롭게 시행할 수 있었다. 그렇기 때문에 "예의를 통해서 선발되었다."라고 했다.

補註 ○按: 此段用是作·由此起·由此其選, 皆一義, 皆指大道旣隱以下而言. 言奸僞攻爭, 由此而出, 禹·湯·文·武之治, 亦由此而特著也.

번역 ○살펴보니, 이 단락에 나온 '용시작(用是作)'과 '유차기(由此起)'와 '유차기선(由此其選)'은 모두 동일한 의미이니, 모두 대도가 이미 숨어버린 그 뒤의 일을 가리켜서 말한 것이다. 즉 간사함과 거짓, 공격함과 다툼이 이를 통해 일어났는데, 우·탕·문왕·무왕의 치적 또한 이를 통해 특별히 나타나게 되었다는 의미이다.

④ 在執者去.

補註 家語曰: 如有不由禮而在位者, 則以爲殃.
번역 『공자가어』에서 말하길, 만약 예를 통하지 않고서 제위에 오른 자가 있다면 재앙으로 여겼다.

補註 ○陽村曰: 大道之行也, 今大道旣隱, 此二節, 記者因首章孔子之言, 而附會之矣.
번역 ○양촌이 말하길, "대도가 시행되었다."라고 했고, "지금은 대도가 이미 숨어버렸다."라고 한 두 문단은 『예기』를 기록한 자가 첫 문장에 공자의 말이 있는 것에 연유하여 억지로 붙인 것이다.

「예운」 4장

言偃復問曰, "如此乎禮之急也?" 孔子曰, "夫禮, 先王以承天之
道, 以治人之情, 故失之者死, 得之者生. 詩曰, '①相鼠有體, 人
而無禮, 人而無禮, 胡不遄死!' 是故夫禮, 必本於天, 殽於地,
列於鬼神, 達於喪·祭·射·御·冠·昏·朝·聘. 故聖人以
禮示之, 故天下國家可得而正也."

번역 자유(子游)가 다시 공자에게 질문하기를 "이처럼 예는 급선무가 되는 것입니
까?"라고 하였다. 그러자 공자가 다시 대답해주기를 "무릇 예에 대해서 설명하자면,
선왕은 예를 통해 하늘의 도를 계승했고, 사람의 정감을 다스렸다. 그렇기 때문에
예를 잃어버린 자는 죽게 되었고, 얻은 자는 살게 되었다. 『시』에서도 '쥐를 보더라
도 사람처럼 오체(五體)를 가지고 있으니, 사람이 되고서 어찌 예가 없단 말인가?
사람이 되고서 예가 없다면, 어찌하여 빨리 죽어버리지 않는가!'라고 하였다. 이러
한 까닭으로 무릇 예라는 것은 반드시 하늘의 도리에 근본을 두었고, 땅의 도리를
본받았으며, 귀신의 도리를 본받아서, 상례(喪禮)·제례(祭禮)·활쏘기[射]·수레
몰기[御]·관례(冠禮)·혼례(婚禮)·조례(朝禮)·빙례(聘禮)에 두루 미쳤다. 그
러므로 성인은 예를 직접 실천하며 모범을 보여주었고, 그러므로 천하 국가도 올바
르게 다스려 질 수 있었던 것이다."라고 했다.

① ○相鼠.

補註 詩·鄘風篇名, 相, 視也.
번역 『시』「용풍(鄘風)」에 속한 시의 편명으로,[1] '상(相)'자는 살펴본다는 뜻
이다.

---

1) 『시』「용풍(鄘風)·상서(相鼠)」: 相鼠有體, 人而無禮. 人而無禮, 胡不遄死.

「예운」5장

杞, 夏之後. 宋, 殷之後. 徵, 證也. 孔子言我欲觀考夏殷之道, 故適二國而求之, 意其先代舊典, 故家遺俗, 猶有存者. 乃皆無可徵驗者, 僅於杞得夏時之書, 於宋得坤乾之易耳. 夏時, 或謂即今①夏小正. 坤乾, 得②歸藏, 商易首坤次乾也. 所謂坤乾之義理, 夏時之等列, 吾但以此二書觀之而已, 二代治天下之道, 豈可悉得而聞乎? 論語曰, "文獻不足故也."

번역 기(杞)나라는 하나라의 후예를 봉해준 나라이다. 송(宋)나라는 은나라의 후예를 봉해준 나라이다. '징(徵)'자는 "증험한다[證]."는 뜻이다. 공자의 말을 풀이하자면, 내가 하나라와 은나라의 도를 고찰하고자 하였기 때문에, 두 나라에 가서 직접 그 기록들을 찾았는데, 그 의도는 아마도 이전 세대의 오래된 전장제도와 대대로 전승된 집안에 남아 있는 풍속들 중 보존된 것이 여전히 남아있을 것이라고 생각한 것이다. 그런데 이 두 나라에는 증거 자료로 삼을 수 있는 기록들이 없었고, 겨우 기나라에서 『하시(夏時)』라는 서적을 얻고, 송나라에서 『곤건(坤乾)』이라는 역(易)을 얻는데 그쳤을 따름이다. 『하시』에 대해서, 어떤 자들은 오늘날 『대대례기』 속에 남아 있는 「하소정(夏小正)」편에 해당한다고 말한다. 그리고 『곤건』에 대해서는 『귀장(歸藏)』이라고 여기는데, 상나라 때의 역을 『곤건』이라고 부르는 이유는 순서가 곤괘(坤卦)부터 시작하며, 그 다음에 건괘(乾卦)가 오기 때문이다. 이른바 『곤건』의 의리와 『하시』의 사례 등에 대해서, 나는 단지 이 두 서적을 통해서 확인만 했을 따름이니, 하나라와 은나라가 천하를 다스렸던 도에 대해서, 어찌 모두 확인할 수 있었겠는가? 그 이유에 대해서 『논어』에서도 "문헌이 부족하기 때문이다."[1]라고 했다.

---

1) 『논어』「팔일(八佾)」: 子曰, "夏禮吾能言之, 杞不足徵也, 殷禮吾能言之, 宋不足徵也. 文獻不足故也. 足則吾能徵之矣."

① ○夏小正.

補註 大戴禮篇名. 朱子編入通解.

번역 『대대례기』에 속한 편명이다. 주자는 편집하여 『통해』에 삽입하였다.

② 歸藏.

補註 周禮・春官・大卜: 掌三易之灋, 一曰連山, 二曰歸藏, 三曰周易. 註: "歸藏者, 萬物莫不歸而藏於其中."

번역 『주례』「춘관(春官)・대복(大卜)」편에서는 "『삼역』의 법도를 담당하니, 첫 번째는 『연산』이고 두 번째는 『귀장』이며 세 번째는 『주역』이다."[2] 라고 했고, 주에서는 "'귀장(歸藏)'이라고 부르는 것은 만물 중 귀의하여 그 안에 보관되지 않은 것이 없기 때문이다."라고 했다.

補註 ○筮人: 掌三易, 以辨九筮之名, 一曰連山, 二曰歸藏, 三曰周易.

번역 ○『주례』「춘관(春官)・서인(筮人)」편에서 말하길, 『삼역』을 담당하여, 이를 통해 구서(九筮)[3]의 명칭을 변별하니, 『삼역』은 첫 번째는 『연산』이고 두 번째는 『귀장』이며 세 번째는 『주역』이다.[4]

---

2) 『주례』「춘관(春官)・대복(大卜)」: 掌三易之法, 一曰連山, 二曰歸藏, 三曰周易.
3) 구서(九筮)는 시초점을 칠 때, 그 대상이 되는 9종류의 항목을 뜻한다. 9종류의 항목은 서경(筮更), 서함(筮咸), 서식(筮式), 서목(筮目), 서역(筮易), 서비(筮比), 서사(筮祠), 서삼(筮參), 서환(筮環)이다. '서경'은 천도를 할 때 시초점을 친다는 뜻이다. '서함'은 민심이 기뻐하게 될지 아닐지에 대해서 시초점을 친다는 뜻이다. '서식'은 제도와 법도를 만들 때 시초점을 친다는 뜻이다. '서목'은 사안에 대한 방침이 합당한가에 대해 시초점을 친다는 뜻이다. '서역'은 백성들이 기뻐하지 않는 것에 대해 고쳐야 할지에 대해 시초점을 친다는 뜻이다. '서비'는 백성들과 화목하게 될 것에 대해 시초점을 친다는 뜻이다. '서사'는 희생물과 제삿날에 대해 시초점을 친다는 뜻이다. '서삼'은 수레에 함께 오르게 되는 수레를 모는 자와 호위무사에 대해 시초점을 친다는 뜻이다. '서환'은 군대를 되돌려야 할지 아닐지에 대해 시초점을 친다는 뜻이다.
4) 『주례』「춘관(春官)・서인(筮人)」: <u>筮人掌三易, 以辨九筮之名, 一曰連山, 二曰</u>

①石梁王氏曰: 以坤乾合周禮之歸藏, 且有②魯論所不言者, 恐漢儒依倣爲之. 誠如其說, 則夏小正之書與坤乾, 何足以證禮? 註訓徵爲成尤非, 近儒有反引此以解魯論者, 謬甚. ③中庸亦無是說, 大槪此段倣魯論爲之者.

번역 석량왕씨가 말하길, 어떤 자들은 『곤건(坤乾)』을 『주례』에 나오는 『귀장(歸藏)』이라고 여기기도 한다. 그러나 『논어』5)에서는 『귀장』이나 『곤건』에 대해 언급하지 않고 있으니, 아마도 위의 기록들은 한나라 때의 유학자들이 날조하여 이러한 설명을 지어냈을 것이다. 만약 그들의 주장대로라면, 「하소정(夏小正)」이라는 편과 『곤건』이라는 서적을 통해 어떻게 예에 대해서 증명할 수 있겠는가? 그리고 정현의 주에서는 '징(徵)'자를 성(成)자로 풀이하였는데, 이것은 더더욱 잘못된 주장이며, 근래의 유학자들 중에는 도리어 이 기록을 인용하여, 『논어』의 기록을 해석하는 자가 있는데, 그 잘못이 매우 심각한 것이다. 『중용』에도 또한 위의 기록처럼, 『하시』를 얻거나 『곤건』을 얻었다는 기록이 없으니,6) 아마도 위의 기록은 『논어』의 기록을 표방하여 지어낸 말인 것 같다.

歸藏, 三曰周易. 九簭之名, 一曰巫更, 二曰巫咸, 三曰巫式, 四曰巫目, 五曰巫易, 六曰巫比, 七曰巫祠, 八曰巫參, 九曰巫環, 以辨吉凶.

5) 노론(魯論)은 『노논어(魯論語)』를 가리킨다. 『노논어』는 본래 『논어』에 대한 판본 중 하나인데, 현행본 『논어』의 근간이 되었으므로, 『논어』를 지칭하는 용어로도 사용된다. 『논어』의 판본으로는 대표적으로 세 가지가 있었다. 세 가지 판본은 『노논어』, 『제논어(齊論語)』, 『고문논어(古文論語)』이다. 육덕명(陸德明)의 『경전석문(經典釋文)』에는 "漢興, 傳者則有三家, 魯論語者, 魯人所傳, 卽今所行篇次是也."라는 기록이 있다. 즉 한(漢)나라 때 유학이 부흥하게 되었는데, 『논어』를 전수한 학파는 세 종류가 있었다. 그 중에 『노논어』라는 것은 노(魯)나라에서 전수되던 것으로, 오늘날 전해지는 『논어』의 편차는 이 판본을 근간으로 정한 것이다.

6) 『중용』 「28장」: 子曰, 吾說夏禮, 杞不足徵也, 吾學殷禮, 有宋, 存焉, 吾學周禮, 今用之, 吾從周.

① 石梁王氏曰[止]爲之也.

補註 按: 語類曰, "夏時 · 坤乾, 說者謂夏小正與歸藏. 然聖人讀此二書, 必是大有發明處. 歸藏之書無傳. 然就使今人得二書讀之, 豈能有聖人意思也?" 此與石梁說差異.

번역 살펴보니, 『어류』에서는 "『하시』와 『곤건』에 대해서 학자들에 따라서는 「하소정」편과 『귀장』에 해당한다고 주장한다. 그런데 성인이 이 두 책을 읽었다면 반드시 그 뜻을 크게 드러낸 기록이 있었을 것이다. 『귀장』이라는 책은 전해지지 않는다. 그러나 오늘날의 사람들로 하여금 이 두 책을 얻어서 읽게 한다고 하더라도 어떻게 성인의 생각을 품도록 할 수 있겠는가?"라고 했다. 이것은 석량왕씨의 주장과 차이가 난다.

② 魯論所不言.

補註 按: 此指八佾第九章.

번역 살펴보니, 이것은 『논어』 「팔일(八佾)」편의 제 9장을 가리킨다.

③ 中庸亦無是說.

補註 按: 此指二十八章.

번역 살펴보니, 이것은 『중용』 28장을 가리킨다.

「예운」 6장

夫禮之初, ①始諸飮食, 其燔黍捭豚, 汙尊而抔飮, ②蕢桴而土鼓, ③猶若可以致其敬於鬼神.

번역 공자가 계속해서 말해주길, "무릇 예의 기원은 음식에서 비롯되었으니, 이전에는 날로 먹었지만, 예를 만들면서 기장을 볶아 먹었고, 돼지고기를 익혀 먹었으며, 웅덩이를 파서 물을 고이게 만들어 손으로 떠서 마셨고, 흙을 뭉쳐 북채를 만들어 흙으로 쌓아서 만든 북을 쳤으니, 이처럼 간소하고 보잘 것 없는 것들이지만, 이것들을 통해 귀신에게 공경함을 지극하게 표현할 수 있었다."라고 했다.

① 始諸飮食.

補註 楊梧曰: 始諸飮食, 因飮食而爲之節文也.

번역 양오가 말하길, '시저음식(始諸飮食)'은 음식을 통해서 그에 대한 격식과 형식을 만들었다는 뜻이다.

② 蕢桴.

補註 鄭註: 蕢, 讀爲凷, 聲之誤也. 謂搏土爲桴也.

번역 정현의 주에서 말하길, '괴(蕢)'자는 흙덩이를 뜻하는 괴(凷)자로 풀이하니, 소리가 비슷한 데에서 비롯된 오류이다. 흙덩이를 빚어서 북채를 만든다는 의미이다.

補註 ○按: 凷, 古塊字. 搏, 陸音徒端反. 陳註, 蓋本於鄭註, 而蕢之讀爲塊, 終涉未瑩.

번역 ○살펴보니, '괴(凷)'자는 옛 괴(塊)자에 해당한다. '搏'자의 대해서 육덕명의 『음의』에서는 '徒(도)'자와 '端(단)'자의 반절음이라고 했다. 진호의 주는 아마도 정현의 주에 근본한 것인데, '괴(蕢)'자를 괴(塊)자로 풀이한 것은 끝내 명확하지 못하다.

補註　○又按: 家語註: "束草爲椎", 蓋讀如字也, 亦好.
번역　○또 살펴보니, 『공자가어』의 주에서는 "풀을 엮어서 뭉치를 만든 것이다."라고 했다. 아마도 글자대로 풀이한 것 같은데, 이 또한 괜찮은 해석이다.

③ 猶若可以[止]鬼神.

補註　疏曰: 非但可以事生, 亦可以致其恭敬於鬼神也.
번역　소에서 말하길, 살아있는 자를 섬길 때 사용할 수 있는 것일 뿐만이 아니라 또한 귀신에게도 공경함을 다할 수 있다.

「예운」 7장

及其死也, 升屋而號, 告曰, "皐某復!" 然後飯腥而①苴孰. 故天
望而地藏也, 體魄則降, 知氣在上. 故死者北首, 生者南鄕, 皆
從其初.

번역 공자가 계속해서 말해주길, "사람이 죽었을 때에는 지붕 위에 올라가서 그의
혼(魂)을 부르니, 부를 때에는 '아아! 아무개여 다시 돌아오라!'라고 한다. 그렇게
했는데도 그가 다시 살아나지 않는다면, 그런 뒤에 죽은 자를 전송하는 의식을 시
행하니, 생쌀을 시신의 입에 물리고, 익힌 고기를 포장하여 죽은 자를 전송하는 제
물로 쓴다. 그러므로 하늘을 바라보며 초혼(招魂)을 하고, 땅에 백(魄)이 머물도록
하니, 백(魄)은 하강하여 땅으로 꺼지고, 지기(知氣)는 상승하여 천상에 머물기 때
문이다. 그래서 죽은 자의 머리는 북쪽을 향하게 두고, 살아있는 자들은 머리를 남
쪽으로 둔다고 했으니, 이러한 모든 의식들은 예가 처음 생겨났을 때의 절차들을
그대로 따르는 것이다."라고 했다.

① ○苴孰.

補註 陸云: 苴, 苞也.

번역 육덕명이 말하길, '저(苴)'자는 포장한다는 뜻이다.

참고-經文

昔者先王未有宮室, 冬則居營窟, 夏則居①橧巢. 未有火化, 食草木之實鳥獸之肉, 飮其血茹其毛. 未有麻絲, 衣其羽皮.

번역 공자가 계속해서 말해주길, "먼 옛날에는 선왕들도 아직 궁실이 제대로 갖춰지지 않아서, 겨울에는 동굴에서 살았고, 여름에는 나뭇가지들을 엮어 만든 움막에서 살았다. 아직 불로 음식을 익혀먹는 방법이 없어서, 초목의 과실을 먹고 짐승들의 고기를 날것으로 먹었고, 그 피를 마시고 털이 붙어 있는 상태에서 그대로 먹었다. 견직물이 아직 없어서, 짐승들의 털이나 가죽을 옷 대신 걸쳤다."라고 했다.

① ○橧巢.

補註 陸云: 橧, 本又作增.

번역 육덕명이 말하길, '橧'자는 판본에 따라서 또한 '增'자로도 쓴다.

「예운」9장

①後聖有作, 然後②修火之利, ③范金合土, 以爲臺榭宮室牖
戶. 以炮, 以燔, 以亨, 以炙, 以爲醴酪. 治其麻絲, 以爲布帛.
以養生送死, 以事鬼神上帝, ④皆從其朔.

번역 공자가 계속해서 말해주길, "후대에 성인이 나타나 천하를 다스린 이후에야,
불을 이용할 수 있었으니, 금속을 주조하여 철제 도구를 만들고, 흙을 이겨서 도기
등을 만들어서, 이러한 것들로써 대사(臺榭)[1], 궁실(宮室), 들창[牖], 문[戶] 등을
만들었다. 그리고 불을 이용하여 음식을 싸서 익히기 시작했고, 불 위에서 굽기 시
작했으며, 솥에서 삶기 시작했고, 꼬치구이를 하기 시작했으며, 또한 불을 이용해서
술과 식초를 제조하였다. 그리고 천을 가공하여 옷감을 만들었다. 또한 이렇게 만
들어진 물건들로써 살아있는 자가 편안하게 생활할 수 있도록 보살피게 하였고, 죽
은 자에 대해서는 장례를 잘 치르도록 하였으며, 귀신 및 상제를 잘 섬기게 하였으
니, 이것들은 모두 옛 성인이 처음으로 만든 것을 그대로 본받아 따르는 것이다."라
고 했다.

① ○後聖有作.

補註 鄭註: 作, 起也.
번역 정현의 주에서 말하길, '작(作)'자는 일어난다는 뜻이다.

---

1) 대사(臺榭)는 대(臺)와 사(榭)를 합해 부르는 말이다. 흙을 쌓아올려서 관망대로
쓰는 것이 '대'이고, '대' 위에 가옥이 있는 경우 그것을 '사'라고 부른다. 후대에는
이러한 건축물들을 범칭하여 '대사'라고 불렀다. 『서』「주서(周書)·태서상(泰誓
上)」편에는 "惟宮室臺榭, 陂池侈服, 以殘害于爾萬姓."이라는 기록이 있는데, 이
에 대한 공영달(孔穎達)의 소(疏)에서는 이순(李巡)의 말을 인용하여, "臺, 積土爲
之, 所以觀望也. 臺上有屋謂之榭."라고 풀이하였다.

② 脩火之利.

補註 鄭註: 孰治萬物.

번역 정현의 주에서 말하길, 불을 지펴서 만물을 가공할 수 있었다.

補註 ○按: 脩火之利一句爲總目. 范金合土及諸以字, 皆從此出.

번역 ○살펴보니, '수화지리(脩火之利)'라는 한 구문은 총체적인 제목이 된다. 범금합토(范金合土) 및 여러 이(以)자로 기록된 구문들은 모두 이를 통해서 도출되는 것들이다.

③ 范金合土.

補註 按: 范金合土, 註以爲金器陶器, 則土下吐當作爲旀, 而諺讀作爲也, 恐非.

번역 살펴보니, '범금합토(范金合土)'에 대해서 주에서는 금속 기물을 만들고 도기를 만든다는 뜻으로 여겼는데, 그렇다면 토(土)자 뒤에는 마땅히 며[旀]토를 달아야 한다. 그런데 『언독』에서는 하야[爲也]토로 달았으니 아마도 잘못된 것 같다.

補註 ○又按: 范, 陳註以爲當從竹, 字書范與範同. 家語正作範.

번역 ○또 살펴보니, '범(范)'자에 대해서 진호의 주에서는 마땅히 죽(竹)자 부수를 따르는 범(笵)자로 봐야 한다고 여겼는데, 『자서』에 따르면 범(范)자는 범(範)자와 같다. 『공자가어』에서는 이 글자를 정정하여 범(範)자로 기록했다.

④ 皆從其朔.

補註 陽村曰: 朔, 卽晦朔之朔, 鴻荒之世人文未開, 及後王制禮之初而文明始著, 猶月之晦而有朔也.

번역 양촌이 말하길, '삭(朔)'자는 그믐과 초하루라고 할 때의 삭(朔)자에 해당하는데, 아주 오랜 옛날 인간의 문명이 아직 개화되지 않았을 때에나 후세의 성왕이 예법을 제정했던 초기에 문명이 비로소 드러나기 시작했을 때에도, 여전히 달의 그믐과 초하루는 있어왔다.

補註 ○楊梧曰: 如宮室之修, 取法巢穴. 飮食之修, 取法毛血. 衣服之修, 取法羽皮. 後聖所爲, 皆從上古之朔也.

번역 ○양오가 말하길, 궁실을 만들었던 것은 움막과 동굴에서 살았던 것에서 법도를 취한 것이다. 음식을 조리했던 것은 짐승의 피와 털이 붙어 있는 날고기를 먹었던 것에서 법도를 취한 것이다. 의복을 만들어 입었던 것은 짐승의 털이나 가죽을 옷 대신 걸쳤던 것에서 법도를 취한 것이다. 따라서 후세의 성왕이 시행한 것은 모두 상고시대에 있었던 옛 것을 따른 것이다.

補註 ○按: 朔, 小註長樂陳氏所解亦好, 皆從其朔, 蓋謂後聖所爲, 皆倣法上古, 而陳註以爲今世承用, 皆取法往聖, 恐非.

번역 ○살펴보니, 삭(朔)자에 대해 소주에서 장락진씨가 풀이한 것 또한 좋은데, '개종기삭(皆從其朔)'이라는 말은 아마도 후세의 성왕이 시행한 것은 모두 상고시대의 것을 법도로 취해 따라했다는 뜻인 것 같다. 그런데 진호의 주에서는 오늘날에도 그대로 따라서 사용하고 있으며, 이것들은 모두 옛 성인들이 했던 것을 그대로 따르는 것이라고 여겼으니, 아마도 잘못된 해석인 것 같다.

참고-大全 長樂陳氏曰: 夫開端之始, 謂之初, 繼終而有始, 謂之朔, 故天地之始, 亦可以言初, 一月之始, 則特謂之朔. 是以言禮之初, 則繼之以 "皆從其初", 後世有作, 則繼之以 "皆從其朔" 也.

번역 장락진씨가 말하길, 무릇 단서가 시작되는 초기를 '초(初)'라 부르고, 끝을 이어서 시작됨을 '삭(朔)'이라 부른다. 그렇기 때문에 천지가 시작될 때에는 또한 '초(初)'라고 말할 수 있는 것이고, 한 달의 시작에는 다만 '삭(朔)'이라고만 할 수 있는 것이다. 이러한 까닭으로 예의 시초라고 말한 부분[2]에서는 "모두 그 초(初)를 따랐다."[3]라는 말을 이어서 한 것이며, 후세에 성인이 나타난 경우에는 "모두 그 삭(朔)을 따랐다."라는 말을 이어서 한 것이다.

---

2) 『예기』「예운(禮運)」: 夫禮之初, 始諸飮食, 其燔黍捭豚, 汗尊而抔飮, 蕢桴而土
鼓, 猶若可以致其敬於鬼神.

3) 『예기』「예운(禮運)」: 及其死也, 升屋而號, 告曰, "皋某復!" 然後飯腥而苴孰. 故
天望而地藏也, 體魄則降, 知氣在上. 故死者北首, 生者南鄉, 皆從其初.

「예운」 10장

참고─經文

故玄酒在室, 醴醆在戶, ①粢醍在堂, 澄酒在下, 陳其犧牲, 備
其鼎俎, 列其琴瑟管磬鐘鼓, 脩其祝嘏, 以降上神與其先祖, 以
正君臣, 以篤父子, 以睦兄弟, 以齊上下, 夫婦有所, 是謂承天
之祜.

번역 공자가 계속해서 말해주길, "현주는 제실(祭室) 안쪽에서도 가장 북쪽 끝에
두고, 예(醴)와 잔(醆)이라는 술은 문 쪽에 두며, 자제(粢醍)¹⁾는 당 위에 두고, 징
주(澄酒)²⁾는 당 아래에 두며, 희생물을 진설하고, 솥과 도마를 갖추며, 금슬·관
경·종고 등의 악기들을 진열하고, 축문과 신의 가호를 비는 글을 마련하여, 이로써
천상의 신들과 조상신들을 강림하게 했고, 군신의 도리를 바로잡았으며, 부자관계
를 돈독하게 했고, 형제들을 화목하게 했으며, 부부가 각각 자신의 자리를 얻어 유
별하게 했으니, 이것을 바로 하늘의 축복을 잇는다고 말한다."라고 했다.

① ○粢醍在堂.

補註 鄭註: 粢, 讀爲齊, 聲之誤也.

번역 정현의 주에서 말하길, '자(粢)'자는 제(齊)자로 해석하니, 소리가 비슷
한 데에서 비롯된 오류이다.

---

1) 자제(粢醍)는 옅은 붉은 색을 내는 청주(淸酒)이다. 오제(五齊)에 속하는 제제(醍
   齊)를 뜻하기도 한다.
2) 징주(澄酒)는 청주(淸酒)라고도 부른다. 삼주(三酒) 중 하나이다. 정사농(鄭司農)
   의 주장에 따르면, '청주'는 제사를 지낼 때 쓰는 술을 뜻한다. 정현의 주장에 따르면,
   '청주'는 중산(中山) 지역에서 겨울에 술을 담가서 여름쯤 다 익은 술을 뜻한다.
   손이양(孫詒讓)의 주장에 따르면, '청주'는 더욱 맑은 술이며, 겨울에 빚어서 여름쯤
   에 익는 술을 뜻한다.

補註 ○按: 陳註作才細反者, 蓋讀爲齊故也.

번역 ○살펴보니, 진호의 주에서는 '才(재)'자와 '細(세)'자의 반절음으로 읽었는데, 아마도 제(齊)자로 풀이했기 때문일 것이다.

太古無酒, 用水行禮, 後王重古, 故尊之名爲玄酒. 祭則設於室內而近北也. ①醴, 猶體也, 酒之一宿者, ②周禮謂之醴齊. 醆, 卽周禮盎齊. 盎, 猶翁也, 成而翁翁然, 蔥白色也. 此二者以後世所爲, 賤之. 陳列雖在室內, 而稍南近戶, 故云醴醆在戶也. 粢醍, 卽③周禮醍齊, 酒成而紅赤色也, 又卑之, 列於堂. ④澄酒, 卽周禮沈齊, 成而滓沈也, 又在堂之下矣. 此五者, 各以等降設之. 祝, 爲主人告神之辭. 嘏, 爲尸致福於主人之辭. 說見曾子問. 上神, 在天之神也. 祭統云, "⑤君迎牲而不迎尸, 別嫌也", 是在君臣之義. "父北面而事之, 所以明子事父之道", 是篤父子也. 睦兄弟者, 主人獻長兄弟及衆兄弟之禮. 齊上下者, 獻與餕各有次序, 無缺遺也. 夫婦有所者, 君在阼, 夫人在房, 及⑥致爵之類也. 行禮如此, 神格鬼享, 豈不承上天之福祐乎?

번역 태고 때에는 술이 없었으므로, 술 대신 물을 사용하여 의례절차를 시행하였는데, 후대 선왕들은 고대의 예법을 중시하였기 때문에, 물에 존귀한 명칭을 붙여서 '현주(玄酒)'라고 불렀다. 제사를 지내게 되면, 현주는 제실(祭室) 안에 설치를 하되 북쪽 벽 가까운 곳에 둔다. '예(醴)'자는 '체(體)'자와 같으니, 술을 한 번 더 걸러낸 것으로, 『주례』에서는 예제(醴齊)3)라고 불렀다.4) '잔(醆)'은 곧 『주례』에 나

---

3) 예제(醴齊)는 오제(五齊) 중 하나이다. 비교적 탁한 술에 해당한다. 술이 익고 나서 앙금을 한 차례 걸러낸 것으로 염주(恬酒)와 같은 술이다.

4) 『주례』「천관(天官)·주정(酒正)」: 辨五齊之名, 一曰泛齊, 二曰醴齊, 三曰盎齊,

온 앙제(盎齊)[5]에 해당한다. '앙(盎)'자는 '옹(翁)'자와 같으니, 술이 익고 나서 새파란 빛깔을 보이는 것이다. 이 두 가지 술은 후대에 만들어진 것이니, 고대에 만들어진 것에 비해 천시하는 것이다. 진열하는 장소가 비록 제실 안에 해당하지만, 점차 남쪽으로 진설되어 문에 가까워진다. 그렇기 때문에 "예(醴)와 잔(醆)을 문에 둔다."고 말한 것이다. '자제(粢醍)'는 곧 『주례』에 나온 제제(醍齊: =緹齊)[6]에 해당하니, 술이 익고 나서 붉은 빛을 내는 것으로, 예(醴)와 잔(醆)보다도 급이 낮으므로, 문보다도 밖인 당에 진설한다. '징주(澄酒)'는 곧 『주례』에 나온 침제(沈齊)[7]에 해당하니, 술이 익은 다음 앙금을 가라앉힌 것으로, 자제(粢醍)보다도 급이 낮아서 또한 당 아래에 두는 것이다. 이 다섯 가지 술들은 각각 등급에 따라서 급을 낮춰가며 설치를 한다. '축(祝)'은 제주가 신에게 고하는 말이다. '하(嘏)'는 시동이 제주에게 신의 이름을 빌려 축복을 내리는 말이다. 자세한 설명은 『예기』「증자문(曾子問)」편에 나온다. '상신(上神)'은 천상에 있는 신을 뜻한다. 『예기』「제통(祭統)」편에서는 "군주가 희생물을 직접 맞아들이면서도 시동은 맞이하지 않는 이유는 신분의 구별이 없어지게 됨을 방지하기 위해서이다."[8]라고 하였는데, 이것은 곧 군신의 의(義)에 해당한다. 그리고 "부친이 북쪽을 향해 서서 섬기는 것은 자식이 부친을 섬기는 도리를 드러내는 방법이다."[9]라고 하였으니, 이것은 부자관계를 돈독하게 한다는 뜻이다. "형제를 화목하게 한다."는 것은 제주가 장형제들과 뭇 형제들에게 술을 따라주는 예에 해당한다. "상하의 관계를 바르게 한다."는 것은 술잔을 바치고 남은 음식을 먹을 때 각각 서열에 따른 차례가 있지만, 참석한 자들 중에 참여를 못하게 함이 없는 것에 해당한다. "부부가 자기 자리를 얻는다."는 말은 군

四曰緹齊, 五曰沈齊.

5) 앙제(盎齊)는 오제(五齊) 중 하나이다. '오제'는 술의 맑고 탁한 정도에 따라서 다섯 가지 등급으로 분류한 술로, 주로 제사 때 사용한다. '앙제'는 오제 중에서도 중간에 해당하는 술로, '앙제'부터 맑은 술이 된다. '앙제'는 술이 익고 나서 새파란 빛깔을 보이는 것으로 찬백(酇白)과 같은 술이다.

6) 제제(緹齊)는 제제(醍齊)라고도 부른다. 오제(五齊) 중 하나이다. 비교적 맑은 술에 해당한다. 술이 익고 나서 붉은 빛깔을 보이는 것으로 하주(下酒)와 같은 술이다.

7) 침제(沈齊)는 오제(五齊) 중 하나이다. 술이 익고 나서 앙금이 모두 가라앉아 있는 것으로 조청(造淸)과 같은 술이다.

8) 『예기』「제통(祭統)」: 君迎牲而不迎尸, 別嫌也.

9) 『예기』「제통(祭統)」: 大祭之道, 孫爲王父尸, 所使爲尸者於祭者子行也. <u>父北面而事之, 所以明子事父之道也.</u> 此父子之倫也.

주가 동쪽 계단에 있으면, 부인이 방에 있고, 또 술잔을 돌리는 등의 일 속에 남녀가 각각 자리를 달리하게 되는 것이다. 의례절차를 시행할 때 이처럼 한다면, 귀신들이 와서 흠향을 할 것이니, 어찌 천상의 가호를 계승하지 못하겠는가?

① 醴猶體也.

補註 疏曰: 醴, 猶體也, 成而汁滓相將.

번역 소에서 말하길, '예(醴)'자는 체(體)자와 같은 뜻으로, 술이 익은 다음, 한 번 더 걸러낸 것이다.

② 周禮謂之醴齊.

補註 天官·酒正: 掌酒之政令, 辨五齊之名. 一曰泛齊, 二曰醴齊, 三曰盎齊, 四曰緹齊, 五曰沉齊.

번역 『천관』「주정(酒正)」편에서 말하길, 술에 대한 정령을 담당하며 오제(五齊)의 명칭을 변별한다. 오제는 첫 번째는 범제(泛齊)[10]이고, 두 번째는 예제(醴齊)이며, 세 번째는 앙제(盎齊)이고, 네 번째는 제제(緹齊)이며, 다섯 번째는 침제(沉齊)이다.

③ 周禮醍齊.

補註 醍, 酒正本文作緹.

번역 '제(醍)'자를 『주례』「주정(酒正)」편의 본문에서는 제(緹)자로 기록했다.

④ 澄酒卽周禮沉齊.

補註 按: 古音沉與澄相似, 故鄭註以澄爲沉齊. 鄭答田瓊云: "禮運澄爲沉齊, 酒爲三酒", 蓋以澄·酒爲二物, 而今陳註直以澄酒爲沉齊, 恐誤.

---

10) 범제(泛齊)는 오제(五齊) 중 하나이다. 술이 익고 나서 앙금이 둥둥 떠 있는 것으로 정현 시대의 의성료(宜成醪)와 같은 술이다.

一說, 澄酒, 卽酒正三酒中淸酒也.

번역 살펴보니, 고음에서 침(沉)자와 징(澄)자는 서로 비슷하였다. 그렇기 때문에 정현의 주에서는 징(澄)을 침제(沉齊)로 여긴 것이다. 정현이 전경에게 답변하며 "「예운」편에 나온 징(澄)은 침제(沉齊)를 뜻하고 주(酒)는 삼주(三酒)[11]를 뜻한다."라고 했으니, 아마도 징(澄)과 주(酒)를 두 가지 사물로 여긴 것 같다. 그런데 진호의 주에서는 단지 징주(澄酒)를 침제(沉齊)라고 했으니 아마도 잘못된 설명인 것 같다. 일설에 따르면 징주(澄酒)는 「주정」편에 나온 삼주 중의 청주(淸酒)에 해당한다고도 한다.

補註 ○酒正: 辨三酒之物. 一曰事酒, 二曰昔酒, 三曰淸酒. 註: "淸酒, 祭祀之酒."

번역 ○『주례』「천관(天官)·주정(酒正)」편에서는 "삼주(三酒)에 해당하는 대상을 변별한다. 삼주는 첫 번째는 사주(事酒)이고, 두 번째는 석주(昔酒)

---

11) 삼주(三酒)는 상황에 따라 사용되는 세 가지 술을 뜻한다. 세 가지 술은 사주(事酒), 석주(昔酒), 청주(淸酒)를 가리킨다. 『주례』「천관(天官)·주정(酒正)」편에는 "辨三酒之物, 一曰事酒, 二曰昔酒, 三曰淸酒."라는 기록이 있다. 각 술들에 설명은 주석마다 약간의 차이를 보인다. 위의 기록에 대해서 정현의 주에서는 "鄭司農云, '事酒, 有事而飮也, 昔酒, 無事而飮也, 淸酒, 祭祀之酒.' 玄謂事酒, 酌有事者之酒, 其酒則今之醳酒也. 昔酒, 今之酋久白酒, 所謂舊醳者也. 淸酒, 今中山冬釀接夏而成."이라고 풀이했다. 즉 정사농(鄭司農)의 주장에 따르면, '사주'는 어떤 사안이 있어서 마시게 되는 술을 뜻하고, '석주'는 특별한 일이 없을 때 마시는 술을 뜻하며, '청주'는 제사를 지낼 때 쓰는 술을 뜻한다. 한편 정현의 주장에 따르면, '사주'는 일을 맡아본 자에게 따라주는 술을 뜻하는데, 그 술은 정현 시대의 역주(醳酒)에 해당하고, '석주'는 오래 숙성시킨 술로 백주(白酒)와 같은 것이며, '청주'는 중산(中山) 지역에서 겨울에 술을 담가서 여름쯤 다 익은 술을 뜻한다. 그리고 위의 기록에 대해서 손이양(孫詒讓)의 『정의(正義)』에서는 "三酒之中, 事酒較濁, 亦隨時釀之, 酋繹卽孰. 昔酒較淸, 則冬釀春孰. 淸酒尤淸, 則冬釀夏孰."이라고 풀이했다. 즉 손이양의 주장에 따르면, '사주'는 비교적 탁한 술이며, 또한 수시로 빚은 술을 말하는데, 술독을 열어두어서 곧바로 숙성시키는 술을 뜻한다. '석주'는 비교적 맑은 술이며, 겨울에 빚어서 봄쯤에 다 익는 술을 뜻한다. '청주'는 더욱 맑은 술이며, 겨울에 빚어서 여름쯤에 익는 술을 뜻한다.

이며, 세 번째는 청주(淸酒)이다."라고 했고, 주에서는 "청주(淸酒)는 제사에서 사용하는 술이다."라고 했다.

⑤ 君迎牲而不迎尸.

補註 按: 此詳見祭統註, 而蓋尸本是臣而象神, 則尊之如君父矣. 然在廟外未入, 則猶疑是臣也. 若君出門迎尸, 則疑以君迎臣, 故不出迎.

번역 살펴보니, 이 내용은 『예기』「제통(祭統)」편의 주에 상세히 나오는데, 아마도 시동은 본래 신하였던 자이지만 신을 형상화하여 그를 군주와 부친처럼 존귀하게 높인다. 그러나 묘문 밖에서 아직 들어오지 않은 상태라면 여전히 신하의 신분이 아니냐는 의문이 생긴다. 만약 군주가 묘문 밖으로 나가서 시동을 맞이하게 된다면, 군주가 신하를 맞이한다는 의혹을 사게 된다. 그렇기 때문에 밖으로 나가서 맞이하지 않는 것이다.

⑥ 致爵.

補註 按: 此詳見曾子問本註.

번역 살펴보니, 이것은 『예기』「증자문(曾子問)」편의 본주에 자세히 나온다.

참고-大全

長樂陳氏曰: 道之精, 常幽玄而淡薄, 道之粗, 常明著而精美. 精則常貴而尊, 粗則常賤而卑. 先王於名數之間而未嘗不寓之以道德之意. 此玄酒所以在室, 醴醆所以在戶, 粢所以在堂, 澄所以在下也. 蓋玄酒, 則水也而陳之在室, 則室者幽之所而且尊也. 醴醆, 漸至於致味, 則用之於朝踐, 陳之於戶, 則戶者幽明之中而尊卑之際也. 粢醍, 則①醴齊是也, 用之於饋食, 而陳之於堂, 堂者, 明之所而漸卑. 澄酒, 則淸酒是也, 而用之於

尸卒食之三獻, 故陳之於下, 下者, 明之尤著而且卑也. 昔先王
之於鬼神, 以神道事之, 則以②五齊, 以人道事之, 則以三酒.
犧牲, 所以致其養, 琴瑟鐘鼓, 所以致其樂, 祝嘏, 所以致其文,
此固足以降上神與先祖也. 然上神先祖之降在彼, 而天祜之承
在我, 在彼者, 以禮物之所備, 在我者, 以禮敎之所成, 故必正
君臣 · 篤父子 · 睦兄弟 · 齊上下, 以至於夫婦有所也.

번역 장락진씨가 말하길, 도의 정밀한 요소는 항상 그윽하고 오묘하며 담백하고, 도의 거친 요소들은 항상 밝게 드러나며 매우 아름답다. 정밀한 부분은 항상 귀중하고 존귀하며, 거친 요소는 항상 천시되고 낮춰진다. 선왕은 명분과 지위에 따라 예의 등급을 정하는 과정에서, 일찍이 도덕의 의미를 결부시키지 않은 때가 없었다. 그래서 현주를 제실 안에 두는 것이고, 예잔(醴酏)을 문에 두는 것이며, 자(粢)를 당에 두는 것이고, 징(澄)을 당 아래에 두는 것이다. 무릇 현주는 물인데도 그것을 제실 안에 진설하니, 제실은 그윽한 장소로 또한 존귀한 곳에 해당하기 때문이다. 예잔(醴酏)이라는 술부터는 점차 맛을 좋게 부린 것이어서, 그것을 조천(朝踐) 때 사용을 하는데도 문 쪽에 진설을 하니, 문은 그윽하고 밝음이 겹치는 곳으로, 존귀함과 낮음이 갈리는 곳이기 때문이다. '자제(粢醍)'는 예제(醴齊)라는 술에 해당하는데, 그것은 궤식(饋食)에 사용을 하는데도 당에 진설을 해두니, 당이라는 곳은 밝은 장소로 문보다도 낮은 곳이다. '징주(澄酒)'는 청주(淸酒)라는 술에 해당하는데, 그 술은 시동이 식사를 끝낸 후 세 차례 술잔을 바칠 때 사용한다. 그렇기 때문에 당하에 진설하는 것이니, 당하라는 곳은 더욱 밝은 장소로 당상보다도 낮은 곳이다. 옛날에 선왕은 귀신에 대해서, 신에 대한 도리로 섬길 경우에는 오제(五齊)를 사용하였고, 사람에 대한 도리로 섬길 경우에는 삼주(三酒)를 사용하였다. 희생물은 그 봉양하는 도리를 지극하게 하는 수단이고, 금슬(琴瑟)이나 종고(鐘鼓)와 같은 악기들은 사용하는 음악을 화려하게 하는 수단이며, 축하(祝嘏)는 그 형식을 화려하게 하는 수단이니, 이것들은 충분히 천상의 신들과 조상의 신령들을 강림시킬 수 있다. 그러나 천상의 신들과 조상의 신령들이 강림하는 여부는 그 수단들에 달린 것이고, 하늘의 축복을 잇는 것은 나에게 달린 문제이니, 수단들에 달려 있어서 예물(禮物)들을 완비하는 것이며, 나에게 달려 있어서 예교(禮敎)를 완성하는 것이다. 그렇기 때문에 반드시 군신관계를 바르게 만들고, 부자관계를 돈독하게 하며, 형제관계를 화목하게 하고, 상하의 질서를 바르게 하여, 남녀가 각각 유별함을 얻는 데까지 이르는 것이다.

① 醴齊.

補註 醴, 必醍之訛.
번역 '예(醴)'자는 분명 제(醍)자가 잘못 기록된 것이다.

② 五齊.

補註 按: 五齊, 酒正之五齊也. 熊氏 · 崔氏云此章據禘祭, 用四齊, 不用
泛齊也.
번역 살펴보니, '오제(五齊)'는 『주례』 「주정(酒正)」 편에 나오는 오제(五齊)
이다. 웅안생과 최영은은 이 문장은 체제사의 예법을 기준으로 하였으니, 오
제 중 네 가지 술만 사용하고 범제(泛齊)는 사용하지 않는다고 했다.

「예운」 11장

作其祝號, 玄酒以祭, 薦其血毛, 腥其俎, 孰其殽. ①與其越席, 疏布以羃. 衣其澣帛, 醴醆以獻, 薦其燔炙. 君與夫人交獻②以嘉魂魄, 是謂合莫. 然後③退而合亨, 體其犬‧豕‧牛‧羊, 實其簠‧簋‧籩‧豆‧鉶羹, 祝以孝告, 嘏以慈告, 是謂大祥. 此禮之大成也.

번역 공자가 계속해서 말해주길, "축호(祝號)[1]를 짓고, 현주를 진설하여 제사를 지내며, 희생물의 피와 털을 바치고, 아직 조리하지 않은 생고기를 도마 위에 올려서 바치며, 살점이 붙어 있는 뼈는 삶아서 익힌다. 왕골로 짠 자리를 설치하고, 거친 베로 만든 천으로 술독을 덮는다. 누이고 염색한 천으로 만든 제복을 입고, 예(醴)와 잔(醆)이라는 술로 술잔을 채워 바치며, 희생물의 살과 간장을 구워서 바친다. 제사를 주관하는 군주와 그의 부인은 교대로 시동에게 술잔을 바쳐서, 이것을 통해 죽은 자의 혼백에게 축복이 내려지도록 하니, 이것을 '합막(合莫)'이라고 부른다. 이러한 절차를 시행한 이후에 물러나서, 바쳤던 희생물의 고기를 거둬서 함께 삶아서 익히고, 희생물인 개‧돼지‧소‧양 등을 부위별로 갈라서, 제기들인 보(簠)‧궤(簋)‧변(籩)‧두(豆)에 담고, 탕국을 끓여서 형(鉶)에 담으며, 축문을 하길 효도로써 아뢰고, 하(嘏)를 하길 자애로써 아뢰니, 이것을 '대상(大祥)'이라고 부른다. 이것이 바로 예 중에서도 가장 성대한 것이다."라고 했다.

① **與其越席.**

補註 沙溪曰: 與字, 承上文祝號等事而言歟.

번역 사계가 말하길, '여(與)'자는 앞 문장에서 말한 축호(祝號) 등의 사안을

---

1) 축호(祝號)는 육축(六祝)과 육호(六號)를 뜻한다. '육축'은 신(神)에게 제사를 지낼 때 사용하게 되는 여섯 종류의 기도문을 뜻하고, '육호'는 신(神)이나 제수(祭需)를 부를 때 아름답게 꾸며서 부르는 여섯 종류의 호칭을 뜻한다.

이어서 말한 것이다.

補註 ○按: 與其越席, 家語作越席以坐. 註: "越, 越同, 剪蒲席也."
번역 ○살펴보니, '여기월석(與其越席)'을 『공자가어』에서는 "부들자리를 설치하여 앉도록 한다[越席以坐]."라고 기록했다. 주에서는 "활(越)자는 월(越)자와 같으니, 부들을 잘라서 만든 자리이다."라고 했다.

② 以嘉魂魄.

補註 楊梧曰: 嘉, 嘉會也.
번역 양오가 말하길, '가(嘉)'자는 즐겁고 기쁘게 모인다는 뜻이다.

補註 ○類編曰: 嘉, 猶悅.
번역 ○『유편』에서 말하길, '가(嘉)'자는 기뻐한다는 뜻이다.

③ 退而合亨[止]慈告.

補註 楊梧曰: 體之在祭末之時, 實之在正祭之時, 告孝在正祭之時, 告慈在酳尸之時, 此只爲擧祭之全禮而, 行禮先後, 全不拘也.
번역 양오가 말하길, 희생물을 부위별로 가르는 것은 제사 말미에 해당하고, 제기에 담는 것은 정규 제사를 지내는 시기에 해당하며, 효로써 고하는 것은 정규 제사를 지내는 시기에 해당하고, 자애로써 고하는 것은 시동에게 입가심하는 술을 따라주는 시기에 해당하는데, 이것은 단지 제사를 시행하는 전체적인 예법을 뜻하는 것이니, 구체적인 의례를 시행할 때의 선후 문제는 전혀 구애되지 않는다.

周禮祝號有六: 一神號, 二鬼號, 三祇號, 四牲號, 五齍號, 六幣
號. 作其祝號者, 造爲鬼神及牲玉美號之辭. 神號, 如昊天上
帝; 鬼號, 如皇祖伯某; 祇號, 若后土地祇; 牲號, 若一元大武;
齍號, 若稷曰明粢; 幣號, 若幣曰量幣; 祝史稱之以告鬼神也.
每祭必設玄酒, 其實不用之以酌. 薦其血毛, 謂殺牲之時, 取血
及毛, 入以告神於室也. 腥其俎, 謂牲旣殺, 以俎盛肉進於尸前
也. 祭玄酒, 薦血毛, 腥俎, 此三者是法上古之禮. 孰其殽以下,
是中古之禮. 殽, 骨體也, 以湯①爛爲熟. 越席, 蒲席也. 疏布,
麤布也. 幂, 覆尊也. 周禮越席疏布, 祭天用之, 此以爲宗廟之
用, 記者雜陳之也. 澣帛, 謂祭服以湅染之帛制之也. 醴醆以獻
者, ②朝踐薦血腥時用醴, 饋食薦熟時用醆也. 薦其燔炙者, 燔
肉炙肝也. 特牲禮, 主人獻尸, 賓長以肝從; 主婦獻尸, 賓長以
燔從也. 第一君獻, 第二夫人獻, 第三君獻, 第四夫人獻, 故云
君與夫人交獻也. 此以上至孰其殽, 是法中古之禮, 皆所以嘉
善於死者之魂魄, 而求以契合於冥漠之中也. 然後退而合亨,
謂先薦爛, 未是熟物, 今乃退取向爛肉, 更合而烹煑之, 使熟而
可食也. 又尸俎惟載右體, 其餘不載者, 及左體等, 亦於鑊中烹
煑之, 故云合亨也. 體其犬豕牛羊者, 隨其牲之大小烹熟, 乃體
別骨之貴賤, 以爲衆俎, 用供尸及待賓客兄弟等也. 此是祭末
饗燕之衆俎, 非尸前之正俎也. 簠, 內圓而外方, 盛稻粱之器.
簋, 外圓而內方, 盛黍稷之器. 籩豆形制同, 竹曰籩, 木曰豆.
鉶, 如鼎而小, 菜和羹之器也. 祝嘏說見前. 孝, 事祖宗之道也.
慈, 愛子孫之道也. 合亨以下, 當世之禮也. 祥, 猶善也.

번역 『주례』에 나온 축호(祝號)에는 여섯 종류가 있다. 첫 번째는 신호(神號)[2]이

---

2) 신호(神號)는 신(神)을 아름답게 부르는 호칭을 뜻한다. 마치 상제(上帝)를 황천상

고, 두 번째는 귀호(鬼號)[3]이며, 세 번째는 기호(祇號)[4]이고, 네 번째는 생호(牲號)이며, 다섯 번째는 자호(齊號)[5]이고, 여섯 번째는 폐호(幣號)[6]이다.[7] 축호(祝號)를 짓는 이유는 이러한 글을 지어서, 귀신 및 희생물, 옥 등을 아름답게 꾸미는 수식어를 붙이는 것이다. 신호(神號)는 단지 신(神)이라고만 부르지 않고 호천상제(昊天上帝)로 부르는 말과 같은 것이며, 귀호(鬼號)는 황조백(皇祖伯)인 아무개라

제(皇天上帝)라고 부르는 경우와 같다. 신(神)의 이름을 존귀하게 여기기 때문에, 다시금 아름다운 칭호를 덧붙이는 것이다. 『주례』「춘관(春官)·대축(大祝)」편에는 "辨六號, 一曰神號."라는 기록이 있는데, 이에 대한 정현의 주에서는 "神號, 若云皇天上帝."라고 풀이했다. 한편 채옹(蔡邕)의 『독단(獨斷)』에는 "神號, 尊其名更爲美稱, 若曰皇天上帝也."라는 기록이 있다.

3) 귀호(鬼號)는 조상신을 아름답게 부르는 호칭을 뜻한다. 마치 조상신을 '황조의 맏이이신 아무개[皇祖伯某]'라고 부르는 경우와 같다. 『주례』「춘관(春官)·대축(大祝)」편에는 "辨六號, 一曰神號, 二曰鬼號."라는 기록이 있는데, 이에 대한 정현의 주에서는 "鬼號, 若云皇祖伯某."라고 풀이했다.

4) 기호(祇號)는 시호(示號)라고도 부른다. 땅의 신들을 아름답게 부르는 호칭을 뜻한다. 마치 후토(后土)나 지기(地祇)와 같은 용어들을 가리킨다. 『주례』「춘관(春官)·대축(大祝)」편에는 "辨六號, 一曰神號, 二曰鬼號, 三曰示號."라는 기록이 있고, 이에 대한 정현의 주에서는 "祇號, 若云后土地祇."라고 풀이했다.

5) 자호(齊號)는 자호(粢號)라고도 부른다. 제사 때 사용되는 곡식들을 아름답게 부르는 호칭을 뜻한다. 마치 기장을 '향기롭고 찰진 기방밥[香合]'이라고 부르고, 수수를 '알갱이를 달고 있는 향기로운 줄기[香箕]'라고 부르며, 쌀을 '아름답고 무성한 쌀[嘉疏]'이라고 부르는 경우와 같다. 『주례』「춘관(春官)·대축(大祝)」편에는 "辨六號, 一曰神號, 二曰鬼號, 三曰示號, 四曰牲號, 五曰齊號."라는 기록이 있는데, 이에 대한 정현의 주에서는 정사농(鄭司農)의 주장을 인용하여, "粢號, 謂黍稷皆有名號也. 曲禮曰, '黍曰香合, 梁曰香箕, 稻曰嘉疏.'"라고 풀이했다.

6) 폐호(幣號)는 제사 때 신(神)에게 바치게 되는 옥(玉)이나 비단 등의 폐물을 아름답게 부르는 호칭을 뜻한다. 마치 옥(玉)을 '흠이 없는 아름다운 보옥[嘉玉]'이라고 부르고, 폐물을 '치수에 맞는 폐물[量幣]'이라고 부르는 경우와 같다. 『주례』「춘관(春官)·대축(大祝)」편에는 "辨六號, 一曰神號, 二曰鬼號, 三曰示號, 四曰牲號, 五曰齊號, 六曰幣號."라는 기록이 있는데, 이에 대한 정현의 주에서는 "幣號, 若玉云嘉玉, 幣云量幣."라고 풀이했다.

7) 『주례』「춘관(春官)·대축(大祝)」: 辨六號, 一曰神號, 二曰鬼號, 三曰示號, 四曰牲號, 五曰齊號, 六曰幣號.

고 부르는 말과 같은 것이고, 기호(祇號)는 마치 후토(后土)와 지기(地祇)라고 부르는 말과 같은 것이며, 생호(牲號)는 소를 일원대무(一元大武)라고 부르는 말[8]과 같은 것이고, 자호(齋號)는 기장을 명자(明粢)라고 부르는 말[9]과 같은 것이며, 폐호(幣號)는 폐물을 양폐(量幣)라고 부르는 말[10]과 같은 것이니, 축관(祝官)과 사관(史官)은 이러한 용어를 칭하여, 귀신들에게 아뢰는 것이다. 제사를 지낼 때마다 반드시 현주를 설치하지만, 실제로 그것을 사용하여 술잔을 채우지는 않는다. "희생물의 피와 털을 바친다."는 말은 희생물을 도살할 때, 피와 털을 채취하여 그것들을 가지고 들어가서, 제실에서 신에게 아뢴다는 뜻이다. "도마에 성(腥)을 담는다." 는 말은 희생물을 도축하고 난 뒤에 도마에다가 그 고기들을 올리고서, 시동 앞에 진설한다는 뜻이다. 현주로 제사를 지내고, 희생물의 피와 털을 바치며, 희생물의 고기를 도마에 담아서 차려내는 이 세 가지 일들은 모두 상고시대의 예법을 본받은 것들이다. "살점이 붙은 뼈를 삶는다."는 일부터 그 이하의 사안들은 중고시대의 예법에 해당한다. '효(殽)'는 희생물의 뼈에 붙은 살점이니, 물에 끓여서 익히는 것이다. '월석(越席)'은 왕골로 짠 자리이다. '소포(疏布)'는 거친 베이다. '멱(冪)'은 술독을 덮는 천이다. 『주례』에 나온 '월석(越席)'[11]과 '소포(疏布)'[12]는 제천의식 때 사용하는 것인데, 이곳 문장에서는 종묘에 대한 제사에서 사용하는 것들로 여기고 있으니, 『예기』를 기록한 자가 뒤섞어서 기술했기 때문이다. '한백(澣帛)'은 누이고 염색한 비단을 재단해서 만든 제사 복장을 뜻한다. "예(醴)와 잔(醆)을 바친다."는 말은 조천(朝踐)을 하며, 희생물의 피와 날고기를 바칠 때, 술은 예(醴)를 사용하고, 궤식(饋食)을 하며 익힌 고기를 바칠 때, 술은 잔(醆)을 사용한다는 뜻이다. "번(燔)과 적(炙)을 바친다."는 말은 희생물의 고기를 굽고, 희생물의 간장을 구워서 바친다는 뜻이다. 『의례』「특생궤식례(特牲饋食禮)」편에서는 주인이 시동에게 술잔을 바칠 때, 빈객의 수장은 희생물의 간장을 들고서 뒤따르며, 주부가 시동에게 술잔을 바칠 때, 빈객의 수장은 구운 고기를 가지고 뒤따른다고 하였다. 일헌(一獻)은 군주가 술을 바치는 것이며, 이헌(二獻)은 그의 부인이 술을 바치는 것이고, 삼헌(三獻)은 군주가 다시 술을 바치는 것이며, 사헌(四獻)은 그의 부인이

---

8) 『예기』「곡례하(曲禮下)」: 凡祭宗廟之禮, 牛曰一元大武.

9) 『예기』「곡례하(曲禮下)」: 稷曰明粢.

10) 『예기』「곡례하(曲禮下)」: 幣曰量幣.

11) 『주례』「춘관(春官)·사궤연(司几筵)」: 諸侯祭祀席, 蒲筵繢純, 加莞席紛純, 右彫几.

12) 『주례』「천관(天官)·멱인(冪人)」: 冪人, 掌共巾冪. 祭祀以疏布巾冪八尊.

다시 술을 바치는 것이다. 그렇기 때문에 "군주가 부인과 함께 교대로 술잔을 바친다."고 말한 것이다. 이곳까지의 사안으로부터 그 위로 "살점이 붙은 뼈를 삶는다."는 일까지는 모두 중고시대의 예법을 본받은 것들이니, 이 모든 행위들은 죽은 자의 혼백에게 축복을 내려주어서, 저 세상에서도 서로 떨어지지 않고 부합되기를 기원하는 방법이다. 이처럼 시행한 뒤에 물러나서 고기들을 한데 섞어 익히는 것이니, 앞서 "난(爛)한 것을 바친다."고 한 것은 아직 익히지 않은 고기에 해당하니, 이러한 절차가 끝난 뒤에야, 곧 물러나서 앞서 불에 그슬린 고기들을 가져다가, 다시금 한데 모아서 삶으니, 그것들을 익혀서 먹을 수 있도록 조리하는 것이다. 또한 시동 앞에 진설되는 도마에는 오직 희생물의 오른쪽 부위만 올리고, 그 나머지 올리지 않은 것들과 좌측 부위 등은 또한 고기를 삶을 때, 솥 안에 함께 담아서 삶는다. 그렇기 때문에 '합팽(合亨)'이라고 말한 것이다. "개·돼지·소·양을 체(體)한다."는 말은 희생물의 크고 작은 몸집의 차이에 따라 익히고 삶아서, 곧 귀중하고 그렇지 않은 부위들을 종류별로 가른다는 뜻이며, 이것들은 종류별로 여러 도마에 담아서, 시동에게 바치거나 빈객들 및 형제 등을 대접하는데 사용하게 된다. 그런데 이것들은 제사 말미에 향연을 베풀며 차려내는 여러 도마들에 해당하는 것이지, 제사 때 시동 앞에 진설하는 제기로써의 도마는 아니다. '보(簠)'는 속은 원형으로 되어 있고, 겉은 네모지게 된 것으로, 쌀이나 기장 등을 담는 제기이다. '궤(簋)'는 겉은 원형으로 되어 있고, 속은 네모지게 된 것으로, 기장을 담는 제기이다. '변(籩)'과 '두(豆)'는 형태와 제작 방법이 동일한데, 대나무로 만든 것을 '변(籩)'이라고 부르고, 나무로 만든 것을 '두(豆)'라고 부른다. '형(鉶)'은 정(鼎)과 같은 것이지만 보다 작은 것으로, 풀죽이나 탕을 담는 제기이다. '축(祝)'과 '하(嘏)'에 대한 설명은 이전 장에 나온다. '효(孝)'는 조상을 섬기는 도리이다. '자애[慈]'는 자손들을 사랑하는 도리이다. 합팽(合亨)으로부터 그 이하의 일들은 현재의 예법이다. '상(祥)'자는 선(善)자의 뜻이다.

① 爛.

補註 按: 陸音, 爛似廉反, 湯中瀹肉也. 又見禮器註及補註.

번역 살펴보니, 육덕명의 『음의』에서는 '爛'자는 '似(사)'자와 '廉(렴)'자의 반절음이라고 했으니, 탕 속에서 고기를 삶는 것이다. 또한 그에 대한 설명은 『예기』「예기(禮器)」편의 주 및 보주에 나온다.

② 朝踐.

補註 周禮·春官·司尊彝: "其朝踐用兩獻尊." 註: "朝踐, 謂薦血腥." 疏
曰: "王迎牲入廟, 大僕贊王牲事, 取血以告殺, 取毛以告純, 解而腥之爲
七體, 薦於神坐訖, 王以玉爵酌醴齊以獻尸, 后亦以玉爵酌醴齊以獻尸.
此謂朝踐用兩獻尊也."

번역 『주례』「춘관(春官)·사준이(司尊彝)」편에서는 "조천(朝踐)에서는 한
쌍의 헌준(獻尊)13)을 사용한다."14)라고 했고, 주에서는 "조천(朝踐)은 희생
물의 피와 생고기를 바친다는 뜻이다."라고 했으며, 소에서는 "천자가 희생
물을 맞이하여 묘로 들어가면, 태복이 천자가 희생물을 다루는 일을 도와 피
를 취해 희생물이 도축되었음을 고하고, 털을 취해 희생물이 순색의 것임을

---

13) 헌준(獻尊): '헌준'은 곧 희준(犧尊)을 뜻한다. 『주례』「춘관(春官)·사준이(司尊
彝)」편에는 "其朝踐用兩獻尊."이라는 기록이 있는데, 이에 대한 정현의 주에서는
정사농(鄭司農)의 주장을 인용하여, 鄭司農云, 獻讀爲犧. 犧尊飾以翡翠."라고
풀이했고, 육덕명(陸德明)의 『경전석문(經典釋文)』에서는 "兩獻, 本或作戲, 注
作犧, 同."이라고 풀이했다. 즉 '헌(獻)'자는 '희(戲)'자로도 기록하는데, 정현의 주
에서는 '희(犧)'자로 기록하고 있다. '희준'은 비취(翡翠)로 장식한 술동이이다. 한
편 임윤(林尹)의 주에서는 "獻尊, 六尊之一, 刻畫爲鳳凰之形 …… 詩孔疏引鄭
志謂以鳳凰羽爲畫飾; 又引王肅禮器注, 謂爲犧牛及象之形, 鑿其背以爲尊. 按
犧尊之說, 當以王肅爲最當. 今觀故宮博物館所藏之犧尊, 皆獸形, 鑿其背爲圓
口, 上有蓋, 而以其腹爲容器. 犧爲衆之名, 固不必牛也."라고 풀이했다. 즉 '헌
준'은 육존(六尊) 중 하나로, 봉황(鳳凰)의 형상을 새겨넣은 술동이이다. 『시』에
대한 공영달(孔穎達)의 소(疏)에서는 『정지(鄭志)』를 인용하여, 봉황의 날개를
그림으로 그려 넣은 것이라고 설명하고, 또한 『예기』「예기(禮器)」편에 대한 왕숙
(王肅)의 주를 인용하여, '희생물로 사용되는 쇼[犧牛]' 및 코끼리[象]의 형상을 새
겨서 만든 술동이라고 하였다. '희준'에 대한 주장들을 살펴봤을 때, 왕숙의 주장이
가장 타당한데, 현재 발굴되어 있는 '희준'을 살펴보면, 그 겉면에 모두 짐승의
형상이 새겨져 있고, 원형의 주둥이를 만들고, 그 위에는 덮개가 있다. '희(犧)'자는
희생물로 사용되는 동물들을 두루 가리키는 용어이므로, 소만을 뜻하는 용어로
풀이할 필요는 없다는 뜻이다.
14) 『주례』「춘관(春官)·사준이(司尊彝)」: 春祠夏禴, 祼用雞彝·鳥彝, 皆有舟; <u>其
朝踐用兩獻尊</u>, 其再獻用兩象尊, 皆有罍, 諸臣之所昨也.

아뢰며, 희생물을 해체하고 생고기를 7부위로 나누어 신이 앉는 자리에 바치는데, 그 일이 끝나면 천자는 옥으로 만든 술잔으로 예제를 따라 시동에게 헌을 하고, 왕후 또한 옥으로 만든 술잔으로 예제를 따라 시동에게 헌을 한다. 이것은 조천에서 한 쌍의 헌준을 사용한다는 사실을 뜻한다."라고 했다.

補註 ○按: 經文薦其血毛腥其俎, 卽此朝踐之節也. 獻尊之獻, 素何反.
번역 ○살펴보니, 경문에는 희생물의 피와 털을 바치고 생고기를 도마에 담는다고 했으니, 이러한 조천의 절차에 해당한다. '獻尊'에서의 '獻'자는 '素(소)'자와 '何(하)'자의 반절음이다.

「예운」 12장

孔子曰: "嗚呼哀哉! 我觀周道, 幽厲傷之, 吾舍魯何適矣? ①魯
之郊禘, 非禮也, 周公其衰矣. 杞之郊也, 禹也, 宋之郊也, 契
也, 是天子之事守也. 故天子祭天地, 諸侯祭社稷."

번역 공자가 계속해서 말해주길, "오호라, 슬프도다! 내가 주나라의 도를 살펴보니,
유왕과 여왕 때 크게 손상이 되었는데, 내가 노나라를 버리고 어디로 간단 말인가?
노나라에서 교(郊)제사와 체(禘)제사를 지내는 것은 비례이니, 주공의 도가 쇠약해
진 것이구나. 기나라에서 교제사를 지냈던 것은 우임금 때문이었고, 송나라에서 교
제사를 지냈던 것은 설 때문이었으니, 이 나라들은 천자의 제례를 고수하며 지낼
수 있었다. 그래서 천자는 천지에게 제사를 지내는 것이며, 제후는 사직에게 제사를
지내는 것이다."라고 했다.

① 魯之郊禘非禮也.

補註 陽村曰: 或曰, "子於曾子問, 引陳司敗問昭公知禮之事, 以其所記
魯公失禮之事, 皆非孔子之言, 此節所謂魯之郊禘非禮者, 亦非孔子之
言歟?" 曰, "與人論議而揚其先君之失, 臣子忠厚者之所不忍也. 此節則
但曰魯之郊禘非禮, 而不指言某公. 且其言曰吾舍魯何適, 而嘆周公之
衰, 則忠厚愛國不忘先祖, 拳拳懇惻之意, 藹然於言辭之表, 是嘆後世失
禮之非, 而欲遵周公制作之舊也. 況聖人禮法之宗主, 苟不言其非禮, 則
後世何自而知之乎?"

번역 양촌이 말하길, 혹자는 "그대는 『예기』 「증자문(曾子問)」편에 대해서
진사패가 소공이 예를 아냐고 질문한 사안을 인용하여, 노나라 군주가 실례
를 범한 사안을 기록했기 때문에 이 모두는 공자의 말이 아니라고 했는데,
이 문단에서 노나라에서 교제사와 체제사를 지낸 것은 비례라고 했으니, 이
또한 공자의 말이 아닙니까?"라고 물었다. 답해보자면, "남과 의론을 하며 선

군의 잘못을 들춰내는 것은 충심이 두터운 신하는 차마 하지 못하는 점이다. 이 문단에서는 단지 노나라에서 교제사와 체제사를 지낸 것은 비례라고만 말했고, 어느 군주라고는 지칭해서 말하지 않았다. 또 공자는 '내가 노나라를 버리고 어디로 간단 말인가?'라고 말하며 주공의 도가 쇠락하게 된 것을 한 탄했으니, 충심이 두텁고 나라를 사랑하며 선조를 잊지 못하는 것으로, 정성 스럽고도 간절한 뜻이 말을 통해 온화하게 드러난 것이다. 이것은 후세에서 실례를 범한 잘못을 한탄한 것이며 주공이 제정한 옛 법도를 따르고자 한 것이다. 하물며 성인은 예법을 제정한 종주가 되는데, 만약 비례임을 언급하 지 않았다면, 후세 사람들이 무엇을 통해 그러한 사실을 알 수 있었겠는가?' 라고 했다.

참고-集說

幽厲之前, 周道已微, 其大壞則在幽厲也. 魯, 周公之國, 夫子 嘗言其可一變至道, 則舍魯何往哉? 然魯之郊禘則非禮矣. 禹 爲三代之盛王, 故杞得以郊, 契爲殷之始祖, 故宋得以郊. 惟此 二國, 可世守天子之事以事其祖, 周公雖聖, 人臣也, ①成王之 賜固非, 伯禽之受尤非. 周公制禮作樂, 爲萬世不易之典, 而子 孫若此, 是周公之敎因子孫之僭禮而衰矣. 天地社稷之祭, 君 臣之分, 凜不可踰, 曾謂人臣而可僭天子之禮哉.

번역 유왕과 여왕 이전에도 주나라의 도는 이미 미약해져 있었는데, 그것이 크게 무너진 것은 유왕과 여왕 때이다. 노나라는 주공의 나라인데, 공자는 일찍이 노나라 가 한 번 변하면 도에 이를 수 있다고 하였으니,[1] 노나라를 떠나 어디로 가겠는가? 그러나 노나라에서 교(郊)제사와 체(禘)제사를 지낸 것은 비례이다. 우임금은 삼대 의 성왕(盛王)[2]이였기 때문에, 기나라에서는 교제사를 지낼 수 있었던 것이고, 설

---

1) 『논어』 「옹야(雍也)」 : 子曰, "齊一變, 至於魯, 魯一變, 至於道."

은 은나라의 시조였기 때문에, 송나라에서는 교제사를 지낼 수 있었던 것이다. 오직
이 두 나라만이 대대로 천자의 제례를 지키며, 이로써 그들의 조상에게 제사를 지
낼 수 있었는데, 주공이 비록 성인이었다고는 하지만, 신하의 신분이었으므로 성왕
이 천자의 제사를 지낼 수 있도록 허락을 해준 것은 진실로 잘못된 일이며, 백금이
그것을 받아들인 것은 더욱 잘못된 일이다. 주공이 예악을 제정하여, 영원토록 변하
지 않는 규범을 만들었는데, 자손들이 이와 같이 하였으니, 주공의 교화가 자손들의
참례로 인하여 쇠락해진 것이다. 천지와 사직에 대한 제사 규범은 군주와 신하의
구분이며, 그 구분이 엄격하므로 넘볼 수가 없었으니, 일찍이 신하이면서 천자의
예법을 범했다고 할 수 있겠구나.

① 成王之賜[止]尤非.

補註 家語註: 何景春曰, "春秋意林, 謂魯之郊禘, 非成王之賜 · 伯禽之
受. 伯禽受封, 傳世二十二至惠公, 始有請郊廟之事, 平王使史角止之.
魯史惠 · 隱 · 桓 · 莊 · 閔 · 僖六公相繼而立. 隱公初獻六羽, 僖公魯頌
有稱美郊祀之事. 要之, 惠公之得請, 在平王之末年, 隱公攝位而改正
之, 至僖公復僭用之也.

번역 『공자가어』의 주에서 말하길, 하경춘은 "『춘추의림』에 따르면 노나라
의 교제사와 체제사는 성왕이 하사를 한 것도 아니고 백금이 받은 것도 아니
다. 백금이 분봉을 받고 22세대가 지나 혜공에 이르렀을 때 처음으로 교묘
(郊廟)의 예법을 청원한 일이 있었고, 평왕은 사각을 사신으로 보내 저지하
였다. 노나라의 역사서에는 혜공 · 은공 · 환공 · 장공 · 민공 · 희공 등 여섯
명의 군주가 서로 지위를 이어받아 제후의 자리에 올랐다고 기록했다. 은공
은 처음으로 6열의 무용수가 깃털을 들고 추는 춤을 바쳤고, 희공 때 만들어
진 「노송(魯頌)」에는 교사(郊祀)를 칭송하는 사안이 나타난다고 했다. 요약
하자면 혜공이 청을 하여 얻어냈던 것은 평왕 말년의 일이고, 은공이 섭정하

---

2) 성왕(盛王)은 태평성세 때의 유덕한 제왕을 뜻한다. 『예기』「제의(祭義)」편에는
　"虞 · 夏 · 殷 · 周, 天下之盛王也, 未有遺年者, 年之貴乎天下久矣."라는 용례가
　있다.

며 그것을 바로잡았는데, 희공 때에 이르러 재차 참람되게 사용했던 것이다."라고 했다.

補註 ○楊梧曰: 外紀·路史, 平王時, 魯惠公使宰讓請郊廟之禮, 王使史角往止之, 魯之郊始此, 非成王賜也. 禮家不知何據.

번역 ○양오가 말하길, 『외기』와 『노사』에서는 평왕 때 노나라 혜공이 재양을 사신으로 보내 교묘의 예법을 청원했는데, 평왕은 사각을 사신으로 보내 저지하였으니, 노나라의 교제사는 이 시기부터 시작된 것이지 성왕이 하사한 것이 아니다. 예학자들은 무슨 근거로 위와 같은 주장을 했는지 모르겠다.

참고-集說

石梁王氏曰: 此一章眞孔子之言, ①註不能明其旨. 天子祭天地, 諸侯但可祭社稷. 杞宋之郊, 是王者之後, 天子之事, 守禮之所許者. 魯而有郊, 是背周公所制之禮, 與杞宋不同也.

번역 석량왕씨가 말하길, 이곳의 한 문장이야말로 진실로 공자의 말에 해당하는데, 정현의 주에서는 그 요지를 분명히 나타내지 못하고 있다. 천자는 천지에 대한 제사를 지내는데, 제후는 다만 사직에 대한 제사만 지낼 수 있다. 기나라와 송나라에서는 교(郊)제사를 지냈는데, 이들은 천자의 후손이므로, 천자에게 해당하는 일임에도, 그 예법을 고수하는 것을 허락받았던 나라들이다. 그런데 노나라에서 교제사를 지낸 것은 주공이 제정한 예법에 위배되니, 기나라나 송나라에서 교제사를 지낸 경우와는 다른 것이다.

① 註不能明其旨.

補註 鄭註: "非, 猶失也. 魯之郊, 牛口傷·鼷鼠食其角, 又有四卜郊不從, 是周公之道衰矣. 言子孫不能奉行興之." 疏曰: "魯合郊禘, 非, 是非禮. 但郊失禮, 則牛口傷, 禘失禮, 則躋僖公."

278 『예기보주』 9권

번역 정현의 주에서 말하길, "'비(非)'자는 잃어버리다는 뜻이다. 노나라에서 교(郊)제사를 지낼 때, 희생물로 사용될 소의 입에 상처가 난 일이 있었고,[3] 쥐가 소의 뿔을 갉아먹는 일이 있었으며,[4] 또 네 번이나 교제사를 지낼 날짜에 대해 점을 쳤는데, 불길하다는 점괘가 나온 일이 있었으니,[5] 이것들은 모두 주공의 도가 쇠퇴하여 나타난 일들이다. 즉 이 말은 주공의 자손들이 주공이 제정한 예법을 받들어 시행해서 그 도를 흥성하게 할 수 없다는 뜻이다."라고 했다. 소에서 말하길, "노나라에서는 교(郊)제사와 체(禘)제사를 함께 지냈는데, '비(非)'는 곧 비례(非禮)를 뜻한다. 다만 교제사의 예법이 해당 예의 규범을 벗어나게 되어, 희생물로 사용될 소의 입에 상처가 났던 것이고, 체제사의 예법이 해당 예의 규범을 벗어나게 되어, 희공을 그 앞의 군주보다 높여서 합사를 하게 되었던 것이다.[6]"라고 했다.

補註 ○按: 石梁謂不能明其旨者, 指此.
번역 ○살펴보니, 석량왕씨가 "그 요지를 분명히 나타내지 못하고 있다."라고 한 말은 바로 이것을 가리킨다.

---

3) 『춘추』「선공(宣公) 3년」: 三年, 春, 王正月, <u>郊牛之口傷</u>, 改卜牛, 牛死, 乃不郊, 猶三望.

4) 『춘추』「성공(成公) 7년」: 七年, 春, 王正月, <u>鼷鼠食郊牛角</u>, 改卜牛, 鼷鼠又食其角, 乃免牛.

5) 『춘추』「양공(襄公) 11년」: 夏, 四月, <u>四卜郊, 不從</u>, 乃不郊. / 『춘추』「희공(僖公) 31년」: 夏, 四月, <u>四卜郊不從</u>, 乃免牲, 猶三望

6) 『춘추』「문공(文公) 2년」: 八月, 丁卯, 大事于大廟, <u>躋僖公</u>.

「예운」 13장

참고―經文

祝嘏莫敢易其常古, 是謂①大假.

번역 공자가 계속해서 말해주길, "제사를 지낼 때 축사(祝辭)와 하사(嘏辭)의 경우에는 감히 옛날부터 시행되어 왔던 고대의 예법을 바꿀 수가 없는 것이니, 이처럼 고대의 예법에 따라 시행하는 것을 '축복의 성대함[大嘏]'이라고 부른다."라고 했다.

① **大假.**

補註 假, 家語作嘉.

번역 '가(假)'자를 『공자가어』에서는 가(嘉)자로 기록했다.

참고—經文

祝嘏辭說, ①藏於宗祝巫史, 非禮也, 是謂幽國.

번역 공자가 계속해서 말해주길, "축사(祝辭)와 하사(嘏辭)에 대한 기록과 말들을 종백(宗伯)과 대축(大祝), 무관(巫官)과 사관(史官)에게만 보관시키는 것은 비례이니, 이러한 나라를 '어둡고 우매한 나라[幽國]'라고 부른다."라고 했다.

① ○藏於宗祝巫史.

補註 按: 家語藏上有徒字.

번역 살펴보니, 『공자가어』에는 '장(藏)'자 앞에 도(徒)자가 기록되어 있다.

참고—集說

祝嘏辭說, 禮之文也, 無文不行. 周禮①大宗伯掌詔六號, 重其事耳. 衰世君臣慢禮, 惟宗祝巫史習而記之, 故謂幽昏之國, 言其昧於禮, 無以昭明政治也.

번역 축사(祝辭)와 하사(嘏辭)에 대한 기록과 말들은 예법에 따른 형식인데, 그러한 형식이 없으면, 시행되지 않는다. 『주례』의 체제에 따르면, 대종백(大宗伯)은 육호(六號)[1] 중의 중대한 것을 대축(大祝)에게 알려주는 일을 담당한다고 하였으

---

1) 육호(六號)는 여섯 종류의 호칭을 뜻한다. 제사와 관련하여 신들을 부르는 호칭 및 제사에 사용되는 물건들은 수식어를 붙여서 부르게 되는데, 이러한 수식어에 해당하는 여섯 가지 호칭은 신호(神號), 귀호(鬼號), 시호(示號), 생호(牲號), 자호(齋號), 폐호(幣號)를 가리킨다. 정현의 주장에 따르면 '신호'는 천신(天神)들에 대한 호칭을 아름답게 부르는 것으로, 상제(上帝)를 '황천상제(皇天上帝)'라고 부르는

니,2) 그 일을 중시했기 때문이다. 쇠락한 세상에서는 군주와 신하가 예법에 대해 태만하게 굴어서, 오직 종백(宗伯)과 대축(大祝), 무관(巫官)과 사관(史官)만이 그것을 익혀서 기록을 해두었다. 그렇기 때문에 "어둡고 우매한 나라라고 부른다." 고 한 것이니, 이 말은 곧 예법에 대해서 우매하여, 이러한 예법으로써 정치를 널리 드러내지 못했다는 뜻이다.

① 大宗伯掌詔六號.

補註 周禮 · 大宗伯: "凡祀大神, 享大鬼, 祭大示, 詔大號, 治其大禮, 詔相王之大禮." 註: "大號, 六號之大者, 以詔大祝, 以爲祝辭. 治, 猶簡習也. 豫簡習大禮, 至祭, 當以詔相王."

번역 『주례』「대종백(大宗伯)」편에서는 "존귀한 신 · 존귀한 귀 · 존귀한 시에게 제사를 지내게 되면 대호(大號)를 알려주고, 관련된 성대한 예법을 연

예와 같고, '귀호'는 조상신들에 대한 호칭을 아름답게 부르는 것으로, '황조백인 아무개[皇祖伯某]'라고 부르는 예와 같으며, '시호'는 땅의 신들에 대한 호칭을 아름답게 부르는 것으로, '후토(后土)'나 '지기(地祇)'라고 부르는 예와 같고, '폐호'는 옥(玉)을 아름답게 부르는 것으로, '가옥(嘉玉)'이라고 부르는 예와 같으며, '폐호'는 폐백을 아름답게 부르는 것으로, '양폐(量幣)'라고 부르는 예와 같다고 설명한다. 정사농(鄭司農)의 주장에 따르면, '생호'의 경우 희생물의 종류에 따라서 각각 부르는 호칭들이 있는데, 소의 경우 '일원대무(一元大武)'라고 부르고, 돼지의 경우 '강렵(剛鬣)'이라고 부르며, 양의 경우 '유모(柔毛)'라고 부르고, 닭의 경우 '한음(翰音)'이라고 부른다. 또 '자호'는 기장과 같이 제사 때 바치는 곡식들을 뜻하는데, 서(黍)의 경우 '향합(香合)'이라고 부르고, 양(粱)의 경우 '향기(香箕)'라고 부르며, 도(稻)의 경우 '가소(嘉疏)'라고 부르는 예와 같다고 설명한다. 『주례』「춘관(春官) · 대축(大祝)」편에는 "辨六號, 一曰神號, 二曰鬼號, 三曰示號, 四曰牲號, 五曰齋號, 六曰幣號."라는 기록이 있고, 이에 대한 정현의 주에서는 "號, 謂尊其名, 更爲美稱焉. 神號, 若云皇天上帝. 鬼號, 若云皇祖伯某. 祇號, 若云后土地祇. 幣號, 若玉云嘉玉, 幣云量幣. 鄭司農云, '牲號, 爲犧牲皆有名號. 曲禮曰, 牛曰一元大武, 豕曰剛鬣, 羊曰柔毛, 雞曰翰音. 粢號, 謂黍稷皆有名號也. 曲禮曰, 黍曰香合, 粱曰香箕, 稻曰嘉疏.'"이라고 풀이했다.

2) 『주례』「춘관(春官) · 대종백(大宗伯)」: 凡祀大神, 享大鬼, 祭大示, 帥執事而卜日, 宿, 眡滌濯, 涖玉鬯, 省牲鑊, 奉玉齋, <u>詔大號</u>, 治其大禮, 詔相王之大禮.

습하며, 천자가 시행하는 성대한 예법을 아뢰고 돕는다."라고 했고, 주에서는 "'대호(大號)'는 육호 중에서도 중대한 것으로, 이것을 대축에게 알려주어 축사를 작성한다. '치(治)'자는 연습한다는 뜻이다. 성대한 예법에 대해 미리 익히고, 제사를 지낼 때가 되면 마땅히 이것을 통해 천자에게 아뢰고 도와야 한다."라고 했다.

참고-大全

長樂劉氏曰: 周官太祝掌六祝·六祈·六辭·六號·九祭·① 九▼(才+屫/今)之辭與法, 皆繫諸六典之籍, 而藏於太史, 屬諸春官, 上下相維, 不可少廢也. 今仲尼之時, 遭幽厲之君傷, 春秋之亂, 祝嘏辭說, 藏於宗祝巫史之家, 遂使國之禮典幽暗不明, 故曰幽國也.

번역 장락유씨가 말하길, 『주례』의 대축(大祝)은 육축(六祝)[3]·육기(六祈)[4]·육

---

3) 육축(六祝)은 제사를 지낼 때 신에게 아뢰는 여섯 가지 축사(祝辭)를 뜻한다. 여섯 가지 축사는 곧 순축(順祝), 연축(年祝), 길축(吉祝), 화축(化祝), 서축(瑞祝), 협축(筴祝)을 가리킨다. '순축'은 풍년이 들기를 기원하는 축사이고, '연축'은 천수를 누리기를 기원하는 축사이며, '길축'은 상서로운 복을 내려주기를 기원하는 축사이고, '화축'은 재앙과 전란이 그치기를 기원하는 축사이며, '서축'은 기상변이가 일어나지 않도록 기원하는 축사이고, '협축'은 죄와 질병으로부터 멀어지고자 기원하는 축사이다. 『주례』 「춘관(春官)·대축(大祝)」편에는 "大祝, 掌六祝之辭, 以事鬼神示, 祈福祥, 求永貞. 一曰順祝, 二曰年祝, 三曰吉祝, 四曰化祝, 五曰瑞祝, 六曰筴祝."이라는 기록이 있고, 이에 대한 정현의 주에서는 정사농(鄭司農)의 주장을 인용하여, "鄭司農云, '順祝, 順豐年也. 年祝, 求永貞也. 吉祝, 祈福祥也. 化祝, 弭災兵也. 瑞祝, 逆時雨·寧風旱也. 筴祝, 遠罪疾."이라고 풀이했다.

4) 육기(六祈)는 재앙이나 변고가 발생했을 때, 신에게 기도문을 올리며 그것들이 물러나기를 간청하는 여섯 가지 제사들이다. 여섯 가지 제사는 류(類), 조(造), 회(檜), 영(禜), 공(攻), 설(說)을 뜻한다. 정사농(鄭司農)은 '류'는 상제(上帝)에게 지내는

사(六辭)5) · 육호(六號) · 구제(九祭)6) · 구배(九拜)7)에 대한 말과 예법을 담당하

제사이며, '조'는 선왕(先王)들에게 지내는 제사이고, '영'은 일월(日月) · 성신(星辰) · 산천(山川)에게 지내는 제사라고 설명한다. 정현은 '류'와 '조'를 지낼 때에는 정성과 엄숙함을 더욱 가중하여, 뜻한 바를 얻고자 하는 것이고, '회'와 '영'은 당시에 발생한 재앙과 변고에 대해서 아뢰는 것이며, '공'과 '설'은 기도문을 읽어서 그것을 일으킨 요망한 기운을 책망하는 것이라고 설명한다. 또한 정현은 '조' · '류' · '회' · '영'을 지낼 때에는 희생물을 사용하였고, '공'과 '설'을 지낼 때에는 폐물만 바쳤다고 설명한다. 정현은 '회'에 대해서는 자세한 내용을 들어보지 못했다고 설명한다. 『주례』「춘관(春官) · 대축(大祝)」편에는 "掌六祈, 以同鬼神示, 一曰類, 二曰造, 三曰禬, 四曰禜, 五曰攻, 六曰說."라는 기록이 있고, 이에 대한 정현의 주에서는 "鄭司農云, '類 · 造 · 禬 · 禜 · 攻 · 說, 皆祭名也. 類祭於上帝. …… 司馬法曰, 將用師, 乃告于皇天上帝 · 日月星辰, 以禱于后土 · 四海神祇 · 山川冢社, 乃造于先王. …… 禜, 日月星辰山川之祭也.' 玄謂類造, 加誠肅, 求如志. 禬禜, 告之以時有災變也. 攻說, 則以辭責之. …… 禬, 未聞焉. 造類禬禜皆有牲, 攻說用幣而已."라고 풀이했다.

5) 육사(六辭)는 교류를 할 때 사용하게 되는 여섯 종류의 공식 문서 및 말을 뜻한다. 사(祠), 명(命), 고(誥), 회(會), 수(禱), 뢰(誄)가 여기에 해당한다. 정사농(鄭司農)의 주장에 따르면, '사'는 '사(辭)'자가 되어야 하며, 사람과 대할 때 사용하는 말을 뜻하고, '명'은 외교 문서를 뜻하며, '고'는 훈계하는 말을 뜻하고, '회'는 관부의 수장이 관부에 소속된 관리들과 회의를 하며 명령을 내리는 말을 뜻하며, '수'는 신들에게 기도를 올릴 때 쓰는 말을 뜻하고, '뢰'는 죽은 자의 일대기를 열거하며 그 사람의 덕행을 가려내어 시호를 지을 때 쓰는 말을 뜻한다고 설명한다. 한편 정현은 '사'는 서로 교류를 할 때 쓰는 말을 뜻하고, '회'는 회맹을 하여 맹약을 맺을 때 쓰는 말을 뜻하며, '수'는 경사스러운 일에 축복을 기원하는 말을 뜻한다고 설명한다. 『주례』「춘관(春官) · 대축(大祝)」편에는 "作六辭, 以通上下親疏遠近, 一曰祠, 二曰命, 三曰誥, 四曰會, 五曰禱, 六曰誄."라는 기록이 있고, 이에 대한 정현의 주에서는 "鄭司農云, '祠當爲辭, 謂辭令也. 命, 論語所謂爲命裨諶草創之. 誥, 謂康誥 · 盤庚之誥之屬也. …… 會, 謂王官之伯, 命事於會, 胥命于蒲, 主爲其命也. 禱, 謂禱於天地 · 社稷 · 宗廟, 主爲其辭也. …… 誄, 謂積累生時德行, 以錫之命, 主爲其辭也.' 玄謂一曰祠者, 交接之辭. …… 會, 謂會同盟誓之辭. 禱, 賀慶言福祚之辭."라고 풀이했다.

6) 구제(九祭)는 음식을 먹을 때, 먹기에 앞서 음식을 덜어서 음식을 처음 만든 자에게 지내는 아홉 종류의 제사를 뜻한다. 명제(命祭), 연제(衍祭), 포제(炮祭), 주제(周祭), 진제(振祭), 유제(擩祭), 절제(絶祭), 요제(繚祭), 공제(共祭)를 가리킨다. '명

제'는 군주와 신하가 식사를 할 때, 신하는 본래 빈객(賓客)의 신분이 될 수 없지만, 군주가 만약 그에게 음식을 하사하게 되어, 군주가 그를 빈객으로 대우하게 된다면, 그에게 음식에 대한 제사를 지내라고 명령하게 되며, 명령이 내려진 다음에 음식에 대한 제사를 지내게 되는데, 이것이 바로 '명제'에 해당한다. '연제(衍祭)'는 '연제(延祭)'를 뜻하는데, 빈객이 만약 주인(主人)보다 작거나 연배가 낮다면, 둘이 식사를 할 때에는 빈객이 주인과 대등하게 행동할 수가 없다. 따라서 음식이 들어오면, 빈객은 밥그릇을 잡고서 그 자리에서 일어나서 주인에게 사양하는 말을 건넨다. 빈객이 사양하는 말을 건네게 되면, 주인도 자리에서 일어나서, 사양하지 않아도 괜찮다는 말을 건넨다. 그런 이후에야 빈객은 다시 자신의 자리에 앉게 되며, 주인은 다시 빈객을 인도하여 제사를 음식에 대한 제사를 지내게 하는데, 이것이 바로 '연제'에 해당한다. '포제(炮祭)'는 '포제(包祭)'를 뜻하는데, '포제'는 또한 겸제(兼祭)에 해당한다. 제사를 지낼 때 시동에게 음식을 바치게 되면, 시동이 제기 사이에 받은 음식을 두고서 제사를 지내게 되는데, 이것이 바로 '겸제'에 해당한다. '주제'는 '편제(徧祭)'에 해당한다. 빈객과 주인이 함께 식사를 할 때, 상에 올라오는 음식을 조금씩 덜어내어 제사를 지내게 되는데, 음식이 올라오는 순서에 따라서 순차적으로 제사를 지내어, 모든 음식들에 대해 골고루 제사를 지내는 것이 '편제'에 해당한다. '진제'와 '유제'는 본래 같은 것으로, '유제'는 아직 입에 대지 않은 음식을 젓갈이나 소금 등에 찍어서 제사를 지내는 것을 뜻하며, '진제'는 젓갈이나 소금 등에 찍은 음식에 대해 겉면에 묻은 젓갈이나 소금을 털어내어 제사를 지내는 것을 뜻한다. '절제'와 '요제'도 본래 같은 것으로, 계급에 따라 의례 절차가 많은 경우, 음식에 대해 지내는 제사를 '요제'라고 부르는데 희생물의 특정부위를 비틀어서 잘라내는 것이며, 의례 절차가 간소한 경우, 생략해서 지내는 제사를 '절제'라고 부르는데 희생물의 특정부위를 잘라내는 것이다. '공제'는 주인이 음식에 대한 제사를 지내게 되면, 재부(宰夫)가 음식을 바치게 되어, 이것을 통해 제사를 지내게 되는데, 이것을 '공제'라고 부른다. 『주례』「춘관(春官)·대축(大祝)」편에는 "辨九祭, 一曰命祭, 二曰衍祭, 三曰炮祭, 四曰周祭, 五曰振祭, 六曰擩祭, 七曰絕祭, 八曰繚祭, 九曰共祭."라는 기록이 있고, 이에 대한 정현의 주에서는 "玄謂九祭, 皆謂祭食者. 命祭者, 玉藻曰, '君若賜之食, 而君客之, 則命之祭, 然後祭', 是也. 衍字當爲延, 炮字當爲包, 聲之誤也. 延祭者, 曲禮曰, '客若降等, 執食興辭, 主人興辭於客, 然後客坐, 主人延客祭', 是也. 包猶兼也. 兼祭者, 有司曰, '宰夫贊者取白黑以授尸, 尸受兼祭于豆祭', 是也. 周猶徧也. 徧祭者, 曲禮曰, '殽之序, 徧祭之', 是也. 振祭·擩祭本同, 不食者擩則祭之, 將食者旣擩必振乃祭也. 絕祭·繚祭亦本同, 禮多者繚之, 禮略者絕則祭之. 共猶授也. 主祭食, 宰夫授祭. 孝經說曰, '共綏執授.'"라고 풀이했다.

는데,8) 이것들은 모두 육전(六典)의 전적에 연계되므로, 대사(大史)의 관부에 보관하는 것이며,9) 이들은 춘관(春官)에 편제되어 있어서, 춘관에 소속된 모든 관리들이 서로 연계가 되어 있는 것이니, 어느 하나라도 폐지할 수가 없는 것이다. 공자

---

7) 구배(九拜)는 제사를 지낼 때 사용하게 되는 아홉 종류의 절하는 형식을 뜻한다. 계수(稽首), 돈수(頓首), 공수(空首), 진동(振動), 길배(吉拜), 흉배(凶拜), 기배(奇拜), 포배(襃拜), 숙배(肅拜)에 해당한다. '계수'는 절을 하며 머리가 지면에 닿도록 하는 것이며, '돈수'는 절을 하며 머리가 땅을 두드리듯이 꾸벅거리는 것이고, '공수'는 절을 하며 머리가 손을 포갠 곳에 닿도록 하는 것이니, '배수(拜手)'라고 부르는 것에 해당한다. '길배'는 절을 한 이후에 이마를 땅에 닿게 하는 것이며, '흉배'는 이마를 땅에 닿게 한 이후에 절을 하는 것이다. '진동'의 경우 애통하게 울면서 절을 하는 것을 뜻하기도 하고, 양손을 서로 부딪치는 것을 뜻하기도 하며, 위엄을 갖추고 절을 하는 것을 뜻하기도 한다. '기배'는 절하는 횟수를 홀수로 하는 것을 뜻하기도 하며, 한쪽 무릎만 굽히고 하는 절이나 손에 쥐고 있는 물건 등에 의지해서 절하는 것을 뜻하기도 하고, 한 번 절하는 것을 뜻하기도 한다. '포배'는 답배를 뜻하기도 하니, 재배(再拜)에 해당하고, 또 손에 물건을 쥐고 절하는 것을 뜻하기도 한다. '숙배'는 단지 손을 아래로 내려서 몸에 붙이는 것에 해당한다. 『주례』「춘관(春官)·대축(大祝)」편에는 "辨九拜, 一曰稽首, 二曰頓首, 三曰空首, 四曰振動, 五曰吉拜, 六曰凶拜, 七曰奇拜, 八曰襃拜, 九曰肅拜, 以享右祭祀."라는 기록이 있고, 이에 대한 정현의 주에서는 "稽首, 拜頭至地也. 頓首, 拜頭叩地也. 空首, 拜頭至手, 所謂拜手也. 吉拜, 拜而后稽顙, 謂齊衰不杖以下者. 言吉者, 此殷之凶拜, 周以其拜與頓首相通, 故謂之吉拜云. 凶拜, 稽顙而后拜, 謂三年服者. 杜子春云, '振讀爲振鐸之振, 動讀爲哀慟之慟, 奇讀爲奇偶之奇, 謂先屈一膝, 今雅拜是也. 或云, 奇讀曰倚, 倚拜謂持節·持戟拜, 身倚之以拜.' 鄭大夫云, '動讀爲董, 書亦或爲董. 振董, 以兩手相擊也. 奇拜, 謂一拜也. 襃讀爲報, 報拜, 再拜是也.' 鄭司農云, '襃拜, 今時持節拜是也. 肅拜, 但俯下手, 今時揖是也. 介者不拜, 故曰爲事故, 敢肅使者.' 玄謂振動戰栗變動之拜. 書曰王動色變. 一拜, 答臣下拜. 再拜, 拜神與尸. 享, 獻也, 謂朝獻饋獻也. 右讀爲侑. 侑勸尸食而拜."라고 풀이했다.

8) 『주례』「춘관(春官)·대축(大祝)」: 大祝, 掌六祝之辭, 以事鬼神示, 祈福祥, 求永貞. …… 掌六祈, 以同鬼神示. …… 作六辭, 以通上下親疏遠近. …… 辨六號. …… 辨九祭. …… 辨九拜.

9) 『주례』「춘관(春官)·대사(大史)」: 大史, 掌建邦之六典, 以逆邦國之治, 掌法以逆官府之治, 掌則以逆都鄙之治.

가 생존했을 시기에는 유왕이나 여왕과도 같은 우매한 군주가 주공이 세운 도리를 크게 손상시킨 일이 발생하였으니, 춘추시대와 같은 혼란기에 축사(祝辭)나 하사(嘏辭)와 같은 기록과 말들이 종백(宗伯)과 대축(大祝), 무관(巫官)과 사관(史官)의 집안에만 보관되어, 결국 나라의 예법과 규범이 어둠 속에 묻혀서 빛을 발하지 못하게 된 것이다. 그렇기 때문에 '예법과 규범에 어두운 나라[幽國]'라고 부른 것이다.

① 九▼(扌+屮屮/今).

補註 ▼(扌+屮屮/今), 古拜字.

번역 '▼(扌+屮屮/今)'자는 옛 배(拜)자이다.

「예운」 17장

참고-集説

家臣不能具官, 一人常兼數事. ①具官, 是僭擬也. 祭器惟公孤
以上得全備, 大夫無田祿者不設祭器, 以其可假也. 有田祿者
祭器亦不得全具, 須有所假, 不假, 亦僭擬也. 周禮, ②大夫有
判縣之樂, 少牢饋食, 無奏樂之文, 是大夫祭不用樂也, 或君賜
乃有之耳. 聲樂皆具, 亦僭擬也. 尊卑無等, 非亂國而何?

번역 대부에게 소속된 가신들의 경우, 담당하는 업무별로 관리를 둘 수가 없으니, 한 사람의 가신이 항상 여러 가지 업무들을 겸하고 있는 것이다. 따라서 업무별로 관리들을 모두 갖추는 것은 참람하게도 군주를 모방하는 행위에 해당한다. 제기의 경우 오직 제후에게 소속된 고(孤)[1] 이상의 계층만이 완전하게 구비할 수가 있고,[2] 대부들 중에 채읍으로 받은 영지가 없는 자의 경우에는 제기를 마련하지 않으니,[3] 남에게서 빌릴 수가 있기 때문이다. 또 대부들 중에 채읍으로 받은 영지가 있는 자의 경우라 하더라도, 또한 제기를 완전하게 구비할 수가 없어서, 반드시 남에게서 빌리는 것도 있게 된다. 따라서 제기를 빌리지 않도록 완전하게 구비하는 일 또한 참람하게도 자신보다 상위 계층의 예법을 모방하는 행위에 해당하는 것이다. 『주례』의 기록에 따르면, 대부는 판현(判縣)의 악기를 갖추지만,[4] 『의례』「소뢰궤

---

1) 고(孤)는 고대의 작위이다. 천자에게 소속된 '고'는 삼공(三公) 밑의 서열에 해당하며, 육경(六卿)보다 높았다. 고대에는 소사(少師)·소부(少傅)·소보(少保)를 삼고(三孤)라고 불렀다.

2) 제후에게 소속된 고(孤)는 4명(命)의 등급에 해당하며, 4명에 해당하는 등급은 제기(祭器)를 하사받게 되므로, 완전하게 구비할 수 있다고 한 것이다. 『주례』「춘관(春官)·전명(典命)」편에는 "公之孤四命, 以皮帛視小國之君."이라는 기록이 있고, 『주례』「춘관(春官)·대종백(大宗伯)」편에는 "以九儀之命正邦國之位. 壹命受職. 再命受服. 三命受位. 四命受器. 五命賜則. 六命賜官. 七命賜國. 八命作牧. 九命作伯."이라는 기록이 있다.

3) 『예기』「곡례하(曲禮下)」: 無田祿者, 不設祭器, 有田祿者, 先爲祭服. 君子雖貧, 不粥祭器, 雖寒, 不衣祭服, 爲宮室, 不斬於丘木.

식례(少牢饋食禮)」편에도 음악을 연주한다는 문장이 없으니, 이 말은 곧 대부가 제사를 지낼 때에는 음악을 사용하지 않는다는 뜻에 해당하므로, 간혹 군주가 하사를 해 주어야만 곧 음악연주를 할 수 있을 따름이다. 따라서 악기들을 모두 갖추는 것 또한 참람되게 자신보다 상위 계층의 예법을 모방하는 행위에 해당한다. 이처럼 신분의 차등이 없으니, 난잡한 나라가 아니고 무엇이겠는가?

① ○具官是僭擬也.

補註 疏曰: 孔子譏管仲云, "官事不攝, 焉得儉", 是也.

번역 소에서 말하길, 공자는 관중을 비판하며 "가신들의 업무를 겸직시키지 않았는데, 어찌 검소할 수 있겠는가?"[5]라고 했다.

② 大夫有判縣之樂.

補註 按: 判縣, 已見檀弓上補註.

번역 살펴보니, '판현(判縣)'은 『예기』「단궁상(檀弓上)」편의 보주에서 이미 설명했다.

補註 ○又按: 判縣之樂下須著而但二字看, 其義方明.

번역 ○또 살펴보니, '판현지악(判縣之樂)'이라는 구문 뒤에 이단(而但)이라는 두 글자를 붙여서 보면 그 뜻이 명확해진다.

---

4) 『주례』「춘관(春官)·소서(小胥)」: 正樂縣之位, 王, 宮縣, 諸侯, 軒縣, 卿大夫, 判縣, 士, 特縣.

5) 『논어』「팔일(八佾)」: 子曰, "管仲之器小哉!" 或曰, "管仲儉乎?" 曰, "管氏有三歸, 官事不攝, 焉得儉?"

「예운」 18장

참고—經文

①故仕於公曰臣, 仕於家曰僕. 三年之喪與新有昏者, ②期不使. 以衰裳入朝, 與家僕雜居齊齒, 非禮也, 是謂君與臣同國.

번역 공자가 계속해서 말해주길, "그러므로 군주에게서 벼슬살이를 하는 자는 자신을 '신하[臣]'라 부르고, 대부 등에게서 벼슬살이를 하는 자는 자신을 '종[僕]'이라고 부른다. 삼년상을 치른 자이거나 혼례를 치른 자에게는 1년 동안 업무를 맡기지 않는다. 상복을 착용하고 조정에 들어가거나 조정에서 군주의 신하가 아닌 가신[家僕]들과 더불어 뒤섞여서 행렬을 맞추는 것은 비례에 해당하니, 이러한 행태를 '군주가 신하와 함께 그 나라를 공동으로 소유한다[君與臣同國].'라고 부른다."라고 했다.

① 故仕於公曰臣章.

補註 楊梧曰: 先言臣與僕之不同稱, 以見臣與僕同居齒者之爲非禮. 先言喪與昏者之不役使, 以見臣服衰裳入君朝者之爲非禮也, 是謂君與臣同國, 蓋混亂無朝家貴賤之分故耳. 昏因喪竝言之也.

번역 양오가 말하길, 먼저 신(臣)과 복(僕)이라는 명칭이 다르다는 사실을 언급하여, 신과 복이 함께 뒤섞여 대열을 맞추는 것이 비례임을 드러냈다. 먼저 상이나 혼례를 치른 자에게는 업무를 맡기지 않는다고 언급하여, 신하가 상복을 입고 군주의 조정에 들어가는 것이 비례임을 드러냈다. 이러한 경우를 군주가 신하와 함께 나라를 공동으로 소유하는 경우라고 부른다고 했는데, 문란하여 조정과 집 및 귀천의 구분이 없기 때문이다. 혼례는 상례로 인해 함께 언급한 것이다.

② 期不使.

補註 類編曰: 此義未詳. 蓋三年之喪, 君不呼其門, 期而使, 則非禮矣. 新有昏者, 雖宜寬假, 至於期不使, 則已久矣. 恐當以期限之期爲解, 喪期是三年, 昏禮婦三月而廟見, 三月卽昏期也.

번역 『유편』에서 말하길, 이 문장의 의미를 자세히 모르겠다. 삼년상을 치르는 동안에 군주는 그의 집 앞에서 그를 찾지 않는다고 했으니,[1] 1년이 지난 시기에 그에게 임무를 맡기게 된다면 비례가 된다는 뜻인 것 같다. 새로 혼례를 치른 자의 경우 비록 관대하고 너그럽게 대해주어야 하지만, 1년 동안 임무를 맡기지 않는다면 너무 오랜 기간이 된다. 아마도 이 말은 기한(期限)이라고 할 때의 기(期)자로 풀이해야 할 것 같으니, 상례의 기한은 3년에 해당하고, 혼례에서 부인은 3개월이 지난 뒤에 묘에서 알현하게 되므로, 3개월이 곧 혼례의 기한에 해당한다.

---

1) 『춘추공양전』「선공(宣公) 1년」: 古者臣有大喪, 則君三年不呼其門.

참고-集說

王之子弟有功德者封爲諸侯, 其餘則分以畿內之田. ①諸侯子
孫命爲卿大夫, 其有功德者亦賜采地. 所謂官有世功, 則有官
族, 邑亦如之也. 大夫位卑, 不當割采地以與子孫, 但養之采地
之祿耳. 此先王之制度也.

번역 천자의 자제들 중 공덕을 갖춘 자는 분봉을 받아서 제후가 되고, 그 나머지
자제들에 대해서는 천자의 수도 안에 있는 땅들을 나눠주게 된다. 제후의 자손들이
작위의 등급을 받으면, 경이나 대부가 되는데, 그들 중에 공덕을 갖춘 자는 또한
채지를 하사받는다. 이 말은 곧 이른바 "해당 관직에서 대대로 공적을 쌓은 점이
있다면, 관직 이름으로 족명(族名)을 지어주기도 하며, 그 고을에 대해서도 또한
대대로 잘 다스리면, 고을이름으로 족명을 삼기도 한다."라는 뜻이다. 대부의 지위
는 낮으므로, 자신이 받은 채지를 분할하여 자손들에게 줄 수 없고, 단지 채지에서
산출되는 녹봉으로 그들을 부양할 따름이다. 이것이 바로 선왕이 만든 제도이다.

① ○諸侯子孫[止]亦如之.

補註 左傳隱八年文.

번역 『좌전』 은공 8년의 기록이다.[1]

補註 ○按: 陳註出於疏說, 而本文曰: "謂諸侯子孫, 封爲卿大夫. 若其有
大功德, 其子孫亦有采地, 故左傳云: '官有世功, 則有官族, 邑亦如之.'"

번역 ○살펴보니, 진호의 주는 소의 주장에서 도출되었는데, 본문에서는 "제
후의 자손들은 분봉을 해서 경이나 대부로 삼는다는 뜻이다. 만약 그들 중

---

1) 『춘추좌씨전』「은공(隱公) 8년」: 子建德, 因生以賜姓, 胙之土而命之氏. 諸侯以
字爲謚, 因以爲族. 官有世功, 則有官族, 邑亦如之.

큰 공덕을 갖춘 자가 있다면, 그들의 자손들 또한 채지를 소유하게 된다. 그렇기 때문에 『좌전』에서는 '해당 관직에서 대대로 공적을 쌓은 점이 있다면, 관직 이름으로 족명(族名)을 지어주기도 하며, 그 고을에 대해서도 또한 대대로 잘 다스리면, 고을이름으로 족명을 삼기도 한다.'라고 한 것이다."라고 했다.

補註 ○沙溪曰: 公子有功, 則賜之氏, 而授之分土也.

번역 ○사계가 말하길, 공자가 공덕을 세우면 그에게 씨(氏)를 하사하고 땅을 나눠준다.

故政不正, 則君位危, 君位危, 則大臣倍, 小臣竊. ①刑肅而俗敝, 則法無常, 法無常, 而禮無列, 禮無列, 則士不事也. ①刑肅而俗敝, 則民弗歸也, 是謂疵國.

번역 공자가 계속해서 말해주길, "그러므로 정치가 올바르지 않으면, 군주의 지위는 위태롭게 되고, 군주의 지위가 위태롭게 되면, 대신들은 군주의 뜻을 위반하게 되고, 소신들은 도적질을 일삼게 된다. 형벌만 혹독해지고 풍속이 피폐해지면, 법에 일정한 도리가 없게 되고, 법에 일정한 도리가 없게 되어, 예법에 따른 등차가 없게 되니, 예법에 따른 등차가 없게 되면, 사들은 자신의 직무를 돌보지 않는다. 형벌이 혹독하고 풍속이 피폐해지면, 백성들의 마음은 군주에게 귀의하지 않으니, 이러한 나라를 '질병에 걸린 나라[疵國]'라고 부른다."라고 했다.

① 刑肅而俗敝.

補註 敝, 今本誤作敵, 兩處同.

번역 '폐(敝)'자를 『금본』에서는 잘못하여 창(敵)자로 기록했는데, 두 구문에 대해서 모두 잘못 기록했다.

「예운」 24장

참고-集說

藏, 猶安也. 君者, 政之所自出, 故政不正, 則君位危. 書言"天
工人其代之", 典曰"天敍", 禮曰"天秩", 是人君之政, 必本於天
而效法之, 以布命於下也. 社, 祭后土也. 因祭社而出命, 是效
地之政, 有事於祖廟而出命, 是仁義之政, 有事於山川而出命,
是興作之政, 有事於五祀而出命, 是制度之政. 效地者, 效其高
下之勢, 以定尊卑之位也. 仁義者, 仁以思慕言, 義以親疏言,
思慕之心無窮而親疏之殺有定. 又親親, 仁也, 尊尊, 義也. ①
自仁率親, 等而上之至于祖, 而尊尊之義隆, ①自義率祖, 順而
下之至于禰, 而親親之仁篤也. 興作之事, 非材不成, 故於山
川. 制度之興, 始於宮室, 故本五祀. 夫安上治民, 莫善於禮. 聖
人庸禮之政如此, 故身安而國可保也.

번역 '장(藏)'자는 "편안하게 한다[安]."는 뜻이다. 군주는 정치가 비롯되는 줄로이
다. 그렇기 때문에 정치가 올바르지 못하다면, 군주의 지위도 위태롭게 되는 것이
다. 『서』에서는 "하늘의 일을 사람이 대신하는 것입니다."[1]라고 하며, 법에 대해서
는 "하늘이 차례대로 펼치다."라고 하였고, 예에 대해서는 "하늘이 질서를 지우다."
라고 하였으니,[2] 이 말은 곧 군주가 시행하는 정치는 반드시 하늘에 근본을 두고
서, 자연의 운행을 본받아, 이로써 백성들에게 명령을 내리고 정사를 펼친다는 뜻이
다. '사(社)'자는 후토(后土)[3]에게 제사지낸다는 뜻이다. 사(社)에서 제사를 지내

---

1) 『서』「우서(虞書)·고요모(皐陶謨)」: 無敎逸欲有邦, 兢兢業業. 一日二日萬幾.
無曠庶官. <u>天工人其代之</u>.

2) 『서』「우서(虞書)·고요모(皐陶謨)」: <u>天敍有典</u>, 勅我五典五惇哉. <u>天秩有禮</u>, 自
我五禮有庸哉.

3) 후토(后土)는 토지신을 뜻한다. 『주례』「춘관(春官)·대종백(大宗伯)」편에는 "王
大封, 則先告<u>后土</u>."라는 기록이 있고, 이에 대한 정현의 주에서는 "后土, 土神也."
라고 풀이했다.

는 일에 연유하여, 명령을 내리는 것은 땅의 도리를 본받은 정령에 해당하고, 조묘(祖廟)에서 제사를 지내면서, 명령을 내리는 것은 인의의 정령에 해당하며, 산천(山川)에서 제사를 시행하면서, 명령을 내리는 것은 사업을 흥성하게 하는 정령에 해당하고, 오사(五祀)에서 제사를 시행하면서, 명령을 내리는 것은 제도에 따른 정령에 해당한다. "땅의 도리를 본받는다."는 말은 땅의 높낮이에 따른 지세를 본받아서, 신분의 서열을 바로잡는다는 뜻이다. 인의(仁義)라는 말에서 '인(仁)'자는 사모하는 마음에 기준을 두어 언급한 것이고, '의(義)'자는 친하고 소원한 관계에 기준을 두어 언급한 것이다. 따라서 인의(仁義)라는 말은 사모하는 마음은 무궁무진하지만, 친하고 소원한 차등적 관계에 따라 확정된 규정이 있다는 뜻이다. 또한 친애하는 이를 친애하는 것은 인(仁)에 해당하며, 존귀한 자를 존귀하게 대하는 것은 의(義)에 해당한다. 인(仁)의 도리에 따라 부친을 따르고, 차등적으로 위로 소급하여 선조에게 이르게 되어,4) 존귀한 자를 존귀하게 여기는 의(義) 또한 융성해지며, 의(義)의 도리에 따라 선조를 따르고, 세대별로 내려와서 아래로 부친에게 이르게 되어,5) 친애하는 이를 친애하는 인(仁)도 돈독해지는 것이다. 사업이 흥기되는 사안은 제대로 된 재목이 아니라면 이룰 수 없다. 그렇기 때문에 산천에서 명령을 내리는 것이다. 제도가 흥기되는 것은 궁실을 짓는 일에서 시작되었다. 그렇기 때문에 오사(五祀)에 근본을 두는 것이다. 무릇 위정자를 편안하게 안주시키고, 백성들을 다스리는 방편에는 예보다 좋은 것이 없다. 성인은 예에 따라 정치를 시행함이 이와 같았기 때문에, 본인도 편안하게 보존하였고, 국가도 보존할 수 있었던 것이다.

① ○自仁率親[止]至于祖[又]自義率祖[止]至于禰.

補註 竝大傳文.

번역 둘 모두 예기「대전(大傳)」편의 기록이다.

---

4) 『예기』「대전(大傳)」: <u>自仁率親, 等而上之至于祖</u>, 名曰輕. 自義率祖, 順而下之至于禰, 名曰重. 一輕一重, 其義然也.

5) 『예기』「대전(大傳)」: 自仁率親, 等而上之至于祖, 名曰輕. <u>自義率祖, 順而下之至于禰</u>, 名曰重. 一輕一重, 其義然也.

「예운」 25장

참고-經文

故, 聖人①參於天地, 並於鬼神, 以治政也, ②處其所存, 禮之序也, 玩其所樂, 民之治也. 故天生時而地生財, 人其父生而師教之, 四者君以正用之, 故君者立於無過之地也.

번역 공자가 계속해서 말해주길, "그러므로 성인은 천지의 운행을 돕고, 귀신들과 나란히 서서, 이로써 정치를 다스리고, 천지와 귀신이 머무는 장소에 위치하여, 올바르게 예의 질서를 정한 것이고, 천지와 귀신이 즐거워하는 것들을 익혀서, 백성들을 다스렸던 것이다. 따라서 하늘은 계절의 기운을 낳고, 땅은 재화를 생산하며, 사람은 그의 부모로부터 태어나고, 스승은 그들을 가르치게 되므로, 이 네 가지는 군주가 자신을 올바르게 함으로써 활용하는 것이다. 그렇기 때문에 군주는 허물이 없는 위치에 있어야 하는 것이다."라고 했다.

① 參於天地竝於鬼神.

補註 按: 參於天地, 應皏天皏地, 竝於鬼神, 應祖廟山川五祀.

번역 살펴보니, "천지의 운행을 돕는다."는 말은 하늘과 땅의 도리를 본받는다는 내용과 호응하고, "귀신들과 나란히 선다."는 말은 조묘·산천·오사에서 정령을 내린다는 내용과 호응한다.

② 處其[止]治也.

補註 按: 此句法與易·繫辭"君子所居而安者, 易之序也, 所樂而玩者, 爻之辭也", 相似.

번역 살펴보니, 이 구문의 문법은 『역』「계사전(繫辭傳)」에서 "군자가 거처하여 편안히 여기는 것은 역의 차례이고, 즐거워하여 완미하는 것은 효의 말이다."[1]라고 한 말과 유사하다.

此承上章言政之事. 謂聖人所以參贊天地之道, 儗並鬼神之
事, 凡以治政而已. 故處天地鬼神之所存, 則①天高地下, 萬物
散殊, 聖人法之, 此禮之所以序也. 玩天地鬼神之所樂, 則①流
而不息, 合同而化, 聖人法之, 此民之所以治也. 四時本於天,
百貨產於地, 人生於父, 而德成於師, 此四者, 君以正用之, 謂
人君正身修德, 順天之時, 因地之利, 而裁成其道, 輔相其宜,
以左右民, 使之養生喪死無憾, 然後設爲庠序學校之敎, 申之
以孝弟焉, 則有以富之敎之而治道得矣. 然其要在君之自正其
身, 立於無過之地而後可, 不能正其身, 如正人何?

번역 이 문장은 앞 문장의 내용에 이어서, 정치에 대한 사안을 언급하고 있다. 즉 성인은 천지의 도리를 돕고, 귀신이 시행하는 일들을 본뜨고 나란히 참여하니, 무릇 이로써 정치를 다스릴 따름이라는 뜻이다. 그렇기 때문에 천지와 귀신들이 머무는 곳에 처하게 된다면, 하늘은 높고 땅은 낮으며, 만물은 사방에 흩어져 자라나며 제각각 다르게 되니, 성인은 이것을 본받게 된다. 이것이 바로 예가 이로써 차례 지워지게 된 이유이다.[2] 천지와 귀신이 즐거워하는 것들을 완상하게 된다면, 끊임없이 흘러서 쉼이 없으며, 화합하여 동화가 되니, 성인은 이것을 본받게 된다. 이것이 바로 백성들이 이로써 다스려지게 된 이유이다.[3] 사계절의 운행은 하늘에 근본을 두고 있고, 모든 재화는 땅에서 생산되며, 사람은 부모에게서 태어나고, 덕은 스승을 통해 완성되는데, 이 네 가지 것들은 군자가 자신을 올바르게 한 이후에야 활용을 해야 하는 것이다. 즉 이 말은 군주가 자신을 올바르게 다스리고 덕을 수양하여, 하늘의 운행에 순응하며, 땅의 이로움에 따라서, 그 도리를 마름질하고 완성하며, 그 합당함을 보필하여서, 백성들을 돌봐주고,[4] 백성들로 하여금 생활을 하며 장례를 치르는데 있어서 아쉬움이 없도록 만든 이후에야, 상(庠)과 서(序)[5]와 같은 학

---

1) 『역』「계사상(繫辭上)」: 是故, 君子所居而安者, 易之序也, 所樂而玩者, 爻之辭也.

2) 『예기』「악기(樂記)」: 天高地下, 萬物散殊, 而禮制行矣.

3) 『예기』「악기(樂記)」: 流而不息, 合同而化, 而樂興焉.

4) 『역』「태괘(泰卦)」: 象曰, 天地交, 泰, 后以財成天地之道, 輔相天地之宜, 以左右民.

5) 서(序)는 본래 향(鄕) 밑의 행정단위인 주(州)에 건립된 학교를 뜻한다. 『주례』「지

교를 세워서 교육을 시키고, 그들에게 효제와 같은 도리로써 거듭나게 한다면,[6] 그들을 풍요롭게 만들고 교화를 시킬 수 있게 되어, 정치의 도리를 얻게 된다는 의미이다. 그런데 그 요점은 군주 본인이 자신을 올바르게 다스리는데 있어서, 조금의 잘못도 없는 상태에 이르게 한 뒤에야 가능하다는데 있다. 따라서 자신을 올바르게 다스릴 수 없다면, 어떻게 남을 다스릴 수 있겠는가?

① **天高地下萬物散殊[又]流而不息合同而化.**

補註 竝樂記文.

번역 둘 모두 『예기』「악기(樂記)」편의 기록이다.

관(地官)·주장(州長)」편에는 "春秋以禮會民而射于州序."라는 기록이 있다. 또한 하후씨(夏后氏) 때 건립한 학교로 설명하며, 동서(東序)와 서서(西序)로 구분하기도 한다. 『예기』「왕제(王制)」편에는 "夏后氏養國老於東序, 養庶老於西序."라는 기록이 있고, 이에 대한 정현의 주에서는 "皆學名也."라고 풀이했다. 한편 '서'는 은(殷)나라 때의 학교로 설명되기도 하며 주(周)나라 때의 학교로 설명되기도 한다. 『맹자』「등문공상(滕文公上)」편에는 "夏曰校, 殷曰序, 周曰庠, 學則三代共之."라는 기록이 있고, 『한서(漢書)』「유림전서(儒林傳序)」편에는 "三代之道, 鄕里有敎, 夏曰校, 殷曰庠, 周曰序."라는 기록이 있다.

6) 『맹자』「양혜왕상(梁惠王上)」: 穀與魚鼈不可勝食, 材木不可勝用, 是使民養生喪死無憾也. 養生喪死無憾, 王道之始也. …… 謹庠序之敎, 申之以孝悌之義, 頒白者不負戴於道路矣.

「예운」 26장

①故君者所明也, 非明人者也, 君者所養也, 非養人者也, 君者所事也, 非事人者也. 故君明人則有過, 養人則不足, 事人則失位. 故②百姓則君以自治也, 養君以自安也, 事君以自顯也. 故禮達而分定, 故③人皆愛其死而患其生.

번역 공자가 계속해서 말해주길, "그러므로 군주가 된 자는 남이 본받아야 할 대상이지, 남을 본받는 자가 아니고, 군주가 된 자는 봉양을 받아야 할 대상이지, 남을 봉양하는 자가 아니며, 군주가 된 자는 섬김을 받아야 하는 대상이지, 남을 섬기는 자가 아니다. 그러므로 군주가 남을 본받게 되면, 허물이 생기게 되고, 남을 봉양하게 되면, 세상을 다스려나가기에는 역부족이 되며, 남을 섬기게 되면, 자신의 지위를 잃는 꼴이 된다. 그러므로 백성들은 군주를 본받음으로써 자기 스스로를 다스려야 하고, 군주를 봉양함으로써 자기 스스로 생활의 안정을 찾아야 하며, 군주를 섬김으로써 자기 스스로 명성을 드날려야 한다. 그러므로 예(禮)가 온 세상에 두루 통하여 명분이 바르게 확립되었던 것이고, 그러므로 사람들은 모두 의(義)를 지키며 목숨을 던지는 것을 선망했고, 의롭지 못하게 살아가는 것을 치욕스럽게 생각했던 것이다."라고 했다.

① 故君者[止]事人者也.

補註 陽村曰: 人君雖尊, 而於賢者所當則而法之, 禮而養之, 尊而事之. 此節之言, 是啓人君矜高自用拒諫飾非之心, 故先儒以爲非孔子之言也.
번역 양촌이 말하길, 군주가 비록 존귀한 존재이지만 현명한 자에 대해서는 마땅히 본받고 따라야 하고, 예우하고 길러주며, 존귀하게 높이고 섬겨야 한다. 이 문단의 말은 군주에게 자신의 지위가 높다고 우쭐대며 제 마음대로 시행하여 간언을 막고 잘못을 감추려는 마음을 열어준다. 그렇기 때문에 선대 학자들은 공자의 말이 아니라고 여겼다.

② 百姓則君以自治.

補註 語類: 問, "禮運百姓則君以自治也. 註, 則字作明字, 不知可從否?" 曰, "只得作明字."

번역 『어류』에서 말하길, 「예운」편에서 '백성들은 군주를 본받음으로써 자기 스스로를 다스려야 한다.'는 구문이 있는데, 주에서는 '칙(則)'자를 명(明)자로 봐야 한다고 했습니다. 그 말에 따라야 하는지 잘 모르겠습니다."라고 묻자 "명(明)자로 봐야한다."라고 대답했다.

補註 ○按: 家語則君亦作明君, 而註諸明字, 竝讀作則, 陳氏改上三明字以從下則字者, 與家語註同.

번역 ○살펴보니, 『공자가어』에서는 '칙군(則君)'을 명군(明君)으로 기록하였다. 그런데 주에서는 명(明)자들에 대해 모두 칙(則)자로 풀이했으니, 진호가 앞의 3개 명(明)자를 고치며 그 밑의 구문에 나오는 칙(則)자의 뜻으로 본 것은 『공자가어』의 주와 일치한다.

③ 人皆[止]其生.

補註 類編曰: 言人皆愛死而謀生不敢犯分侵禮也. 患如論語患得之患, 猶言以此爲念也.

번역 『유편』에서 말하길, 사람들은 모두 죽는 것을 애석하게 여기지만 살기를 도모하며 분수를 어기고 예법을 어기는 일을 감히 하지 않았다는 뜻이다. '환(患)'자는 『논어』에서 "얻을 것을 걱정한다."[1]라고 했을 때의 환(患)자와 같으니, 이러한 것을 유념한다는 의미이다.

補註 ○按: 此與本註大異, 而亦通.

번역 ○살펴보니, 이 내용은 본래의 주와는 큰 차이를 보이지만, 그 해석 또한 뜻이 통한다.

---

1) 『논어』 「양화(陽貨)」: 子曰, "鄙夫可與事君也與哉? 其未得之也, 患得之. 旣得之, 患失之. 苟患失之, 無所不至矣."

「예운」 27장

①朱子曰: 仁止是愛, 愛而無義以制之, 便事事都愛好. 物事也愛好, 官爵也愛愛, 錢也愛, 事事都愛, 所以貪也. 故用人之仁, 當棄其貪之失也.

번역 주자가 말하길, '인(仁)'은 사랑함일 뿐인데, 사랑만 하고 의로움으로 제지하지 못한다면, 곧 모든 사물들에 대해서 애착을 갖게 된다. 즉 사물들에 대해서도 좋아하고, 관작도 좋아하며, 돈도 좋아하게 되니, 모든 일들에 대해서 좋아하는 것은 곧 탐욕을 부리는 것이다. 그렇기 때문에 사람의 인자함은 가려서 쓰되, 그가 가진 탐욕의 잘못됨은 버려야 하는 것이다.

① ○朱子曰[止]失也.

補註 按: 此出語類, 而本文有"知與詐, 勇與怒, 固相類. 仁却如何貪"之語而無"愛錢也"之愛字.

번역 살펴보니, 이것은 『주자어류』에 나온 말인데, 본문에는 "지혜와 속임수, 용기와 분노는 진실로 비슷한 부류이다. 그러나 인(仁)을 어떻게 탐욕과 같다고 하겠는가?"라는 말이 있고, '애전야(愛錢也)'에서의 애(愛)자는 없다.

補註 ○語類又曰: 大率慈善底人, 多於財上不分曉. 能廉者, 多是峻刻·悍悻·聒噪人底人.

번역 ○『어류』에서 또 말하길, 대체로 자애롭고 선한 사람들은 대부분 재물에 대해서는 밝지 못하다. 청렴을 지킬 수 있는 사람들 중에는 엄격하고 고집스럽고 떠들썩한 사람들이 많다.

補註 ○陽村曰: 仁有小大, 有全體而無欲者, 有慈柔而無斷者, 全體而無欲者, 未易得也. 人之慈柔, 亦美德也. 但患於事不能果決, 或有饋獻,不能力辭, 蓋其過於慈柔之失也. 雖然必不橫斂以剝民, 故用人之仁, 當棄其貪之失也.

번역 ○양촌이 말하길, 인(仁)에는 작음과 큼의 차이가 있으니, 본체를 온전히 하면서도 욕심이 없는 자도 있고, 자애롭고 유순하지만 결단성이 없는 자도 있는데, 본체를 온전히 하면서도 욕심이 없는 것은 쉽게 터득할 수 있는 것이 아니다. 사람이 자애롭고 유순한 것은 또한 아름다운 덕이 된다. 다만 어떤 사안에 대해서 과감하게 결단할 수 없어서 간혹 누군가가 물건을 보내올 때 힘써 사양하지 못하는 일이 생기니, 지나치게 자애롭고 유순한 것에서 비롯된 잘못이다. 그렇다고 하지만 분명 무자비하게 세금을 거둬 백성들의 것을 빼앗지는 않을 것이다. 그렇기 때문에 어떤 사람의 인(仁)함을 부릴 때에는 마땅히 그가 가지고 있는 탐욕을 부릴 수 있는 잘못의 발단을 버려야 한다.

補註 ○按: 此段古註疏, 以用此知勇仁之人去其詐怒貪者之害爲解, 故朱子旣發明其義, 而曰: "諸家都不曾恁地看得出."

번역 ○살펴보니, 이 단락에 대해 옛 주와 소에서는 그 사람이 가지고 있는 지혜·용기·인자함을 쓰되 그가 가지고 있는 거짓·분노·탐욕 등의 해악을 제거해야 한다는 뜻으로 풀이했다. 그렇기 때문에 주자는 그 뜻을 드러내고서 "여러 학자들의 해석은 모두 일찍이 그와 같이 보지 않았다."라고 말했다.

「예운」28장

故國有患, 君死社稷, 謂之義, ①大夫死宗廟, 謂之變.

번역 공자가 계속해서 말해주길, "그러므로 나라에 환란이 발생했을 때, 군주가 사직을 지키다가 죽는 것을 '의(義)'라고 부르며, 대부가 군주의 종묘를 지키다가 죽는 것을 '변(變)'이라고 부른다."라고 했다.

① 大夫死宗廟謂之變.

補註 家語註: 大夫有去就之義, 未必常死宗廟, 其死宗廟者, 權變爲之也.
번역 『공자가어』의 주에서 말하길, 대부에게는 군주와 뜻이 맞느냐에 따라 떠나거나 관직에 나아가는 도리가 있으니, 항상 군주의 종묘를 지키기 위해 목숨을 바칠 필요는 없다. 군주의 종묘를 지키기 위해 목숨을 바치는 것은 변화된 상황에 따라 권도를 발휘해 그처럼 행하는 것이다.

補註 ○類編曰: 宗廟, 指大夫之家廟. 言大夫旣許身於君, 則當死於國, 不當死於家. 變者, 反於義理之正也. 孝經曰: "諸侯能保其社稷, 大夫能守其宗廟." 曲禮: "大夫曰奈何去宗廟", 皆言大夫之家廟.
번역 ○『유편』에서 말하길, '종묘(宗廟)'는 대부의 집에 있는 종묘를 가리킨다. 즉 대부가 이미 군주에게 자신의 몸을 의탁했다면 마땅히 국가를 위해 목숨을 바쳐야 하며, 자신의 집안을 위해 목숨을 바쳐서는 안 된다. '변(變)'이라는 것은 의리의 정도와 반대가 된다는 뜻이다. 『효경』에서는 "제후는 자신의 사직을 지킬 수 있다."[1]라고 했고, "대부는 자신의 종묘를 지킬 수 있다."[2]라고 했으며, 『예기』「곡례(曲禮)」편에서는 "어찌하여 종묘를 버리고 떠

---

1) 『효경』「제후장(諸侯章)」: 高而不危, 所以長守貴也. 滿而不溢, 所以長守富也. 富貴不離其身, 然後能保其社稷, 而和其民人.

나시는 것입니까?"[3]라고 했는데, 이 모두는 대부의 집에 있는 종묘를 뜻한다.

2) 『효경』「경대부장(卿大夫章)」: 三者備矣, 然後能守其宗廟.

3) 『예기』「곡례하(曲禮下)」: 國君去其國, 止之曰, "奈何去社稷也?" 大夫曰, "奈何
去宗廟也?" 士曰, "奈何去墳墓也?" 國君死社稷, 大夫死衆, 士死制.

참고-經文

故聖人耐以天下爲一家, 以中國爲一人者, 非意之也, 必知其情, 辟於其義, 明於其利, 達於其患, 然後①能爲之. 何謂人情? ②喜·怒·哀·懼·愛·惡·欲, 七者弗學而能. 何謂人義? 父慈·子孝·兄良·弟弟·夫義·婦聽·長惠·幼順·君仁·臣忠, 十者謂之人義. 講信修睦, 謂之人利. 爭奪相殺, 謂之人患. 故聖人之所以治人七情, 修十義, 講信修睦, ③尚慈讓, 去爭奪, 舍禮何以治之?

번역 공자가 계속해서 말해주길, "그러므로 성인은 능히 천하의 모든 백성을 자신의 가족처럼 삼으며, 백성들을 자신처럼 삼는 자인데, 이것은 자기 개인의 생각으로 억측을 한다고 해서 될 것이 아니니, 반드시 백성들의 정감을 알아야 하며, 그들이 따라야 할 도의를 열어주고, 그들이 이롭게 여기는 것들에 대해 잘 알고 있어야 하며, 그들이 우환으로 여기는 것들에 대해서도 잘 알아야 하니, 그런 이후에야 이처럼 할 수 있는 것이다. 그런데 무엇을 '사람의 정감[人情]'이라고 부르는가? 기쁨[喜]·노여움[怒]·슬픔[哀]·두려움[懼]·사랑함[愛]·싫어함[惡]·욕망[欲]을 뜻하니, 이러한 일곱 가지 감정들은 따로 배우지 않아도 모두가 갖추고 있는 것들이다. 또 무엇을 '사람이 따라야 할 도의[人義]'라고 부르는가? 부친의 자애로움[父慈]·자식의 효성스러움[子孝]·형의 선량함[兄良]·동생의 공경스러움[弟弟]·남편의 의로움[夫義]·부인의 순종함[婦聽]·연장자의 은혜로움[長惠]·어린 자들의 온순함[幼順]·군주의 인자함[君仁]·신하의 충성스러움[臣忠]이니, 이러한 열 가지 것들을 '인의(人義)'라고 부른다. 신의를 가르치고, 화목함을 실천하는 것을 '사람에게 이로운 것[人利]'이라고 부른다. 다투고 빼앗으며, 서로 상해를 가함을 '사람에게 우환이 되는 것[人患]'이라고 부른다. 그러므로 성인은 이로써 사람의 일곱 가지 정감을 다스리고, 열 가지 도의를 다듬으며, 신의를 가르치고, 화목함을 실천하며, 자애로움과 겸손함을 숭상하고, 다투고 빼앗는 것들을 없애게 되는데, 이러한 일들에 있어서 예를 버려두고서 무엇으로써 다스리겠는가?"라고 했다.

① ○能爲之.

補註 楊梧曰: 爲之, 與上兩爲字, 相照應.

번역 양오가 말하길, '위지(爲之)'에서의 위(爲)자와 앞에 나온 2개의 위(爲)는 상호 호응된다.

② 喜怒哀懼愛惡欲.

補註 疏曰: 左傳昭二十五年云: "天有六氣, 在人有六情, 喜·怒·哀·樂·好·惡", 此之喜怒哀惡與彼同. 此云欲則彼云樂, 此云愛則彼云好, 六情之外, 增一懼爲七.

번역 소에서 말하길, 『좌전』 소공 25년 기록에서는 "하늘에는 육기(六氣)[1]가 있는데, 사람에게 있어서 이 기운은 육정(六情)이 되니, 육정은 곧 기쁨[喜]·노여움[怒]·슬픔[哀]·즐거움[樂]·좋아함[好]·싫어함[惡]이다."[2]라고 하였다. 이곳 문장에 기록된 '희(喜)'·'노(怒)'와 '애(哀)'·'오(惡)'는 『좌전』에 나타난 항목과 동일하다. 다만 이곳 문장에서 '욕(欲)'을 언급했다면 『좌전』에서는 '락(樂)'을 언급하였고, 이곳 문장에서 '애(愛)'를 언급했다면 『좌전』에서는 '호(好)'를 언급하고 있으며, 이곳 문장에서는 '육정(六情)' 이외에도 한 가지 감정인 '구(懼)'를 덧붙여서 일곱 가지 감정이 된다고 하였다.

---

1) 육기(六氣)는 자연 기후의 변화 속에 나타나는 여섯 가지 주요 현상을 뜻한다. 음기(陰氣), 양기(陽氣), 바람[風], 비[雨], 어둠[晦], 밝음[明]을 뜻한다. 『춘추좌씨전』 「소공(昭公) 1년」에는 "六氣曰陰·陽·風·雨·晦·明也."라는 기록이 있고, 『장자(莊子)』 「재유(在宥)」편에는 "天氣不和, 地氣鬱結, 六氣不調, 四時不節."이라는 기록이 있는데, 이에 대한 성현영(成玄英)의 소(疏)에서는 "陰·陽·風·雨·晦·明, 此六氣也."라고 풀이했으며, 또 『국어(國語)』 「주어하(周語下)」편에 대한 위소(韋昭)의 주에서는 "六氣, 陰陽風雨晦明也."라고 풀이했다.

2) 『춘추좌씨전』 「소공(昭公) 25년」: 天地之經, 而民實則之. 則天之明, 因地之性, 生其六氣, 用其五行. …… 民有好惡·喜怒·哀樂, 生于六氣, 是故審則宜類, 以制六志.

③ 尙慈讓.

補註 慈, 古經作辭.

번역 '자(慈)'자에 대해 『고경』에서는 사(辭)자로 기록했다.

「예운」 32장

참고─經文

故人者, 其天地之德 · 陰陽之交 · ①<u>鬼神之會</u> · ②<u>五行之秀氣也</u>.

번역 공자가 계속해서 말해주길, "그러므로 사람은 천지(天地)가 낳아준 덕(德)을 품고 있고, 음양(陰陽)의 교합에 의해 태어났으며, 귀신(鬼神)의 두 기운이 오묘하게 합치되어 응결된 결과물이고, 오행(五行) 중에서도 가장 빼어난 기운을 타고난 존재이다."라고 했다.

① ○鬼神之會.

補註 語類曰: 禮運言人者, 鬼神之會. 祭義言致愛則存, 致慤則著, 皆說得好.

번역 『어류』에서 말하길, 「예운」편에서는 "사람은 귀신의 두 기운이 오묘하게 합치된 결과물이다."라고 했고, 『예기』「제의(祭義)」편에서는 "친애하는 마음을 지극히 하면 이러한 것들이 보존되고, 정성을 다하면 부모의 모습과 소리가 드러나게 된다."[1]라고 했는데, 둘 모두 좋은 말이다.

② 五行之秀氣.

補註 疏曰: 言人感五行秀異之氣, 有仁義禮智信也.

번역 소에서 말하길, 사람은 오행(五行)의 빼어나고 남다른 기운에 감응하였기 때문에, 인(仁) · 의(義) · 예(禮) · 지(知) · 신(信)을 갖추고 있다는 뜻이다.

---

1) 『예기』「제의(祭義)」: 是故先王之孝也, 色不忘乎目, 聲不絶乎耳, 心志嗜欲不忘乎心; <u>致愛則存, 致慤則著</u>, 著存不忘乎心, 夫安得不敬乎? 君子生則敬養, 死則敬享, 思終身弗辱也.

天地·鬼神·五行, 皆陰陽也. 德, 指實理而言, 交, 指變合而言. 會者, ①<u>妙合而凝也</u>. ②<u>形生神發, 皆其秀而最靈者</u>, 故曰五行之秀氣也.

번역 천지(天地)·귀신(鬼神)·오행(五行)은 모두 음양(陰陽)의 기운에 해당한다. '덕(德)'은 음양의 실리(實理)를 가리켜서 언급한 말이고, '교(交)'는 음양의 변화와 화합을 가리켜서 언급한 말이며, '회(會)'는 음양의 기운이 오묘하게 화합하여 응결된다는 뜻이다. 사람의 육신과 정신이 생겨남에 그 기운들은 모두 음양의 기운 중에서도 가장 빼어나고 영묘한 것들이다. 그렇기 때문에 오행 중에서도 가장 빼어난 기운이라고 말한 것이다.

① 妙合而凝.

補註 太極圖說曰: 無極之眞, 二五之精, 妙合而凝.
번역 『태극도설』에서 말하길, 무극의 진리와 음양오행의 정기가 오묘하게 화합하여 응결된 것이다.

② 形生神發[止]靈者.

補註 太極圖說曰: 惟人也, 得其秀而最靈, 形旣生矣, 神發知矣.
번역 『태극도설』에서 말하길, 오직 사람만이 빼어난 기운을 얻어 가장 영특하니, 형체가 생성되면 신이 지혜를 발휘한다.

「예운」 33장

참고-經文

①故天秉陽, 垂日星, 地秉陰, 竅於山川, 播五行於四時, 和而
後月生也. 是以三五而盈, 三五而闕.

번역 공자가 계속해서 말해주길, "그러므로 하늘은 양기를 부려서, 해와 별들을 하
늘에 수놓았고, 땅은 음기를 부려서, 산천에 구멍을 뚫어 기운이 통하게 하였으며,
사계절마다 오행을 배치시켰는데, 이러한 운행이 조화를 이룬 뒤에야 달이 생겨나
게 된다. 이러한 까닭으로 달은 15일마다 보름달이 되고, 15일마다 그믐달이 된다."
라고 했다.

① 故天秉陽章.

補註 楊梧曰: 天秉陽氣, 固位乎上矣. 然成象爲日星, 而其光下垂, 則其
氣未始不降也. 地秉陰氣, 固位乎下矣. 然成形爲山川, 而其竅上通, 則
其氣未始不騰也. 天地相交如此, 由是陽變陰合, 而生水火木金土之行,
分布於春夏秋冬之四時, 五行之原如此, 但見天地陰陽無非和氣, 各循
其規而後月之生明, 一如其日之躔次而不忒也.

번역 양오가 말하길, 하늘은 양기를 부리니 진실로 위에 자리하는 것이다.
그런데 형상을 맺어 해와 별을 만들고 그 빛이 아래로 비추니 그 기운은 애
초에 내려가지 않은 적이 없었다. 땅은 음기를 부리니 진실로 아래에 자리하
는 것이다. 그런데 형상을 맺어 산천을 만들고 그 구멍은 위로 통하니 그
기운은 애초에 오르지 않은 적이 없었다. 천지가 서로 사귐이 이와 같은데,
양기의 변화와 음기의 합함으로 말미암아 수·화·목·금·토의 오행을 생
성하고 봄·여름·가을·겨울의 사계절에 분포하니 오행의 근원은 이와 같
다. 다만 천지와 음양은 조화롭지 않은 기운이 없고, 각각 그 법도에 따른
이후에 달의 밝음이 생겨나는데, 이것은 한결같이 해의 운행에 따라 어긋나
지 않게 됨을 확인할 수 있다.

補註 ○疏曰: 凡月體之生, 稟於日光. 若五行之氣不和, 日月行度差錯, 失序則月生不依其時. 若五行氣和, 則月依其時而生也.

번역 ○소에서 말하길, 달의 형체가 생겨나는 것은 해의 빛을 받는데 힘입는다. 만약 오행의 기운이 조화롭지 않아서 해와 달의 운행에 차질이 발생하여, 질서를 잃어버리게 된다면 달의 형체가 나타나는 것이 그 때에 맞지 않게 된다. 만약 오행의 기운이 조화를 이루게 된다면 달이 그 시기에 맞게 나타나게 된다.

참고─集說

竅於山川, 山澤通氣也. 五行, 一陰陽也. 質具於地, 氣行於天, 春木・夏火・秋金・冬水, 各主其事以成四時. 月之盈虧, 由於日之近遠. 四序順和, 日行循軌, 而後月之生明如期, 望而盈, 晦而死, 無①朓朒之失也.

번역 "산천에 구멍을 뚫는다."는 말은 산과 연못에 기운을 통하게 한다는 뜻이다.[1] 오행(五行)은 결국 음양(陰陽)이다. 재질[質]은 땅[地]에서 갖춰지고, 기운[氣]은 하늘[天]에서 운행하게 되며, 봄의 목덕(木德), 여름의 화덕(火德), 가을의 금덕(金德), 겨울의 수덕(水德)은 각각 자신이 맡은 일을 주관함으로써, 사계절을 이룬다. 달이 차고 이지러짐은 해와의 거리에 달려 있다. 사계절의 순서가 법칙에 따라 조화롭고, 해의 운행이 궤도를 따르게 된 이후에야, 달의 빛을 발함도 주기에 맞게 되어, 보름이 되어 달이 차고, 그믐이 되어 달이 없어지게 되니, 조뉵(朓朒)[2]의 차이가 생기지 않게 된다.

---

1) 『易』「설괘전(說卦傳)」: 天地定位, 山澤通氣, 雷風相薄, 水火不相射, 八卦相錯.

2) 조뉵(朓朒)은 육조(朒朓)라고도 부른다. 천문학의 용어로, 매월 초에 달이 동쪽 하늘에 나타나고, 매월 말에 달이 서쪽 하늘에 나타나는 것을 가리킨다.

① 朓朒.

補註 *沙溪曰: 晦而月見西方曰朓, 朔而月見東方曰朒.*

번역 사계가 말하길, 그믐이 되어 달이 서쪽에서 나타나는 것을 '조(朓)'라 부르고, 초하루가 되어 달이 동쪽에서 나타나는 것을 '늌(朒)'이라 부른다.

「예운」 35장

①五聲 · 六律 · 十二管, 還相爲宮也.

번역 공자가 계속해서 말해주길, "오성(五聲) · 육률(六律)[1] · 12개의 관(管)은 순환하여 서로의 궁(宮)이 된다."라고 했다.

① 五聲六律十二管.

補註 疏曰: 六律, 陽律. 擧陽律, 則陰呂從之可知, 故十二管也. 十一月黃鍾爲宮, 十二月大呂爲宮, 是廻還迭相爲宮也.

번역 소에서 말하길, '육률(六律)'은 12율 중에서 양률(陽律)을 뜻한다. 양률을 제시하였으니 음려(陰呂)도 포함된다는 사실을 알 수 있다. 그렇기 때문에 12관(管)이라고 말한 것이다. 11월에는 황종(黃鍾)이 궁(宮)이 되고, 12월에는 대려(大呂)가 궁(宮)이 되니, 이것이 바로 순환하며 서로의 궁(宮)이 된다는 뜻이다.

五聲, 宮 · 商 · 角 · 徵 · 羽也. 六律, 陽聲, 黃鍾子, 太簇寅, 姑洗辰, 蕤賓午, 夷則申, 無射戌也. 陰聲, 謂之六呂, 大呂丑, 應鐘亥, 南呂酉, 林鐘未, 仲呂巳, 夾鍾卯也. 六律 · 六呂, 皆是候氣管名. 律, 法也, 又云述也. 呂, 助也, 言助陽宣氣也. 總而言

---

1) 육률(六律)은 12율(律) 중 양률(陽律)에 해당하는 황종(黃鍾), 태주(大簇), 고선(姑洗), 유빈(蕤賓), 이칙(夷則), 무역(無射)을 가리키는 용어이다. 한편 12율과 같은 의미로도 사용되었다.

之, 皆可稱律, 故月令十二月皆稱律也. 長短之數, 各有損益. 又有娶妻生子之例. 長短損益者, ①如黃鍾長九寸, 下生者, 三分去一, 故下生林鍾長六寸也. 上生者, 三分益一, 如林鍾長六寸, 上生太簇長八寸也. 上下之生, 五下六上, 蓋自林鍾未至應鍾亥, 皆在子午以東, 故謂之下生. 自大呂丑至蕤賓午, 皆在子午以西, 故謂之上生. 子午皆屬上生, 當云七上, 而云六上者, 以黃鍾爲諸律之首, 故不數也. 律娶妻而呂生子者, 如黃鍾九以林鍾六爲妻, 太簇九以南呂六爲妻, ②隔八而生子, 則林鍾生太簇, 夷則生夾鍾之類也. 各依此推之可見. 還相爲宮者, 宮爲君主之義, 十二管更迭爲主, 自黃鍾始, 當其爲宮, 五聲皆備. 黃鍾第一宮, 下生林鍾爲徵, 上生太簇爲商, 下生南呂爲羽, 上生姑洗爲角, 餘倣此. ③林鍾第二宮, 太簇三, 南呂四, 姑洗五, 應鍾六, 蕤賓七, 大呂八, 夷則九, 夾鍾十, 無射十一, 仲呂十二也. 此非十二月之次序, 乃律呂相生之次序也.

번역 '오성(五星)'은 궁(宮)·상(商)·각(角)·치(徵)·우(羽)를 뜻한다. '육률(六律)'은 12율 중에서 양(陽)에 해당하는 소리를 뜻하니, 12지(支) 중 자(子)에 해당하는 황종(黃鐘), 인(寅)에 해당하는 태주(大簇), 진(辰)에 해당하는 고선(姑洗), 오(午)에 해당하는 유빈(蕤賓), 신(申)에 해당하는 이칙(夷則), 술(戌)에 해당하는 무역(無射)을 가리킨다. 음(陰)에 해당하는 소리는 '육려(六呂)'를 뜻하니, 축(丑)에 해당하는 대려(大呂), 해(亥)에 해당하는 응종(應鐘), 유(酉)에 해당하는 남려(南呂), 미(未)에 해당하는 임종(林鐘), 사(巳)에 해당하는 중려(仲呂), 묘(卯)에 해당하는 협종(夾鐘)을 가리킨다. 육률(六律)과 육려(六呂)는 모두 기후를 측정하는 피리관의 명칭이다. '율(律)'자는 법도[法]를 뜻하고, 또한 '술(述)'이라고도 부른다. '여(呂)'자는 "돕는다[助]."는 뜻으로, 양기(陽氣)를 도와서 기(氣)를 펼치도록 한다는 뜻이다. 총괄적으로 말을 하자면, 이 모두는 '율(律)'이라고 부를 수 있다. 그렇기 때문에 『예기』 「월령(月令)」편에서는 12개월의 기후를 말하면서, 모두 '율(律)'이라고 불렀던 것이다. 피리관의 길이를 정할 때에는 각각 줄이거나 더하는 방법이 있다. 또 아내를 맞아 자식을 낳는 것과 같은 방법도 있다. 길이를 줄이거나 더하는 방법은 예를 들어 황종(黃鍾)음을 내는 피리관의 길이는 9촌(寸)

인데, 그 아래로 파생되는 것은 그 길이를 3등분하여, 전체 길이에서 그 하나 만큼을 뺄 것이다. 그렇기 때문에 그 아래로 파생되는 임종(林鍾)음을 내는 피리관은 그 길이가 6촌이 되는 것이다. 위로 파생되는 것은 그 길이를 3등분하여, 전체 길이에서 그 하나 만큼을 더한 것이다. 예를 들어 임종(林鍾)음을 내는 피리관의 길이는 6촌인데, 위로 파생되는 태주(太簇)음을 내는 피리관은 그 길이가 8촌이다. 기준음을 놓고 봤을 때, 상하로 파생되는 음 중 다섯 음은 아래로 파생되고, 여섯 음은 위로 파생되는데, 무릇 미(未)에 해당하는 임종(林鍾)음부터 해(亥)에 해당하는 응종(應鍾)음까지는 12(支)로 원형을 그렸을 때, 모두 기준 축이 되는 자(子)와 오(午)의 동쪽에 놓이게 된다. 그렇기 때문에 '하생(下生)'이라고 부르는 것이다. 또 축(丑)에 해당하는 대려(大呂)음부터 오(午)에 해당하는 유빈(蕤賓)음까지는 모두 자(子)와 오(午)의 서쪽에 놓이게 된다. 그렇기 때문에 '상생(上生)'이라고 부르는 것이다. 또한 자(子)에 해당하는 황종(黃鐘)음과 오(午)에 해당하는 유빈(蕤賓)음은 모두 상생(上生)에 속한다. 그렇기 때문에 마땅히 상생(上生)은 7개라고 해야 하는데, '여섯 개의 상생[六上]'이라고 부른 이유는 황종(黃鍾)음은 여러 음들의 기준이 되기 때문에, 그 수치 안에 포함시키지 않은 것이다. 율(律)이 아내를 맞아들이고, 여(呂)가 자식을 낳는다는 말은 예를 들어 황종(黃鍾)은 9로써, 임종(林鍾)의 6을 아내로 삼고, 태주(太簇)는 9로써, 남려(南呂)의 6을 아내로 삼는데, 8을 벌리며 새끼음을 낳으니, 임종(林鍾)은 태주(太簇)를 낳고, 이칙(夷則)은 협종(夾鍾)을 낳는 부류와 같은 것이다. 나머지 음들에 대해서도 이러한 방법에 따라 유추해보면, 그 세부 내용들을 알 수 있다. "순환하여 서로의 궁(宮)이 된다."는 말은 오음(五音) 중 궁(宮)에는 군주의 의미가 포함되어 있으니,[2] 12개의 음을 내는 피리관들은 다시금 갈마들며 서로의 주인이 되는데, 황종(黃鍾)으로부터 음이 시작되므로, 마땅히 그 음은 오음 중의 궁(宮)에 해당하며, 오음은 이를 통해 모두 갖춰지게 된다. 황종(黃鍾)이 1궁(宮)이 되면, 하생(下生)인 임종(林鍾)은 치(徵)가 되고, 상생(上生)인 태주(太簇)는 상(商)이 되며, 하생(下生)인 남려(南呂)는 우(羽)가 되고, 상생(上生)인 고선(姑洗)은 각(角)이 되며, 나머지도 모두 이와 같다. 따라서 임종(林鍾)이 2궁(宮)이 되고, 태주(太簇)가 3궁(宮)이 되며, 남려(南呂)가 4궁(宮)이 되고, 고선(姑洗)이 5궁(宮)이 되며, 응종(應鍾)이 6궁(宮)이 되고, 유빈(蕤賓)이 7궁(宮)이 되며, 대려(大呂)가 8궁(宮)이 되고, 이칙(夷則)이 9궁(宮)이 되며, 협종(夾鍾)이 10궁(宮)이 되고, 무역(無射)이 11궁(宮)이 되며, 중려(仲

---

2) 『예기』「악기(樂記)」: <u>宮爲君</u>, 商爲臣, 角爲民, 徵爲事, 羽爲物. 五者不亂則無怗懘之音矣.

呂)가 12궁(宮)이 되는 경우에도 위의 경우와 같은 것이다. 그런데 이것들은 12개월의 순서를 뜻하는 것이 아니니, 곧 육률(六律)과 육려(六呂)가 생겨나는 순서에 해당한다.

① 如黃鍾[止]南呂六爲妻.

補註 按: 九謂陽, 六謂陰也.

번역 살펴보니, 구(九)자는 양을 뜻하고, 육(六)자는 음을 뜻한다.

② 隔八而生子.

補註 按: 此幷本位與所生之位, 而爲八也.

번역 살펴보니, 이것은 본래의 자리와 낳은 것의 자리를 합하면 8이 된다는 뜻이다.

③ 林鍾第二宮[止]十二也.

補註 疏曰: "林鍾爲第二宮, 上生大簇爲徵, 下生南呂爲商, 上生姑洗爲羽, 下生應鍾爲角." 大簇爲第三宮以下, 皆依此法推之.

번역 소에서 말하길, "임종(林鍾)은 두 번째 궁(宮)이 되는데, 상생하여 낳은 대주(大簇)는 치(徵)가 되고, 하생하여 낳은 남려(南呂)는 상(商)이 되며, 상생하여 낳은 고선(姑洗)은 우(羽)가 되고, 하생하여 낳은 응종(應鍾)은 각(角)이 된다."라고 했다. 대주가 세 번째 궁(宮)이 된다는 것으로부터 그 이하의 기록은 모두 이러한 법칙에 따라 추론한다.

補註 ○按: 十二宮之次序, 以相生而言, 黃鍾下生林鍾, 林鍾上生大簇, 大簇下生南呂, 南呂上生姑洗, 姑洗下生應鍾, 應鍾上生蕤賓, 蕤賓上生大呂, 大呂下生夷則, 夷則上生夾鍾, 夾鍾下生無射, 無射上生仲呂, 仲呂復上生黃鍾. 每宮, 其商徵羽角之次, 亦依此.

번역 ○살펴보니, 12궁(宮)의 순서는 상생(相生)을 기준으로 말하면, 황종

(黃鍾)이 하생(下生)하여 임종(林鍾)을 낳고, 임종(林鍾)은 상생(上生)하여
대주(大蔟)를 낳으며, 대주(大蔟)는 하생(下生)하여 남려(南呂)를 낳고, 남
려(南呂)는 상생(上生)하여 고선(姑洗)을 낳으며, 고선(姑洗)은 하생(下生)
하여 응종(應鍾)을 낳고, 응종(應鍾)은 상생(上生)하여 유빈(蕤賓)을 낳으
며, 유빈(蕤賓)은 상생(上生)하여 대려(大呂)를 낳고, 대려(大呂)는 하생
(下生)하여 이칙(夷則)을 낳으며, 이칙(夷則)은 상생(上生)하여 협종(夾鍾)
을 낳고, 협종(夾鍾)은 하생(下生)하여 무역(無射)을 낳으며, 무역(無射)은
상생(上生)하여 중려(中呂)를 낳는데, 중려(中呂)는 다시 상생(上生)하여
황종(黃鍾)을 낳는다. 매 궁(宮)마다의 상(商)·치(徵)·우(羽)·각(角)의
순서 또한 이에 따른다.

「예운」 36장

酸·苦·辛·鹹, ①加滑與甘, 是五味·六和也. 十二食, 十二月之所食也. 還相爲質者, 如春三月以酸爲質, 夏三月以苦爲質, 而六和皆相爲用也.

번역 신맛[酸] · 쓴맛[苦] · 매운맛[辛] · 짠맛[鹹]에 '향신료 맛[滑]'과 단맛[甘]을 더한 것이 바로 오미(五味)와 육화(六和)에 해당한다. '십이식(十二食)'은 12개월 동안 각 달마다 먹는 음식들이다. "순환하여 서로간의 바탕이 된다."는 말은 예를 들어 계춘인 3월에는 신맛을 음식의 기본 바탕으로 삼고, 계하인 6월에는 쓴맛을 바탕으로 삼게 되어, 육화(六和)가 모두 서로간의 쓰임이 된다는 뜻이다.

① ○加滑與甘.

補註 按: 內則及周禮 · 天官 · 食醫, 皆曰, "凡和, 春多酸, 夏多苦, 秋多辛, 冬多鹹, 調以滑甘", 卽此也. 若言五味, 則酸 · 苦 · 辛 · 鹹 · 甘, 而甘於五行屬土, 故四味無不調也.

번역 살펴보니, 『예기』「내칙(內則)」[1]편과 『주례』「천관(天官) · 식의(食醫)」[2]편에서는 모두 "무릇 조미료를 가미할 때에는 봄에는 신맛을 많이 내고, 여름에는 쓴맛을 많이 내며, 가을에는 매운 맛을 많이 내고, 겨울에는 짠맛을 많이 내니, 단맛을 이용해서 맛을 조율한다."라고 했는데, 바로 이 문장의 뜻에 해당한다. 오미(五味)로 말한다면 신맛 · 쓴맛 · 매운맛 · 짠맛 · 단맛이 되는데, 단맛은 오행으로 따지만 토(土)에 해당한다. 그렇기 때문에 나머지 네 가지 맛에도 조화롭지 않음이 없게 된다.

---

1) 『예기』「내칙(內則)」: 凡和, 春多酸, 夏多苦, 秋多辛, 冬多鹹, 調以滑甘.
2) 『주례』「천관(天官) · 식의(食醫)」: 凡和, 春多酸, 夏多苦, 秋多辛, 冬多鹹, 調以滑甘.

補註 ○內則: 棗栗飴蜜以甘之, 菫荁枌楡免薧, 滫瀡以滑之.

번역 ○『예기』「내칙(內則)」편에서 말하길, 대추·밤 등은 엿이나 꿀 등으로 달게 만들며, 근(菫)·환(荁)·분(枌)·유(楡)의 신선한 것이나 말린 것들은 쌀뜨물로 매끄럽게 한다.3)

---

3) 『예기』「내칙(內則)」: 棗·栗飴蜜以甘之, 菫·荁·枌·楡免薧, 滫瀡以滑之, 脂膏以膏之. 父母舅姑必嘗之而後退.

「예운」 37장

①五色·六章·十二衣, 還相爲質也.

번역 공자가 계속해서 말해주길, "오색(五色)·육장(六章)·12개월마다 입는 의복은 순환하여 서로간의 바탕이 된다."라고 했다.

① 五色[止]質也.

補註 按: 質字爲疊. 家語此質字作主.

번역 살펴보니, '질(質)'자는 겹쳐진다는 뜻이다. 『공자가어』에서는 질(質)자를 주(主)자로 기록했다.

五色, 靑·赤·黃·白·黑也. ①幷天玄爲六章. 十二月之衣, 如月令春衣靑·夏衣朱之類. 還相爲質, 謂畫繪之事, 主其時之一色, 而餘色間雜也.

번역 '오색(五色)'은 청색[靑]·적색[赤]·황색[黃]·백색[白]·흑색[黑]이다. 오색(五色)은 하늘의 검은색[玄]과 합쳐 '육장(六章)'이 된다. 12개월마다 입는 의복이라는 것은 예를 들어 『예기』「월령(月令)」편에서 봄에는 의복을 청색으로 하고, 여름에는 의복을 적색으로 한다는 부류와 같다. "순환하여 서로간의 바탕이 된다."는 말은 수를 놓거나 그림을 그리는 일에 있어서, 그 시기에 해당하는 한 색깔을 주된 색으로 사용하고, 나머지 색들을 중간에 가미한다는 뜻이다.

① 幷天玄爲六章.

補註 周禮·考工記: 畫繢之事, 雜五色, 東方謂之靑, 南方謂之赤, 西方謂之白, 北方謂之黑, 天謂之玄, 地謂之黃. 靑與赤謂之文, 赤與白謂之章, 白與黑謂之黼, 黑與靑謂之黻, 五采備謂之繡.

번역 『주례』「고공기(考工記)」에서 말하길, 그림을 그리거나 수를 놓는 일에서는 오색을 섞으니, 동쪽 방위의 색은 청색으로 하며, 남쪽 방위의 색은 적색으로 하고, 서쪽 방위의 색은 백색으로 하며, 북쪽 방위의 색의 흑색으로 하고, 하늘의 색은 검은색으로 하며, 땅의 색은 황색으로 한다. 청색과 적색의 실로 수놓는 것을 문(文)이라 하고, 적색과 백색의 실로 수놓는 것을 장(章)이라 하며, 백색과 흑색의 실로 수놓는 것을 보(黼)라 하고, 흑색과 청색의 실로 수놓는 것을 불(黻)이라 하며, 다섯 가지 채색이 모두 갖춰진 것을 수(繡)라 한다.[1]

補註 ○疏曰: 十二管每月各一, 其事可明. 食與衣唯, 有四時之異, 無每月之異. 此云十二食十二衣, 似月各別衣食者, 熊氏云: "此是異代之法, 故與周禮·月令不同." 或則每時三月衣食雖同, 大總攷之, 一歲之中, 有十二月之異, 故總云十二也.

번역 ○소에서 말하길, 12개의 관(管)은 매월마다 각각 1개의 관(管)이 해당하니, 그 사안은 분명히 알 수 있다. 음식과 의복에 대해서는 오직 사계절에 따른 차이만 있게 되어 각 월마다의 차이점이 없다. 이곳 문장에서는 12개월마다 먹는 음식과 12개월마다 입는 옷이라고 하여, 마치 각 달마다 차이점을 두어 별도의 의복을 입고, 별도의 음식을 먹는 것처럼 기록하였는데, 이 문제에 대해 웅안생은 "이 기록은 주나라와는 다른 시대의 예법에 해당한다. 그렇기 때문에 『주례』 및 『예기』「월령(月令)」편의 기록과 합치되지 않는

---

1) 『주례』「동관고공기(冬官考工記)·화궤(畫績)」: <u>畫績之事, 雜五色, 東方謂之靑, 南方謂之赤, 西方謂之白, 北方謂之黑, 天謂之玄, 地謂之黃.</u> 靑與白相次也, 赤與黑相次也, 玄與黃相次也. <u>靑與赤謂之文, 赤與白謂之章, 白與黑謂之黼, 黑與靑謂之黻, 五采備謂之繡.</u>

것이다."라고 했다. 그것이 아니라면, 매 계절은 12개월 중 3개월씩에 해당하는데, 3개월 동안 입는 의복과 먹는 음식이 비록 동일하더라도, 대략적으로 살펴보면, 1년이라는 기간 안에 포함되며, 12개월의 차이점이 그 안에 포함되어 있기 때문에, 총괄적인 뜻에서 '12'라는 글자를 덧붙인 것이다.

補註 ○楊梧曰: 六和十二食, 不知其品, 六章十二衣, 謂上衣繪六章, 日一, 月二, 星辰三, 山四, 龍五, 華蟲六, 下衣繪六章, 宗彝一, 藻二, 火三, 粉米四, 黼五, 黻六也.

번역 ○양오가 말하길, 여섯 가지 맛으로 12개월마다 먹는 음식들을 조화롭게 한다고 했는데 그 품목은 알 수 없는데, 여섯 가지 무늬로 12개월마다 입는 의복에 무늬를 새긴다고 했고 상의에는 6가지 무늬를 그리니, 해가 첫 번째이고 달이 두 번째이며 별이 세 번째이고 산이 네 번째이며 용이 다섯 번째이고 화충(華蟲)이 여섯 번째이다. 또 하의에도 6가지 무늬를 그리니, 종이(宗彝)가 첫 번째이고 조(藻)가 두 번째이며 불이 세 번째이고 분미(粉米)가 네 번째이며 보(黼)가 다섯 번째이고 불(黻)이 여섯 번째이다.

補註 ○按: 楊說異於本註, 而若以五聲六律十二管之例推之, 則儘有理. 但未知六和十二食, 亦有如此例者可欠.

번역 ○살펴보니, 양오의 주장은 본래의 주와는 차이를 보이는데, '오성육률십이관(五聲六律十二管)'이라고 기록한 용례에 따라 추론해보면 그 주장에도 일리가 있다. 다만 '육화십이식(六和十二食)'이라는 말에 있어서는 이러한 용례가 있는지 모르겠다.

「예운」 38장

故①人者, 天地之心也, ②五行之端也, 食味別聲被色而生者
也.

번역 공자가 계속해서 말해주길, "그러므로 사람은 천지의 마음을 담고 있으며, 오
행의 단서를 가지고 있고, 음식의 맛을 분별하며, 소리를 분별하고, 의복의 색깔을
분별할 줄 아는 존재로 태어났다."라고 했다.

① 人者天地之心.

補註 楊梧曰: 天地畀其體, 而人身妙其用, 猶代天意而運天工, 故曰心.
번역 양오가 말하길, 천지는 본체를 수여했고 사람의 몸은 그 작용을 오묘하
게 만드니, 하늘의 뜻을 대신하고 하늘의 임무를 수행하는 것과 같다. 그렇
기 때문에 심(心)이라고 했다.

補註 ○陽村曰: 人者天地之德, 全以性之實理而言. 人者天地之心, 兼
以氣之妙用而言. 人居天地之中, 全得天地之實理, 亦得天地之秀氣, 能
參天地以贊化育之功, 是人爲天地之心也. 經之本旨, 是主理而言. 然天
道福善‧禍淫, 而善者未必得福, 淫者未必得禍, 人性好善惡惡, 而爲善
者恒少, 爲惡者恒多, 其故何也? 蓋性卽理也, 心兼乎氣, 理無爲而氣用
事, 故人有好善‧惡惡之性, 然而不能爲善而去惡者, 以心爲一身之主,
而動於欲故也. 天有福善‧禍淫之理, 然而善者或反得禍, 淫者或反得
福者, 以人爲天地之心, 而衆以勝之也. 人心得其正, 則人事順, 而天道
亦得其理之常. 人心失其正, 則人事亂, 而天道亦反其理之正. 此亦人爲
天地之心者, 而不得不兼氣言之也. 雖然氣有消長, 而理則不變, 一時氣
數之盛, 雖能勝其常理, 而灾祥或有不得其正, 及其久也, 理必復其常,
而淫者必不保其終, 善者必有慶於後. 天地之心, 何嘗不正福善禍淫之

理? 何嘗不明也?

번역 ○양촌이 말하길, "사람은 천지가 낳아준 덕을 품고 있다."[1]는 말은 온전히 본성의 실리를 기준으로 말한 것이다. "사람은 천지의 마음을 담고 있다."는 말은 기의 오묘한 작용까지도 겸해서 말한 것이다. 사람은 천지 사이에 머물며 천지의 실리를 온전히 얻었고 또 천지의 빼어난 기운까지도 얻어서, 천지에 참여하여 화육하는 일을 돕는다. 이것이 사람의 천지의 마음이 되는 이유이다. 경문의 본래 의미는 이치를 위주로 말한 것이다. 그런데 하늘의 도는 선한 자에게는 복을 내리고 음란한 자에게는 화를 내리지만, 선한 자라고 해서 반드시 복을 받는 것은 아니며 음란한 자라고 해서 반드시 화를 당하는 것은 아니다. 또 사람의 본성은 선을 좋아하고 악을 미워하지만, 선을 시행하는 자는 항상 적고 악을 시행하는 자는 항상 많은데, 이것은 무슨 까닭인가? 본성은 곧 이치에 해당하고, 마음은 기까지도 겸하고 있는데, 이치는 행위함이 없지만 기는 일을 부린다. 그렇기 때문에 사람은 선을 좋아하고 악을 미워하는 본성을 가지고 있지만 선을 시행하고 악을 제거할 수 없는 경우는 마음이 몸의 주인이 되어 욕심에 따라 움직이기 때문이다. 하늘에는 선한 자에게 복을 내리고 음란한 자에게 화를 내리는 이치가 있지만 선한 자는 도리어 화를 당하기도 하고 음란한 자는 도리어 복을 받기도 한다. 그 이유는 사람을 천지의 마음이라고 여기지만 여러 사안들이 그것을 이기기 때문이다. 사람의 마음이 올바름을 얻으면 사람의 일들도 순리에 따르게 되어 하늘의 도 또한 이치의 항상됨을 따르게 된다. 사람의 마음이 올바름을 잃으면 사람의 일들은 문란하게 되어 하늘의 도 또한 이치의 올바름을 거스르게 된다. 이 또한 사람이 천지의 마음이 된다는 것이지만, 부득이하게 기까지도 겸해서 말한 것이다. 비록 그렇다고 하지만 기에는 사그라지거나 장성하는 차이가 있고, 이치는 불변한다. 따라서 일시적으로 기가 융성해져서 비록 항상된 이치를 이기고 재앙과 복이 간혹 올바르지 않게 내리더라도, 오랜 시간이 흐르게 되면 이치는 반드시 항상됨을 회복하여 음란한 자는 반드시 끝을 제대로 보존하지 못할 것이며, 선한 자는 반드시 후에 축복을 받게

---

1) 『예기』「예운(禮運)」: 故人者, 其天地之德 · 陰陽之交 · 鬼神之會 · 五行之秀氣也.

된다. 따라서 천지의 마음에 어찌 선한 자에게 복을 내리고 음란한 자에게 화를 내리는 이치를 바르게 하지 않은 일이 있겠으며, 또한 밝지 않은 적이 있었겠는가?

② 五行之端.

補註 疏曰: 端, 猶首也. 萬物悉由五行而生, 人最得其妙氣, 明仁義禮智信爲五行之首也.

번역 소에서 말하길, '단(端)'자는 머리[首]라는 뜻이다. 만물은 모두 오행(五行)을 통해 태어나는데, 사람은 그 중에서도 가장 영묘한 기운을 얻었다. 그러므로 이 말은 사람이 품수받은 인(仁)·의(義)·예(禮)·지(智)·신(信)이 오행의 으뜸[首]이 된다는 뜻을 나타내고 있다.

「예운」 39장

故聖人作則, 必以天地爲本, ①以陰陽爲端, 以四時爲柄, 以日星爲紀, 月以爲量, ②鬼神以爲徒, ③五行以爲質, ④禮義以爲器, ⑤人情以爲田, 四靈以爲畜. 以天地爲本, 故物可擧也, 以陰陽爲端, 故⑥情可睹也, 以四時爲柄, 故事可勸也, 以日星爲紀, 故⑦事可列也, 月以爲量, 故功有藝也, 鬼神以爲徒, 故事可守也, 五行以爲質, 故事可復也, 禮義以爲器, 故事行有考也, 人情以爲田, 故人以爲奧也, 四靈以爲畜, 故飮食有由也.

번역 공자가 계속해서 말해주길, "그러므로 성인은 규범을 제정함에, 반드시 천지(天地)를 근본으로 삼으며, 음양(陰陽)을 단서로 삼고, 사계절을 정치를 시행하는 큰 기조로 삼으며, 해와 달을 기강으로 삼고, 달을 기한으로 삼으며, 귀신을 짝을 이루어야 할 대상처럼 삼고, 오행(五行)을 올바름으로 삼으며, 예의(禮義)를 기물을 완성하는 것처럼 삼고, 사람의 정감 다스리는 것을 농경지를 다스리는 것처럼 삼으며, 네 가지 신령스러운 동물들을 집에서 기르는 가축처럼 삼는다. 천지를 근본으로 삼았기 때문에 모든 사물들이 시행될 수 있으며, 음양을 단서로 삼았기 때문에 정감을 살펴볼 수 있고, 사계절을 큰 기조로 삼았기 때문에 사업을 권면할 수 있으며, 해와 별을 기강으로 삼았기 때문에 사업을 열거하여 제시할 수 있고, 달을 기한으로 삼았기 때문에 사업의 결과물을 식물을 재배하듯 시기에 맞도록 할 수 있으며, 귀신을 의지하고 짝을 이루는 동류로 삼았기 때문에 사업을 오래도록 지킬 수 있고, 오행을 올바른 바탕으로 삼았기 때문에 사업을 재차 진행할 수 있으며, 예의(禮義)를 기물을 만들 듯이 하였기 때문에 사업의 수행에 있어서 이룸이 생기는 것이고, 사람의 정감에 대해서 농경지를 다스리듯 하였기 때문에 사람에게는 방안의 중심인 아랫목이 생긴 것처럼 된 것이며, 네 가지 신령스러운 동물들을 가축처럼 기르게 되었기 때문에 음식을 만들 때 사용할 수 있는 재료들이 생긴 것이다." 라고 했다.

① ○以陰陽爲端.

補註 疏曰: 端, 猶首也. 用天地爲根本, 又用陰陽爲端首. 猶劒戟以近柄處爲根本, 鋒杪爲端首也. 聖人制法, 左右法陰陽, 及賞以春夏, 刑以秋冬, 是以陰陽爲端首也.

번역 소에서 말하길, '단(端)'자는 '머리[首]'를 뜻한다. 천지(天地)를 근본으로 삼으면서도, 또한 음양(陰陽)을 머리로 삼는다는 뜻이다. 이것은 마치 칼이나 창의 부위 중 손잡이와 가까운 곳을 근본으로 삼고, 날 끝의 날카로운 부분을 머리로 삼는 것과 같다. 성인이 법도를 제정할 때, 좌우로는 음양(陰陽)을 본받으니, 봄과 여름에 상을 위주로 하사하고, 가을과 겨울에 형벌을 주로 시행하는 것도 음양을 본받아서 머리로 삼았기 때문이다.

補註 ○按: 本猶體, 端猶用.

번역 ○살펴보니, '본(本)'자는 본체를 뜻하고, '단(端)'자는 작용을 뜻한다.

② 鬼神以爲徒.

補註 楊梧曰: 鬼神體物不遺, 人若一出入一動靜, 與俱翕闢而不相離, 便是爲徒. 與之爲徒, 則凡事之屈伸往來, 可據守爲常矣. 註以祭祀鬼神配到政事, 未妥.

번역 양오가 말하길, 귀신은 사물의 본체가 되어 빠트리지 않으니, 사람이 한 차례 출입하거나 한 차례 움직이고 멈출 때, 그와 함께 닫고 열며 서로 떨어지지 않는다면 이것은 같은 무리가 되는 것이다. 따라서 귀신과 함께 무리가 된다면 모든 사안에 있어 굽히고 펴며 가고 오는 일들을 굳건하게 지키며 이를 상도로 삼을 수 있게 된다. 주에서 귀신에 대한 제사를 정치에 연계시킨 것은 온당하지 않다.

③ 五行以爲質.

補註 疏曰: 質, 猶體也.

번역 소에서 말하길, '질(質)'은 본체[體]를 뜻한다.

④ 禮義以爲器.

補註 疏曰: 如農夫之執未耜也.

번역 소에서 말하길, 마치 농부가 농기구를 가지고 일을 하는 것과 같다.

⑤ 人情以爲田.

補註 疏曰: 人情得禮義之耕, 如田得未耜之耕也.

번역 소에서 말하길, 사람의 정감이 예의(禮義)에 따른 관리를 받는 것은 곧 농경지에서 농기구를 이용하여 경작하는 것과 같다.

⑥ 情可睹也.

補註 疏曰: 人情與陰陽相通, 今法陰陽爲敎, 故人情無隱也.

번역 소에서 말하길, 사람의 정감은 음양(陰陽)과 서로 통하는데, 현재 음양을 본받아서 교화를 시행하고 있기 때문에, 사람들의 정감에도 숨기는 것이 없게 된다.

⑦ 事可列也.

補註 疏曰: 列, 猶次第也.

번역 소에서 말하길, '열(列)'자는 차례와 순서라는 뜻이다.

참고-集說

治人情如治田, 不使邪僻害正性, 如不使稊稗害嘉穀, 則人皆有①宿道向方之所, 如室之有奧也.

번역 사람의 정감을 다스리는 일은 농경지를 다스리는 일과 같으니, 사벽한 마음이 올바른 본성을 해치지 못하게 하는 것을 모양이 유사한 잡초들이 곡식을 해치지 못하게 하는 것처럼 한다면, 사람들은 모두 도로 귀의하며 올바르게 나아가야 할 방향을 알게 되니, 이것은 마치 방안에 중심이 되는 아랫목이 있는 것과 같은 것이다.

① 宿道.

補註 沙溪曰: 宿道, 久行之道.

번역 사계가 말하길, '숙도(宿道)'는 오래도록 시행된 도를 뜻한다.

「예운」 41장

참고-集說

瘞, 埋也. 繒, 幣帛也. 祭法云, "①瘞埋於泰折, 祭地也." 繒之言
贈, 埋幣告神者, 亦以贈神也. 宣, 揚也. 先王重祭事, 故定期日
於著龜, 而陳列祭祀之禮. 設爲制度如此其詳, 制度一定, 國家
有典禮可守, 官有所治, 事有其職, 禮得其序也.

번역 '예(瘞)'자는 "매장한다[埋]."는 뜻이다. '증(繒)'은 제물로 바치는 폐백(幣
帛)이다. 『예기』「제법(祭法)」편에서는 "태절(泰折)[1]에 폐백을 매장하여, 땅에 제
사를 지냈다."라고 하였다. '증(繒)'자는 "바친다[贈]."는 뜻으로, 폐백을 매장하여
신에게 아뢰는 것은 또한 이것을 통해 신에게 제물을 바치는 것이다. 그래서 폐백
을 '증(繒)'이라고 부르는 것이다. '선(宣)'자는 "드날린다[揚]."는 뜻이다. 선왕(先
王)은 제사를 중시하였기 때문에, 시초점[著]과 거북점[龜]을 쳐서 제사지낼 날짜
를 정하고, 제사의 의례를 차례대로 거행하였던 것이다. 제도(制度)를 설치할 때
이처럼 상세하였고, 또한 제도가 일정하여, 국가에는 지킬만한 예법[典禮]이 생기
게 되었고, 관직[官]은 다스려지게 되었으며, 사업[事]에는 그 직임이 생기게 되었
고, 예(禮)는 올바른 질서를 얻게 된 것이다.

① ○瘞埋於泰折.

補註 祭法文. 本註: "泰折, 卽方丘也."

번역 『예기』「제법(祭法)」편의 기록이다.[2] 본래의 주에서는 "태절(泰折)은

---

1) 태절(泰折)은 북쪽 교외에 설치되었던 제단을 뜻한다. 땅에 대한 제사를 지내던
   곳이다. 단(壇)자와 절(折)자는 모두 흙을 쌓아올려 제사지내는 장소를 만든다는
   뜻이다. 태(泰)자는 천지(天地)와 같은 중요한 신들에게 제사를 지낸다는 뜻에서
   붙여진 글자이다. 『예기』「제법(祭法)」편에는 "燔柴於泰壇, 祭天也. 瘞埋於泰折,
   祭地也."라는 기록이 있고, 이에 대한 정현의 주에서는 "壇·折, 封土爲祭處也."라
   고 풀이하였다.
2) 『예기』「제법(祭法)」: 燔柴於泰壇, 祭天也. 瘞埋於泰折, 祭地也. 用騂犢.

방구(方丘)³⁾에 해당한다."라고 했다.

---

3) 방구(方丘)는 방택(方澤)과 같은 말이다. 고대에 제왕이 땅에 제사를 지냈던 제단이
   다. 그 모양이 사각형이었기 때문에 '방(方)'자를 붙이고, 언덕처럼 흙을 쌓아서 만들
   었기 때문에 '구(丘)'자를 붙여서 부르는 것이다.

「예운」 42장

참고─經文

故先王患禮之不達於下也. 故祭帝於郊, 所以①定天位也. 祀社於國, 所以列地利也. 祖廟, 所以本仁也. 山川, 所以儐鬼神也. 五祀, 所以本事也. 故②宗祝在廟, 三公在朝, 三老在學, 王前巫而後史, ③卜筮瞽侑皆在左右, ④王中, 心無爲也, 以守至正.

번역 공자가 계속해서 말해주길, "그러므로 선왕은 예가 천하에 두루 달통하지 않을까를 염려한다. 그렇기 때문에 교외에서 상제에게 제사를 지내는 것은 하늘의 지위를 확정하는 방법이다. 국성에서 사직에 제사를 지내는 것은 땅의 이로움을 열거하여 천명하는 방법이다. 종묘에서 제사를 지내는 것은 인(仁)을 근본으로 삼는 방법이다. 산천에게 제사를 지내는 것은 귀신을 빈객처럼 접대하는 방법이다. 오사(五祀)에 제사를 지내는 것은 일에 근본을 두는 방법이다. 그러므로 종축(宗祝)[1]은 종묘에 위치하고, 삼공은 조정에 위치하며, 삼로는 학교에 위치하고, 천자는 무(巫)들을 앞에 위치시키며, 사(史)들을 뒤에 두고, 거북점과 시초점을 치는 관리와 악사 및 사보(四輔)들은 모두 천자의 좌우에 위치하며, 천자는 그 중심에 위치하니, 마음에 다른 작용이 일어나지 않아서, 이로써 지극히 올바른 도리를 지키게 된다."라고 했다.

① 定天位也.

補註 疏曰: 天子至尊, 而猶祭於郊, 以行臣禮, 是欲使嚴上之禮達於下. 天高在上, 故云定天位.

---

1) 종축(宗祝)은 종백(宗伯)과 태축(太祝)을 뜻한다. 둘 모두 제사를 주관하는 관리들인데, '종백'은 예법과 관련된 부서의 수장이며, '태축'은 제사를 시행할 때 일을 주도하는 관리이다. 『국어(國語)』「주어중(周語中)」편에는 "門尹除門, 宗祝執祀, 司里授館."이라는 기록이 있고, 이에 대한 위소(韋昭)의 주에서는 "宗, 宗伯, 祝, 太祝也."라고 풀이하였다.

번역 소에서 말하길, 천자는 지극히 존귀한 존재인데도 오히려 교외에서 제사를 지내며 신하가 따르는 예를 시행하니, 이것은 윗사람을 존엄하게 섬기는 예를 백성들에게까지 두루 통달되도록 하기 위함이다. 하늘은 높아서 상위에 위치하기 때문에, "하늘의 지위를 확정한다."라고 말한 것다.

補註 ○楊梧曰: 定天位, 只就尊天上看, 與列地利同.

번역 ○양오가 말하길, '정천위(定天位)'는 단지 하늘을 존귀하게 높이는 것으로 본 것이니, 열지리(列地利)와 같은 의미이다.

② 宗祝.

補註 疏曰: 宗, 宗伯也. 祝, 大祝也.

번역 소에서 말하길, '종(宗)'자는 종백(宗伯)[2]을 뜻한다. '축(祝)'은 대축(大祝)을 뜻한다.

③ 卜筮.

補註 按: 謂卜筮之官.

번역 살펴보니, 거북점과 시초점을 치는 관리이다.

---

2) 종백(宗伯)은 대종백(大宗伯)이라고도 부른다. 주(周)나라 때에는 육경(六卿) 중 하나에 해당하는 고위 관직이었다. 『주례』의 체제 속에서는 춘관(春官)의 수장이 된다. 종묘(宗廟)에 대한 제사 등 주로 예제(禮制)와 관련된 일을 담당하였다. 후대의 관직체계에서는 예부(禮部)에 해당하기 때문에, 예부상서(禮部尙書)를 또한 '대종백' 혹은 '종백'이라고도 부른다. 『서』「주서(周書)・주관(周官)」편에는 "宗伯掌邦禮, 治神人, 和上下."라는 기록이 있다. 또 『주례』「춘관(春官)・종백(宗伯)」편에는 "乃立春官宗伯, 使帥其屬而掌邦禮, 以佐王和邦國."이라는 기록이 있는데, 이에 대한 정현의 주에서는 "宗伯, 主禮之官."이라고 풀이했다. 한(漢)나라 때에는 태재(太宰)라는 이름으로 관직명을 고치기도 했다. 한편 진(秦)나라 때에는 종실(宗室)의 일들을 담당하는 종정(宗正)이라는 관리가 있었는데, 한나라 때에는 이 관직명을 '종백'으로 고치기도 했다.

④ 王中心無爲也.

補註 楊梧曰: 孔疏作王中心無爲連心字讀, 亦有理.

번역 양오가 말하길, 공영달의 소에서는 '왕중심무위(王中心無爲)'라고 하여 심(心)자를 중(中)자와 연결해서 풀이했는데, 그 또한 나름 일리가 있다.

補註 ○按: 中字句絶, 非但陳註如此, 家語註亦然, 此似較長.

번역 ○살펴보니, 중(中)자에서 구문을 끊는 것은 진호의 주만 그러한 것이 아니라 『공자가어』의 주에서도 이처럼 했는데, 이처럼 해석하는 것이 비교적 더 낫다.

참고─集說

天子致尊天之禮, 則天下知尊君之禮, 故曰定天位. 食貨所資, 皆出於地, 天子親祀后土, 正爲表列地利, 使天下知報本之禮也. 仁之實, 事親是也. 人君以子禮事尸, 所以達仁義之敎於下也. 儐禮鬼神而祭山川, 本諸事爲而祭五祀, 皆是使禮敎之四達, 此亦前章未盡之意. 廟有宗祝, 朝有三公, 學有三老五更, 無非明禮敎以淑天下. 巫主弔臨之禮而居前, 史書言動之實而居後, 瞽爲樂師, ①侑爲四輔, 或辨聲樂, 或贊威儀, 而王居其中, 此心何所爲哉? 不過守君道之至正而已. 此又是人君以禮自防, 示敎於天下也.

번역 천자가 하늘을 존귀하게 받드는 예를 지극히 시행하면, 천하의 모든 백성들이 군주를 존귀하게 받드는 예를 알게 된다. 그렇기 때문에 "하늘의 지위를 확정한다."고 말한 것이다. 음식과 재화가 재료로 삼는 것들은 모두 땅에서 생산되는데, 천자가 직접 후토에게 제사를 지내는 것은 바로 땅의 이로움을 차례대로 나타내어, 천하의 백성들로 하여금 본원에 보답하는 예에 대해서 알게끔 하는 것이다. 인의 실질은 부모를 섬기는데 있다. 군주가 자식이 시행하는 예에 따라서 시동을 섬기는 것은 천하에 인의의 교화를 두루 통하도록 하기 위해서이다. 귀신을 손님처럼 예에 맞게 접대하여, 산천에 제사를 지내며, 사업과 시행하는 일들에 근본으로 두고서, 오사에 제사를 지내는 것은 모두 예법과 교화가 사방에 두루 통하도록 하기 위해서이니, 이 말들은 또한 앞 문장에서 설명이 미진했던 부분이다. 종묘에는 종축이 있고, 조정에는 삼공이 있으며, 학교에는 삼로와 오경이 있어서, 예법과 교화를 밝혀서 천하를 바르게 하지 않는 경우가 없는 것이다. 무(巫)라는 관리는 조문하고 곡하는 예법들을 담당하여, 왕 앞에 위치하는 것이고, 사(史)라는 관리는 말하고 행동하는 사실을 기록하여, 왕 뒤에 위치하는 것이며, 고(瞽)는 악사(樂師)이고, 유(侑)는 사보(四輔)인데, 여기에 속한 관리들 중 어떤 자들은 소리를 변별하고, 또 어떤 자들은 위엄을 갖추고 거동하는 일들을 도우며, 왕은 그 중간에 위치하는데, 이러한 마음을 가지고 무엇을 할 것인가? 지극히 올바른 군주의 도리를 지키는 것에 불과할 따름이다. 이것은 또한 군주가 예로써 스스로를 방비하여, 천하의 모든 백성들에게 교화를 펼치는 일에 해당한다.

① 侑爲四輔.

補註 疏曰: 左輔右弼, 前疑後丞, 皆侑勸人君爲善, 故以爲四輔. 已見文王世子.

번역 소에서 말하길, 좌측에 보(輔)를 두고, 우측에 필(弼)을 두며, 앞에 의(疑)를 두고, 뒤에 승(丞)을 두는데, 이들 모두는 군주에게 선을 행하도록 타이르며 권유한다. 그렇기 때문에 이들을 사보(四輔)라고 한 것이다. 이에 대한 설명은 『예기』「문왕세자(文王世子)」편에 나온다.

「예운」 43장

참고─經文

故禮行於郊, 而百神受職焉. 禮行於社, 而百貨可極焉. 禮行於
祖廟, 而孝慈服焉. 禮行於五祀, 而①正法則焉. 故自郊社·祖
廟·山川·五祀, 義之修而禮之藏也.

번역 공자가 계속해서 말해주길, "그러므로 예를 교외의 제사에서 제대로 시행하
여, 모든 신들이 자신의 직무를 제대로 수행하게 되었다. 또한 예를 사직의 제사에
서 제대로 시행하여, 모든 재화를 풍족하게 사용할 수 있게 되었다. 또한 예를 조묘
의 제사에서 제대로 시행하여, 효도와 자애의 도리가 시행되었다. 또한 예를 오사의
제사에서 제대로 시행하여, 법도와 규범이 올바르게 되었다. 그러므로 예의 시행은
교사(郊社)·조묘(祖廟)·산천(山川)·오사(五祀) 등에 대한 제사로부터 시행되
었는데, 이러한 것들은 모두 의리를 정돈하여 나타내고, 예를 보존하는 방법이 된
다."라고 했다.

① 正法則焉.

補註 陽村曰: 正法則, 對孝慈服, 皆以效而言, 非正其法則也, 言有正法,
而人皆則效之也.
번역 양촌이 말하길, '정법칙(正法則)'을 효자복(孝慈服)과 대비해보면 모두
효과를 기준으로 말한 것이니, 법칙을 올바르게 한다는 뜻이 아니며, 올바른
법칙이 생겨서 사람들이 모두 본받는다는 뜻이다.

「예운」 44장

是故, 夫①禮必本於大一, 分而爲天地, 轉而爲陰陽, 變而爲四時, 列而爲鬼神, ②其降曰命, 其官於天也.

번역 공자가 계속해서 말해주길, "이러한 까닭으로, 무릇 예라는 것은 반드시 태일(太一)에 근본을 두고 있어서, 태일이 분화되어 천지가 되듯이 예는 분화하여 귀천 등의 등급이 되며, 태일이 전화하여 음양이 되듯이 예는 전화하여 길흉 등의 사안이 되고, 태일이 변화하여 사계절이 되듯이 예는 변화하여 오래되고 가까운 차이가 되며, 태일이 나열되어 귀신이 되듯이 예는 나열되어 근본에 보답하는 정감이 되니, 이것을 명령으로 내리는 것을 명(命)이라 부르고, 하늘을 본받는 일을 위주로 한다."라고 했다.

① ○禮必本於太一.

補註 沙溪曰: 太一, 出老子.
번역 사계가 말하길, '태일(太一)'은 『노자』에서 나온 말이다.

② 其降曰命.

補註 陽村曰: 其降曰命, 舊說以爲傚以降命之意. 愚恐, 降如上帝降衷之降, 命如天命, 謂性之命. 此節自本太一至列鬼神五者, 言造化流行之理, 其降曰命者, 就賦與人物而言之也. 皆主於天而言, 下節乃言在人之事.
번역 양촌이 말하길, '기강왈명(其降曰命)'을 옛 학설에서는 본받아서 명령을 내린다는 뜻으로 여겼다. 내가 생각하기에, 강(降)이라는 것은 '내려준 충[降衷]'이라고 할 때의 강(降)자와 같고 명(命)은 천명과 같으니, 성의 명을 뜻한다. 이 문단에서 '본태일(本太一)'이라는 구문부터 '열귀신(列鬼神)'까지의 다섯 가지 구문은 조화롭고 유행하는 이치를 말한 것이고, '기강왈명(其降曰命)'은 사람과 사물에게 부여된 것을 말한 것이다. 따라서 이 모두는 하늘을 위주로 말한 것이며, 아래문단은 곧 사람에게 해당하는 사안을 말한 것이다.

極大曰太, 未分曰一. 太極, ①函三爲一之理也, 分爲天地, 則有高卑貴賤之等, 轉爲陰陽, 則有吉凶刑賞之事, 變爲四時, 則有歲月久近之差, 列爲鬼神, 則有報本反始之情. 聖人制禮, 皆本於此以降下其命令者, 是皆主於法天也. 官者, 主之義.

번역 지극히 큰 것을 '태(太)'라고 부르며, 아직 분화되지 않은 것을 '일(一)'이라고 부른다. '태극(太極)'은 천(天)·지(地)·인(人)의 셋을 머금어 하나가 되는 이치이니,[1] 분화되어 천지(天地)가 된다면, 높고 낮음 또는 귀천(貴賤)을 나누는 등급이 생기고, 전화하여 음양(陰陽)이 된다면, 길흉(吉凶)과 상벌(賞罰)을 시행하는 일들이 생기며, 변화하여 사시(四時)가 된다면, 년(年)과 달[月]에 길고 짧아지는 차이가 생기고, 나열되어 귀신(鬼神)이 된다면, 근본에 보답하고 시초로 돌아가는 정감이 생긴다. 성인이 예를 제정할 때에는 모두 이러한 뜻에 근본을 두고서, 명령을 내리게 되니, 이것은 모두 하늘을 본받는 일을 위주로 한다. '관(官)'은 "위주로 한다[主]."는 뜻이다.

① 函三爲一之理.

補註 沙溪曰: 三是理與陰陽, 函是包含之義.

번역 사계가 말하길, 삼(三)은 이치와 음·양을 뜻하며, 함(函)은 포함한다는 뜻이다.

補註 ○淮南子曰: 規始於一, 一不生, 故分而爲陰陽, 陰陽和合而萬物

---

1) 『한서(漢書)』「율력지(律曆志)」: 太極元氣, <u>函三爲一</u>. 極, 中也. 元, 始也.

生, 故曰一生二, 二生三, 三生萬物.

번역 ○『회남자』에서 말하길, 법도는 하나에서 비롯되는데, 하나로는 낳지 못하기 때문에 나뉘어 음양이 되고, 음양이 화합하여 만물이 생겨난다. 그렇기 때문에 하나가 둘을 낳고 둘이 셋을 낳으며 셋이 만물을 낳는다고 했다.

補註 ○前漢書 · 律歷志曰: 太極元氣, 函三爲一.

번역 ○『전한서』「율력지(律歷志)」에서 말하길, 태극의 원기는 셋을 머금어 하나가 된다.

참고−集說

石梁王氏曰: 禮家見①易有太極字, 翻出一箇太一, 仍是諸子語. 其官於天也一句, 結上文. ②官天地, 當如莊子義.

번역 석량왕씨가 말하길, 예학자들은 『역』에 태극이라는 글자가 있는 것에 착안하여, 일(一)자를 보태어 '태일(太一)'이라는 단어로 각색을 하였는데, 이것은 여전히 제자백가들의 학설에서 벗어나지 못한 것이다. "하늘을 본받는다."라는 한 구문은 앞 문장들을 결론지은 글이다. 그런데 "천지를 본받는다."는 말은 『장자』에서 표방하는 뜻과 같다.

① **易有太極**.

補註 易 · 繫辭文.

번역 『역』「계사전(繫辭傳)」의 기록이다.[2]

---

2) 『역』「계사상(繫辭上)」: 是故易有太極, 是生兩儀, 兩儀生四象, 四象生八卦.

② 官天地.

補註 莊子文.

번역 『장자』의 기록이다.3)

---

3) 『장자』「덕충부(德充符)」: 將求名而能自要者, 而猶若是, 而況官天地, 府萬物, 直寓六骸, 象耳目, 一知之所知, 而心未嘗死者乎.

「예운」45장

참고—經文

夫①禮必本於天, 動而之地, 列而之事, 變而從時, ②協於分藝.
其③居人也曰養, 其行之以貨力·辭讓·飮食, 冠昏·喪祭·
射御·朝聘.

번역 공자가 계속해서 말해주길, "무릇 예는 반드시 하늘의 도리에 근본을 하여, 움직여서 땅의 도의를 본받고, 나열되어 일의 근본을 두게 되며, 변화하여 사계절을 따르게 되고, 기한과 결과물의 시한에 합치된다. 이것을 사람에게 있어서는 '도의[義]'라고 부르며, 시행할 때에는 재력과 근력[貨力]·사양함의 예절[辭讓]·음식 등의 물건[飮食]으로써 하니, 관례(冠禮)·혼례(婚禮)·상례(喪禮)·제례(祭禮)·활 쏘는 예법[射]·수레 모는 예법[御]·조례(朝禮)·빙례(聘禮) 등이다."라고 했다.

① 禮必本於天.

補註 陽村曰: 上以在天者言禮, 則曰必本於太一, 分而爲天地. 太一者, 理也. 未有天地之前先有此理, 故必本此而言之也. 下以在人者言禮, 則曰必本於天. 旣有天地而後有人也.

번역 양촌이 말하길, 앞의 문장은 하늘의 측면에서 예를 말하여, "예라는 것은 반드시 태일(太一)에 근본을 두고 있어서, 태일이 분화되어 천지가 된다."라고 했다. '태일(太一)'이라는 것은 이치이다. 천지가 생겨나기 이전에 그보다 앞서 이러한 이치가 있었다. 그렇기 때문에 반드시 여기에 근본을 둔다고 말한 것이다. 뒤에서는 사람의 측면에서 예를 말하여, "예는 반드시 하늘에 근본을 둔다."라고 했다. 천지가 생겨난 이후에 사람이 생겨나기 때문이다.

② 協於分藝.

補註 按: 小註蔣說良是, 與下文藝之分恊於藝, 不相違.

번역 살펴보니, 소주에 나온 장씨의 주장은 매우 옳으니, 아래문장에 나온 "외적인 일[藝]을 구분하는 기준이며, 재예에 합치시킨다."[1]라고 한 말과도 서로 어긋나지 않는다.

참고-大全 蔣氏曰: 自禮必本於大一, 至其官於天, 所以言禮之不離乎天. 自禮必本於天, 至居人曰義, 所以言禮之終歸於人. 且本於大一者, 天地未分之先也. 高卑以分, 天地立矣. 二氣轉移, 陰陽生矣. 寒暑代謝, 有四時之變, 生死往來, 有鬼神之形, 莫非此禮發露於自然. 聖人本其自然發露者, 制禮以命天下, 故曰其降曰命. 旣謂之降曰命矣, 又終之以其官於天者, 聖人懼天下言禮者, 瀆於人而忘於天, 故爾. 且謂之必本乎天者, 猶言本乎大一也. 然動而之地, 則大一判而上下殊矣. 列而之事, 見於制度顯設之位. 變而從時, 推之於陰陽奇耦之象, 莫非此禮所以周流而不窮也. 聖人因而順其分之所宜受, 量其藝之所能爲, 而使之行是禮, 故曰協於分藝. 必終之以居人曰養者, 聖人懼天下之言禮者, 惑於天而不體於人, 故爾.

번역 장씨[2]가 말하길, "예법은 반드시 태일에 근본을 둔다."라는 말부터 "하늘을 본받는다."라는 말까지는 예가 하늘의 도와 분리되지 않는다는 사실을 말하기 위한 문장이다. "예법은 반드시 하늘에 근본을 둔다."라는 말부터 "사람에게 있어서는 의(義)라고 부른다."라는 말까지는 예는 결국 사람의 도의에 결부된다는 사실을 말하기 위한 문장이다. 또한 "태일에 근본을 둔다."라는 말은 천지가 아직 분화되기 이전에 해당한다. 높음과 낮음이 분화되어 천지가 확립된다. 두 기운이 전이되어 음양이 생성된다. 추위와 더위가 차례대로 바뀜에 사계절의 변화가 있게 되고, 태어남과 죽음이 왕래하는 사이에 귀신의 형상이 드러나게 되는데, 이러한 예는 자연에서 발로하지 않는 것이 없다. 성인은 자연에서 발로하는 것들에 근본을 두고서, 예를 제정하여, 천하에 명령을 내렸기 때문에, "그가 내리는 명령을 '명(命)'이라고 부른다."라고

---

1) 『예기』「예운(禮運)」: 義者, 藝之分, 仁之節也. 協於藝, 講於仁, 得之者强.

2) 장씨(蔣氏, ?~?): =장군실(蔣君實). 자세한 행적이 남아 있지 않다.

한 것이다. 그런데 이미 "명령 내리는 것을 명이라고 부른다."라고 언급하였으면서도, 또한 끝에 가서는 "하늘을 본받는다."라는 말로 결론을 맺고 있다. 그 이유는 세상 사람들 중 예를 논의하는 자들이 사람의 도리에만 빠져서, 하늘의 도리를 잊게 될까를 성인이 염려하였기 때문에, 이처럼 기록한 것이다. 또한 "반드시 하늘에 근본을 둔다."라고 언급하였는데, 이 말은 "대일에 근본을 둔다."라고 말하는 것과 같다. 그러므로 "움직여서 땅에 접근한다."는 말은 태일이 나뉘어져 상하가 구분된다는 뜻이다. 또 "나열되어 사안에 접근한다."는 말은 제도가 명확하게 확립된 가운데에서 나타난다는 뜻이다. 그리고 "변화되어 사계절을 따른다."는 말은 음양에 따른 홀수와 짝수의 형상에서 추론해본다는 뜻으로, 이러한 예법은 두루 통용되어, 결코 막히지 않게된다. 성인은 이러한 사실에 기인하여, 마땅히 받게 되는 본분에 따르고, 충분히 시행할 수 있는 재주를 헤아려서, 그들로 하여금 이러한 예를 시행하도록 하는 것이다. 그렇기 때문에 "본분과 재주에 합치된다."라고 말한 것이다. 그런데 기어코 "사람에게 있어서는 양(養)이라고 부른다."라는 말로 결론을 맺고 있다. 그 이유는 세상 사람들 중 예를 논의하는 자들이 하늘의 도리에만 미혹되어, 사람의 도리에는 소홀하게 될까를 성인이 염려했기 때문에, 이처럼 기록한 것이다.

③ 居人也曰養.

補註 鄭註: "養, 當爲義, 字之誤也. 下之則爲敎令, 居人身爲義." 疏曰:
"王肅以下云, '穫而弗食, 食而弗肥, 字宜曰養.'"

번역 정현의 주에서 말하길, "'양(養)'자는 의(義)자가 되어야 하니, 자형이 비슷해서 생긴 오류이다. 그것을 명령으로 내린다면 교화와 정령으로 삼고, 사람에게 있어서는 의(義)로 삼게 된다."라고 했다. 소에서 말하길, "왕숙의 무리들은 "포획하되 먹지 않으며,3) 먹되 배불리 먹지 않는다고 하였으니,4)

---

3) 『예기』「예운(禮運)」: 故治國不以禮, 猶無耜而耕也. 爲禮不本於義, 猶耕而弗種也. 爲義而不講之以學, 猶種而弗耨也. 講之於學而不合之以仁, 猶耨而弗穫也. 合之以仁而不安之以樂, 猶穫而弗食也

글자는 마땅히 '양(養)'자라고 해야 한다."라고 했다.

補註 ○家語註: 言禮之於人身, 所以養成人也.
번역 ○『공자가어』의 주에서 말하길, 예는 사람에게 있어서 그 사람을 길러주고 완성시켜주는 것이라는 의미이다.

補註 ○類編曰: 按, 傳曰, "禮以養人爲本", 養字自通, 何必改也?
번역 ○『유편』에서 말하길, 살펴보니 전하는 말에서는 "예는 사람을 길러주는 것을 근본으로 삼는다."라고 했으니, 양(養)자도 그 자체로 의미가 통하는데 반드시 고칠 필요가 있겠는가?

補註 ○徐志修曰: 其降曰命, 若從陽村說, 則此養字, 恐當以義字讀, 下文卽接以禮義也者人之大端.
번역 ○서지수가 말하길, '기강왈명(其降曰命)'에 대해서 만약 양촌의 주장에 따르면 이곳에 나온 양(養)자는 아마도 의(義)자로 풀이해야만 할 것 같으니, 이처럼 풀이해야만 아래문장에서 말한 "예의(禮義)라는 것은 사람에게 있어서는 큰 단서가 된다."5)라는 말과 연관된다.

---

4) 『예기』「예운(禮運)」: 安之以樂而不達於順, 猶食而弗肥也, 四體旣正, 膚革充盈, 人之肥也, 父子篤, 兄弟睦, 夫婦和, 家之肥也.
5) 『예기』「예운(禮運)」: 故禮義也者, 人之大端也. 所以講信修睦, 而固人肌膚之會 · 筋骸之束也. 所以養生 · 送死 · 事鬼神之大端也, 所以達天地 · 順人情之大竇也. 故惟聖人爲知禮之不可以已也. 故壞國 · 喪家 · 亡人, 必先去其禮.

「예운」 46장

참고─經文

故禮義也者, 人之大端也. ①所以講信修睦, 而固人肌膚之會·筋骸之束也. 所以養生·送死·事鬼神之大端也, 所以達天地·順人情之大竇也. 故惟聖人爲知禮之不可以已也. 故壞國·喪家·亡人, 必先去其禮.

번역 공자가 계속해서 말해주길, "그러므로 예의(禮義)라는 것은 사람에게 있어서는 큰 단서가 된다. 즉 예의는 신의[信]를 강론하고, 친목[睦]을 다지는 방법이며, 또한 사람의 살과 피부가 결부되어 있고, 근육과 뼈가 결속되어 있는 것처럼 굳건하게 결속시키는 방법이다. 뿐만 아니라 예의는 살아있는 자를 부양하고, 죽은 자를 전송하며, 귀신을 섬기는데 있어서도 큰 단서가 되고, 천지의 도리에 두루 달통하고, 사람의 정감에 따르는 큰 출입구가 된다. 그렇기 때문에 오직 성인만이 예는 그만 둘 수 없는 대상임을 알고 있었다. 그러므로 나라를 패망시키고, 영지를 잃어버리며, 자신을 망친 자들은 반드시 먼저 그 예를 버렸기 때문이다."라고 했다.

① 〇所以講信[止]大竇也.

補註 楊梧曰: 三所以字當平看, 皆屬禮之用, 不必以達天道·順人情總承.
번역 양오가 말하길, 3개의 '소이(所以)'는 평이하게 보아야 하니, 모두 예의 운용에 해당하기 때문으로, "천지의 도리에 두루 달통하고, 사람의 정감에 따른다."라는 말을 모두 이어받는 말로 풀이할 필요는 없다.

「예운」53장

故①禮也者, 義之實也. 協諸義而協, 則禮雖先王未之有, 可以義起也.

번역 공자가 계속해서 말해주길, "그러므로 예라는 것은 의(義)에 따라 규정된 제도이다. 의에 화합하도록 하여 합당하게 한다면, 비록 선왕이 예를 아직 갖추지 않았다 하더라도, 의를 통해서 예를 일으킬 수 있다."라고 했다.

① ○禮也者義之實也.

補註 楊梧曰: 義者, 事理之宜, 尙屬虛位, 至制爲禮, 則尊卑·貴賤·輕重·隆殺, 一一有定, 分而可據, 禮非義之定制乎?

번역 양오가 말하길, 의(義)라는 것은 사리의 합당함인데, 오히려 실질적 권한이 없는 곳에 있다가 제도로 만들어 예를 생성하게 되면, 존비·귀천·경중·융쇄 등이 모두 확정되며, 그것을 세분화하여 의거할 수 있게 되니, 예는 의를 통해 확정된 제도가 아니겠는가?

「예운」 55장

참고-集說

仁者, 本心之全德, 故爲義之本, 是乃百順之體質也. 元者善之
長, 體仁足以長人, 故得仁者尊. 上文言禮者義之實, 此言仁者
義之本, 實以散體言, 本以全體言, 同一理也. 張子謂經禮三
百, 曲禮三千, ①無一事之非仁也. 猶之木焉, 從根本至枝葉皆
生意, 此全體之仁也. 然自一本至千枝萬葉, 先後大小各有其
序, 此散體之禮也. 而其自本至末, 一枝一葉, 各具一理, 隨時
榮悴, 各得其宜者, 義也.

번역 인(仁)이라는 것은 마음에 내재된 온전한 덕성에 근본을 두고 있기 때문에, 의(義)의 근본이 되니, 이것은 곧 '모든 순리[百順]'의 바탕[體質]이 되는 것이다. 원(元)이라는 것은 선(善) 중에서도 으뜸이니, 인(仁)을 체득하면 사람들 중에서도 뛰어난 자가 될 수 있다.[1] 그렇기 때문에 인(仁)을 얻은 자가 존귀하게 되는 것이다. 앞 문장에서는 예(禮)가 의(義)의 실질[實]이라고 언급하였고, 이곳 문장에서는 인(仁)이 의(義)의 근본[本]이라고 언급하였는데, 실질이라는 말은 부분 부분에 기준을 두고 언급한 말이며, 근본이라는 말은 전체에 기준을 두고 언급한 말이니, 모두 똑같은 하나의 이치이다. 장자는 기준이 되는 예(禮)가 3백 가지이고, 세세한 예(禮)가 3천 가지인데, 한 가지 일이라도 인(仁)이 아닌 것이 없다고 말했다. 이것을 나무에 비유하자면, 곧 뿌리와 줄기로부터 가지와 잎사귀에 이르기까지 모두 생기[生意]를 가지고 있으니, 이것이 바로 전체적인 측면에서의 인(仁)이다. 그런데 하나의 줄기로부터 수만 개의 가지와 잎사귀에 이르기까지, 선후와 대소에 각각 해당하는 질서가 있게 되는데, 이것이 바로 부분 부분에 해당하는 예(禮)이다. 그리고 근본으로부터 말단에 이르기까지, 하나의 가지 하나의 잎사귀라고 하더라도, 각각 하나의 이치를 머금고 있는데, 시의(時宜)에 따라 꽃을 피우고 또는 시들게 됨에,

---

1) 『역』「건괘(乾卦)·문언전(文言傳)」 : 文言曰, <u>元者, 善之長也</u>, 亨者, 嘉之會也, 利者, 義之和也, 貞者, 事之幹也. 君子<u>體仁足以長人</u>, 嘉會足以合禮, 利物足以和義, 貞固足以幹事.

각각 그 올바름에 맞는 것이 바로 의(義)이다.

① ○無一事之非仁也.

補註 按: 張子說, 止此.
번역 살펴보니, 장자의 주장은 여기까지이다.

「예운」 57장

安之以樂而不達於順, 猶食而弗肥也. ①四體旣正, 膚革充盈,
人之肥也. 父子篤, 兄弟睦, 夫婦和, 家之肥也. 大臣法, 小臣
廉, 官職相序, 君臣相正, 國之肥也. 天子以德爲車, 以樂爲御,
諸侯以禮相與, 大夫以法相序, 士②以信相考, 百姓以睦相守,
天下之肥也. 是謂大順. 大順者, 所以養生送死事鬼神之常也.

번역 공자가 계속해서 말해주길, "안주시키길 음악[樂]으로써 하되, 순리[順]에 통
달하지 못함은 음식을 먹되 살이 찌지 않는 것과 같다. 사지가 올바르게 성장하고,
피부가 탱탱하게 되는 것은 사람이 살찌는 것이다. 부자관계가 돈독해지고, 형제관
계가 화목해지며, 부부관계가 조화롭게 되는 것은 집안이 살찌는 것이다. 대신들이
법도에 따르고, 소신들이 염치를 지니며, 관직자들이 서로 질서를 지키고, 군주와
신하가 서로 올바르게 만드는 것은 국가가 살찌는 것이다. 천자는 덕을 수레로 삼
고, 음악을 수레 모는 사람으로 삼으며, 제후는 예로써 서로 왕래하고, 대부는 법도
로써 서로 차례를 지키며, 사는 신의로써 서로 상고해주고, 백성들은 화목함으로
서로를 지켜주는 것들은 천하가 살찌는 것이다. 이것을 바로 '크게 순종함[大順]'이
라고 부른다. 대순(大順)이라는 것은 삶을 부양하고, 죽은 자를 전송하며, 귀신을
섬기는 항상된 도리이다."라고 했다.

① 四體旣正.

補註 按: 此吐當作爲旀, 諺讀誤.

번역 살펴보니, 이곳의 토는 마땅히 며[旀]가 되어야 하니, 『언독』의 토는 잘
못되었다.

② 以信相考.

補註 按: 考, 成也.

번역 살펴보니, '고(考)'자는 완성한다는 뜻이다.

「예운」 58장

①故事大積焉而不苑, 並行而不謬, 細行而不失. 深而通, 茂而有間, 連而不相及也, 動而不相害也. 此順之至也. 故明於順, 然後②能守危也.

번역 공자가 계속해서 말해주길, "그러므로 중대한 사안이 목전에 누적되더라도 정체되지 않으며, 서로 다른 사안이 동시에 시행되더라도 어그러지지 않고, 세밀한 일들이 시행되더라도 빠트리는 일이 없게 된다. 요원한 일이라 하더라도 소통이 되고, 복잡한 일이라 하더라도 서로간의 구별이 생기게 되며, 연접해 있는 일이라 하더라도 서로 침범을 하지 않게 되고, 작용이 동시에 발생하여 겹치는 일이 되더라도 서로 피해를 주지 않게 된다. 이것이 바로 순리[順]의 지극한 효과이다. 그렇기 때문에 순리에 해박한 이후에야 국가를 위기로부터 수호할 수 있게 되는 것이다." 라고 했다.

① ○故事大積焉而不苑.

補註 按: 大積與並行 · 細行爲對, 恐事字爲句, 大字當連積字讀. 大積, 言大者積也. 小註王說亦如此, 陳註及諺讀以事大爲句, 恐不然.

번역 살펴보니, '대적(大積)'이라는 말은 병행(並行)과 세행(細行)이라는 말과 대비가 되니, 아마도 사(事)자에서 구문이 끊어지는 것 같으며, 대(大)자는 마땅히 적(積)자와 연결해서 풀이해야 할 것 같다. '대적(大積)'이라는 말은 큰 것이 쌓였다는 뜻이다. 소주에 나온 왕씨의 주장 또한 이와 같은데, 진호의 주와 『언독』에서는 사대(事大)로 구문을 끊었으니, 아마도 그렇지 않을 것 같다.

補註 ○疏曰: 苑滯也.

번역 ○소에서 말하길, 정체된다는 뜻이다.

補註 ○沙溪曰: 苑與蘊同, 積也.

번역 ○사계가 말하길, '원(苑)'자는 온(蘊)자와 같으니, 쌓인다는 뜻이다.

참고-大全 新安王氏曰: 此極言大順之理. 萬幾日來, 庶事總至, 其大積者然也. 以順處之, 各有其序, 可以無苑結矣. 威福並用, 剛柔迭施, 其並行者然也. 以順施之, 各得其宜, 可以無錯謬矣. 一頻笑之微, 下之休戚係焉, 一好惡之微, 衆之向背係焉, 此其細行者然也. 以順爲之, 可以無過失矣. 幽遠謂之深, 其勢則易隔, 惟順則其情必通. 衆多謂之茂, 其勢則易雜, 惟順則其分有間. 連則易以相干, 惟順則同而異不相及也. 動則易以相違, 惟順則異而同不相害也. 天下之大順, 至此極矣. 惟明於順, 然後上下相得, 君臣相安, 可以守危. 蓋居高則勢易危, 守危則可安於民上也.

번역 신안왕씨가 말하길, 이 문장은 대순(大順)의 이치를 극명하게 설명하고 있다. 모든 사안의 미묘한 기미가 날마다 도래하고, 뭇 일들이 한꺼번에 도달하니, 크게 누적된다는 것이 바로 이러한 뜻이다. 만약 순리로 대처를 하게 된다면, 각각 그 질서를 갖추게 되어, 답답하게 될 일이 없게 된다. 위엄과 은혜로움을 동시에 사용하고, 강함과 유약함을 교대로 베푸니, 일이 동시에 시행된다는 것이 바로 이러한 뜻이다. 만약 순리에 따라 시행을 한다면, 각각 그 합당함을 얻게 되어, 착오나 오류가 없게 된다. 군왕이 찡그리거나 웃는 일처럼 미묘한 사안에는 천하 백성들이 안심하거나 근심하는 것이 연계되어 있고, 군왕이 좋아하거나 싫어하는 일처럼 미묘한 사안에는 대중들이 따르거나 위배하는 것이 연계되어 있으니, 이것이 바로 세밀한 일이 시행될 때에도 이와 같다는 뜻이다. 만약 순리에 따라 시행을 한다면, 지나침이 없게 되는 것이다. 아득하고 멀리 있는 것을 '심(深)'이라고 부른 것이니, 이러한 정세에서는 쉽게 멀어지게 되는데, 다만 순리에 따르게 된다면, 그 정감들이 반드시 소통하게 될 것이다. 무리를 짓고 많은 것을 '무(茂)'라고 부른 것이니, 이러한 정세에서는 쉽게 혼잡해지는데, 다만 순리에 따르게 된다면, 서로의 경계에 간극이 생기게 된다. 연접해 있으면 서로 간섭하기 쉽게 되는데, 다만 순리에 따르게 된다면, 서로 같아지게 되지만, 차이가 있어서 침해하지 않게 된다. 함께 발동이 되면, 서로 위배되기 쉬운데, 다만 순리에 따르게 된다면, 서로 차별화되지만, 동일한 점들이 있어서 해를 입히지 않게 된다. 천하의 대순(大順)은 이러한 경지에 이르러 지극해지는 것이다. 오직 순리에 해박하게 된 연후에야 상하의 계층이 서로 제자리를 찾게 되고, 군주와 신하가 서로 편안하게 되어, 위기로부터 수호할 수 있게 된다. 무릇 높은 곳에 처하게 되면, 그 기세가 쉽게 위태롭게 되는데, 위기로부터 수호하게 된다면, 백성들 위에서 편안하게 군림할 수 있게 된다.

② **能守危也**.

補註 楊梧曰: 危, 指王者之位而言.
번역 양오가 말하길, '위(危)'는 천자의 지위를 가리켜서 한 말이다.

補註 ○按: 守危之訓, 楊說及小註王說儘好.
번역 ○살펴보니, '수위(守危)'에 대한 풀이에 있어서는 양오의 주장이나 소주에 나온 왕씨의 주장 모두 좋다.

「예운」59장

故禮之不同也, 不豊也, 不殺也, 所以持情而合危也. 故聖王所以順, 山者不使居川, ①不使渚者居中原, 而弗敝也. 用水·火·金·木·飲食必時, 合男女, 頒爵位, 必當年德, 用民必順. 故無水旱昆蟲之災, 民無凶饑妖孼之疾.

번역 공자가 계속해서 말해주길, "그러므로 예에는 신분의 귀천에 따라 다르게 적용하는 규정이 있으며, 검소해야 할 경우에는 풍부하게 하지 않는 규정이 있고, 융성하게 해야 할 경우에는 낮춰서 하지 않는 규정이 있으니, 이러한 것들이 바로 사람들의 정감을 유지하고, 계층을 통합하여, 위태로움으로부터 수호하는 방법이다. 그렇기 때문에 성왕이 백성들의 정감을 따랐던 방법은 예를 들어 산림지역에 거주하는 자에 대해서는 그들을 하천지역으로 이주시켜서 거주하도록 하지 않으며, 물가에 거주하는 자에 대해서는 평지로 이주시켜서 거주하도록 하지 않게 하여, 백성들이 곤경에 빠지지 않도록 하는 것이다. 그리고 수(水)·화(火)·금(金)·목(木)·음식(飮食) 등을 사용할 때에는 반드시 올바른 시기에 따르고, 남자와 여자를 결혼시킬 때와 작위를 하사할 때에는 반드시 해당하는 나이와 덕성에 합당하게끔 하며, 백성들을 부릴 때에는 반드시 농한기에 따른다. 그렇기 때문에 수해나 가뭄 또는 곤충으로 인한 재해가 없는 것이며, 백성들에게는 흉재나 기근 또는 요망한 사건 및 생물들에게 발생하는 기이한 변고 등의 우환이 없게 되는 것이다."라고 했다.

① ○不使渚者居中原.

補註 鄭註: 小洲曰渚, 廣平曰原.

번역 정현의 주에서 말하길, 작은 천이 흐르는 지역을 '저(渚)'라고 부르고, 광활하고 평탄한 지역을 '원(原)'이라고 부른다.

貴賤有等, 故禮制不同, 應儉者不可豐, 應隆者不可殺. 所以維
持人情, 不使之驕縱, 保合上下, 不使之危亂也. 聖王所以順民
之情者, 如安於山, 則不徙之居川, 安於渚, 則不徙之居中原,
故民不困敝也. ①獺祭魚然後虞人入澤梁, 及②春獻鼈蜃, 秋
獻龜魚之類, 是用水必時也. ③春取楡柳之火, 夏取棗杏之火,
季夏取桑柘之火, 秋取柞楢之火, 冬取槐檀之火. 又周禮④季
春出火, 季秋納火之類, 是用火必時也. ⑤卝人以時取金玉錫
石, 及月令季春審五庫之量, 金鐵爲先, 是用金必時也. ⑥仲冬
斬陽木, 仲夏斬陰木, 是用木必時也. 飮食則如⑦食齊視春時,
羹齊視夏時之類, 是也. ⑧合男女必當其年, 頒爵位必當其德,
用民必於農隙. 凡此皆是以順行之, 故能感召兩間之和, 而無
旱乾水溢及螟蝗之災也. 凶饑, 年凶穀不熟也. 妖, 謂衣服歌謠
草木之怪. 孼, 謂禽獸蟲豸之怪. 史家五行志所載代有之. 疾,
患也.

번역 귀천에 따른 등급 차이가 있기 때문에, 예에 따른 제도도 다른 것이며, 검소하
게 처리할 일을 대할 때에는 풍요롭게 할 수 없고, 융성하게 처리할 일을 대할 때에
는 낮춰서 할 수 없다. 이것은 사람의 정감을 유지하여, 교만하고 방종한 곳으로
빠지지 않게 하여, 상하의 계층을 보호하고 합치하여, 위태롭고 혼란스러운 지경에
이르지 않게끔 하는 방법이다. 성왕이 백성들의 정감을 따랐던 방법은 예를 들어
산 지역에서 안주하고 있는 경우라면, 하천 지역으로 옮겨서 거주하지 않게끔 하고,
물가에서 안주하고 있는 경우라면, 평지로 옮겨서 거주하지 않게끔 하였기 때문에,
백성들이 곤란하게 되거나 피폐해지지 않았던 것이다. 수달이 물고기를 제사지낸
연후에야, 우인(虞人)이 못에 들어가 물고기를 잡고, 봄이 되면 자라와 조개를 바
치며, 가을이 되면 거북이와 물고기를 바치는 부류는 바로 수(水)를 사용하되 반드
시 올바른 시기에 따르는 것이다. 봄에는 느릅나무와 버드나무로 피운 불을 사용하
고, 여름에는 대추나무와 은행나무로 피운 불을 사용하며, 계하(季夏)에는 뽕나무
와 산뽕나무로 피운 불을 사용하고, 가을에는 떡갈나무와 졸참나무로 피운 불을 사
용하며, 겨울에는 홰나무와 박달나무로 피운 불을 사용한다. 또『주례』에 기록된

것처럼 계춘(季春) 때 본격적으로 불을 사용하도록 알리고, 계추(季秋) 때 야외에서 불을 지피는 것을 금지하는 부류가 바로 화(火)를 사용하되 반드시 올바른 시기에 따르는 것이다. 광인(扩人)은 시기에 따라 금·옥·주석·돌 등을 채취하고, 『예기』「월령(月令)」편에서 계춘 때 다섯 종류의 창고에 보관된 물건들의 품질 및 수량을 살펴본다고 했을 때, 금과 철을 가장 먼저 하는 것[1]은 바로 금(金)을 사용하되 반드시 올바른 시기에 따르는 것이다. 중동(仲冬) 때 양목(陽木)[2]을 베고, 중하(仲夏) 때 음목(陰木)[3]을 베는 것은 바로 목(木)을 사용하되 반드시 올바른 시기에 따르는 것이다. 음식(飮食)의 경우에는 예를 들어 밥의 온도는 봄철의 기후처럼 맞춰서 따뜻하게 하고, 국의 온도는 여름철의 기후처럼 맞춰서 뜨겁게 하는 부류가 바로 이러한 경우이다. 남자와 여자를 결혼시킬 때에는 반드시 적정한 연령에 맞추고, 작위를 하사할 때에는 반드시 해당하는 덕성에 견주어서 하며, 백성들을 부릴 때에는 반드시 농한기에 한다. 무릇 이러한 모든 것들은 바로 순리에 따라 시행을 하였기 때문에, 천지사이의 조화로운 기운을 감응시켜 불러올 수 있어서, 가뭄이나 수해 및 해충의 재해가 없게 되는 것이다. '흉기(凶饑)'는 그 해에 흉년이 들어 곡식이 익지 않았다는 뜻이다. '요(妖)'자는 복장과 백성들이 부르는 노랫말 또는 초목 등에 괴이한 기류나 변고가 발생한 것을 뜻한다. '얼(孽)'자는 짐승이나 곤충의 새끼에게 불상사가 발생한 것을 뜻한다. 역사가들이 기록한 각 역사서의 「오행지」에는 대대로 이러한 내용들을 기록하고 있다. '질(疾)'자는 우환[患]이라는 뜻이다.

① 獺祭[止]澤梁.

補註 王制文.

번역 『예기』「왕제(王制)」편의 기록이다.[4]

---

1) 『예기』「월령(月令)」: 是月也, 命工師, 令百工, <u>審五庫之量, 金鐵</u>, 皮革筋, 角齒, 羽箭幹, 脂膠丹漆, 毋或不良.
2) 양목(陽木)은 산의 남쪽 부근에서 생장하는 나무를 뜻한다.
3) 음목(陰木)은 산의 북쪽 부근에서 생장하는 나무를 뜻한다.
4) 『예기』「왕제(王制)」: 獺祭魚然後, 虞人入澤梁. 豺祭獸然後, 田獵. 鳩化爲鷹然後, 設罻羅. 草木零落然後, 入山林. 昆蟲未蟄, 不以火田. 不麛, 不卵, 不殺胎, 不殀夭, 不覆巢.

② 春獻[止]龜魚.

補註 周禮·天官·鼈人文.

번역 『주례』「천관(天官)·별인(鼈人)」편의 기록이다.[5]

③ 春取楡柳[止]槐檀之火.

補註 周禮·夏官·司爟: "掌行火之政令, 四時變國火, 以救時疾." 註: "變, 猶易也. 春取楡柳, 夏取棗杏, 季夏取桑柘, 秋取柞楢, 冬取槐檀."

번역 『주례』「하관(夏官)·사관(司爟)」편에서 말하길, "불 사용의 정령을 담당하니, 사계절마다 나라의 불씨를 바꾸어 각 계절의 질병을 구제한다."[6]라고 했고, 주에서는 "변(變)자는 바꾼다는 뜻이다. 봄에는 느릅나무와 버드나무에서 불씨를 취하고, 여름에는 대추나무와 은행나무에서 불씨를 취하며, 계하에는 뽕나무와 산뽕나무에서 불씨를 취하고, 가을에는 떡갈나무와 졸참나무에서 불씨를 취하며, 겨울에는 홰나무와 박달나무에서 불씨를 취한다."라고 했다.

④ 季春[止]納火.

補註 此亦司爟文. 本疏曰: "四時變國火, 據食火, 此據陶冶."

번역 이 또한 『주례』「사관(司爟)」편의 기록이다.[7] 본문의 소에서는 "사계절마다 나라에서 사용하는 불씨를 바꾼다는 것은 음식을 만들 때 사용하는 불을 기준으로 한 것이고, 이곳의 말은 도기나 주물을 만들 때 사용하는 불을 기준으로 한 것이다."라고 했다.

補註 ○按: 郊特牲, "季春出火爲焚", 似與此異, 而其非食火, 則同.

---

5) 『주례』「천관(天官)·별인(鼈人)」: 鼈人, 掌取互物. 以時簎魚鼈龜蜃, 凡貍物. <u>春獻鼈蜃, 秋獻龜魚</u>.

6) 『주례』「하관(夏官)·사관(司爟)」: 司爟, 掌行火之政令, 四時變國火, 以救時疾.

7) 『주례』「하관(夏官)·사관(司爟)」: <u>季春出火</u>, 民咸從之, <u>季秋內火</u>, 民亦如之.

번역 ○살펴보니, 『예기』「교특생(郊特牲)」편에서는 "계춘의 달에는 들판에 불을 내니, 잡초들을 제거하기 위해서이다."[8]라고 하여, 이곳의 내용과 차이가 있는 것 같지만, 음식을 만들 때 사용하는 불이 아니라는 점에서는 동일하다.

⑤ 卝人.

補註 地官之屬.
번역 『주례』「지관(地官)」에 속한 관리이다.[9]

補註 ○按: 卝, 工猛切, 俗作礦, 或作鑛.
번역 ○살펴보니, '卝'자는 '工(공)'자와 '猛(맹)'자의 반절음이며, 세속에서는 '광(礦)'자로도 기록하고 '광(鑛)'자로도 기록한다.

⑥ 仲冬[止]陰木.

補註 地官·山虞文.
번역 『주례』「지관(地官)·산우(山虞)」편의 기록이다.[10]

⑦ 食齊[止]夏時.

補註 天官·食醫文. 又見內則.
번역 『주례』「천관(天官)·식의(食醫)」편의 기록이다.[11] 또한 『예기』「내칙

---

8) 『예기』「교특생(郊特牲)」: <u>季春出火, 爲焚也</u>. 然後簡其車賦, 而歷其卒伍, 而君親誓社以習軍旅, 左之右之, 坐之起之, 以觀其習變也. 而流示之禽, 而鹽諸利, 以觀其不犯命也. 求服其志, 不貪其得, 故以戰則克, 以祭則受福.

9) 『주례』「지관(地官)·광인(卝人)」: 卝人, <u>掌金玉錫石之地</u>, 而爲之厲禁以守之. 若<u>以時取之</u>, 則物其地, 圖而授之. 巡其禁令.

10) 『주례』「지관(地官)·산우(山虞)」: 山虞, 掌山林之政令, 物爲之厲而爲之守禁. <u>仲冬斬陽木, 仲夏斬陰木</u>.

11) 『주례』「천관(天官)·식의(食醫)」: 凡<u>食齊視春時, 羹齊視夏時</u>. 醬齊視秋時. 飮

(內則)」편에도 나온다.[12]

⑧ **合男女必當其年.**

補註 鄭註: 謂媒氏令男三十而娶, 女二十而嫁.

번역 정현의 주에서 말하길, 매씨(媒氏)가 남자들은 30세 때 아내를 들이게 하고, 여자들은 20세 때 시집을 가게 한다고 했던 것을 뜻한다.[13]

長樂陳氏曰: 禮所以持人之情而使之稱, 合事之危而使之安也. 聖王知其禮之稱情安危如此, 故居川原, 不易其利, 不變其俗, 使之各適其適而弗蔽焉. 此因地之利, 以順之也. 用水·火·金·木·飲食必時, 此因天之時, 以順之也. 合男女, 頒爵祿, 以至用民不奪其時, 此①因人之利, 以順之也. 夫唯因地之利, 因天之時, 因人之理, 而致順如此, 故國無災, 民無疾也.

번역 장락진씨가 말하길, 예는 사람의 정감을 유지하며, 그것들을 해당사안에 알맞도록 하는 것이며, 사안의 위태로움에 맞닥트려도 정도에 맞춰서, 그것들을 편안하게 만드는 방법이다. 성왕은 예가 정감에 걸맞고, 위태로움을 편안하게 만드는 것이 이와 같다는 사실을 알고 있었기 때문에, 하천이나 평지에 거주하게 해서, 그들이 이롭게 여기는 환경을 바꾸지 않고, 그들의 생활습속을 바꾸지 않아서, 그들로 하여금 각자 적합하게 여기는 곳으로 가도록 하여, 폐단이 발생하지 않게끔 한 것이다. 그리고 이것은 바로 땅의 이로움에 따라서 순리를 쫓는 것이다. 수(水)·화(火)·

齊祝冬時.

12) 『예기』「내칙(內則)」: 凡食齊祝春時, 羹齊祝夏時, 醬齊祝秋時, 飲齊祝冬時.

13) 『주례』「지관(地官)·매씨(媒氏)」: 令男三十而娶, 女二十而嫁. 凡娶判妻入子者, 皆書之.

금(金) · 목(木) · 음식(飮食) 등을 사용할 때 반드시 올바른 시기에 따르는 것은 바로 하늘의 시의에 따라서 순종하는 것이다. 남자와 여자를 결혼시키고, 작위와 녹봉을 하사하며, 백성들을 부릴 때 그들이 본업에 종사할 시기를 빼앗지 않는 것에 이르기까지는 바로 사람이 이롭게 여기는 것에 따라서 순종하는 것이다. 다만 땅의 이로움에 따르고, 하늘의 시의에 따르며, 사람의 도리에 따라서, 순리에 따름을 지극히 함이 이와 같았기 때문에, 국가에는 재해가 생기지 않았던 것이고, 백성들에게는 질병이 생기지 않았던 것이다.

① 因人之利.

補註 利, 恐理之誤.

번역 '이(利)'자는 아마도 이(理)자의 오자인 것 같다.

「예운」 60장

故天不愛其道, 地不愛其寶, ①人不愛其情. 故天降膏露, 地出醴泉, 山出器車, 河出②馬圖, 鳳凰麒麟皆在郊棷, 龜龍在宮沼, 其餘③鳥獸之卵胎, 皆可俯而闚也, ④則是無故, 先王能修禮以達義, 體信以達順. 故此順之實也.

번역 공자가 계속해서 말해주길, "그러므로 하늘은 그 도리를 내려줌에 인색하지 않으며, 땅은 그 보화를 내어줌에 인색하지 않고, 사람은 그 정감을 베풂에 인색하지 않다. 그러므로 하늘은 감미로운 이슬을 내려주고, 땅은 달콤한 샘물을 내어주며, 산은 상서로운 기구와 수레를 내어주고, 황하에서는 용마(龍馬)¹⁾가 하도(河圖)와 같은 상서로운 징표를 내어주며, 봉황과 기린은 모두 교외의 연못에 머물게 되고, 거북이와 용은 궁성의 못가에 머물게 되며, 나머지 조류와 짐승들의 알과 새끼들에 대해서도 모두 몸을 굽혀서 살펴 볼 수 있게 되는데, 이것은 곧 특별한 요인이 있어서가 아니니, 선왕이 예를 정비하여 도의에 두루 달통하고, 신의를 체득하여 순리에 달통할 수 있었기 때문이다. 그러므로 이것이 바로 '순리의 실질[順之實]'이다."라고 했다.

① 人不愛其情.

補註 疏曰: 皆盡孝悌及越裳至也.

번역 소에서 말하길, 모두 효제의 도리를 다하여 월상(越常)과도 같은 오랑

---

1) 용마(龍馬)는 전설 속의 동물이다. 용(龍)의 머리를 하고 있고, 몸은 말[馬]의 형상을 하고 있기 때문에, '용마'라고 부르게 된 것이다. 복희(伏羲)가 천하를 통치하던 때, '용마'가 황하에서 출몰하였는데, 그 등에 이상한 무늬가 그려져 있었다. 복희는 이 무늬에 착안하여 팔괘(八卦)를 그렸다고 전해진다. 그리고 이렇게 그려진 도안을 하도(河圖)라고 부른다. 『서』「주서(周書)·고명(顧命)」편에는 "天球, 河圖, 在東序."라는 기록이 있는데, 이에 대한 공안국(孔安國)의 전(傳)에서는 "伏犧王天下, 龍馬出河. 遂則其文, 畫八卦, 謂之河圖."라고 풀이했다.

캐 나라에까지 퍼졌기 때문이다.

補註 ○楊梧曰: 謂傾心事上, 眞心相與.
번역 ○양오가 말하길, 마음을 기울여 윗사람을 섬기고 진심을 다하여 서로
돕는다는 뜻이다.

② 馬圖.

補註 鄭註: 龍馬負圖而出也.
번역 정현의 주에서 말하길, 용마(龍馬)가 등에 도형을 짊어지고 출현한다
는 뜻이다.

③ 鳥獸之[止]闕也.

補註 疏曰: 俯, 下頭也. 鳥不畏人, 作巢在下, 故下頭可闕其巢卵也. 手
撫獸背, 則知有胎也.
번역 소에서 말하길, '부(俯)'자는 머리를 숙인다는 뜻이다. 새들이 사람을
두려워하지 않기 때문에, 지면에 둥지를 트는 것이다. 그렇기 때문에 머리를
숙여서 둥지에 있는 알들을 살펴볼 수 있게 되는 것이다. 손으로 짐승의 등
을 쓰다듬으면, 새끼를 잉태하고 있는지 알 수 있다.

④ 則是無故.

補註 鄭註: 非有他事使之然.
번역 정현의 주에서 말하길, 다른 사물이 이처럼 만든 것이 아니라는 뜻이다.

①舊說, 器爲銀甕丹甑, ②車爲山車垂鉤, 謂不待揉治而自圓曲也. 晉時恒山大樹自拔, 根下有璧七十, 圭七十三, 皆光色精奇異常玉. 又張掖柳谷之石, 有八卦璞玦之象, 亦此類也. 椒, 與藪同. 龍之變化巨測, 未必宮沼有之, 亦極言至順感召之卓異耳, 不以辭害意可也. 修禮以達義者, 修此禮以爲教, 而達之天下無不宜也. 體信以達順者, 反身而誠, 而達之天下無不順也. 此極功矣, 故結之曰此順之實也.

번역 옛 학설에서는 "'기(器)'자는 은옹(銀甕)[2]과 단증(丹甑)[3]을 뜻하며, '거(車)'자는 산거(山車)[4]와 수구(垂鉤)[5]를 뜻한다."라고 하였는데, '수구(垂鉤)'라는 것은 가공을 하여 인위적으로 구부리지 않아도, 자연스럽게 원형으로 굽어진 나무를 뜻한다. 진나라 때 항산(恒山) 지역에서는 큰 나무가 저절로 뽑혀진 사건이 발생하였는데, 그 나무의 뿌리 부근에는 벽(璧) 70개와 규(圭)[6] 73개가 있었다. 그런데 그 옥들은 모두 광채와 색깔이 정교하고 남달라서, 일반적인 옥들과는 달랐다.[7] 또 장액(張掖) 땅의 유곡(柳谷)에 있던 돌에는 팔괘(八卦)와 패옥 형상이 새겨져 있었는데,[8] 또한 이러한 부류들이 바로 상서로운 징조에 해당한다. '추(椒)'자는 '수

---

2) 은옹(銀甕)은 은색 바탕으로 된 술단지이다. 고대인들은 태평성세 때 출현하는 상서로운 징조물로 여겼다.

3) 단증(丹甑)은 붉은색으로 된 솥이다. 고대인들은 풍년이 들 때 이러한 솥이 출현한다고 여겼다.

4) 산거(山車)는 제왕에게 덕이 있을 때 출현한다는 수레를 뜻한다. 고대인들은 상서로운 징조물로 여겼다.

5) 수구(垂鉤)는 나무를 가공하지 않아도, 자연적으로 수레바퀴처럼 원형으로 굽어진 것을 뜻한다. 고대인들은 태평성세 때 나타나는 상서로운 징조로 여겼다.

6) 규(圭)는 규벽(圭璧)이라고 범칭하기도 한다. 조빙(朝聘) 및 제사처럼 중요한 의례 때 손에 들게 되는 물건으로, 옥(玉)으로 만든 기물이다. 명칭과 크기는 작위의 등급에 따라 달랐다. 위쪽은 뾰족하였고, 아래쪽은 네모지게 되어 있다.

7) 『진서』「재기(載記)・모용준(慕容儁)」: 常山大樹自拔, 根下得璧七十・珪七十三, 光色精奇, 有異常玉. 儁以爲嶽神之命, 遣其尙書郞段勤以太牢祀之.

8) 『송서』「지(志)・부서상(符瑞上)」: 漢元・成之世, 先識之士有言曰, "魏年有和,

(藪)'자와 같은 뜻이다. 용은 변화무쌍하여 헤아리기가 어려워서, 반드시 궁전의 늪가에 있는 것이 아닌데도, 이처럼 표현한 이유는 또한 지극한 순리에 따라서 감응시켜 불러들이는 것들 중 가장 탁월한 것만을 제시하며, 극진하게 언급했을 따름이니, 글자상의 표면적인 뜻으로 본래의 뜻을 해쳐서는 안 된다. "예(禮)를 정비하여 의(義)에 달통한다."는 말은 이러한 예법을 정비하여 교화로 삼고, 천하 사람들에게 두루 퍼지게 하여, 올바르지 못한 것이 없도록 한다는 뜻이다. "신(信)을 체득하여 순리에 달통한다."는 말은 자신을 돌이켜서 항상 진실되게 하고, 천하 사람들에게 두루 퍼지게 하여, 순리에 따르지 않는 자가 없도록 한다는 뜻이다. 이것은 곧 순리에 따른 극명한 효과이다. 그렇기 때문에 결론을 내리면서, "이것이 순리의 실질이다."라고 말한 것이다.

① 舊說器爲銀甕丹甑.

補註 按: 舊說, 卽鄭註.

번역 살펴보니, '구설(舊說)'은 정현의 주에 해당한다.

補註 ○疏曰: 銀甕 · 丹甑, 援神契文. 援神契: "德及於天, 斗極明, 日月光, 甘露降. 德及於地, 嘉禾生, 蓂莢起, 秬鬯出. 德至八極, 景星見. 德至草木, 朱草生, 木連理. 德至鳥獸, 鳳凰來, 鸑鳥舞, 麒麟臻, 白虎動, 狐九尾, 雉白首. 德至山陵, 景雲出. 德至深泉, 黃龍見, 醴泉湧, 河出龍圖, 洛出龜書." 其所致群瑞非一, 不可盡言.

번역 ○소에서 말하길, 이곳 문장에서 은옹(銀甕)과 단증(丹甑)이라고 한 말은 『원신계』9)에 기록된 문장이다. 『원신계』를 살펴보면, "덕성이 하늘에

當有開石於西三千餘里, 繫五馬, 文曰討曹." 及魏之初興也, <u>張掖刪丹縣金山柳谷有石生焉.</u> …… <u>又有一牛八卦列宿彗星之象.</u> 有玉匣開蓋於前, <u>有玉玦二, 玉璜二.</u>

9) 『원신계(援神契)』는 『효경(孝經)』에 대한 위서(緯書) 중 하나이다. '위서'는 경서(經書)의 부족한 내용을 보충하기 위해 위작된 것으로, 서한(西漢) 말기에 유행하기 시작하여, 동한(東漢) 시기에 크게 성행하였으며, 남조(南朝) 송나라 때가 되어서야 비로소 금지되기 시작하였다.

도달하여, 북극성이 밝아지고, 해와 달이 광채를 내며, 감미로운 이슬이 내린다. 덕성이 땅에 도달하여, 곡식들이 자라나고, 상서로운 명협풀이 생겨나며, 검은 기장과 향초를 섞어서 만든 술이 나온다. 덕성이 팔극(八極)[10]에 이르게 된다면, 경성(景星)[11]이 출현한다. 덕성이 초목에 이르게 된다면, 주초(朱草)가 생겨나며, 두 나무가 서로 연결되는 일이 발생한다. 덕성이 조류와 짐승에게까지 이르게 된다면, 봉황이 도래하고, 난조(鸞鳥)가 춤을 추며, 기린이 모이고, 백호가 활동하며, 구미호가 출현하며, 머리가 흰 꿩이 나타난다. 덕성이 산과 언덕에 이르게 된다면, 상서로운 구름이 출현한다. 덕성이 하천과 샘물에 이르게 된다면, 황룡이 출현하며, 감미로운 샘물이 솟아나오고, 황하에서 용이 출현하여 도안을 주고, 낙수에서 거북이가 출현하여 문서를 준다."라고 했다. 출현하게 되는 상서로운 징조들은 각 문서마다 달라서 모두 진술할 수 없다.

補註 ○按: 疏引援神契文, 而未見銀甕丹甑, 豈刪略之耶?

번역 ○살펴보니, 소에서는 『원신계』의 문장을 인용했지만, '은옹(銀甕)'과 '단증(丹甑)'에 대한 내용은 나타나지 않는데 어찌 생략했단 말인가?

② **車爲山車垂鉤.**

補註 疏曰: 案禮緯·斗威儀云: "其政太平, 山車垂鉤." 註云: "山車, 自然之車. 垂鉤, 不揉治而自圓曲."

---

10) 팔극(八極)은 팔방(八方)의 아득히 먼 곳을 뜻한다. 『회남자(淮南子)』「원도훈(原道訓)」편에는 "夫道者, 覆天載地, 廓四方, 柝八極, 高不可際, 深不可測."이라는 기록이 있고, 이에 대한 고유(高誘)의 주에서는 "八極, 八方之極也, 言其遠."이라고 풀이했다.

11) 경성(景星)은 대성(大星)·덕성(德星)·서성(瑞星)으로도 부른다. 도덕이 갖춰진 나라에게만 나타난다는 상서로운 징표의 별이다. 『문자(文子)』「정성(精誠)」편에는 "故精誠內形氣動于天, 景星見, 黃龍下, 鳳凰至, 醴泉出, 嘉穀生, 河不滿溢, 海不波涌."이라는 용례가 있다.

번역 소에서 말하길, 『예』의 위서인 『두위의』를 살펴보면 "그 나라의 정치가 크게 태평스럽게 된다면, 산거(山車)와 수구(垂鉤)가 나온다."라고 하였고, 이 문장에 대한 주에서는 "'산거(山車)'는 자연이 만든 수레이다. '수구(垂鉤)'는 부드럽게 연마하지 않아도 자연스럽게 수레의 바퀴처럼 휘어져 원형이 된 것이다."라고 하였다.

禮記補註卷之十

『예기보주』 10권

「예기(禮器)」 제10편

補註 陸曰: 鄭云, "記禮, 使人成器."

번역 육덕명이 말하길, 정현은 "'예(禮)'를 기록하여서 사람들로 하여금 각자의 그릇을 완성하게 하였다."라고 했다.

補註 ○語類曰: 禮器出人情, 亦是人情用.

번역 ○『어류』에서 말하길, '예기(禮器)'는 인정을 나타내며, 이것은 또한 인정이 작용하는 것이다.

「예기」 1장

참고─經文

禮器, 是故大備. 大備, 盛德也. 禮釋回, 增美質, 措則正, 施則
行. 其在人也, 如竹箭之有筠也, 如松栢之有心也. ①二者居天
下之大端矣, 故貫四時而不改柯易葉. 故君子有禮, 則②外諧
而內無怨. 故物無不懷仁, 鬼神饗德.

번역 예는 자신을 다스리는 도구이다. 이러한 까닭으로 자신을 완성하는 행실을 완
비할 수 있다. 이처럼 완비를 하게 되면, 융성한 덕성을 이루게 된다. 예는 사벽한
마음을 없애고, 아름다운 본질을 증진시키니, 사람에게 적용하면 올바르게 되고, 사
물에게 적용하면 두루 통용이 된다. 사람에게 있어서 예라는 것은 마치 큰 대나무
와 가는 대나무에 푸른 껍질이 있는 것과 같고, 소나무나 잣나무에 굳건한 목심이
있는 것과 같다. 대나무나 소나무 등은 천하에 통용되는 큰 법도를 갖추고 있기 때
문에, 사계절의 변화를 두루 겪게 되더라도, 줄기나 잎이 변하지 않는 것이다. 그렇
기 때문에 군자는 이러한 예를 갖추고 있으니, 관계가 소원한 사람들은 모두 화합
되고, 친근한 자들 또한 원망하는 마음을 품지 않게 된다. 그러므로 만물은 그의
인자함을 흠모하지 않는 것이 없게 되고, 귀신들도 그의 덕성을 흠향하게 된다.

① 二者居天下之大端.

補註 按: 古註疏以爲竹箭松栢居於天下, 比於衆物, 最得氣之本. 愚意,
居字, 當虛看, 猶言爲天下之大端也. 一說, 外如竹筠, 內如松心, 乃君
子居天下之大端. 兩如字, 明是指人而言. 其下不改柯易葉, 復以竹松爲
譬也.

번역 살펴보니, 옛 주와 소에서는 큰 대나무와 가는 대나무 및 소나무와 잣
나무가 천하에 두루 포진되어 생장하고 있는데, 이것을 다른 사물들과 비교
해보면 기의 본질을 가장 잘 얻은 사물이라고 여겼다. 내가 생각하기에, '거
(居)'자는 마땅히 허사로 보아야 하니, 천하의 대단(大端)이 된다고 말한 것
과 같다. 일설에 따르면 외적으로는 큰 대나무와 가는 대나무와 같고, 내적

으로는 소나무의 목심과 같은 것은 곧 군자가 천하에 거처하는 대단이라고 한다. 즉 2개의 여(如)자는 바로 사람을 가리켜서 한 말임을 나타낸다. 그 뒤에서는 줄기나 잎이 변하지 않는다고 했는데, 이는 재차 대나무와 소나무로 비유를 든 것이라고 한다.

② 外諧而內無怨.

補註 按: 外諧應竹箭有筠, 言與人和諧也. 內無怨應松栢有心, 言中心貞固, 無所怨尤也.

번역 살펴보니, '외해(外諧)'는 "큰 대나무와 가는 대나무에 푸른 껍질이 있다."는 말과 호응하니, 사람들과 조화롭게 지낸다는 뜻이다. '내무원(內無怨)'은 "소나무나 잣나무에 굳건한 목심이 있다."는 말과 호응하니, 마음에 절개가 굳어서 원망하거나 탓하는 것이 없다는 뜻이다.

「예기」 3장

①禮也者, 合於天時, 設於地財, 順於鬼神, 合於人心, 理萬物者也. 是故天時有生也, 地理有宜也, 人官有能也, 物曲有利也. 故天不生, 地不養, 君子不以爲禮, 鬼神弗饗也. 居山以魚鼈爲禮, 居澤以鹿豕爲禮, 君子謂之不知禮.

번역 예라는 것은 천시의 운행에 부합되게 하며, 땅의 도리가 생산하는 재화에 맞춰서 시행을 하고, 귀신의 뜻에 따르며, 사람의 마음에 합치되어, 만물을 이치에 따르도록 하는 것이다. 이러한 까닭으로 천시의 운행은 생장함이 있게 되며, 땅의 도리는 합당함이 있게 되고, 인간세상의 관직은 시행능력이 있게 되며, 만물은 세부적으로 제각각 이로움이 있게 되는 것이다. 그러므로 천시의 운행이 생장시키지 않고, 땅의 도리가 양육시키지 않는 것을 군자는 이것을 예로 여기지 않는 것이고, 귀신 또한 그것을 흠향하지 않는 것이다. 산악지역에 거주하는데도 물고기나 자라를 제물로 바치는 것을 예로 여기며, 연못 지역에 거주하는데도 사슴이나 돼지를 제물로 바치는 것을 예로 여기는 것을 군자는 예를 알지 못한다고 평한다.

① ○禮也者合於天時章.

補註 楊梧曰: 合於天時五句, 當平看. 天時各有所生之物, 何可不合于天時也? 地理各有所宜之産, 何可不設於地財也? 人官各有一定之能官人者, 何可不合于人心也? 物曲各有自然之則制物者, 何可不理萬物也? 上說合天時以下, 凡五件, 天時有生以下, 只說四件, 中間著鬼神弗饗一句, 便完備無遺, 此是文章之妙. 人官, 註以助祭執事說, 一云在朝廷官人上說, 蓋禮之大者在朝廷, 朝廷之大者在官人也.

번역 양오가 말하길, '합어천시(合於天時)' 등의 다섯 구문은 평이하게 보아야 한다. 하늘의 운행에 따르면 각 시기마다 생겨나는 사물이 있는데, 어떻게 천시에 부합하지 않을 수 있겠는가? 또 땅의 이치에 따르면 각각 마땅히 산출되는 것이 있는데, 어떻게 땅의 재화에 맞지 않을 수 있겠는가? 또 관직에는 각각 일정하게 그 관직을 잘 수행할 사람이 있는데, 어떻게 사람의 마음에 부합하지 않을 수 있겠는가? 사물의 성능에 있어서는 각각 자연의 법칙에 따라 사안을 처리함이 있는데, 어떻게 만물을 이치에 맞게 따르도록 하지 않을 수 있겠는가? 앞에서 "천시에 합한다."라고 한 말로부터 그 이하의 내용은 다섯 가지 사안이 되는데, "천시에 생장함이 있다."라고 한 말로부터 그 이하의 내용에서는 단지 네 가지 사안만 설명하였지만, 중간에 "귀신이 흠향하지 않는다."라는 하나의 구문을 덧붙여서 그 뜻을 빠짐없이 갖추니, 이것은 바로 문장의 묘미이다. '인관(人官)'에 대해서 주에서는 제사를 돕고 실무를 담당한다는 뜻으로 풀이했는데, 일설에는 조정에 속한 관리들로 설명하니, 예 중에서도 큰 사안이 시행되는 것은 조정에 달려 있고, 조정의 일 중에서도 큰 사안은 관리들에게 달려 있기 때문이다.

「예기」 4장

長樂陳氏曰: 經言其常, 倫言其理. 擧其定國之數, 則有常, 故言大經. 以地廣狹則有理, 故言大倫. 夫擧其定國之數, 以爲禮之大經, 則王制所謂"①必於歲之杪, 五穀皆入, 然後制國用"者, 是也. 禮之大倫, 以地廣狹, 則王制所謂"用地小大", 是也. 禮之厚薄, 與年之上下, 則王制所謂"視年之豊耗", 是也. 先王之爲禮, 節以制, 則有所裁, 節以度, 則有所限, 故能於財則不傷, 於民則不害. 此其所以年雖大殺, 而衆不匡懼也.

번역 장락진씨가 말하길, '경(經)'자는 예의 일정한 측면을 뜻하고, '윤(倫)'자는 예의 이치적인 측면을 뜻한다. 그 나라가 건국했을 때의 조세수입을 기준으로 한다면, 항상성을 갖추게 된다. 그렇기 때문에 '대경(大經)'이라고 말한 것이다. 땅의 넓이를 기준으로 한다면, 합당한 이치를 갖추게 된다. 그렇기 때문에 '대륜(大倫)'이라고 말한 것이다. 무릇 그 나라가 건국했을 때의 조세수입을 기준으로, 예의 큰 틀로 삼는다는 말은 곧 『예기』「왕제(王制)」편에서 "국가의 재정을 관리하며 반드시 한 해의 끝에 시행하는 이유는 오곡이 모두 거둬들여진 연후에 국가의 재용을 제정하기 때문이다."[1]라고 한 말이 바로 이러한 뜻을 나타낸다. 예의 큰 기준을 땅의 넓이에 맞춘다는 말은 곧 「왕제」편에서 "땅의 넓이로써 한다."[2]라고 한 말이 바로 이러한 뜻을 나타낸다. 예를 시행할 때 풍성하게 하는 정도를 한 해의 경작에 맞춘다는 말은 곧 「왕제」편에서 "한 해의 풍작과 흉작의 차이에 견준다."[3]라고 한 말이 바로 이러한 뜻을 나타낸다. 선왕이 예를 시행함에 절제하길 제도로써 하여, 재단하는

---

1) 『예기』「왕제(王制)」: 冢宰制國用, <u>必於歲之杪, 五穀皆入然後, 制國用</u>. 用地小大, 視年之豊耗, 以三十年之通制國用, 量入以爲出.

2) 『예기』「왕제(王制)」: 冢宰制國用, 必於歲之杪, 五穀皆入然後, 制國用. <u>用地小大</u>, 視年之豊耗, 以三十年之通制國用, 量入以爲出.

3) 『예기』「왕제(王制)」: 冢宰制國用, 必於歲之杪, 五穀皆入然後, 制國用. 用地小大, <u>視年之豊耗</u>, 以三十年之通制國用, 量入以爲出.

점이 있었고, 절제하길 법도로써 하여, 한계를 지우는 점이 있었다. 그렇기 때문에 재화에 대해서 손실을 입히지 않을 수 있었고, 백성들에 대해서는 피해를 주지 않을 수 있었던 것이다.[4] 이것이 바로 그 해에 비록 큰 흉년이 들더라도, 백성들이 두려워하지 않게 되는 까닭이다.

① ○必於歲之抄.

補註 抄, 當作杪.

번역 '초(抄)'자는 마땅히 초(杪)자로 기록해야 한다.

---

4) 『역』「절괘(節卦)」: 天地節而四時成, <u>節以制度, 不傷財不害民</u>.

「예기」 5장

禮, 時爲大, 順次之, 體次之, 宜次之, 稱次之. 堯授舜, 舜授禹, 湯放桀, 武王伐紂, 時也. ①詩云, 匪革其猶, 聿追來孝.

번역 예에서는 시(時)가 가장 중대하며, 순(順)이 그 다음이고, 체(體)가 또 그 다음이며, 의(宜)가 또 그 다음이고, 칭(稱)이 가장 마지막이다. 요임금이 순임금에게 천자의 지위를 물려주고, 순임금이 우임금에게 천자의 지위를 물려주며, 탕임금이 걸을 내쫓고, 무왕이 주를 정벌한 것 등이 바로 시(時)에 해당한다. 『시』에서는 "자신이 계획했던 사업을 재촉하기 위해서가 아니니, 오직 조상들이 이루었던 사업을 추진하고, 효도를 다하고자 하였을 뿐이다."[1]라고 했다.

① 詩云匪革[止]來孝.

補註 疏曰: 言文王改作豊邑, 非是急行己之道, 能追述先祖之業, 來行孝道於此豊邑, 時使之然, 不得不爾.

번역 소에서 말하길, 문왕이 기존의 틀을 개혁하여 풍읍(豊邑)을 만든 것은 자신의 도리를 시행하는데 급박해서가 아니라 선조의 사업을 좇아서 잇고 새로 건립한 풍읍에서 효도를 시행하고자 했기 때문이라는 뜻이니, 이것은 시의가 그렇게 하도록 했기 때문으로 부득이해서 이처럼 했을 따름이라는 의미이다.

補註 ○按: 經引詩以證時爲大之義, 而陳註欠釋時義, 故以疏說補之.

번역 ○살펴보니, 경문에서는 『시』를 인용하여 시위대(時爲大)라는 뜻을 증명하였는데, 진호의 주에서는 시(時)가 중대한 의미에 대해 풀이를 소략하였기 때문에 소의 주장으로 보충하였다.

---

1) 『시』「대아(大雅)·문왕유성(文王有聲)」: 築城伊淢, 作豊伊匹. 匪棘其欲, 遹追來孝. 王后烝哉.

補註 ○又按: 詩聿追來孝, 朱子註: "特追先人之志, 而來致其孝耳." 蓋因疏說, 而陳註則差異.

번역 ○또 살펴보니, 『시』의 '율추래효(聿追來孝)'에 대해 주자의 주에서는 "다만 선인의 뜻에 따라서 효를 오게 했을 뿐이다."라고 했다. 아마도 이것은 소의 주장에 따른 것 같은데 진호의 주와는 차이가 난다.

「예기」 7장

①社稷山川之事, 鬼神之祭, 體也.

번역 사직·산천에 대한 제사와 귀신에 대한 제사 등 대상에 따라 경중을 구별하는 것은 체(體)에 해당한다.

① ○社稷山川[止]之祭.

補註 按: 社稷山川, 地祇也. 鬼, 人鬼也. 神, 天神也. 下文小註陳說及古疏詳之.

번역 살펴보니, 사직과 산천은 지기(地祇)에 해당한다. 귀(鬼)는 인귀(人鬼)에 해당한다. 신(神)은 천신(天神)에 해당한다. 아래문장의 소주에 나온 진씨의 주장 및 옛 소의 기록에 상세히 나온다.

참고-經文

①羔豚而祭, 百官皆足, 大牢而祭, 不必有餘, 此之謂稱也. 諸
侯以龜爲寶, 以圭爲瑞. 家不寶龜, 不藏圭, 不臺門, 言有稱也.

번역 새끼 양과 새끼 돼지를 사용하여 제사를 지냄에, 그 밑에 속해 있는 모든 관리
들은 충분히 나눠 받을 수가 있고, 태뢰를 사용하여 제사를 지낼 때에도 고기를 남
기지 않고 모든 사람들에게 골고루 돌아가게 하니, 이것을 칭(稱)이라고 부른다.
제후는 점칠 때 사용하는 거북껍질을 보배로 삼고, 규(圭)를 서신(瑞信)[1]으로 삼
는다. 대부는 거북껍질을 보배로 삼지 않고, 규를 자신의 집에 보관할 수 없으며,
대문에 대(臺)를 만들 수가 없으니, 이처럼 지키는 것을 칭(稱)을 갖추고 있다고
말한다.

① ○羔豚而祭[止]有餘.

補註 鄭註: "足, 猶得也. 稱, 謂稱牲之大小爲俎, 此指助祭者耳. 而云百
官, 喩衆也." 疏曰: "臣助祭, 則各有俎. 祭竟, 播及胞翟, 雖羔豚之小,
而百官一切皆得. 假令大牢, 亦不使有餘, 小而皆得, 大而不餘, 是各稱
牲體也. 案儀禮, 士祭用特牲, 大夫祭用少牢, 皆以成牲, 不用羔豚. 此
有羔豚祭者, 王制云: '大夫士有田則祭, 無田則薦', 則無地大夫士薦羔
豚也. 無地則無臣助祭, 故云百官喩衆也."

번역 정현의 주에서 말하길, "'족(足)'자는 얻는다는 뜻이다. '칭(稱)'자는 희
생물의 크기에 맞춰서 고기를 올려놓는 도마를 차려낸다는 뜻이니, 이 문장
에서 가리키는 자들은 제사를 돕는 자들을 뜻할 따름이다. 그런데도 모든 관
리라고 표현한 것은 많은 사람들을 비유하였기 때문이다."라고 했다. 소에서

---

1) 서신(瑞信)은 천자가 제후에게 나눠주는 서옥(瑞玉)을 뜻한다. 그를 제후로 임명하
는 징표가 되기 때문에 '서신'이라고 부르는 것이다.

말하길, "신하가 주군의 제사를 돕게 되면 각자 자신 앞에 놓이게 되는 희생물을 담은 도마가 있게 된다. 제사가 모두 끝나게 되면 그것들을 하사하고 또 포장을 해서 주게 되니, 비록 희생물로 사용된 새끼 양과 새끼 돼지의 몸체가 작은 것이라 하더라도, 제사를 도왔던 모든 관리들은 고기를 얻게 된다. 가령 태뢰의 희생물을 사용했다고 하더라도, 또한 여유분이 생기는 지경에까지는 이르지 않는다. 따라서 아무리 작은 것이라 하더라도 제사에 참여했던 자들은 모두 그 고기를 얻게 되며, 아무리 큰 것이라 하더라도 여유분을 남기지 않으니, 이것은 각자 자기 신분의 수위에 맞게끔 한 것이다. 『의례』를 살펴보면, 사 계급은 제사 때 특생을 사용하고 대부 계급은 소뢰를 사용하는데, 모두 완전히 자란 희생물들을 사용하는 것이지 새끼 양이나 새끼 돼지를 사용하지 않는다. 그런데 이곳의 기록처럼 새끼 양과 새끼 돼지를 사용하여 제사를 지낼 수 있는 이유는 『예기』 「왕제(王制)」편에서 '대부와 사들 중에서 전답을 소유한 자의 경우라면 정식적인 제사를 지내고, 전답을 소유하지 않은 경우라면 일종의 간략한 제사인 천(薦)[2]만을 지낸다.'[3]라고 했으니, 이 문장에서 말하는 경우는 전답을 소유하지 않은 대부와 사가 새끼 양과 새끼 돼지를 사용하여 천(薦)을 하는 것이다. 전답을 소유하지 않은 경우라면 신하를 두어서 제사를 돕는 일도 없게 된다. 그렇기 때문에 '백관(百官)'이라는 말이 많은 사람들을 비유한다고 말한 것이다."라고 했다.

補註 ○按: 牛・羊・豕曰大牢, 羊・豕曰少牢, 單用豕曰特牲. 羊之小者曰羔, 豕之小者曰豚. 大夫無田則薦羔, 士無田則薦豚.

번역 ○살펴보니, 소・양・돼지를 사용하면 '태뢰(太牢)'라고 부르며, 양・돼지를 사용하면 '소뢰(少牢)'라고 부르고, 돼지만 사용하면 '특생(特牲)'이

---

2) 천(薦)은 제사의 일종이다. 정식 제사에 비해서 각종 형식과 제수들이 생략되어 간소하게만 지내니, 각 계절별로 생산되는 음식들을 바친다는 뜻에서 '천'이라고 부르는 것이다.

3) 『예기』 「왕제(王制)」: 天子社稷, 皆太牢, 諸侯社稷, 皆少牢, <u>大夫士宗廟之祭, 有田則祭, 無田則薦</u>. 庶人, 春薦韭, 夏薦麥, 秋薦黍, 冬薦稻. 韭以卵, 麥以魚, 黍以豚, 稻以鴈.

라고 부른다. 양 중에서도 몸집이 작은 것을 '고(羔)'라 부르고, 돼지 중에서
도 몸집이 작은 것을 '돈(豚)'이라고 부른다. 대부 중 전답이 없는 경우에는
고를 바치고, 사 중 전답이 없는 경우라면 돈을 바친다.

補註 ○楊梧曰: 君臣之分不同, 故羔豚至薄, 百官以之而祭, 不爲不足.
百官, 指最下者言. 大牢至豊, 天子以之而祭, 不爲有餘. 應儉者, 不可
豊, 應豊者, 不可儉.

번역 ○양오가 말하길, 군주와 신하는 본분이 다르다. 그렇기 때문에 새끼
양이나 새끼 돼지처럼 지극히 박한 것이라도 백관(百官)은 이를 이용해 제
사지내면서 부족하다고 여기지 않는다. '백관(百官)'은 가장 하위 계층을 가
리켜서 말한 것이다. 태뢰처럼 지극히 풍성한 것이라도 천자는 이를 이용해
제사지내면서 남는다고 여기지 않는다. 검소하게 해야 하는 경우에는 풍성
하게 할 수 없는 것이고, 풍성하게 해야 하는 경우에는 검소하게 할 수 없는
것이다.

「예기」11~14장

참고-經文

①天子之豆, 二十有六. 諸公十有六. 諸侯十有二. 上大夫八, 下大夫六.

번역 예를 들자면, 천자가 음식을 먹을 때 사용하는 두(豆)의 개수는 26개이다. 상공(上公)의 경우 서로에게 음식을 대접할 때 사용하는 두의 개수는 16개이다. 제후들의 경우 제후들끼리 서로에게 음식을 대접할 때 사용하는 두의 개수는 12개이다. 상대부(上大夫)의 경우 음식을 먹을 때 사용하는 두의 개수는 8개이고, 하대부(下大夫)의 경우에는 6개이다.

① ○天子之豆[止]下大夫六.

補註 按: 自天子至下大夫之豆數, 陳註或以朔食言, 或以相朝言, 或以食使臣言. 此出於古註疏, 而恐小註陸氏, 竝以祭品言者爲是.

번역 살펴보니, 천자로부터 하대부에 이르기까지 두(豆)의 수치에 대해서 진호의 주에서는 어떤 것은 삭식(朔食)[1]을 기준으로 설명하고 또 어떤 경우에는 서로 조회하는 경우를 기준으로 설명하며 또 어떤 경우에는 사신에게 사례를 베푸는 경우로 설명했다. 이것은 옛 주와 소의 기록에서 도출된 것인데, 아마도 소주에서 육씨가 이 모두를 제수를 담는 것으로 설명한 말이 옳은 것 같다.

---

1) 삭식(朔食)은 고대의 예법 중 하나이다. 제왕 및 신분이 높은 자들은 매월 초하루에 평상시보다 음식을 풍성하게 차려내서, 먹게 된다. 천자의 경우에는 '삭식' 때 태뢰(太牢)를 사용하고, 제후는 소뢰(少牢)를 사용하며, 대부(大夫)는 한 마리의 돼지를 바치고, 사(士)는 한 마리의 새끼 돼지를 바치기도 한다. 『예기』「내칙(內則)」편에는 "男女夙興, 沐浴衣服, 其視朔食."이라는 기록이 있고, 이에 대한 정현의 주에서는 "朔食, 天子大牢, 諸侯少牢, 大夫特豕, 士特豚也."라고 풀이했다.

참고-經文 山陰陸氏曰: 天子朝踐八豆, 饋食八豆, 又加豆八, 羞豆二, 所謂二十有六. 諸公十六, 倍上大夫, 朝事八, 饋食八. 諸侯十二, 倍下大夫, 朝事六, 饋食六. 上大夫八, 朝事之豆也. 下大夫六, 去茅菹麋臡也.

번역 산음육씨가 말하길, 천자는 조천(朝踐)을 할 때 8개의 두(豆)를 올리고, 궤식(饋食)을 할 때 8개의 두를 올리며, 또 거기에 8개의 두를 더 올리고, 찬을 담은 2개의 두가 더해지니, 이것이 바로 26개의 두라는 것이다.[2] 제공(諸公)의 경우에는 두의 수가 16개라고 하였는데, 이것은 상대부(上大夫)가 차려내는 8개보다 2배가 되는 수치로, 조사(朝事)[3]를 할 때 8개의 두를 차려내고, 궤식을 할 때 8개의 두를 차려내게 된다. 제후(諸侯)들의 경우에는 두의 수가 12개라고 하였는데, 이것은 하대부(下大夫)가 차려내는 6개

---

[2] 26개의 두(豆)에 올라가는 음식에 대해서, 『주례』「천관(天官)·해인(醢人)」편에서는 "醢人, 掌四豆之實. 朝事之豆, 其實韭菹·醓醢·昌本·麋臡·菁菹·鹿臡·茆菹·麇臡. 饋食之豆, 其實葵菹·蠃醢·脾析·蜃醢·蜃·蚳醢·豚拍·魚醢. 加豆之實, 芹菹·免醢·深蒲·醓醢·箈菹·鴈醢·筍菹·魚醢. 羞豆之實, 酏食·糁食."라고 기록하고 있다. 즉 조사(朝事)를 시행할 때 처음 올리게 되는 8개의 '두'에는 구저(韭菹: 부추절임), 탐해(醓醢: 육장(肉醬)), 창본(昌本: 창포 뿌리 절임), 미니(麋臡: 큰사슴 고기로 담근 젓갈), 청저(菁菹: 순무 절임), 녹니(鹿臡: 사슴 고기로 담근 젓갈), 묘저(茆菹: 순채 절임), 균니(麇臡: 노루 고기로 담근 젓갈) 등이 올라간다. 그리고 궤식(饋食)을 시행할 때 올리게 되는 8개의 '두'에는 규저(葵菹: 아욱 절임), 나해(蠃醢: 달팽이로 담근 젓갈), 비석해(脾析醢: 소의 천엽으로 담근 젓갈), 비해(蜃醢: 조개 젓), 신해(蜃醢: 대합 젓갈), 지해(蚳醢: 개미알 젓갈), 돈박해(豚拍醢: 돼지 겨드랑이 살로 담근 젓갈), 어해(魚醢: 물고기 젓갈) 등이 올라간다. 추가적으로 올라가는 '두'에는 근저(芹菹: 미나리 절임), 토해(免醢: 토끼 고기로 담근 젓갈), 심포(深蒲醢: 뽕나무 잎 절임), 탐해(醓醢: 육장), 지저(箈菹: 죽순 절임), 안해(鴈醢: 기러기 고기로 담근 젓갈), 순저(筍菹: 대잎 절임), 어해(魚醢: 물고기 젓갈) 등이 올라간다. 찬을 올리게 되는 2개의 '두'에는 이식(酏食: 떡의 한 종류), 참식(糁食: 떡의 한 종류) 등이 올라간다.

[3] 조사(朝事)는 종묘(宗廟)의 제사를 지낼 때, 새벽에 지내는 제사 절차들을 가리킨다. 『예기』「제의(祭義)」편에는 "建設朝事, 燔燎羶薌."이라는 기록이 있고, 이에 대한 진호(陳澔)의 『집설(集說)』에서는 "朝事, 謂祭之日, 早朝而行之事也."라고 풀이했다.

보다 2배가 되는 수치로, 조사를 할 때 6개의 두를 차려내고, 궤식을 할 때 6개의 두를 차려내게 된다. 상대부의 경우 두의 수가 8개라고 하였는데, 이 것은 조사를 할 때 차려내는 두의 수를 뜻한다. 하대부의 경우 두의 수가 6개라고 하였는데, 이것은 상대부에 비해 모(茅)풀을 절인 것과 사슴 뼈가 섞인 젓을 제외한 것이다.

「예기」 16장

①**天子祫祭, 其席五重. 諸侯席三重者, 謂相朝時, 賓主皆然也. 三重則四席, 再重則三席.**

번역 천자가 협(祫)제사를 지낼 때에는 설치하는 자리를 5겹으로 한다. "제후의 자리를 3겹으로 깐다."는 말은 제후들끼리 서로 조회를 했을 경우 빈객과 주인이 되는 제후들이 모두 이처럼 한다는 뜻이다. 3겹으로 한다는 말은 곧 자리를 4개로 만든다는 뜻이며, 2겹으로 한다는 말은 곧 자리를 3개로 만든다는 뜻이다.

① ○**天子祫祭[止]三席.**

補註 按: 疏說天子祫席五重, 禘四重, 時祭三重. 大朝覲·大饗食·封國命諸侯, 皆然. 臥席則下莞上簟. 祭天地·日月·五祀則單席, 有此不同, 故以祫祭之席解之也. 諸侯大夫倣此, 大夫再重, 亦聘禮也. 皇氏則云四席爲三重, 熊氏則云三重止三席也.

번역 살펴보니, 소에서는 천자의 협제사 때에는 자리를 5겹으로 하고, 체제사 때에는 4겹으로 하며, 시제 때에는 3겹으로 한다고 설명한다. 성대하게 조근(朝覲)[1]을 하거나 성대하게 향례(饗禮)[2]나 사례(食禮)[3]를 하거나 제

---

1) 조근(朝覲)은 군주가 신하를 만나보는 예법(禮法)을 뜻한다. 군주가 신하를 만나보는 예법에는 조(朝), 근(覲), 종(宗), 우(遇), 회(會), 동(同) 등이 있었는데, 이것을 총칭하여 '조근'으로 부르기도 한다. 한편 '조근'은 신하가 군주를 찾아뵙는 예법을 뜻하기도 한다. 고대에는 제후가 천자를 찾아뵐 때, 각 계절별로 그 명칭을 다르게 불렀다. 봄에 찾아뵙는 것을 조(朝)라고 부르며, 여름에 찾아뵙는 것을 종(宗)이라고 부르고, 가을에 찾아뵙는 것을 근(覲)이라고 부르며, 겨울에 찾아뵙는 것을 우(遇)라고 부른다. '조근'은 이러한 예법들을 총칭하는 말이다.

2) 향례(饗禮)는 연회의 한 종류이다. 또한 연회를 범칭하는 용어로도 사용된다. 본래 '향례'를 시행할 때에는 희생물을 통째로 바치지만, 그것을 먹지는 않는다. 또 술잔

후국을 분봉하고 제후를 임명할 때에는 모두 이처럼 한다. 와석(臥席)의 경우 하면은 왕골로 짠 자리이고 상면은 대자리이다. 그런데 천지·일월·오사에 대한 제사에서는 홑겹의 자리를 사용하니, 이러한 점에서 차이가 있다. 그렇기 때문에 협제사 때 사용하는 자리로 풀이한 것이다. 제후와 대부도 이에 따르는데, 대부의 경우 2겹으로 하는 것은 또한 빙례(聘禮)에 해당한다. 황간의 경우 4개의 자리로 3겹을 만든다고 했고, 웅안생의 경우 3겹은 단지 3개의 자리를 사용하는 것이라고 했다.

補註 ○楊梧曰: 天子之席, 以祫祭言. 五重, 莞·藻·次·蒲·熊也. 諸侯之席, 謂相朝時, 賓主皆然. 三重, 莞·藻·蒲. 大夫, 主上大夫行聘饗時說. 再重, 莞·蒲也. 儀禮之例, 一種席, 皆稱重. 凡席有兩, 則稱二重.

번역 ○양오가 말하길, 천자의 자리라는 것은 협제사를 기준으로 말한 것이다. 오중(五重)이라는 것은 완석(莞席)·조석(藻席)·차석(次席)·포석(蒲席)·웅석(熊席)을 뜻한다. 제후의 자리라는 것은 서로 조회하는 때를 뜻하니, 빈객과 주인에게 깔아주는 자리가 모두 이러하다. 삼중(三重)이라는 것은 완석(莞席)·조석(藻席)·포석(蒲席)을 뜻한다. 대부에 대한 경우는 상대부가 빙례나 향례를 할 때를 위주로 설명한 말이다. 재중(再重)이라는 것은 완석(莞席)·포석(蒲席)을 뜻한다. 『의례』의 용례에 따르면, 1종류의 자리에 대해서는 모두 중(重)이라고 칭했다. 따라서 자리가 두 종류라면 이중(二重)이라고 칭한다.

을 가득 채우지만, 마시지는 않으며, 자리에 서 있기만 하고, 앉지는 않는다. 또한 신분의 존비(尊卑)에 의거해서 술잔을 바치게 되는데, 정해진 술잔 바치는 회수가 끝나면, 의식을 끝낸다. 다만 숙위(宿衛)들과 기로(耆老) 및 고아들에게 향례를 할 때에는 술을 취할 때까지 마시게 하는 것을 법도로 삼았다.

3) 사례(食禮)는 연회의 한 종류이다. '사례'는 그 행사에 밥이 있고 반찬이 있는 것이니, 비록 술도 두었지만 마시지는 않았다. 그 예법에서는 밥을 위주로 한 것이기 때문에, '사례'라고 부른 것이다. 『예기』「왕제(王制)」편에는 "殷人以食禮."라는 기록이 있고, 이에 대한 진호(陳澔)의 주에서는 "食禮者, 有飯有殽, 雖設酒而不飮, 其禮以飯爲主, 故曰食也."라고 풀이했다. 또한 연회를 범칭하는 말로도 사용된다.

補註 ○按: 周禮 · 司几筵, "掌五几五席之名物." 註: "五席, 莞 · 藻 · 次 · 蒲 · 熊." 且大朝覲 · 大饗食等禮, 王三重, 而所設之席, 只是三席, 則五重之非六席, 三重之非四席, 明矣.

번역 ○살펴보면, 『주례』「사궤연(司几筵)」편에서는 "다섯 가지 안석과 다섯 가지 자리의 명칭과 그에 대한 사물을 담당한다."[4]라고 했고, 주에서는 "오석(五席)은   완석(莞席) · 조석(藻席) · 차석(次席) · 포석(蒲席) · 웅석(熊席)을 뜻한다."라고 했다. 또 성대한 조근과 성대한 향례 및 사례 등의 의식에서 천자는 삼중(三重)이라고 했는데, 설치하는 자리는 단지 3개의 자리이니, 오중(五重)이라는 것이 6개의 자리가 아니고, 삼중(三重)이라는 것이 4개의 자리가 아님이 분명하다.

補註 ○又按: 次席, 周禮註, "桃枝席, 有次列成文."

번역 ○또 살펴보니, '차석(次席)'에 대해서 『주례』의 주에서는 "복숭아나무 가지로 만든 자리이니, 등차적으로 배열되어 무늬를 만든다."라고 했다.

---

4) 『주례』「춘관(春官) · 사궤연(司几筵)」: 司几筵; <u>掌五几 · 五席之名物</u>, 辨其用與其位.

「예기」17장

天子崩, 七月而葬, ①五重八翣, 諸侯五月而葬, 三重六翣, 大夫三月而葬, 再重四翣. 此以多爲貴也.

번역 천자가 죽게 되면, 7개월이 지나고서야 장례를 치르는데, 항목(杭木)과 인(茵)은 5겹으로 하며, 휘장막인 삽(翣)은 8개로 하고, 제후의 경우에는 5개월이 지나고서야 장례를 치르는데, 항목과 인은 3겹으로 하며, 삽은 6개로 하고, 대부의 경우에는 3개월이 지나고서야 장례를 치르는데, 항목과 인은 2겹으로 하며, 삽은 4개로 한다. 이러한 것들이 바로 많은 것을 귀하게 여기는 경우이다.

① 五重八翣.

補註 類編曰: 重, 似是棺重之數. 檀弓曰: "天子之棺四重", 此云五重者, 雖稍異, 若以水牛·兕牛二革, 與杝棺一梓棺二合計, 則爲五重. 或云: "革棺一, 杝棺一, 梓棺二, 竝柏椁爲五重."

번역 『유편』에서 말하길, '중(重)'이란 아마도 관이 몇 겹인가를 뜻하는 수치인 것 같다. 『예기』「단궁(檀弓)」편에서는 "천자가 사용하는 관은 4겹으로 만든다."[1]라고 했고, 이곳에서는 5겹이라고 하여 비록 차이가 조금 나지만 물소와 들소 등 두 동물의 가죽으로 만든 것과 피나무로 만든 관 1겹, 가래나무로 만든 관 2겹을 합산하게 되면 모두 5겹이 된다. 혹자는 "가죽으로 만든 관이 1겹이고, 피나무로 만든 관이 1겹이며, 가래나무로 만든 관이 2겹인데, 측백나무로 만든 외관까지 합하면 5겹이 된다."라고 말한다.

補註 ○按: 本註以茵與抗席解重者, 雖本鄭註, 而以註觀之, 所謂一重

---

1) 『예기』「단궁상(檀弓上)」: 天子之棺四重, 水兕革棺被之, 其厚三寸, 杝棺一, 梓棺二. 四者皆周.

者, 尙且高厚, 況如是者五重乎? 恐不然. 類編似是, 而但於諸侯・大夫, 不引據而解之, 可欠. 喪大記, "君大棺八寸, 屬六寸, 椑四寸. 上大夫大棺八寸, 屬六寸. 下大夫大棺六寸, 屬四寸." 註云, "是國君之棺三重也." 以此則此章所謂諸侯三重, 大夫再重者, 皆正相合. 且其重數, 以諸侯大夫之例推之, 必不獨於天子, 竝計其槨, 恐水兕二革, 分計云者得之.

번역 ○살펴보니, 본래의 주에서는 인(茵)과 항석(抗席)으로 중(重)자를 풀이했는데, 이것이 비록 정현의 주에 근본을 한 것이더라도, 주의 설명대로 본다면 이른바 일중(一重)이라는 것도 오히려 높고도 두텁게 되는데, 하물며 여기에서 말한 오중(五重)이라면 어떠하겠는가? 따라서 잘못된 설명인 것 같다. 『유편』의 주장이 옳은 것 같은데, 다만 제후와 대부에 대해서는 근거를 들어 설명하지 않았다. 『예기』「상대기(喪大記)」편에서는 "제후의 관중 가장 바깥쪽의 대관(大棺)은 그 두께가 8촌이고 대관 안의 속(屬)은 6촌이며, 속 안의 비(椑)는 4촌이다. 상대부의 관 중 대관은 8촌이고 속은 6촌이다. 하대부의 관 중 대관은 6촌이고 속은 4촌이다."[2]라고 했고, 주에서는 "이것은 제후의 관은 3중으로 만든다는 사실을 나타낸다."라고 했다. 이러한 기록에 따르면 이곳에서 제후는 3중이고 대부는 2중이라고 한 말은 모두 관에 대한 내용과 부합한다. 또 중(重)의 수치는 제후와 대부의 용례로 미루어 본 것이니, 분명 천자의 경우에만 외관까지 함께 합산해서 그 수치를 나타내지는 않았을 것이니, 아마도 물소와 들소의 가죽으로 만든 2개의 가죽 관을 나눠서 계산하는 것이 맞는 것 같다.

---

2) 『예기』「상대기(喪大記)」: <u>君大棺八寸, 屬六寸, 椑四寸. 上大夫大棺八寸, 屬六寸. 下大夫大棺六寸, 屬四寸</u>. 士棺六寸.

五重者, 謂①杭木與茵也. 茵以藉棺, 用淺色緇布夾爲之, 以茅
秀及香草②著其中, 如今褥子中用絮然. 縮者二, 橫者三, 爲一
重杭木, 所以杭載於土. 下棺之後, 置杭木於椁之上, 亦橫者
三, 縮者二, 上加杭席三, 此爲一重. 如是者五, 則爲五重也.
翣, 見檀弓.

번역 "5겹으로 한다."는 말은 항목(杭木)과 인(茵)에 해당하는 내용이다. '인(茵)'
은 관 밑에 깔아두는 것으로, 옅은 색의 치포(緇布)를 겹쳐서 자루모양으로 만들고,
띠풀 중 꽃을 피운 것과 향기 나는 풀 등으로 그 중간을 채우니, 마치 오늘날 어린
아이의 침구를 깔 때 중간에 솜을 사용하는 것과 같은 것이다. 세로로 2개를 대고,
가로로 3개를 대는 것이 바로 1겹의 '항목(杭木)'이니, 흙이 덮치는 것을 보호하는
것이다. 관을 무덤에 내린 후에는 외관 위에 항목(杭木)을 설치하게 되는데, 또한
가로로 3개를 대고, 세로로 2개를 되며, 그 위에 또 항석(杭席) 3개를 대니, 이것이
바로 1겹이 된다. 이와 같이 5번을 반복한다면, 이것은 곧 5겹이 된다. '삽(翣)'에
대한 설명은 『예기』「단궁(檀弓)」편에 자세히 나온다.

① 抗木與茵.

補註 按: 旣夕禮, 茵, 將以藉棺者, 故先入, 下棺後加折, 以承抗席, 次加
抗席, 次加抗木. 註: "折, 方鑿連木爲之, 如床", 今陳註抗木上加抗席,
誤矣.

번역 살펴보니, 『의례』「기석례(旣夕禮)」에 따르면 '인(茵)'은 관을 깔 때 사
용하는 것이다. 그렇기 때문에 먼저 들이는 것이고, 하관을 한 이후에는 그
위에 절(折)을 두어서 항석(抗席)을 받치게 하고, 그 다음으로 항석을 올리
며, 그 다음으로 항목(抗木)을 올린다고 했다. 주에서는 "사각형으로 나무를
깎고 연결해서 만드니, 평상처럼 생겼다."라고 했다. 진호의 주에서는 항목
위에 항석을 올린다고 했으니 잘못된 주장이다.

補註 ○又按: 旣夕禮, 陳器, 抗木, 橫三縮二. 加抗席三, 加茵, 用疏布,

緇翦, 有幅, 亦縮二橫三. 疏曰: "後陳者先用." 陳註徒見陳器時, 抗席在
抗木上, 不知後陳者先用, 故有此誤也. 鄭註引此旣夕文, 而曰此士之禮
一重者, 此以茵之縮二橫三, 抗席三, 抗木橫三縮二, 通爲一重, 而陳註
似以茵縮二橫三爲一重, 杭木抗席下又云此爲一重, 可疑.

번역 ○또 살펴보니, 『의례』「기석례(旣夕禮)」편에서는 "기물을 진설하며,
항목은 가로로 3개 세로로 2개를 둔다. 그 위에 항석 3개를 올리고, 그 위에
인을 올리는데 거친 포를 이용해서 만들며 옅은 검정색의 가선을 두며 또한
세로로 2개 가로로 3개를 둔다."3)라고 했고, 소에서는 "뒤에 진설하는 것은
먼저 사용하는 것이다."라고 했다. 진호의 주에서는 단지 기물들을 진설하는
시기에 항석이 항목 앞에 있다는 것만 보고, 뒤에 진설하는 것이 먼저 사용
하는 것임을 몰랐기 때문에 이러한 오류를 범하였다. 정현의 주에서는 이러
한 「기석례」편의 문장을 인용하며 "이것은 사의 예법으로 1겹을 사용한다."
라고 했는데, 이것은 인이 세로로 2개 가로로 3개, 항석이 3개, 항목이 가로
로 2개 세로로 2개인 것을 통괄하여 1겹으로 여긴 것이다. 그런데 진호의
주는 아마도 인이 세로로 2개이고 가로로 3개인 것을 1겹으로 여긴 것 같으
니, 항목과 항석에 대해서 재차 이것이 1겹이 된다고 한 말은 의문스럽다.

② 著其中.

補註 沙溪曰: 著, 去聲. 如儀禮握手, 著, 充之以絮之著.

번역 사계가 말하길, '著'자는 거성으로 읽는다. 『의례』에서 손싸개는 착(著)
을 한다고 했고,4) '착(著)'은 솜으로 채운다는 뜻이라고 했을 때5)의 '착(著)'
과 같은 것이다.

---

3) 『의례』「기석례(旣夕禮)」: 陳明器于乘車之西. 折橫覆之. <u>抗木橫三縮二, 加抗席</u>
<u>三, 加茵, 用疏布, 緇翦, 有幅, 亦縮二橫三</u>.

4) 『의례』「사상례(士喪禮)」: 握手, 用玄, 纁裏, 長尺二寸, 廣五寸, 牢中旁寸, <u>著</u>, 組
繫.

5) 이 문장은 『의례』「사상례(士喪禮)」편의 "幎目, 用緇, 方尺二寸, 頳裏, 著, 組繫."
라는 기록에 대한 정현의 주이다.

「예기」 20장

天子一食, 諸侯再, ①大夫士三, 食力無數.

번역 천자는 한 번 수저를 뜨고 나서 배가 부르다고 알리고, 제후는 두 번 수저를 뜨고 나서 배가 부르다고 알리며, 대부와 사는 세 번 수저를 뜨고 나서 배가 부르다고 알리고, 노동자들은 밥을 먹을 때, 수저를 뜨는 수치가 정해져 있지 않다.

① 大夫士三.

補註 按: 少牢禮 · 特牲禮, 尸每三飯告飽者, 此也.

번역 살펴보니, 『의례』「소뢰궤식례(少牢饋食禮)」편과 「특생궤식례(特牲饋食禮)」편에서 시동은 매번 3차례 밥을 뜨고서 배가 부르다고 알린다고 한 것이 바로 이것을 뜻한다.

補註 ○又按: 儀禮無天子祭禮, 而以少牢禮推之, 天子之祭, 尸當一飯告飽也. 然此章非但祭禮, 通常食言之.

번역 ○또 살펴보니, 『의례』에는 천자의 제례에 대한 기록이 없지만, 「소뢰궤식례」편의 기록으로 추론해보면, 천자의 제사에서 시동은 마땅히 한 차례 밥을 뜨고서 배가 부르다고 알리게 된다. 그런데 이 문장은 제례에 대한 것만이 아니라 통상적으로 밥을 먹는 경우도 말한 것이다.

「예기」 21장

참고-經文

①大路繁纓一就, 次路繁纓七就.

번역 대로(大路)에는 말에 채우는 복대[繁]와 가슴걸이[纓]를 1취(就)[1]로 하고, 차로(次路)에는 복대와 가슴걸이를 7취로 한다.

① ○大路繁纓[止]七就.

補註 按: 鄭註以此爲殷車者, 引周禮·巾車文, 以明之也. 本文曰: "王之五路, 玉路繁纓十有二就, 金路九就, 象路七就, 革路五就, 木路翦繁鵠纓."

번역 살펴보니, 정현의 주에서는 이것을 은나라 때의 수레에 대한 제도로 여겼고, 『주례』「건거(巾車)」편의 문장을 인용하여 그러한 사실을 나타내었다. 「건거」편의 본문에서는 "천자의 다섯 가지 수레에 있어서, 옥로(玉路)에는 번(繁)과 영(纓)이 12취(就)이고, 금로(金路)에는 9취(就)이며, 상로(象路)에는 7취(就)이고, 혁로(革路)에는 5취(就)이며, 목로(木路)에는 옅은 흑색의 번(繁)과 흰색의 영(纓)을 한다."[2]라고 했다.

補註 ○又按: 陳註以七就之七爲誤, 而實不然. 見郊特牲小註及補註.

번역 ○또 살펴보니, 진호의 주에서는 '칠취(七就)'의 칠(七)자를 잘못 기록되었다고 여겼는데, 실제로는 그렇지 않다. 자세한 내용은 『예기』「교특생(郊特牲)」편의 소주 및 보주에 나온다.

---

1) 취(就)는 고대의 복식과 장식에 있어서, 다섯 가지 채색의 끈을 이용하여, 한 번 두르는 것을 뜻한다.

2) 『주례』「춘관(春官)·건거(巾車)」: 王之五路: 一曰玉路, 錫, 樊纓, 十有再就, 建大常, 十有二斿, 以祀. 金路, 鉤, 樊纓九就, 建大旂, 以賓, 同姓以封. 象路, 朱, 樊纓七就, 建大赤, 以朝, 異姓以封. 革路, 龍勒, 條纓五就, 建大白, 以卽戎, 以封四衛. 木路, 前樊鵠纓, 建大麾, 以田, 以封蕃國.

「예기」 24장

①鬼神之祭單席.

번역 귀신에 대한 제사에서는 귀신이 앉는 자리는 홑겹으로 된 자리로 설치한다.

① ○鬼神之祭單席.

補註 上文天子五重章, 疏曰: "天地日月山川五祀, 則單席, 所謂鬼神之
祭單席, 是也."
번역 앞에서 천자는 5겹으로 한다고 한 문장에 있어서 소에서는 "천지·일
월·산천·오사에 대한 제사에서는 홑겹의 자리를 설치하니, 귀신에 대한 제
사에서는 홑겹의 자리를 설치한다는 것이 바로 이것을 가리킨다."라고 했다.

補註 ○按: 以此觀之, 此段專指天地日月山川五祀, 而小註陳說以爲非
周制, 當以疏說爲從.
번역 ○살펴보니, 이를 통해 살펴보면 이 단락은 전적으로 천지·일월·산
천·오사에 대한 제사를 가리키는데, 소주에서 진씨는 주나라의 제도가 아
니라고 여겼다. 마땅히 소의 주장에 따라야 한다.

「예기」 25장

諸侯視朝, ①<u>大夫特, 士旅之.</u> 此以少爲貴也.

번역 제후가 조회를 받을 때, 찾아뵙는 자가 대부인 경우에는 대부가 인사를 하게 되면, 개개인마다 인사를 하고, 사인 경우에는 묶어서 한 번만 인사를 한다. 이상의 것들이 바로 적은 것을 귀하게 여기는 경우에 해당한다.

① ○大夫特士旅之.

補註 疏曰: "大夫貴, 故人人得揖, 士賤, 故衆共得一揖. 是以少爲貴也." 又曰: "所尊者少."

번역 소에서 말하길, "대부는 상대적으로 존귀한 자이기 때문에, 일일이 인사를 하게 되는 것이고, 사는 상대적으로 신분이 낮기 때문에, 무리를 묶어서 한꺼번에 한 번만 인사를 하게 된다. 이것이 바로 적은 것을 귀하게 여기는 경우에 해당한다."라고 했다. 또 말하길, "제후들은 존귀하게 높이는 대상이 적다."라고 했다.

補註 ○按: 疏意以大夫少士多, 而於少特於多旅, 故爲以少爲貴也.

번역 ○살펴보니, 소의 주장은 대부는 숫자가 적고 사는 숫자가 많아서, 적은 자들에 대해서는 단독으로 하고 많은 자들에 대해서는 무리를 묶어서 한다. 그렇기 때문에 적은 것을 귀한 것으로 여기는 경우가 된다고 했다.

「예기」 26장

疏曰: 特牲云, ①主人獻尸用角, 佐食洗散以獻尸. 是尊者小,
卑者大. 按天子諸侯及大夫皆獻尸以爵, 無賤者獻以散之文.
禮文散亡, 不具也. 特牲主人獻尸用角者, 下大夫也. 特牲少牢
禮, 尸入, 擧奠觶, 是尊者擧觶. 特牲主人受尸酢, 受角飮者, 是
卑者擧角, 此是士禮耳. 天子諸侯祭禮亡. 五獻, 子男之享禮
也. 凡王享臣, 及其自相享, 行禮獻數各隨其命. 子男五命, 故
知五獻是子男列尊之法. 門外缶者, 缶, 尊名, 盛酒在門外. 壺
亦尊也, 盛酒在門內. 君尊, 子男之尊也. 子男用瓦甒爲尊, 不
云內外, 則陳之在堂, 人君②面尊而專惠也, 其③壺缶但飮諸
神. 小尊近君, 大尊在門, 是以小爲貴. 壺大一石, 瓦甒五斗, 缶
又大於壺.

번역 소에서 말하길, 『의례』「특생궤식례(特牲饋食禮)」편에서는 주인이 시동에게 술을 바칠 때 각(角)을 사용하고, 좌식(佐食)은 산(散)을 씻어서 시동에게 술을 바친다고 했다.[1] 이 기록이 바로 신분이 존귀한 자가 작은 것을 사용하고, 신분이 낮은 자가 보다 큰 것을 사용한다는 예시가 된다. 내가 살펴보니, 천자와 제후 및 대부들은 모두 시동에게 술을 바칠 때 작(爵)을 사용하는데, 신분이 낮은 자가 술을 바칠 때 산(散)을 사용한다는 기록은 없다. 이것은 예와 관련된 기록들이 망실되어서, 관련 기록들이 모두 남아 있지 않기 때문이다. 『의례』「특생궤식례」편에서 주인이 시동에게 각(角)을 사용하여 술을 바친다는 말은 대부보다 낮추기 때문이다. 『의례』「특생궤식례」편과 「소뢰궤식례(少牢饋食禮)」편에서는 시동이 들어서면, 진설해둔 치(觶)를 든다고 했는데,[2] 이 기록은 존귀한 자가 치(觶)를 든다는 사실을

---

1) 『의례』「특생궤식례(特牲饋食禮)」: 主人洗角, 升, 酌酳尸. …… 利洗散, 獻于尸.
2) 『의례』「특생궤식례(特牲饋食禮)」: 尸升, 入. …… 尸左執觶, 右取菹擩于醢, 祭于豆間. / 『의례』「소뢰궤식례(少牢饋食禮)」: 主人實觶. 尸拜受爵. 主人反位, 答拜. 尸北面坐, 奠爵于薦左.

나타낸다. 『의례』「특생궤식례」편에서 시동이 따라준 술잔을 주인이 받을 때, 각
(角)으로 받아서 마신다는 내용3)은 바로 신분이 낮은 자가 각(角)을 든다는 내용
에 해당하는데, 이러한 기록들은 사 계층에 해당하는 예일 따름이다. 천자와 제후에
게 해당하는 제례는 망실되어서 현재 남아 있지 않다. "다섯 차례 술잔을 바친다."
는 말은 제후들 중 자작과 남작이 시행하는 향례(享禮)에 해당한다.4) 무릇 천자가
신하들에게 향례(享禮)5)를 베풀거나 군왕들이 서로에게 향례를 시행할 경우, 예법
의 시행에 있어서 술잔을 바치는 수치는 각각 그들이 가지고 있는 작위의 명(命)
등급에 따르게 되어 있다. 자작과 남작은 그 작위의 등급이 5명(命)이기 때문에,
다섯 차례 술잔을 바치는 일이 자작과 남작이 술동이를 나열하는 예에 해당한다는
사실을 알 수 있다. "문 밖에 부(缶)를 둔다."고 하였는데, 이때의 부(缶)는 술동이
의 명칭이며, 이 술동이는 술을 채워서 문 밖에 두게 된다. 호(壺) 또한 술동이에
해당하며, 이 술동이는 술을 채워서 문 안에 두게 된다. 이 문장에서 군주의 술동이
라는 말은 자작과 남작이 사용하는 술동이를 뜻한다. 자작과 남작이 와무(瓦甒)를
술동이로 삼는다고 하였는데, 이곳 기록에서는 문의 안팎을 언급하지 않았으니, 이
술동이들은 당에 진설하는 것이며, 군주는 술동이를 정면으로 바라보고, 술을 따라
주는 은혜를 군주가 독식하게 된다. 그리고 호(壺)와 부(缶)는 단지 여러 신들에게
따르는 용도로 사용하게 된다. 그런데 이처럼 배치를 시키게 되면, 와무(瓦甒)와
같은 작은 술동이는 군주와 가까운 곳에 위치하게 되고, 부(缶)나 호(壺)와 같은
큰 술동이들은 문 쪽에 위치하게 되니, 이것이 바로 작은 것을 귀하게 여기는 경우
인 것이다. 호(壺)는 그 용적이 1석(石)6)이며, 와무(瓦甒)는 5두(斗)7)에 해당하

---

3) 『의례』「특생궤식례(特牲饋食禮)」: 祝酌授尸, 尸以醋主人. 主人拜受角.

4) 『주례』「추관(秋官)·대행인(大行人)」: 諸子執穀璧五寸, 繅藉五寸, …… 饗禮五
獻, 食禮五舉, 出入三積, 壹問壹勞. 諸男執蒲璧, 其他皆如諸子之禮.

5) 향례(享禮)는 본래 조빙(朝聘)을 하기 위해 사신을 간 신하가 그 나라의 군주에게
예물(禮物)을 바치는 의식을 뜻한다. 또한 연회를 범칭하는 용어로도 사용된다.
그리고 연회 중에서도 향례(享禮)는 연례(宴禮)보다 높은 의식으로, 초대한 손님을
접대하는 잔치를 뜻하기도 한다. 만약 천자가 제후를 초대하게 되면 '향례'를 베풀었
고, 제후의 신하인 경(卿)을 초대하면 '연례'를 베풀었다. 그리고 '향례'에서는 희생물
을 통째로 올렸지만, '연례'에서는 잘게 썰어서 올렸다.

6) 석(石)은 용량을 재는 단위이다. 지역 및 각 시대마다 다소 차이를 보이는데, 고대에
는 10두(斗)를 1석(石)으로 여겼다.

7) 두(斗)는 곡식 등의 양을 재는 기구이자 그 수량을 표시하는 단위이다. 지역 및

고, 부(缶)는 또한 호(壺)보다 크다.

① ○主人獻尸[止]大夫也.

補註 按: 特牲, 士祭禮, 少牢, 大夫祭禮, 故云下於大夫也, 見特牲本註.
번역 살펴보니, 특생(特牲)을 사용하는 것은 사의 제례에 해당하고, 소뢰(少牢)를 사용하는 것은 대부의 제례에 해당한다. 그렇기 때문에 대부보다 낮춘다고 말한 것이니, 『의례』「특생궤식례(特牲饋食禮)」편의 본주에 나온다.

② 面尊而專惠.

補註 玉藻: "惟君面尊." 陳註: "君必向尊, 示惠自君出, 而君專之也."
번역 『예기』「옥조(玉藻)」편에서는 "오직 군주만이 술동이를 향해서 앉는다."8)라고 했고, 진호의 주에서는 "군주는 반드시 술동이를 향해 앉으니, 그 은혜가 군주로부터 나왔고 군주만이 술동이에 대해서 마음대로 할 수 있음을 드러내기 위해서이다."라고 했다.

③ 壺缶但飮諸神.

補註 按: 神, 疏本文作臣, 唐本亦然.
번역 살펴보니, '신(神)'자를 소의 본문에서는 신(臣)자로 기록했고, 『당본』에서도 이처럼 기록했다.

각 시대마다 다소 차이를 보이는데, 고대에는 10승(升)이 1두였다.

8) 『예기』「옥조(玉藻)」: 凡尊必尚玄酒. 唯君面尊. 唯饗野人皆酒. 大夫側尊用棜, 士側尊用禁.

「예기」 27장

참고-經文

有以高爲貴者, 天子之堂九尺, 諸侯七尺, 大夫五尺, 士三尺.
①天子諸侯臺門. 此以高爲貴也.

번역 예에서는 높은 것을 귀한 것으로 삼는 경우도 있으니, 예를 들어 천자에게 있는 당은 그 높이가 9척(尺)이고, 제후에게 있는 당은 그 높이가 7척이며, 대부에게 있는 당은 그 높이가 5척이고, 사에게 있는 당은 그 높이가 3척이다. 또 예를 들자면 천자와 제후의 경우에는 대문(臺門)을 건설한다. 이러한 것들이 바로 높은 것을 귀하게 여기는 경우이다.

① 天子諸侯臺門.

補註 按: 公羊傳何註, "天子兩觀, 諸侯臺門." 郊特牲, "臺門而旅樹", 註亦以爲諸侯之禮, 而今云天子諸侯臺門, 可疑. 豈分言之, 則有兩觀臺門之別, 通言之, 則皆可稱臺門歟?

번역 살펴보니, 『공양전』에 대한 하휴의 주에서는 "천자는 궁문 양쪽 측면에 관(觀)[1]을 두고 제후는 대문(臺門)[2]을 둔다."라고 했고, 『예기』「교특생(郊特牲)」편에서는 "대문(臺門)을 설치하고 출입구에 나무를 병풍처럼 심어서 가린다."[3]라고 했으며, 주에서는 또한 제후의 예법이라고 했는데, 이곳에서

---

1) 궐(闕)은 관(觀)·상위(象魏) 등으로부터 부른다. 고대에 천자나 제후가 자신의 궁문(宮門) 밖에 세워두었던 큰 건축물을 뜻한다. 이곳에 법령을 게시하여, 사람들이 확인하도록 했다. 『주례』「천관(天官)·대재(大宰)」편에는 "乃縣治象之灋于象魏, 使萬民觀治象, 挾日而斂之."라는 기록이 있고, 이에 대해 정현의 주에서는 정사농(鄭司農)의 주장을 인용하여, "象魏, 闕也."라고 풀이했다.

2) 대문(臺門)은 고대의 천자나 제후는 궁실의 문 옆에 흙을 쌓아 관망대[臺]를 만들게 되는데, 문과 관망대를 합쳐서 부르는 말이다. 후대에는 관망대에 지붕을 올리기도 했다.

천자와 제후의 대문(臺門)이라고 말한 것은 의문스럽다. 구분해서 말하면 양관(兩觀)과 대문(臺門)이 구별되지만, 통괄적으로 말하면 이 모두를 '대문(臺門)'이라 지칭할 수 있는 것이 아니겠는가?

참고-集說

九尺以下之數, 皆謂堂上高於堂下也. ①考工記, 堂崇三尺是殷制, 此周制耳. 臺門, 見前章.

번역 9척(尺)이라는 수치부터 그 이하의 수치들은 모두 당하로부터 당상까지의 높이를 뜻한다. 『고공기』의 기록에서는 당의 높이는 3척이라고 했는데, 이것은 은나라 때의 제도에 해당하니, 이곳 경문에서 말한 내용들은 주나라 때의 제도에 해당할 따름이다. 대문(臺門)에 대한 설명은 앞 장에 나온다.

① 考工記[止]此周制耳.

補註 考工記: 殷人重屋, 堂崇三尺, 周人明堂, 度九尺之筵, 堂崇一筵.
번역 『고공기』에서 말하길, 은나라에서는 중옥(重屋)[4]으로 하였고, 당의 높이는 3척이었다.[5] 주나라에서는 명당(明堂)으로 하였고, 9척(尺)을 1연(筵)

---

3) 『예기』「교특생(郊特牲)」: 臺門而旅樹, 反坫, 繡黼丹朱中衣, 大夫之僭禮也.
4) 중옥(重屋)은 처마가 겹으로 된 옥(屋)을 말하며, 명당(明堂)에 해당한다. 『주례』「동관고공기(冬官考工記)·장인(匠人)」편에는 "殷人重屋, 堂脩七尋, 堂崇三尺, 四阿重屋."이라는 기록이 있는데, 이에 대한 정현의 주에서는 "重屋者, 王宮正堂, 若大寢也."라고 하여, 은(殷)나라 때의 '중옥'은 대침(大寢)과 같은 건물로 설명하였고, 대진(戴震)의 『고공기보주(考工記圖補注)』에서는 "世室, 重屋, 制皆如明堂."라고 하고, 손이양(孫詒讓)의 『정의(正義)』에서도 "殷人重屋者, 亦殷之明堂也."라고 하여, '중옥'은 명당과 같은 것으로 설명하였다.
5) 『주례』「동관고공기(冬官考工記)·장인(匠人)」: 殷人重屋, 堂脩七尋, 堂崇三尺, 四阿重屋.

으로 계산하여, 당의 높이는 1연으로 하였다.[6]

補註 ○按: 考工文如此, 而陳註刪沒太過可欠.
번역 ○살펴보니, 『고공기』의 기록은 이와 같은데 진호의 주에서는 너무 지나치게 생략한 것 같다.

---

6) 『주례』「동관고공기(冬官考工記)·장인(匠人)」: 周人明堂, 度九尺之筵, 東西九筵, 南北七筵, 堂崇一筵, 五室, 凡室二筵.

「예기」 28장

封土爲壇, 郊祀則不壇, 至敬無文也. 禁與棜, 皆承酒樽之器,
木爲之. 禁長四尺, 廣二尺四寸, 通局足高三寸, 漆赤中, 畫青
雲氣菱苕華爲飾, 刻其足爲褻帷之形. 棜長四尺, 廣二尺四寸,
深五寸, 無足, 亦畫青雲氣菱苕華爲飾也. ①棜是擧名. 禁者, 因
爲酒戒也. 天子諸侯之尊廢禁者, 廢去其禁而不用也. 大夫士
棜禁者, 謂大夫用棜, 士用禁也. 棜, 一名斯禁, ②見鄕飮酒禮.

번역 흙을 쌓아서 제단을 만들게 되는데, 교사(郊祀)를 지내는 경우에는 제단을 쌓
지 않으니, 지극히 공경을 다해야 하는 제사에서는 화려한 꾸밈을 하지 않기 때문
이다. 금(禁)과 어(棜)는 모두 술동이를 받치는 받침인데, 나무로 이것들을 만든다.
'금(禁)'은 그 길이가 4척이며, 너비는 2척 4촌으로, 상판과 다리를 통틀어 그 높이
는 3촌이며, 옻칠을 하여 붉게 하고, 그 속에는 청색 구름의 기운과 능초(菱苕)라는
식물의 꽃을 그려서 장식을 하고, 다리 부위에는 조각을 새겨서 휘장을 두른 형태
를 만든다. '어(棜)'는 그 길이가 4척이며, 너비는 2척 4촌이고, 깊이는 5촌인데, 다
리가 없지만, 또한 청색 구름의 기운과 능초의 꽃을 그려서 장식을 한다. 어(棜)는
본래 수레의 명칭이다. 금(禁)이라고 이름을 붙인 이유는 이 글자를 통해서 술에
대한 경계를 하기 위해서이다. "천자와 제후의 술동이를 차릴 때, 금(禁)을 폐지한
다."는 말은 금(禁)을 치워버리고 사용하지 않는다는 뜻이다. "대부와 사가 어(棜)
와 금(禁)을 사용한다."고 했는데, 이 말은 대부는 어(棜)를 사용하고, 사는 금(禁)
을 사용한다는 뜻이다. 어(棜)는 '사금(斯禁)'이라고도 부르는데, 『의례』「향음주례
(鄕飮酒禮)」편에 그 단어가 나온다.

① ○棜是擧名.

補註 鄭註: "棜, 斯禁也, 謂之棜者, 無足, 有似於棜, 或因名耳." 疏曰:
"棜, 是擧名, 故旣夕禮'設棜於東堂下', 註云: '棜, 今之擧也.' 特牲云: '棜
之制, 如今大木擧. 上有四周, 下無足', 今大夫斯禁亦無足, 似木擧之

梡. 故周公制禮, 或因名此斯禁云梡耳."

번역 정현의 주에서 말하길, "'어(梡)'는 사금(斯禁)에 해당하는데, 이 기물에 대해 '어(梡)'라고 부르는 이유는 다리가 없는 모양이 들것[梡]과 흡사한 점이 있기 때문이고, 혹은 이러한 것에 연유해서 명칭을 그렇게 불렀기 때문일 것이다."라고 했다. 소에서 말하길, "'어(梡)'는 들것의 명칭이다. 그렇기 때문에 『의례』「기석례(旣夕禮)」편에서는 '어(梡)를 동쪽 당 아래에 설치한다.'¹⁾라고 하였고, 주에서는 '어(梡)는 오늘날의 들것을 뜻한다.'라고 한 것이며, 『의례』「특생궤식례(特牲饋食禮)」편에 대한 주에서는 '어(梡)의 제작 방법은 오늘날 나무로 만든 큰 들것과 같다. 상판에는 네 면에 판막이가 있고, 하판에는 다리가 없다.'²⁾라고 했는데, 오늘날 대부들이 사용하는 '사금(斯禁)'에도 또한 다리가 없어서, 나무로 만든 들것인 '어(梡)'와 흡사하다. 그렇기 때문에 주공이 예법을 제정하면서, 아마도 이러한 이유 때문에 사금(斯禁)에 대한 이름을 지으며, '어(梡)'라고 했을 것이다."라고 했다.

② 見鄕飮酒禮.

補註 鄕飮酒禮: 尊兩壺于房戶間, 斯禁.

번역 『의례』「향음주례(鄕飮酒禮)」에서 말하길, 술동이는 2개의 호(壺)를 방과 방문 사이에 두고, 사금(斯禁)을 둔다.³⁾

---

1) 『의례』「기석례(旣夕禮)」: 厥明, 滅燎, 陳衣. 凡絞, 紟用布, 倫如朝服. <u>設梡于東堂下</u>, 南順, 齊于坫, 饌于其上.

2) 이 문장은 『의례』「특생궤식례(特牲饋食禮)」편의 "梡在其南, 南順, 實獸于其上, 東首."에 대한 정현의 주이다.

3) 『의례』「향음주례(鄕飮酒禮)」: <u>尊兩壺於房戶間, 斯禁</u>, 有玄酒, 在西. 設篚于禁南, 東肆, 加二勺于兩壺.

嚴陵方氏曰: 祭天之禮, 謂之至敬, 下言"至敬無文", 是也. ①壇, 特人爲高, 非體之自然也, 故埽除其地, 以致其潔也. 郊特牲所謂"掃地而祭, 於其質也", 是矣. 禁, 所以承酒尊, 且棜也禁也, 皆所以爲酒戒, 曰棜則欲其不流, 曰禁則欲其不犯. 別而言之, 固如此, 合而言之, 棜亦禁也, 猶之旗常, 通謂之九旗也. 且有足者爲禁, 無足者爲棜. 有足則高, 無足則下, 此主以下爲貴, 於大夫用棜, 至廢禁則又下矣, 故天子諸侯之貴如此.

번역 엄릉방씨가 말하길, 하늘에 대해 제사지내는 예를 '지경(至敬)'이라고 부른 것이니, 아래문장에서 "지경(至敬)에 대해서는 문식의 꾸밈이 없다."[4]고 한 말이 바로 이러한 뜻을 나타낸다. 제단은 단지 사람이 인위적으로 높게 만든 것이지, 자연의 모습을 그대로 가져온 것이 아니다. 그렇기 때문에 하늘에 대한 제사에서는 해당 지역의 땅을 청소하여, 청결하게만 하는 것이다. 『예기』「교특생(郊特牲)」편에서 이른바 "땅을 청소하고서 제사를 지내는 것은 질박함을 숭상하기 때문이다."[5]라고 한 말이 바로 이러한 뜻에 해당한다. '금(禁)'은 술동이를 받치는 도구이다. 또한 '어(棜)'라고 하는 것과 '금(禁)'이라고 하는 것들은 모두 술에 대해 경계를 하기 위한 명칭이니, '어(棜)'라고 부른 것은 방탕하게 빠지지 않도록 하고자 함이고, '금(禁)'이라고 부른 것은 잘못을 범하지 않도록 하고자 함이다. 이 둘을 구분하여 말을 한 것이 바로 이곳의 문장처럼 기록하는 것이고, 이 둘을 합쳐서 부르게 되면, '어(棜)' 또한 '금(禁)'에 해당하는데, 이것은 마치 기(旗)와 상(常)을 통괄적으로 구기(九旗)[6]라고 부르는 경우와 같다. 또한 술동이 받침 중에서 다리가 있는

---

4) 『예기』「예기(禮器)」: 有以素爲貴者, <u>至敬無文</u>, 父黨無容. 大圭不琢, 大羹不和, 大路素而越席, 犧尊, 疏布鼏, 樿杓. 此以素爲貴也.

5) 『예기』「교특생(郊特牲)」: 大報天而主日也, 兆於南郊, 就陽位也. <u>掃地而祭, 於其質也</u>, 器用陶匏, 以象天地之性也.

6) 구기(九旗)는 고대에 사용하던 9종류의 깃발을 뜻한다. 무늬가 각각 달랐으며, 사용하는 용도 또한 달랐다. 해[日]와 달[月]을 수놓은 깃발을 상(常)이라고 부르며, 교룡(交龍)을 수놓은 깃발을 기(旂)라고 부르며, 순색의 비단을 이용하여 만든 깃발을 전(旜)이라고 부르며, 색이 섞여 있는 깃발을 물(物)이라고 부르며, 곰[熊]과 호랑이[虎]를 수놓은 깃발을 기(旗)라고 부르며, 새매를 수놓은 깃발을 여(旟)라고 부르며,

것은 '금(禁)'이 되고, 다리가 없는 것은 '어(梳)'가 된다. 다리가 있는 술동이 받침은 그 높이가 높고, 다리가 없는 것은 낮은데, 이곳 문장에서는 낮은 것을 귀하게 여긴다는 내용에 주안점을 두고 있고, 대부(大夫)에 대해서는 '어(梳)'를 사용한다고 했으니, '금(禁)'을 사용하지 않는 경우는 더욱 그 높이를 낮추는 것이다. 그렇기 때문에 천자와 제후의 존귀함이 이와 같은 것이다.

① 壇特人爲高.

補註 特, 恐待之訛.

번역 '특(特)'자는 아마도 대(待)자가 잘못 기록된 것 같다.

거북이[龜]와 뱀[蛇]을 수놓은 깃발을 조(旐)라고 부르며, 새의 온전한 날개를 오색(五色)으로 채색하여, 깃술처럼 장식한 깃발을 수(旞)라고 부르며, 가느다란 새의 깃털을 오색으로 채색하여, 깃술처럼 장식한 깃발을 정(旌)이라고 부른다. 『주례』「춘관(春官)·사상(司常)」편에는 "掌九旗之物名, 各有屬以待國事. 日月爲常, 交龍爲旂, 通帛爲旃, 雜帛爲物, 熊虎爲旗, 鳥隼爲旟, 龜蛇爲旐, 全羽爲旞, 析羽爲旌."이라는 기록이 있다.

참고-經文

禮有以文爲貴者, ①天子龍袞, 諸侯黼, 大夫黻, 士玄衣纁裳.
天子之冕朱綠藻, 十有二旒, 諸侯九, 上大夫七, ②下大夫五,
此以文爲貴也.

번역 예에서는 화려하게 꾸민 것을 귀한 것으로 삼는 경우도 있으니, 천자는 곤룡
포를 착용하고, 제후는 보(黼)가 수놓인 옷을 착용하며, 대부는 불(黻)이 수놓인
옷을 착용하고, 사의 경우에는 상의는 검은색 옷을 입고, 하의는 분홍색 옷을 입는
다. 또 예를 들자면, 천자가 쓰는 면류관의 경우, 구슬을 꿰는 줄은 적색과 녹색의
끈을 엮어서 만드는데, 천자의 경우에는 12줄이 들어가고, 제후는 9줄이 들어가며,
상대부는 7줄이 들어가고, 하대부는 5줄이 들어가며, 사는 3줄이 들어간다. 이러한
것들이 바로 화려하게 꾸민 것을 귀하게 여기는 경우이다.

① 天子龍袞[止]大夫黻.

補註 書 · 益稷: "予欲觀古人之象. 日月 · 星辰 · 山 · 龍 · 華蟲, 作會, 宗
彝 · 藻 · 火 · 粉米 · 黼 · 黻, 絺繡." 蔡氏傳曰: "日也 · 月也 · 星辰也 ·
山也 · 龍也 · 華蟲也六者, 繪之於衣, 宗彝也 · 藻也 · 火 · 粉米也 ·
黼也 · 黻也六者, 繡之於裳, 所謂十二章也. 周制以日 · 月 · 星辰, 畫於
旂, 冕服九章, 以龍 · 山 · 華蟲 · 火 · 宗彝五者, 繪於衣, 以藻 · 粉 ·
黼 · 黻四者, 繡於裳. 袞冕九章, 以龍爲首, 天子之龍, 一升一降, 上公
但有降龍. 鷩冕七章, 以華蟲爲首. 毳冕五章, 以虎蜼卽宗彝也, 爲首.
蓋亦增損有虞之制而爲之耳."

번역 『서』「익직(益稷)」편에서는 "내가 옛 사람들의 상을 관찰하여 일 · 월 ·
성신 · 산 · 용 · 화충을 그림으로 그리고, 종이 · 조 · 화 · 분미 · 보 · 불을 수
놓고자 한다."[1]라고 했고, 채침의 전에서는 "일 · 월 · 성신 · 산 · 용 · 화충
등의 6가지는 상의에 그리는 것이고, 종이 · 조 · 화 · 분미 · 보 · 불은 하의에

수놓는 것인데, 이른바 12장이라는 것이다. 주나라의 제도에서는 일 · 월 · 성신을 깃발에 그렸고 면복에는 9가지 무늬만 새겼는데, 용 · 산 · 화충 · 화 · 종이 등 5가지는 상의에 그리고, 조 · 분미 · 보 · 불 등의 4가지는 하의 에 수놓았다. 곤면에는 9가지 무늬를 새기는데, 용이 가장 으뜸이 되며 천자 의 의복에 새기는 용은 1마리는 승천하고 1마리는 하강하며, 상공이 입는 곤 면에는 단지 하강하는 용만 있다. 별면에는 7가지 무늬를 새기는데, 화충이 가장 으뜸이 된다. 취면(毳冕)[2]에는 5가지 무늬를 새기는데 호유는 곧 종이 에 해당하며 가장 으뜸이 되는 무늬이다. 이 또한 유우씨의 제도에서 더하거 나 덜어내어 만든 것일 따름이다."라고 했다.

補註 ○按: 周禮袞冕 · 鷩冕 · 毳冕之外, 又有絺冕 · 玄冕, 蓋王之大夫 絺冕, 大國之卿玄冕也. 黼 · 黻, 非爲首, 而特言黼 · 黻者, 陳註所引疏 說及小註陳氏所論近是.

번역 ○살펴보니, 『주례』에는 곤면 · 별면 · 취면 외에도 치면과 현면이 있는 데, 천자에게 소속된 대부는 치면을 착용하고 대국의 경은 현면을 착용하기 때문이다. 보와 불은 으뜸의 무늬가 아닌데도 특별히 보와 불을 언급한 이유 에 있어서는 진호의 주에서 인용한 소의 주장 및 소주에 나온 진씨의 논의가 정답에 가깝다.

참고-集說 疏曰: 諸侯雖九章, 七章以下, 其中有黼也. 孤絺冕而下, 其中 有黻, 故特擧黼黻而言耳. 詩采菽云, "玄袞及黼", 是特言黼. 終南云,

---

1) 『서』「우서(虞書) · 익직(益稷)」: 予欲觀古人之象, <u>日月 · 星辰 · 山 · 龍 · 華蟲,</u> <u>作會, 宗彝 · 藻 · 火 · 粉米 · 黼 · 黻, 絺繡,</u> 以五采彰施于五色, 作服, 汝明.

2) 취면(毳冕)은 취의(毳衣)와 면류관을 뜻한다. 본래 천자가 사망(四望) 등 산천(山 川)에 대한 제사 때 착용했던 복장이다. '취의'에는 호랑이와 원숭이를 수놓게 되는 데, 이 무늬를 종이(宗彝)라고도 부른다. 상의에는 3종류의 무늬를 수놓고, 하의 에는 2종류의 무늬를 수놓게 되어, 총 5가지 무늬가 들어가게 된다. 『주례(周禮)』 「춘관(春官) · 사복(司服)」편에는 "祀四望山川則<u>毳冕</u>."이라는 기록이 있고, 이에 대한 정현의 주에서는 "<u>毳</u>畫虎蜼, 謂宗彝也. 其衣三章, 裳二章, 凡五也."라고 풀 이했다.

"黻衣繡裳", 是特言黻也.

번역 소에서 말하길, 제후의 의복에는 비록 9개의 무늬를 새겨 넣는다고 하지만, 7개의 무늬를 수놓는 나머지 등급의 의복에 있어서도, 보(黼)가 포함된다. 고(孤)가 착용하는 치면(絺冕) 이하의 복장에도 불(黻)이 포함된다. 그렇기 때문에 다만 그 중에서도 '보(黼)'와 '불(黻)'만을 거론했을 따름이다. 『시』「채숙(采菽)」편에서는 "검은색 곤룡포와 보(黼)가 수놓인 하의를 입는다."[3]라고 하였으니, 이 기록에서도 다만 '보(黼)'만을 언급하고 있다. 그리고 「종남(終南)」편에서는 "불(黻)이 수놓인 상의와 수놓은 하의를 입는다."[4]라고 하였는데, 이 기록에서도 '불(黻)'만을 언급하고 있다.

참고-大全 長樂陳氏曰: 此經主以文爲貴, 故於天子不言大裘, 曰龍袞而已. 諸侯之服, 雖曰自袞冕而下, 然其德則貴乎能斷, 故言黼, 抑亦擧其下者而言之. 卿大夫之服, 自玄冕而下, 則有章有黻而已, 故言黻以其德貴乎能辨也. 諸侯有君道, 以治邦國以蕃王室, 其於政治之義, 必貴乎能斷. 大夫有臣道, 道合則從, 不合則去, 其於去就之義, 不可以不辨也. 士之服, 止於玄衣纁裳, 則質而已. 衣正色, 則天子至於士, 皆玄衣也. 裳間色, 自天子至士, 皆纁裳也. 玄以象道之在上, 纁以象事之在下, 此貴賤之所通也. 所異者, 特繡績之功, 或多或寡, 或有或無而已.

번역 장락진씨가 말하길, 이곳 경문은 화려함을 귀하게 여기는 경우에 주안점을 두고 있기 때문에, 천자에 대해서 대구(大裘)를 언급하지 않고, 단지 곤룡포만을 언급했을 따름이다. 제후가 입는 복장에 있어서, 비록 곤면(袞冕)으로부터 그 이하의 복장이 모두 해당한다고 할 수 있지만, 그의 덕성에 기준을 둔다면, 제대로 결단을 내릴 수 있다는 점을 존귀하게 여긴다. 그렇기 때문에 도끼 모양의 '보(黼)'를 언급한 것이며, 그것이 아니라면 또한 그

---

3) 『시』「소아(小雅)·채숙(采菽)」: 采菽采菽, 筐之筥之. 君子來朝, 何錫予之. 雖無予之, 路車乘馬. 又何予之, <u>玄袞及黼</u>.

4) 『시』「진풍(秦風)·종남(終南)」: 終南何有, 有紀有堂. 君子至止, <u>黻衣繡裳</u>. 佩玉將將, 壽考不亡.

보다 하위에 있는 자에 기준을 두고, 제후보다 하위 계층에 속한 자는 새길 수 없는 '보(黼)'를 언급한 것이다. 경과 대부의 복장에 있어서, 현면(玄冕)으로부터 그 이하의 복장이 모두 해당하는데, 그림을 그려 넣는 무늬와 수놓는 모양인 불(黻)이 있을 따름이다. 그렇기 때문에 '불(黻)'을 언급한 것이니, 그의 덕성으로는 제대로 판별할 수 있는 능력을 귀하게 여기기 때문이다. 제후에게는 군주의 도리가 포함되어 있어서, 이로써 그의 나라를 다스리고, 왕실을 번영시키게 되는데, 정치를 다스리는 도리에 있어서는 반드시 잘 결단할 수 있는 능력을 귀하게 여기게 된다. 대부들에게는 신하의 도리가 포함되어 있으니, 군주와 도의가 합치되면 군주를 따르지만, 합치가 되지 않으면, 그 나라를 떠나게 되는데,[5] 떠나가거나 벼슬에 나아가는 도리에 있어서는 제대로 판별을 하지 않을 수가 없다. 사(士) 계급이 착용하는 복장은 단지 검은색의 상의와 붉은색의 하의에만 그치는데, 그것은 질박하기 때문이다. 상의는 정색(正色)[6]으로 하게 되므로, 천자로부터 사 계급에 이르기까지 모두 검은색의 상의를 착용하게 되는 것이다. 그리고 하의는 간색(間色)[7]으로 하게 되므로, 천자로부터 사 계급에 이르기까지 분홍색의 하의를 착용하게 되는 것이다.[8] 검은색으로는 상층에 해당하는 도리를 형상화하게 되고, 붉은색으로는 하층에 해당하는 구체적인 사안들을 형상화하게 되는데, 이것은 신분에 상관없이 모두에게 적용된다. 다만 다른 점은 수를 놓은 무늬에 있어서, 어떤 것은 많고 어떤 것은 적으며, 또 어떤 것은 있고 어떤 것은 없는 차이만 있을 따름이다.

---

5) 『예기』「내칙(內則)」:四十始仕, 方物出謀發慮, <u>道合則服從, 不可則去</u>, 五十命 爲大夫, 服官政. 七十致事.

6) 정색(正色)은 간색(間色)과 대비되는 말로, 청색(靑色)·적색(赤色)·황색(黃色)·백색(白色)·흑색(黑色) 등 순일한 다섯 종류의 색깔을 뜻한다.

7) 간색(間色)은 정색(正色)과 대비되는 말이다. 순일하지 못한 색깔을 지칭한다. '정색'은 청색(靑色)·적색(赤色)·황색(黃色)·백색(白色)·흑색(黑色) 등이 해당한다. 예를 들어 청색의 색깔이 순일한 경우에는 '정색'이라고 부르고, 순일하지 못한 청색 등에 대해서는 '간색'이라고 부른다.

8) 『예기』「옥조(玉藻)」:<u>衣正色, 裳間色</u>. 非列采不入公門, 振絺綌不入公門, 表裘 不入公門, 襲裘不入公門.

② 下大夫五.

補註 按: 此下古經有士三二字, 陳註亦有士三之文.

번역 살펴보니, 이 구문 뒤에 『고경』에는 '사삼(士三)'이라는 두 글자가 기록되어 있으며, 진호의 주에서도 사삼(士三)이라는 기록이 나온다.

補註 ○疏曰: 諸侯九以下, 言夏·殷也. 周家旒數隨命數, 又士但爵弁無旒也.

번역 ○소에서 말하길, 제후는 9줄이 들어간다는 구문으로부터 그 이하의 내용은 하나라와 은나라의 제도를 뜻한다. 주나라 때에는 유(旒)의 수가 작위의 등급 명(命)에 따라 각각 달랐고, 또한 사는 단지 작변(爵弁)만 쓰게 되어 유가 없었다.

참고-集說

龍袞, 畫龍於袞衣也. 白與黑謂之黼, 黼如斧形, 刺之於裳. 黑與靑謂之黻, 其狀兩己相背, 亦刺於裳也. 纁, 赤色. 冕, 祭服之冠也. 上玄下纁. 前後有旒, 前低一寸二分, 以其略俛而謂之冕. 冕同而服異, ①一袞冕, 二鷩冕, 三毳冕, 四絺冕, 五玄冕, 各以服之異而名之耳. 冕之制雖同, 而旒有多少. 朱綠藻者, 以朱綠二色之絲爲繩也. 以此繩貫玉而垂於冕以爲旒. 周用五采, 此言朱綠, 或是前代之制. 十有二旒者, 天子之冕, 前後各十二旒, ②每旒十二玉, 玉之色以朱白蒼黃玄爲次, 自上而下, 徧則又從朱起. 袞冕十二旒, 鷩冕九旒, 毳冕七旒, 絺冕五旒, 玄冕三旒. 此數雖不同, 然皆每旒十二玉, 纊玉五采也. 此皆周時天子之制. 諸侯九, 上大夫七, 下大夫五, 士三, 此亦非周制. 周家旒數隨命數, 詳見儀禮冕弁圖.

번역 '용곤(龍袞)'은 곤룡포에 용을 그려 넣은 옷이다. 백색과 흑색의 실로 수놓은 무늬를 '보(黼)'라고 부르는데, '보(黼)'라는 무늬는 도끼 모양과 비슷하며, 치마에 수놓는다. 흑색과 청색의 실로 수놓은 무늬를 '불(黻)'이라고 부르는데, '불(黻)'이라는 무늬는 두 개의 '기(己)'자가 서로 등을 지고 있는 모습으로, 이 또한 치마에 수놓는다. '훈(纁)'은 적색의 비단을 뜻한다. '면(冕)'은 제복(祭服)에 쓰는 관(冠)이다. 면류관의 윗면은 검은색으로 만들고, 아랫면은 적색으로 만든다. 면류관의 앞뒤에는 구슬을 꿴 줄이 있게 되며, 앞면은 1촌(寸) 2분(分)만큼 앞으로 기울어져 있는데, 그 모습이 약간 굽어[俛]있기 때문에, '면(冕)'이라고 부른다. 그런데 면류관은 같지만 착용하는 복장이 다르게 되어, 첫 번째를 곤면(袞冕)이라고 부르고, 두 번째를 별면(鷩冕)이라고 부르며, 세 번째를 취면(毳冕)이라고 부르고, 네 번째를 치면(絺冕)이라고 부르며, 다섯 번째를 현면(玄冕)이라고 부르는 것이니,[9] 각각 착용하는 복장이 다르기 때문에, 이처럼 이름을 붙인 것일 따름이다. 면류관의 제작 방법이 비록 동일하다고 하지만, 늘어뜨리는 술의 양에는 차이가 있다. '주록조(朱綠藻)'라는 것은 붉은색과 녹색의 두 가지 실로 끈을 엮은 것이다. 이러한 끈으로 옥을 꿰어서, 면류관에 늘어뜨려, '유(旒)'를 만들게 된다. 주나라 때에는 유(旒)를 만들 때, 다섯 가지 채색의 실을 사용하였다. 그런데 이곳 경문에서 붉은색과 녹색 두 가지만 언급을 하였으니, 아마도 이 제도는 주나라 이전 왕조에서 사용하던 제도에 해당하는 것 같다. 12개의 유(旒)라는 것은 천자의 면류관에 해당하는데, 앞뒤에 각각 12개의 유(旒)를 다는 것이며, 매 유(旒)마다 12개의 옥을 꿰게 되고, 옥의 색깔은 붉은색, 백색, 청색, 황색, 검은색 순으로 순서를 정해서, 위에서부터 아래로 꿰어나가고, 다섯 가지 색깔의 옥이 모두 들어가게 되면, 재차 붉은색 옥부터 순서대로 끼게 된다. 곤면(袞冕)에는 앞뒤로 각각 12개의 유(旒)가 들어가고, 별면(鷩冕)에는 9개의 유(旒)가 들어가며, 취면(毳冕)에는 7개의 류(旒)가 들어가고, 치면(絺冕)에는 5개의 류(旒)가 들어가며, 현면(玄冕)에는 3개의 유(旒)가 들어간다. 이처럼 들어가는 유(旒)의 수치가 비록 서로 다르지만, 모든 면류관에 있어서, 매 유(旒)마다 끼우는 옥은 12개이며, 유(旒)에 꿰는 옥의 색깔 또한 다섯 가지 색상을 사용한다. 그런데 이러한 것들은 모두 주나라 때 천자에게 해당했던 제도이다. 제후가 9개의 유(旒)가 들어가는 것을 사용하고, 상대부는 7개, 하대부는 5개, 사는 3개가 들어간 것을 사용한다는 말은 또한 주나라 때의 제도가 아니다.

---

9) 『주례』「춘관(春官)·사복(司服)」: 掌王之吉凶衣服, 辨其名物, 辨其用事. 王之吉服, 祀昊天上帝, 則服大裘而冕, 祀五帝亦如之. 享先王則袞冕. 享先公, 饗射則鷩冕. 祀四望山川則毳冕. 祭社稷五祀則希冕. 祭群小祀則玄冕.

주나라의 제도에서 유(旒)의 숫자는 각각 그들이 가진 작위의 명(命) 등급에 따랐
으니, 자세한 설명은 『의례』「면변도」에 나타나 있다.

① 一袞冕[止]五玄冕.

補註 周禮 · 春官 · 司服: "王祀昊天上帝, 則服大裘而冕, 祀五帝亦如之.
享先王袞冕, 享先公 · 饗射, 則鷩冕. 祀四望 · 山川, 則毳冕. 祭社稷 ·
五祀, 則絺冕. 祭群小祀, 則玄冕." 註: "袞之衣五章, 裳四章, 凡九也.
鷩畫以雉, 謂華蟲, 其衣三章, 裳四章, 凡七也. 毳畫虎蜼, 謂宗彝, 其衣
三章, 裳二章, 凡五也. 絺刺粉米, 無畫也, 其衣一章, 裳二章, 凡三也.
玄者衣無文, 裳則刺黻而已, 是以謂玄焉."

번역 『주례』「춘관(春官) · 사복(司服)」편에서는 "천자가 호천과 상제[10])에게
제사를 지내게 되면 대구(大裘)을 착용하고 면류관을 쓰며, 오제(五帝)[11])에

---

10) 호천상제(昊天上帝)는 호천(昊天)과 상제(上帝)로 구분하여 해석하기도 하며, '호
천상제'를 하나의 용어로 해석하기도 한다. 후자의 경우 '호천'이라는 말은 '상제'를
수식하는 말이다. 고대에는 축호(祝號)라는 것을 지어서 제사 때의 용어를 수식어
로 꾸미게 되는데, '호천상제'의 경우는 '상제'에 대한 축호에 해당하며, 세분하여
설명하자면 신(神)의 명칭에 수식어를 붙이는 신호(神號)에 해당한다. 『예기』「예
운(禮運)」편에는 "作其祝號, 玄酒以祭, 薦其血毛, 腥其俎, 孰其殽."라는 기록이
있고, 이에 대한 진호(陳澔)의 주에서는 "作其祝號者, 造爲鬼神及牲玉美號之辭.
神號, 如昊天上帝."라고 풀이했다. '호천'과 '상제'로 풀이할 경우, '상제'는 만물을
주재하는 자이며, '상천(上天)'이라고도 불렀다. 고대인들은 길흉(吉凶)과 화복(禍
福)을 내릴 수 있는 능력을 갖추고 있었다고 생각하였다. 한편 '상제'는 오행(五行)
관념에 따라 동 · 서 · 남 · 북 · 중앙의 구분이 생기면서, 천상을 각각 나누어 다스
리는 오제(五帝)로 설명되기도 한다. '호천'의 경우 천신(天神)을 뜻하는데, '상제'
와 비슷한 개념이다. '호천'을 '상제'보다 상위의 개념으로 해석하여, 오제 위에서
군림하는 신으로 해석하는 경우도 있다.

11) 오제(五帝)는 천상(天上)의 다섯 신(神)을 가리킨다. 오행설(五行說)과 참위설
(讖緯說)에 영향을 받은 것으로, 중앙의 황제(黃帝)인 함추뉴(含樞紐), 동쪽의
창제(蒼帝)인 영위앙(靈威仰), 남쪽의 적제(赤帝)인 적표노(赤熛怒), 서쪽의 백
제(白帝)인 백소구(白昭矩: =白招拒), 북쪽의 흑제(黑帝)인 협광기(叶光紀)를
가리킨다.

게 제사를 지낼 때에도 이처럼 착용한다. 선왕에게 제사를 지내게 되면 곤면(袞冕)을 착용하고, 선공(先公)[12]에게 제사를 지내거나 향사례를 시행하게 되면 별면(鷩冕)을 착용하며, 사망(四望)[13] 및 산천의 신들에게 제사를 지내게 되면 취면(毳冕)을 착용하고, 사직(社稷) 및 오사(五祀)의 신들에게 제사를 지내게 되면 치면(絺冕)을 착용하며, 여러 소사(小祀)[14]에 제사를 지내게 되면 현면(玄冕)을 착용한다."[15]라고 했고, 주에서는 "곤복의 상의에

---

12) 선공(先公)은 본래 천자 및 제후의 선조들을 존귀하게 높여 부르는 말이다. 따라서 '선왕(先王)'이라는 말과 동일하게 사용된다. 그러나 주(周)나라에 대해 선왕과 대비해서 사용하게 되면, 후직(后稷)의 후손 중 태왕(太王) 이전의 선조를 지칭한다. 주나라는 건립 이후 자신의 선조에 대해 추왕(追王)을 하여 왕(王)자를 붙였는데, 태왕인 고공단보(古公亶父)까지 왕(王)자를 붙였기 때문이다.

13) 사망(四望)은 천자가 사방(四方)의 산천(山川)에게 망(望)제사를 지내는 것이다. 제사의 대상은 산천 중의 큰 것들로, 오악(五嶽)이나 사독(四瀆)과 같은 것이다. 산천에 대한 제사는 일일이 그곳마다 찾아가서 제사를 지낼 수 없기 때문에, 그곳이 바라보이는 곳에 제단을 쌓고 제사를 지낸다. 그렇기 때문에 그 제사를 '망'제사라고 부르는 것이다. 그리고 천자는 사방(四方)의 산천들에 대해서 모두 제사를 지내게 되므로 '사(四)'자를 붙여서 '사망'이라고 부르는 것이다. 『주례』「춘관(春官)·대종백(大宗伯)」편에는 "國有大故, 則旅上帝及四望."이라는 기록이 있고, 이에 대한 가공언(賈公彦)의 소(疏)에서는 "言四望者, 不可一往就祭, 當四向望而爲壇遙祭之, 故云四望也."라고 풀이했다. 그리고 손이양(孫詒讓)의 『정의(正義)』에서는 "陳壽祺云, 山川之祭, 周禮四望, 魯禮三望. 其餘諸侯祀竟內山川, 蓋無定數, 山川之大者, 莫如五嶽四瀆."이라고 풀이했다.

14) 소사(小祀)는 비교적 규모가 작은 제사를 가리킨다. 또한 군사(群祀)라고 부르기도 한다. 사중(司中), 사명(司命), 풍백(風伯: =風師), 우사(雨師), 제성(諸星), 산림(山林), 천택(川澤) 등에 대해 지내는 제사이다. 『주례』「춘관(春官)·사사(肆師)」편에는 "立小祀用牲."이라는 기록이 있는데, 이에 대한 정현의 주에서는 "鄭司農云 小祀司命已下. 玄謂 小祀又有司中風師雨師山川百物."이라고 풀이하였고, 『구당서(舊唐書)』「예의지일(禮儀志一)」에도 "司中司命風伯雨師諸星山林川澤之屬爲小祀."라는 기록이 있다.

15) 『주례』「춘관(春官)·사복(司服)」: 王之吉服, 祀昊天·上帝, 則服大裘而冕, 祀五帝亦如之. 享先王則袞冕, 享先公·饗射則鷩冕, 祀四望·山川則毳冕, 祭社稷·五祀則希冕, 祭群小祀則玄冕.

는 5가지 무늬가 들어가고 하의에는 4가지 무늬가 들어가서 총 9가지 무늬가 된다. 별면에는 꿩을 그리게 되는데 이것을 '화충(華蟲)'이라고 부르며, 상의에는 3가지 무늬가 들어가고 하의에는 4가지 무늬가 들어가서 총 7가지 무늬가 된다. 취면에는 호랑이와 원숭이를 그리게 되는데 이것을 '종이(宗彝)'라고 부르며, 상의에는 3가지 무늬가 들어가고 하의에는 2가지 무늬가 들어가서 총 5가지 무늬가 된다. 치면에는 분미를 새기게 되며 그림은 그리지 않는데, 상의에는 1가지 무늬가 들어가고 하의에는 2가지 무늬가 들어가서 총 3가지 무늬가 된다. 현면에는 상의에 무늬가 없고 하의에만 불을 새길 따름이니, 이러한 까닭으로 '현(玄)'자를 붙여서 부르는 것이다."라고 했다.

補註 ○儀禮·冕弁圖曰: 上公, 自袞冕而下, 其服五. 侯·伯, 自鷩冕而下, 其服四. 子·男, 自毳冕而下, 其服三. 若助祭則隨事用之, 如王祭群小祀玄冕, 則助祭者亦玄冕是也. 若朝王則各服其服, 如上公袞冕, 侯伯鷩冕是也. 又覲禮, 侯氏裨冕, 註: "裨冕者, 衣裨衣而冕也. 天子六服, 大裘爲上, 其餘爲裨, 又諸侯非二王後, 皆玄冕而祭於己." 玉藻, 諸侯玄端以祭, 註: "端, 當爲冕." 又事之重者則用冕, 諸侯冕而親迎是也. 若諸侯以日視朝, 則弁而不冕.

번역 ○『의례』「면변도(冕弁圖)」에서 말하길, 상공은 곤면(袞冕)으로부터 그 이하의 복장을 착용하니, 그들이 사용하는 복장은 5가지이다. 후작과 백작은 별면(鷩冕)으로부터 그 이하의 복장을 착용하니, 그들이 사용하는 복장은 4가지이다. 자작과 남작은 취면(毳冕)으로부터 그 이하의 복장을 착용하니, 그들이 사용하는 복장은 3가지이다. 만약 제사를 돕게 된다면 사안에 따라서 복장을 사용하니, 예를 들어 천자가 뭇 소사에 제사를 지내서 현면(玄冕)을 착용하면, 제사를 돕는 자들 또한 현면을 착용한다. 또 만약 천자를 조회하게 된다면 각각 해당 복장을 착용하니, 예를 들어 상공은 곤면을 착용하고 후작과 백작은 별면을 착용한다. 또 『의례』「근례(覲禮)」편에서는 '제후의 비면(裨冕)'16)이라고 했는데, 주에서는 "'비면(裨冕)'이라는 것은 비

---

16) 『의례』「근례(覲禮)」: 侯氏裨冕, 釋幣于禰.

의(褘衣)를 착용하고 면류관을 쓰는 것이다. 천자의 여섯 가지 복장 중에서 대구는 가장 상등의 복장이고 나머지는 비의가 되며, 또 제후들 중 두 왕조의 후손이 아니라면 모두 현면을 착용하고 자신의 제사를 지낸다."라고 했다. 『예기』「옥조(玉藻)」편에서는 "제후는 현단(玄端)을 착용하고 제사를 지낸다."17)라고 했고, 주에서는 "'단(端)'자는 마땅히 면(冕)자가 되어야 한다."라고 했다. 또 사안 중에서도 중대한 경우에는 면류관을 착용하는데, 제후가 면류관을 착용하고 친영(親迎)을 하는 것이 이러한 경우에 해당한다. 만약 제후가 날마다 조정에 참관하는 경우라면, 변(弁)을 쓰고 면류관을 쓰지 않는다.

② 每旒[止]五采.

補註 周禮註: 繅, 古藻字.

번역 『주례』의 주에서 말하길, '소(繅)'자는 옛 조(藻)자이다.

補註 ○按: 旒數雖不同, 每旒十二玉, 繅玉五采, 卽天子之五冕皆然, 故云此皆周時天子之制. 若上公之袞冕, 每旒九玉, 侯·伯之鷩冕, 每旒七玉, 子·男之毳冕, 每旒五玉, 竝繅三采, 見儀禮·冕弁圖.

번역 ○살펴보니, 유(旒)의 수에 있어서는 비록 차이가 있지만 매 유마다 12개의 옥이 들어가고 유에 꿰는 옥은 다섯 가지 색깔이니, 천자의 다섯 면복이 모두 이러하다. 그렇기 때문에 이것들은 모두 주나라 때 천자에게 해당하는 제도라고 말한 것이다. 상공의 곤면인 경우 매 유마다 9개의 옥이 들어가고, 후작과 백작의 별면에는 매 유마다 7개의 옥이 들어가며, 자작과 남작의 취면에는 매 유마다 5개의 옥이 들어가는데, 모두 유에 꿰는 옥은 세 가지 색깔이니, 『의례』「면변도」에 나온다.

---

17) 『예기』「옥조(玉藻)」: 諸侯玄端以祭, 褘冕以朝, 皮弁以聽朔於大廟, 朝服以日視朝於內朝.

「예기」 30장

有以素爲貴者, 至敬無文, 父黨無容. ①大圭不琢, 大羹不和, 大路素而越席, ②犧尊③疏布鼏, 椫杓. 此以素爲貴也.

번역 예에서는 소박한 것을 귀한 것으로 삼는 경우도 있으니, 예를 들자면, 지극히 공경한 태도를 취해야 하는 곳에서는 화려한 꾸밈을 하지 않고, 부친의 친족들을 뵐 때에는 너무 딱딱하게 격식을 갖추지 않는다. 또 대규(大圭)[1]에는 조각을 하지 않고, 대갱(大羹)[2]에는 조미료를 가미하지 않으며, 대로(大路)는 소박하게 만들어서 별다른 장식을 하지 않고 부들포로 짠 자리를 얹으며, 희준(犧尊)에는 거친 베로 만든 덮개를 하고, 흰 나무로 술을 뜨는 국자를 만든다. 이러한 것들이 바로 소박한 것을 귀한 것으로 삼는 경우이다.

① 大圭不琢.

補註 鄭註: 琢, 當爲篆, 字之誤也.

번역 정현의 주에서 말하길, '탁(琢)'자는 마땅히 전(篆)자가 되어야 하니, 자형이 비슷해서 생긴 오류이다.

補註 ○陸曰: 字又作瑑, 丈轉反. 徐又依字, 竹角反.

---

1) 대규(大圭)는 허리에 차는 옥(玉)으로 정(丁)자 형태로 만들었다. 천자는 '대규'를 허리춤에 꼽고서 조일(朝日)을 하였다. '대규'의 길이는 3척(尺)이고, '정(珽)'이라고도 불렀다. 『주례』「춘관(春官)·전서(典瑞)」편에는 "王晉大圭, 執鎭圭, 繅藉五采五就, 以朝日."이라는 기록이 있고, 『주례』「동관고공기(冬官考工記)·옥인(玉人)」편에는 "大圭長三尺, 杼上終葵首, 天子服之."라는 기록이 있으며, 이에 대한 정현의 주에서는 "王所搢大圭也, 或謂之珽."이라고 풀이했다.

2) 대갱(大羹)은 조미료를 첨가하지 않은 고깃국이다. 『예기』「악기(樂記)」편에는 大饗之禮, 尙玄酒而俎腥魚, 大羹不和, 有遺味者矣."라는 기록이 있고, 이에 대한 정현의 주에서는 "大羹, 肉湆, 不調以鹽菜."라고 풀이했다.

번역 ○육덕명이 말하길, 이 글자를 또한 '瑑'자로도 기록하며, 그 음은 '丈(장)'자와 '轉(전)'자의 반절음이다. 서음에서는 또한 자형에 의거하여 '丁(정)'자와 '角(각)'자의 반절음이라고 하였다.

補註 ○按: 瑑, 卽周禮"瑑圭璋璧琮"之瑑.
번역 ○살펴보니, '전(瑑)'자는 『주례』에서 "규(圭)·장(璋)·벽(璧)·종(琮)을 새긴다."³⁾라고 했을 때의 전(瑑)자에 해당한다.

補註 ○徐志修曰: 玉未有不琢者, 從瑑恐是.
번역 ○서지수가 말하길, 옥에는 새기지 않은 것이 없으니, '전(瑑)'자로 해석하는 것이 옳은 것 같다.

② **犧尊**.

補註 按: 陸音, 犧, 如字. 舊說音娑, 不可從.
번역 살펴보니, 육덕명의 『음의』에서는 '희(犧)'자를 글자대로 읽었다. 옛 학설에서는 그 음을 '娑(사)'라고 했는데, 따를 수 없는 주장이다.

③ **疏布鼏**.

補註 周禮·冪人: "祭祀, 以疏布鼏八尊, 以畫布巾冪六彝." 註: "天地之神尚質, 宗廟可以文."
번역 『주례』「멱인(冪人)」편에서는 "제사 때에는 거친 포로 만든 헝겊 덮개로 팔준(八尊)⁴⁾을 덮는다. 그림을 그린 헝겊 덮개로는 육이(六彝)⁵⁾를 덮는

---

3) 『주례』「춘관(春官)·전서(典瑞)」: 瑑圭璋璧琮, 繅皆二采一就, 以覜聘.
4) 팔준(八尊)은 제사 때 설치하는 여덟 개의 술동이를 뜻한다. '팔준'에는 술의 맑고 탁한 정도에 따라 나눈 범제(泛齊), 례제(醴齊), 앙제(盎齊), 제제(緹齊), 침제(沈齊) 등의 오제(五齊)를 담고, 또 사용하는 경우에 따라 나눈 사주(事酒), 석주(昔酒), 청주(淸酒) 등의 삼주(三酒)를 담는다. 『주례』「천관(天官)·주정(酒正)」편에

다."6)라고 했고, 주에서는 "천지의 신들은 질박함을 숭상하며, 종묘의 제사에서는 격식을 꾸밀 수 있기 때문이다."라고 했다.

참고-集說

敬之至者, 不以文爲美, 如祭天而服黑羔裘, 亦是尚質素之意. 折旋揖讓之禮容, 所以施於外賓, 見父之族黨, 自當以質素爲禮, 不爲容也. 大圭, 天子所搢者, 長三尺. 不琢, ①不爲鐫刻文理也. 大羹, 太古之羹也, 肉汁無鹽梅之和. 後王存古禮, 故設之, 亦尚玄酒之意. 大路, 殷祭天之車, 朴素無飾, 以②蒲越爲席. 犧尊, ③刻爲犧牛之形. 讀爲娑音者, 謂畫爲鳳羽婆娑然也. 此尊以簾疏之布爲覆冪. 棫, 白木之有文理者. 杓, 沃盟之具也.

번역 공경함을 지극히 나타내는 곳에서는 화려한 꾸밈을 아름답다고 여기지 않는다. 이것은 마치 하늘에 대한 제사를 지내면서 흑색의 새끼 양가죽으로 만든 복장을 착용하는 것과 같으니, 또한 이것은 질박하고 소박함을 숭상한다는 뜻에 해당한다. 굽히고, 돌며, 읍을 하고, 상대방에게 양보하는 등의 예법에 따른 행동거지들은 외부에서 찾아온 손님들에게 시행하는 것들이며, 부친의 친족 어른들을 뵐 때에는 제 스스로 마땅히 질박하고 소박한 것을 예법으로 삼게 되어, 이러한 행동거지를 따르지 않게 된다. '대규(大圭)'는 천자가 차고 다니는 옥으로, 그 길이는 3척이다.

는 "凡祭祀, 以法共五齊三酒, 以實八尊. 大祭三貳, 中祭再貳, 小祭壹貳, 皆有酌數. 唯齊酒不貳, 皆有器量."이라는 기록이 있다.

5) 육이(六彝)는 제사 때 설치하는 여섯 개의 술병을 뜻한다. 각각 조각하고 그려 넣는 무늬가 달랐기 때문에, 그 명칭들도 달랐다. 여섯 개의 술병은 계이(雞彝), 조이(鳥彝), 가이(斝彝), 황이(黃彝), 호이(虎彝), 유이(蜼彝)이다. 『주례』 「춘관(春官)·소종백(小宗伯)」편에는 "辨六彝之名物, 以待果將."이라는 기록이 있고, 이에 대한 정현의 주에서는 "六彝: 雞彝·鳥彝·斝彝·黃彝·虎彝·蜼彝."라고 풀이했다.

6) 『주례』 「천관(天官)·멱인(冪人)」: 冪人, 掌共巾冪. 祭祀以疏布巾冪八尊, 以畫布巾冪六彝. 凡王巾皆黼.

"조각을 하지 않는다."는 말은 무늬를 새겨 넣지 않는다는 뜻이다. '대갱(大羹)'은 태고 때 사용하던 국으로, 고기로 육수를 만들기만 하고, 그곳에 소금이나 매화 등으로 양념을 하지 않은 것이다. 후세의 제왕들은 고대의 예법을 보존하고 있었기 때문에, 이러한 국을 진설했던 것이니, 이 또한 현주(玄酒)를 숭상하는 뜻과 같은 것이다.[7] '대로(大路)'는 은나라 때 하늘에 제사지내며 사용하던 수레인데, 소박하여 별다른 장식이 없었고, 부들로 자리를 만들었다. '희준(犧尊)'은 술동이에 희생물로 사용하던 소의 모습을 새긴 것이다. '희(犧)'자를 읽을 때 '사(娑)'자의 음으로 읽는 것은 봉황의 날개를 '너울거리며 춤을 추는 듯[婆娑]'한 모양으로 그려 넣었다는 뜻에서 붙인 명칭이다. 이러한 술동이에는 거친 베로 술동이의 덮개를 만든다. '전(樿)'은 흰 나무에 무늬와 결이 있는 것이다. '표(杓)'는 술을 뜰 때 사용하는 도구이다.

① 不爲鐫刻文理.

補註 鐫, 當作鐫.

번역 '전(鐫)'자는 마땅히 전(鐫)자로 기록해야 한다.

② 蒲越.

補註 字彙: 越, 草也, 蒲屬.

번역 『자휘』에서 말하길, '월(越)'자는 풀을 뜻하니, 부들의 등속이다.

③ 刻爲犧牛之形.

補註 詩·魯頌: "犧尊將將." 朱子註: "犧尊, 畫牛於尊腹也. 或曰尊作牛形, 鑿其背, 以受酒也."

번역 『시』「노송(魯頌)」에서는 "희준(犧尊)이 아름답고도 융성하구나."[8]라

---

7) 『예기』「악기(樂記)」: 大饗之禮, 尙玄酒而俎腥魚, 大羹不和, 有遺味者矣.

8) 『시』「노송(魯頌)·비궁(閟宮)」: 秋而載嘗, 夏而楅衡. 白牡騂剛, 犧尊將將. 毛炰
胾羹, 籩豆大房. 萬舞洋洋, 孝孫有慶. 俾爾熾而昌, 俾爾壽而臧. 保彼東方, 魯邦
是嘗. 不虧不崩, 不震不騰. 三壽作朋, 如岡如陵.

고 했고, 주자의 주에서는 "희준은 술동이 배 부분에 소를 그린 것이다. 혹은 술동이를 소의 형태로 만들고 그 등에 구멍을 뚫어서 술을 채운다고도 주장한다."라고 했다.

「예기」 31장

孔子曰: "禮不可不省也. ①禮不同·不豐·不殺", ②此之謂也. 蓋言稱也.

번역 공자가 말하길, "예에 대해서는 자세히 살피지 않아서는 안 된다. 예는 등급별로 다르니, 너무 풍요롭게 해서는 안 되고, 너무 줄여서도 안 된다."라고 했다. 이 말이 바로 앞에서 말한 뜻을 나타낸다. 즉 이 말은 각각의 계층과 상황에 알맞도록 해야 한다는 뜻이다.

① 禮不同不豐不殺.

補註 按: 此與前篇禮之不同也·不豐也·不殺也同.

번역 살펴보니, 이것은 앞에서 "예에는 신분의 귀천에 따라 다르게 적용하는 규정이 있으며, 검소해야 할 경우에는 풍부하게 하지 않는 규정이 있고, 융성하게 해야 할 경우에는 낮춰서 하지 않는 규정이 있다."[1]라고 한 말과 같은 뜻이다.

② 此之謂也蓋言稱也.

補註 楊梧曰: 此字指上文諸禮, 謂字指孔子之言. 蓋言稱, 又發明夫子不豐·不殺之意.

번역 양오가 말하길, '차(此)'자는 앞에 나온 여러 예(禮)자를 가리키며, '위(謂)'자는 공자의 말을 가리킨다. '개언칭(蓋言稱)'은 또한 공자가 너무 풍요롭게 해서는 안 되고 또 너무 줄여서도 안 된다고 한 말의 뜻을 재차 나타낸 말이다.

---

1) 『예기』「예운(禮運)」: <u>故禮之不同也, 不豐也, 不殺也</u>, 所以持情而合危也. 故聖王所以順, 山者不使居川, 不使渚者居中原, 而弗敝也. 用水·火·金·木·飲食必時, 合男女, 頒爵位, 必當年德, 用民必順. 故無水旱昆蟲之災, 民無凶饑妖孽之疾.

「예기」 32장

禮之以多爲貴者, 以其外心者也. ①德發揚, 詡萬物, 大理物博, 如此則得不以多爲貴乎? 故君子②樂其發也.

번역 예에서 많은 것을 귀한 것으로 삼는 이유는 그것들에 대해서는 마음을 외부에 두어야 하기 때문이다. 천지의 덕이 발양하여, 만물에게 두루 미쳐서, 이치가 크게 갖춰지고, 만물이 확장되니, 그 사실이 이와 같다면, 많은 것을 귀한 것으로 삼지 않을 수가 있겠는가? 그렇기 때문에 군자는 만물이 발양되는 것을 즐거워하는 것이다.

① ○德發揚詡[止]如此.

補註 鄭註: 詡, 普也·徧也.

번역 정현의 주에서 말하길, '후(詡)'자는 널리 퍼진다는 뜻이며, 두루 미친다는 뜻이다.

補註 ○楊梧曰: 大理, 承德發揚來, 物博, 承詡萬物來.

번역 ○양오가 말하길, '대리(大理)'는 덕발양(德發揚)이라는 말을 이어서 나온 것이고, '물박(物博)'은 후만물(詡萬物)이라는 말을 이어서 나온 것이다.

② 樂其發也.

補註 陽村曰: 下文外之爲樂, 卽此樂其發也之樂, 二樂字, 宜皆音洛.

번역 양촌이 말하길, 아래문장에서는 "외면에 있는 것을 즐거움으로 삼는다."[1]라고 했는데, 이것은 "만물이 발양되는 것을 즐거워하는 것이다."라고 했을 때의 '樂'자에 해당하니, 두 개의 '樂'자는 마땅히 그 음은 '洛(락)'이 되어야 한다.

---

1) 『예기』「예기(禮器)」: 古之聖人, 內之爲尊, 外之爲樂, 少之爲貴, 多之爲美, 是故先王之制禮也, 不可多也, 不可寡也, 唯其稱也.

「예기」 33장

禮之以少爲貴者, 以其內心也. ①德産之致也精微, 觀天下之物
無可以稱其德者, 如此則得不以少爲貴乎? 是故君子愼其獨也.

번역 예에서 적은 것을 귀한 것으로 삼는 이유는 그것들에 대해서는 마음을 내부에
두어야 하기 때문이다. 천지의 덕으로 생산되는 결과물들은 지극히 정미하니, 천하
의 모든 사물들을 두루 살펴서, 온갖 것들을 바쳐 제사를 지내더라도, 천지의 덕성
에 걸맞도록 할 수 있는 것이 없으니, 그 사실이 이와 같다면, 적은 것을 귀한 것으
로 삼지 않을 수가 있겠는가? 이러한 까닭으로 군자는 홀로 있을 때에도 항상 신중
히 행동하는 것이다.

① ○德産之致也精微.

補註 按: 楊梧曰, "天地生物雖如此其盛, 而究其極致則精微也." 陽村曰,
"致, 卽極致之致." 此兩說是. 陳註本於古註, 而文勢不然.

번역 살펴보니, 양오는 "천지가 생산하는 산물이 이와 같이 융성하더라도,
그 지극함을 모두 탐구하게 되면 정미하게 된다."라고 했다. 양촌은 "치(致)
자는 극치라고 할 때의 치(致)자이다."라고 했다. 두 주장이 옳다. 진호의 주
는 옛 주에 근거한 것이지만 문장의 흐름상 그렇지 않은 것 같다.

散齊致齊, 祭神如在, 皆是內心之義. 惟其主於存誠以期感格,
故不以備物爲敬. 所以然者, 蓋有見夫天地之德, 所以發生萬
彙者, 其流行賦予之理, 密緻而精微, 卽①大傳所言天地絪縕,
萬物化醇也. 縱使徧取天下所有之物以祭天地, 終不能稱其德

而報其功, 不若事之以誠敬之爲極致. 是以行禮之君子, 主於
存誠於內以交神明也. 愼獨者, 存誠之事也.

번역 산제(散齊)와 치제(致齊)를 하고, 신에게 제사를 지내면서 실재로 신이 있는
것처럼 하는 일[1] 등은 모두 마음을 안으로 두는 뜻에 해당한다. 오직 정성스러움을
간직하여, 이로써 신이 감응하여 도래함을 기약하는데 주안점을 두는 것이다. 그렇
기 때문에 물건을 다채롭게 갖추는 것을 공경스러운 태도로 삼지 않는다. 그 까닭
은 성인은 천지의 덕성을 봄이 있었기 때문이니, 무릇 천지의 덕이라는 것은 모든
부류의 생명체를 발생시키는 것이며, 그것이 흘러 움직이며 부여한 이치는 매우 세
밀하면서도 정미하기 때문이니, 이 말은 곧 『주역』에서 말한 천지의 두 기운이 서
로 교감하여 만물이 변화하여 순일하게 되는 것에 해당한다. 설령 천하에 존재하는
모든 사물들을 두루 갖춰서, 천지에게 제사를 지낸다고 하더라도, 끝내 천지의 덕성
에 걸맞게 하여 천지의 공덕에 보답을 할 수가 없으니, 진실하고 공경스러운 태도
를 극진히 하여 섬기는 것만 같지 못하다. 이러한 까닭으로 예를 시행하는 군자는
자신의 내면에 진실을 보존하여 신들과 교감하는 것에 주안점을 둔다. '신독(愼獨)'
이라는 것은 곧 진실함을 간직하는 사안에 해당한다.

① 大傳所言[止]化醇.

補註 按: 此易 · 繫辭下傳文, 非本經大傳也. 下文君子曰甘受和章, 陳註
所謂大傳亦同.

번역 살펴보니, 이것은 『역』「계사하(繫辭下)」편의 기록으로,[2] 『예기』「대전
(大傳)」편을 가리키는 말이 아니다. 아래에서 "군자가 말하길, 단맛은 모든
맛의 조화를 받아들인다."[3]라고 한 문장에 대해 진호의 주에서 말한 '대전
(大傳)' 또한 이와 같다.

---

1) 『논어』「팔일(八佾)」: 祭如在, 祭神如神在. 子曰, "吾不與祭, 如不祭."
2) 『역』「계사하(繫辭下)」: 天地絪縕, 萬物化醇, 男女構精, 萬物化生.
3) 『예기』「예기(禮器)」: 君子曰: 甘受和, 白受采. 忠信之人, 可以學禮. 苟無忠信之
人, 則禮不虛道. 是以得其人之爲貴也.

「예기」 35장

是故, ①君子大牢而祭, 謂之禮, 匹士大牢而祭, ②謂之攘.

번역 이러한 까닭으로 군자의 경우 태뢰를 갖춰서 제사를 지내는 것을 예에 맞는다고 부르고, 사의 경우 태뢰를 갖춰서 제사를 지내는 것을 예에 맞지 않는다고 부른다.

① 君子大牢而祭.

補註 鄭註: "君子, 謂大夫以上." 疏曰: "大夫常祭少牢, 遣奠及卒哭·祔用大牢."

번역 정현의 주에서 말하길, "군자(君子)는 곧 대부 이상의 계층을 뜻한다."라고 했다. 소에서 말하길, "대부들은 일상적인 제사 때 소뢰를 사용하지만, 견전(遣奠)이나 졸곡(卒哭) 및 부제(祔祭) 등에는 곧 태뢰를 사용한다."라고 했다.

② 謂之攘.

補註 鄭註: 攘, 盜竊也.

번역 정현의 주에서 말하길, 양(攘)은 도적질을 하였다는 뜻이다.

補註 ○按: 小註馬氏所謂非其有而取之者, 最好.

번역 ○살펴보니, 소주에서 마씨가 "자기의 소유물이 아닌데도 취하는 것을 뜻한다."라고 한 말이 가장 뛰어난 해석이다.

참고─經文

管仲①鏤簋朱紘, ②山節藻梲, 君子以爲濫矣.

번역 관중은 마치 자신이 군주인 것처럼 궤(簋)에 조각 장식을 하고, 면류관의 끈인 굉(紘)도 붉은 색으로 하였으며,1) 기둥머리의 두공(斗栱) 부분에 산 모양을 새기고, 들보 위의 단주(短柱) 부분에 수초풀을 그렸는데, 군자는 이것을 두고 예법을 참람되게 범한 경우라고 여겼다.

① ○鏤簋.

補註 鄭註: "鏤簋, 謂刻而飾之, 大夫刻爲龜耳. 諸侯飾以象, 天子飾以玉." 疏曰: "鏤簋朱紘, 皆天子之飾, 而管仲僭濫爲之也."

번역 정현의 주에서 말하길, "'누궤(鏤簋)'는 조각을 해서 장식한 궤(簋)를 뜻하는데, 대부는 거북이를 조각할 따름이며, 제후는 상아로 장식을 하고, 천자는 옥으로 장식을 하게 된다."라고 했다. 소에서 말하길, "누궤(鏤簋)와 주굉(朱紘)은 모두 천자가 하는 장식인데, 관중은 참람되게도 이러한 것들을 했던 것이다."라고 했다.

補註 ○按: 大夫亦有刻, 而此謂之濫者, 蓋又加之以飾, 故鄭以爲刻而飾之也. 但天子 · 諸侯皆有飾, 未詳此爲何飾, 而疏斷爲天子之事者, 豈以其下三事, 皆天子之禮故歟?

번역 ○살펴보니, 대부 또한 조각을 하게 되는데, 이것을 두고 참람되다고 말했으니, 아마도 그 위에 장식을 가미했기 때문일 것이다. 그래서 정현은

---

1) 『주례』「하관(夏官) · 변사(弁師)」: 弁師, 掌王之五冕, 皆玄冕, 朱裏, 延, 紐, 五采繅十有二, 就皆五采玉十有二, 玉笄, 朱紘. / 『예기』「제의(祭義)」: 君子反古復始, …… 是故昔者天子爲藉千畝, 冕而朱紘, 躬秉耒.

조각을 하고 장식을 한 것이라고 여겼다. 다만 천자와 제후에게는 모두 장식이 포함되는데, 이곳의 내용이 어떤 장식을 한 것인지는 알 수 없다. 그런데 소에서는 천자에 대한 사안이라고 단정을 했으니, 어찌 그 이하의 세 사안이 모두 천자에게만 해당하는 예법이기 때문이겠는가?

② 山節藻梲.

補註 疏曰: 知此爲天子之禮者, 明堂位云: "山節, 藻梲, 天子之廟飾", 故也.

번역 소에서 말하길, 이러한 것들이 천자의 예법에 해당한다는 사실을 알 수 있는 것은 『예기』「명당위(明堂位)」편에서 "산절(山節)하고 조절(藻梲)하는 것은 천자가 종묘(宗廟)에 하는 장식들이다."²⁾라고 했기 때문이다.

---

2) 『예기』「명당위(明堂位)」: 山節藻梲, 復廟重檐, 刮楹達郷, 反坫出尊, 崇坫康圭疏屏, 天子之廟飾也.

晏平仲, 亦齊大夫. 大夫祭用少牢, ①不合用豚. 周人貴肩, 肩
在俎不在豆, 此但喩其極小, 謂②併豚兩肩, 亦不足以掩豆, 故
假豆言之耳. 上言不豐不殺, 此擧管晏之事以明之. 管仲豐而
不稱, 晏子殺而不稱者也. 隘, 陋也.

번역 안평중 또한 관중과 마찬가지로 제나라의 대부였던 사람이다. 대부가 제사를
지낼 때에는 소뢰(少牢)를 사용하니, 새끼돼지를 사용하는 방법과는 합치되지 않는
다. 주나라 사람들은 희생물의 주요 부위 중에서도 어깨 부위를 귀중하게 여겼는
데,1) 어깨 부위를 올릴 때에는 조(俎)에 올렸지, 두(豆)에 올리지는 않았다. 따라
서 이 말은 단지 매우 소박하게 차렸다는 사실을 비유한 말이며, 이 말의 표면적인
뜻은 새끼 돼지의 양쪽 어깨 부위를 모두 합치더라도 또한 두를 가리기에도 부족하
다는 의미이다. 따라서 이러한 측면에서 '두(豆)'라는 명칭으로 바꿔서 기록을 했던
것일 뿐이다. 앞 문장에서는 너무 풍요롭게 해서도 안 되고, 너무 줄여서도 안 된다
고 하였으니, 이곳 문장에서 두 가지 사안에 맞게 관중과 안평중의 일화를 들어서
그 사실을 증명하고 있는 것이다. 관중은 너무 풍요롭게 하여, 신분에 걸맞지 않았
던 것이고, 안평중은 너무 줄여서 신분에 걸맞지 않았던 것이다. '애(隘)'자는 남루
하다는 뜻이다.

① ○不合用豚.

補註 按: 用豚, 乃士無田者之薦, 大夫無田猶薦羔.

번역 살펴보니, 새끼 돼지를 사용하는 것은 사 중에서도 채지가 없는 자가
천(薦)을 할 때 쓰는 것이니, 대부 중 채지가 없는 자는 오히려 새끼 양을
천(薦)한다.

---

1) 『예기』「제통(祭統)」: 凡爲俎者, 以骨爲主. 骨有貴賤. 殷人貴髀, 周人貴肩.

② 倂豚兩肩[止]掩豆.

補註 類編曰: 未見此意.
번역 『유편』에서 말하길, 아직까지 이 의미에 대해서는 잘 모르겠다.

補註 ○按: 陳註全用疏說, 蓋豚是豕之體小者, 雖用全豚而不足掩豆云歟.
번역 ○살펴보니, 진호의 주에서는 전적으로 소의 주장에 따르고 있는데, 아마도 돈(豚)은 돼지 중에서도 몸체가 작은 것인데, 비록 돈 전체를 사용하더라도 두(豆)를 가리기에는 부족하다는 뜻인 것 같다.

「예기」 39장

孔子曰: "①我戰則克, 祭則受福." 蓋得其道矣.

번역 공자가 말하길, "나는 전쟁을 하게 되면 반드시 이길 것이고, 제사를 지내게 되면 복을 받게 될 것이다."라고 했으니, 무릇 공자는 예를 시행하는 도리들을 얻었기 때문이다.

① 我戰則克[止]道矣.

補註 按: 古註疏以此段爲全是孔子之言, 我, 我知禮者也. 蓋得其道矣者, 解所以戰勝而祭受福也, 知非孔子自我者, 君子務在謙光, 不應自言祭祀受福之事, 故知述知禮者而言我也.

번역 살펴보니, 옛 주와 소에서는 이 단락을 전부 공자의 말이라고 여겼으며, '아(我)'는 스스로 예를 안다고 여기는 자라고 했다. '개득기도의(蓋得其道矣)'에 대해서는 전쟁에서 이기고 제사를 지내서 복을 받는 이유를 풀이한 것이라고 했고, 아(我)가 공자 스스로를 아(我)라고 말한 것이 아님을 알 수 있는 이유는 군자는 겸손하게 행동하여 미덕을 드러내는데 힘쓰니 스스로 제사를 지내서 복을 받았다는 일화를 언급하는 것이 마땅하지 않다. 그렇기 때문에 예를 안다고 여기는 자가 자신을 가리켜 아(我)라고 표현했음을 알 수 있다고 했다.

「예기」40장

君子曰, 記者自謂也. 祭有常禮, 不爲祈私福也. 周禮大祝①掌
六祈, 小祝有祈福祥之文, 皆是有故則行之, 不在常祀之列.
麾, 快也. 祭有常時, 不以先時爲快. 葆, 猶襃也. 器幣之小大長
短, 自有定制, 不以襃大爲可樂也. 嘉事, 冠昏之禮, 奠告有常
儀, ②不爲善之而更設他祭. 牲不及肥大, 及, 猶至也. 如郊牛
之角繭栗, 宗廟角握, ③社稷角尺, 各有所宜用, 不必須並及肥
大也. 薦祭之品味有定數, 不以多品爲美也.

번역 '군자왈(君子曰)'이라는 말은 『예기』를 기록한 자가 스스로 이처럼 말했다는
뜻이다. 제사를 지낼 때에는 변함없는 예의 규정이 있으니, 제사를 지내며 개인적으
로 복을 내려달라고 빌지 않는다. 『주례』「대축(大祝)」편에서는 육기(六祈)를 담당
한다고 했고,1) 「소축(小祝)」편에는 기도를 하며 복과 상서로움을 바라는 문장이
기록되어 있는데,2) 이들은 모두 연고가 있기 때문에 시행하는 것이니, 정규적인 제
사의 용례에는 해당하지 않는다. '휘(麾)'자는 "기뻐한다[快]."는 뜻이다. 제사를
지낼 때에는 정해진 시기가 있으니, 정해진 시기보다 앞서서 지내는 것을 기쁜 일
로 여기지 않는다. '보(葆)'자는 "높다[襃]."는 뜻이다. 제사 때 사용하는 제기나 폐
물에 있어서 그 크기와 길이는 그것 자체에 정해진 제도가 있으니, 높고 크게만 하
는 것을 기뻐할 수 있는 일로 여기지 않는다. '가사(嘉事)'는 관례나 혼례와 같은
경사스러운 예식으로, 제수를 진설하고 아뢰는 절차에는 항상 따르게 되는 의식절
차가 있으니, 그것들을 좋게 꾸미고자 하여, 다시금 별도의 다른 제사를 시행하는
짓을 하지 않는다. 희생물에 있어서는 비대(肥大)한 데에 급(及)하지 않는다고 하
였는데, 이때의 '급(及)'자는 "~이르다[至]."라는 뜻이다. 예를 들어 교(郊)제사 때

---

1) 『주례』「춘관(春官)·대축(大祝)」: 掌六祈, 以同鬼神示, 一曰類, 二曰造, 三曰
   禬, 四曰禜, 五曰攻, 六曰說.
2) 『주례』「춘관(春官)·소축(小祝)」: 小祝, 掌小祭祀, 將事侯禳禱祠之祝號, 以祈
   福祥, 順豐年, 逆時雨, 寧風旱, 彌災兵, 遠罪疾.

희생물로 사용되는 소의 뿔은 누에고치나 밤톨만한 크기의 것을 사용하고, 종묘의 제사에서는 그 뿔이 한 줌 정도의 것을 사용하며, 사직에 대한 제사에서는 그 뿔이 한 척 정도의 것을 사용하니, 각각 합당하게 사용될 것들이 정해져 있으므로, 모든 제사에 비대한 것으로만 사용할 필요는 없다. 제사 때 진설하는 음식들에는 정해진 수량이 있으니, 음식을 많이 하는 것을 아름다운 것이라고 여기지 않는다.

① ○掌六祈.

補註 周禮・大祝: 掌六祈, 以同鬼神示. 一曰類, 二曰造, 三曰禬, 四曰禜, 五曰攻, 六曰說.

번역 『주례』「대축(大祝)」편에서 말하길, 육기(六祈)를 담당하여 귀・신・시들을 화동(和同)하게 만든다. 첫 번째는 유(類)이고 두 번째는 조(造)이며 세 번째는 회(禬)이고 네 번째는 영(禜)이며 다섯 번째는 공(攻)이고 여섯 번째는 설(說)이다.

② 不爲善[止]他祭.

補註 按: 不善嘉事, 小註馬說恐好. 古註疏, 亦與馬說略同, 初無不更設他祭之語, 恐陳註推之太過也.

번역 살펴보니, 경문에 나온 '불선가사(不善嘉事)'에 대해서는 소주에 나온 마씨의 주장이 아마도 옳은 것 같다. 옛 주와 소 또한 마씨의 주장과 대략적으로 동일하니, 애초에 다시금 다른 제사를 지내지 않는다는 말 자체가 없으므로, 아마도 진호의 주는 너무 지나치게 미루어 추측한 것 같다.

참고-大全 馬氏曰: 器幣, 所以將誠, 苟葆大其器, 而無其意, 君子不樂也. 書曰, "享多儀, 儀不及物, 惟不役志于享, 凡民惟曰不享", 與此同意. 冠昏之禮, 必先祭於祖廟者, 非以嘉事爲善也, 示其有尊祖敬禰之意. 禮有以大爲貴, 而牲不及肥大, 禮有以多爲貴, 而薦不美多品者, 脩其在中之誠而已, 蓋君子內則盡志, 外則盡物, 在外之物, 不可得而盡, 盡其在內之志而已矣.

번역 마씨가 말하길, 제기와 폐물은 이것들을 통해서 진실된 마음을 다하고 자 한 것인데, 구차하게도 그 제기만 크게 만들고, 성의가 없는 것을 군자는 기뻐하지 않는다. 『서』에서, "물건을 바칠 때에는 격식에 치중하는데, 격식 이 사물에 미치지 못하고, 물건을 바치는데 뜻을 다하지 않는 것에 대해서, 모든 백성들은 흠향할 것이 안 된다고 말한다."³⁾라고 했는데, 바로 이곳에 기록된 뜻과 동일하다. 관례나 혼례 등의 의식에서는 반드시 먼저 조묘(祖 廟)에서 제사를 지내는데, 그 이유는 경사스러운 일을 좋게 꾸미고자 해서가 아니며, 조부를 존숭하고, 부친에게 공경하는 뜻이 있다는 사실을 나타내고 자 해서이다. 예에 있어서는 큰 것을 귀한 것으로 여기는 경우도 있지만, 희 생물에 있어서는 모든 경우에 일률적으로 비대한 것만을 사용하지 않고, 또 예에 있어서는 많은 것을 귀한 것으로 여기는 경우도 있지만, 제사에 바치는 음식에 있어서는 가짓수를 많이 하는 것을 좋은 것으로 여기지 않는다. 그 이유는 마음속에 있는 진실됨을 기르는데 치중하기 때문이다. 무릇 군자는 내적으로 그 뜻을 다하고, 외적으로 사물을 모두 갖추게 되는데, 외부 사물 에 있어서는 그것들을 모두 갖출 수가 없으니, 내적으로 그 뜻을 다할 따름 이다.

③ 社稷角尺.

補註 按: 王制, "祭天地之牛角繭栗, 宗廟之牛角握, 賓客之牛角尺." 註 云, "賓客之用, 取其肥大而已." 今此社稷角尺云者, 蓋疏偶有誤, 而陳 註因之也.

번역 살펴보니, 『예기』「왕제(王制)」편에서는 "천지의 제사에 사용하는 소는 그 뿔이 누에고치나 밤톨만한 크기이고, 종묘의 제사에 사용하는 소는 그 뿔 이 한 줌 정도의 크기이며, 빈객을 대접할 때 사용하는 소는 그 뿔이 한 척 정도의 크기이다."⁴⁾라고 했고, 주에서는 "빈객을 대접하는 용도에는 소 중에

---

3) 『서』「주서(周書)·낙고(洛誥)」: 汝其敬, 識百辟享, 亦識其有不享, <u>享多儀, 儀不及 物</u>, 惟曰不享. <u>惟不役志于享</u>, 凡民惟曰不享, 惟事其爽侮. / 『맹자』「고자하(告子 下)」: 曰, "非也, 書曰, '<u>享多儀, 儀不及物曰不享, 惟不役志于享.</u>' 爲其不成享也."

서 살찌고 큰 것을 취해서 사용할 따름이다."라고 했다. 현재 이곳에서는 사직에 대한 제사에서 그 뿔이 1척 정도인 것을 사용한다고 했는데, 아마도 소에 오류가 있었던 것을 진호의 주에서 그대로 답습했기 때문인 것 같다.

---

4) 『예기』「왕제(王制)」: 祭天地之牛, 角繭栗, 宗廟之牛, 角握, 賓客之牛, 角尺.

「예기」 42장

①燔柴於奧. 夫奧者, 老婦之祭也. 盛於盆, 尊於瓶.

번역 공자가 계속하여 장문중(臧文仲)에 대해 말하길, "또한 하보불기(夏父弗綦)
가 부뚜막 신에게 땔감을 불 피워 제사를 지냈는데도, 장문중은 이러한 잘못을 바
로잡지 못했다. 무릇 부뚜막에 대한 제사는 노부(老婦)에게 지내는 제사이다. 이
제사 때에는 단지 분(盆)에 밥을 담고, 병(瓶)에 술을 담아서 지낼 뿐이다."라고
했다.

① 燔柴於奧.

補註 鄭註: "奧, 當爲爨, 字之誤也. 禮, 尸卒食, 而祭饎爨饔爨也. 老婦,
先炊者也." 疏曰: "此明祭爨不可燔柴之義. 爨者, 是老婦之祭, 其祭卑,
唯盛食於盆, 盛酒於瓶, 何得燔柴祭之也?" 又曰: "奧, 當爲爨者, 下文
云: '老婦之祭, 盛於盆, 尊於瓶', 故知非奧也. 奧者, 夏祀竈神, 其禮奠,
以老婦配之耳. 祭竈先薦於奧, 有主有尸, 用特牲迎尸, 以下略如祭宗廟
之禮, 是其事大也. 爨者, 宗廟祭祀, 尸卒食之後, 特祭老婦, 盛於盆, 尊
於瓶, 是其事小也." 又曰: "奧者, 正是竈之神, 常祀在夏, 以老婦配之,
有俎及籩豆, 設於竈陘, 而又延尸入奧. 爨者, 宗廟祭後, 直祭先炊老婦
之神, 在於爨竈."

번역 정현의 주에서 말하길, "'오(奧)'자는 마땅히 찬(爨)자가 되어야 하니,
자형이 비슷해서 생긴 오류이다. 예에 따르면, 시동이 식사를 마치면 익힌
밥과 조리한 음식을 가지고 제사를 지낸다. '노부(老婦)'는 처음으로 밥을 지
었던 자이다."라고 했다. 소에서 말하길, "이것은 부뚜막 신에게 제사지낼 때
에는 땔감을 태워서 제사를 지낼 수 없다는 뜻을 밝힌 것이다. 부뚜막 신에
게 지내는 제사는 노부(老婦)에 대한 제사인데, 그 제사는 다른 제사들에 비
해 등급이 낮으므로, 단지 분(盆)에 밥을 담고 병(瓶)에 술을 담아서 지낼

뿐인데, 어떻게 땔감을 태워서 제사를 지낼 수 있겠는가?"라고 했다. 또 말하길, "오(奧)자가 마땅히 찬(爨)자가 되어야 하는 이유는 다음 구문에서 '노부에 대한 제사에서는 분에 밥을 담고 병에 술을 담는다.'라고 하였기 때문에, 앞에서 말한 내용이 아랫목[奧]에 대한 것이 아니라는 사실을 알 수 있다. '오(奧)'에 대한 제사를 설명하자면, 여름에는 조신(竈神)에게 제사를 지냈는데, 그 예가 상대적으로 존귀하여, 노부를 함께 배향할 따름이다. '부엌 신[竈]'에게 제사를 지내면서 먼저 아랫목[奧]에 음식을 바쳤고, 주인도 있었으며, 시동도 있었고, 한 마리의 희생물을 사용하여 시동을 맞이하고, 그 이하의 절차들은 대략 종묘에서 제사를 지내는 예법과 같았으니, 이것은 그 사안을 중대하게 여겼음을 나타낸다. '찬(爨)'에 대한 제사를 설명하자면, 종묘에서 제사를 지내게 되면, 시동이 식사를 끝낸 이후, 특별히 노부에게만 제사를 지내며, 분에 밥을 담고, 병에 술을 담았을 뿐이니, 이것은 그 사안을 비교적 사소한 것으로 여겼음을 나타낸다."라고 했다. 또 말하길, "'오(奧)'라는 것은 바로 부엌[竈]의 신에 해당하며, 여름에 그에 대한 정규 제사를 지냈고, 제사 때 노부를 함께 배향했던 것이며, 조(俎)·변(籩)·두(豆)를 차려냈고, 이것들은 조형(竈陘)에 진설하였다. 그리고 또한 시동을 맞이하여 아랫목[奧]으로 들였다. 한편 '찬(爨)'이라는 것은 종묘 제사를 지낸 이후 곧바로 선취(先炊)인 노부(老婦)의 신에게 제사를 지냈던 것이며, 그 장소는 '밥을 하는 부엌[爨竈]'에 해당하였다."라고 했다.

補註 ○按: 此四字, 古經屬之上段, 謂臧文仲不知禮, 有兩事也. 家語, 冉求稱文仲知禮, 孔子答以安知禮, 而擧此二事以明之. 但奧作竈, 尊於瓶下, 有非所柴也四字. 續通解, 百神直云: "孔子曰臧文仲安知禮? 燔柴於奧", 則其爲文仲事無疑. 但陳註解以弗綦爲禮官, 有此失禮, 而文仲不能正之, 雖本於疏說, 而文勢不然. 特牲, 士之祭, 而尸卒食後, 尙有祭爨. 文仲是大夫, 恐其家自爲祭爨, 而有此燔柴之失也.

번역 ○살펴보니, '번시어오(燔柴於奧)'라는 네 글자에 대해서 『고경』에서는 앞 문단에 연결하여, 장문중이 예를 몰랐던 것에는 두 사안이 있었다고 풀이했다. 『공자가어』에서는 염구가 장문중이 예를 안다고 일컫자 공자는 어찌 예를 알겠냐고 대답하며, 이러한 두 사안을 제시해서 그 이유를 밝혔다. 다만 오(奧)자를 조(竈)자로 기록했고, 준어병(尊於瓶)이라는 구문 뒤에 비소시야(非所柴也)라는 네 글자가 더 기록되어 있다. 『속통해』에서는 백신에 대해서 단지 "공자는 장문중이 어찌 예를 알겠는가? 부뚜막 신에게 땔감을 불 피워 제사를 지냈다."라고만 했으니, 이것이 장문중에 대한 사안임은 의심할 것이 없다. 다만 진호의 주에서는 하보불기를 예를 담당하는 관리로 여기고, 이러한 실례가 있었음에도 문중을 바로잡지 못했다고 풀이했다. 이것이 비록 소의 주장에 근본을 둔 풀이라 하더라도 문장의 흐름상 그렇지 않은 것 같다. 특생을 사용하는 것은 사 계급이 지내는 제사인데 시동이 식사를 마친 이후 오히려 찬(爨)에 대해 제사를 지낸다. 장문중은 대부의 신분이었으므로, 아마도 그 집안에서 직접 찬(爨)에 대한 제사를 지냈고, 이러한 이유로 인해 땔감을 불 피워 지내는 잘못을 범하게 된 것 같다.

補註 ○又按: 據疏說, 則小註方氏所謂配以先炊者誤矣.
번역 ○또 살펴보니, 소의 주장에 따르면, 소주에서 방씨가 선취(先炊)를 배향한다고 말한 것은 잘못된 풀이가 된다.

참고·大全 嚴陵方氏曰: 祀奧者, 以竈能化飲食, 以養人故也. 配以先炊, 故謂之老婦之祭.
번역 엄릉방씨가 말하길, "부뚜막에 제사를 지낸다."는 이유는 부뚜막을 통해 음식을 조리하여, 사람들을 먹여 살리기 때문이다. 부뚜막 신에게 제사를 지낼 때, 선취(先炊)를 배향하게 되므로, 이 제사를 노부(老婦)에 대한 제사라고 부르는 것이다.

此亦言臧文仲不能正失禮之事. ①周禮以實柴祀日月星辰, 有大火之次, 故祭火神, 則燔柴也. 今弗綦爲禮官, 謂爨神是火神, 遂燔柴祭之, 是失禮矣. 禮, ②祭至尸食竟而祭爨神, 宗婦祭饎爨, 烹者祭饔爨. 其神則先炊也, 故謂之老婦. 惟盛食於盆, 盛酒於瓶, 卑賤之祭耳. 雖卑賤而必祭之者, 以其有功於人之飮食, 故報之也.

번역 이 내용 또한 장문중이 예를 그르친 것을 바로잡지 못한 일에 대해서 언급하고 있다. 『주례』에서는 실시(實柴)¹⁾를 하여 일월과 성신에게 제사를 지낸다고 하였는데, 대화(大火)²⁾의 자리에 놓이기 때문에, 화(火)를 주관하는 신에게 제사를 지내게 되어, 땔감을 불 피우는 것이다. 당시 하보불기는 의례를 진행하는 관리가 되었는데, '부뚜막 신[爨神]'이 화신(火神)에 해당한다고 여기고, 결국 땔감을 불 피워서 제사를 지냈으니, 이것이 곧 실례에 해당한다. 예에 따르면, 제사에 있어서는 시동이 식사를 끝내는 순서까지 진행되어야, 부뚜막 신에게 제사를 지내는데, 종부(宗婦)는 익힌 밥으로 제사를 지내며, 고기를 익히는 자는 조리한 음식으로 제사를 지내게 된다. 그러므로 부뚜막 신은 선취(先炊)³⁾에 해당한다. 그렇기 때문에 그 신을 '노부(老婦)'라고 부르는 것이다. 따라서 선취에게 지내는 제사에서는 단

---

1) 실시(實柴)는 고대에 시행되었던 제사 절차이다. 희생물을 땔감 위에 올려두고 불을 피워서, 하늘로 올라가는 연기로 신들에게 흠향을 시키는 방법이다. 『주례』「춘관(春官)·대종백(大宗伯)」편에는 "以實柴祀日月星辰."이라는 기록이 있고, 이에 대한 정현의 주에서는 "實柴, 實牛柴上也."라고 풀이했다.

2) 대화(大火)는 본래 동방에 속하는 7개의 별자리 중 저수(氐宿), 방수(房宿), 심수(心宿)를 가리킨다. 또한 '대화'는 동방에 속하는 7개의 별자리 중 '심수'를 가리키는 용어로도 사용되며, 7개의 별자리를 모두 가리키는 '청룡(靑龍)'이라는 뜻으로도 사용된다.

3) 선취(先炊)는 처음으로 불을 때서 밥 짓는 방법을 만들어낸 사람이다. 신격화되어 여성 신(神)으로 모셔졌으며, 노부(老婦)라고도 부른다. 『예기』「예기(禮器)」편에는 "奧者, 老婦之祭也."라는 기록이 있고, 이에 대한 정현의 주에서는 "老婦, 先炊者也."라고 풀이했다. 또 『사기(史記)』「봉선서(封禪書)」편에는 '선취'가 기록되어 있는데, 장수절(張守節)의 『정의(正義)』에서는 "先炊, 古炊母神也."라고 풀이했다.

지 분(盆)에 밥을 담고, 병(甁)에 술을 담아서 지낼 따름이니, 신들 중에서도 신분이 낮고 천한 신에게 지내는 제사일 따름이다. 그런데 비록 부뚜막 신이 신분이 낮고 천하더라도, 반드시 그에게도 제사를 지내는 이유는 그가 사람이 음식을 해먹을 수 있게끔 공덕을 세웠기 때문이다. 그래서 그에게도 보답하는 제사를 지내는 것이다.

① 周禮以實柴.

補註 大宗伯文. 本註: "積柴實牲體焉, 或有玉帛, 燔燎而升煙, 所以報陽也. 鄭司農云: '實柴, 實牛柴上也.'"

번역 『주례』「대종백(大宗伯)」편의 기록이다.[4] 본래의 주에서 말하길, "땔감을 쌓고 희생물의 몸체를 올리는데 혹은 옥이나 비단 등도 포함되며, 불을 피워 연기를 하늘로 올려 보내니, 양의 기운에 보답하기 위해서이다. 정사농은 '실시(實柴)는 땔감 위에 소를 올린다는 뜻이다.'"라고 했다.

② 祭至尸食竟[止]饔饎.

補註 按: 此卽上文鄭註所引也, 本特牲饋食記文. 饎, 昌志切, 熟食. 饔, 熟肉也.

번역 살펴보니, 이것은 앞 문장에 대해 정현의 주에서 인용한 내용인데, 본래는 『의례』「특생궤식례(特牲饋食禮)」편의 기문에 해당한다. '饎'자는 '昌(창)'자와 '志(지)'자의 반절음이니, 익힌 음식을 뜻한다. '옹(饔)'은 익힌 고기를 뜻한다.

---

4) 『주례』「춘관(春官)·대종백(大宗伯)」: 以禋祀祀昊天上帝, 以實柴祀日·月·星·辰, 以槱燎祀司中·司命·飌師·雨師.

「예기」 43장

禮也者, 猶體也. 體不備, 君子謂之不成人. 設之不當, 猶不備也. 禮①有大有小, 有顯有微. 大者不可損, 小者不可益, 顯者不可揜, 微者不可大也. 故經禮三百, 曲禮三千, ②其致一也. 未有入室而不由戶者.

번역 예라는 것은 사람의 신체[體]와 같은 것이다. 신체가 온전하지 못한 자에 대해서, 군자는 그를 가리켜 "온전한 사람이 되지 못했다."고 부른다. 따라서 예를 시행할 때 그것이 부당하다면, 이것은 마치 사람의 신체가 온전히 갖춰지지 못한 것과 같다. 또한 예에는 본래부터 커야[大] 하는 것이 있고, 반대로 작아야[小] 하는 것이 있으며, 또는 본래부터 드러내야[顯] 하는 것이 있고, 반대로 은미하게[微] 숨겨야 하는 것이 있다. 따라서 본래부터 커야 하는 것은 덜어내서는 안 되고, 본래부터 작아야 하는 것은 보태서는 안 되며, 본래부터 드러내야 하는 것은 가려서는 안 되고, 본래부터 은미하게 숨겨야 하는 것은 드러내서는 안 된다. 그러므로 경례는 300가지이고, 곡례는 3000가지라고 하지만, 그것들이 지향하는 점은 공경일 따름이다. 따라서 방에 들어갈 때 방문을 경유하지 않은 자가 없는 것처럼, 예를 시행할 때에도 공경함을 따르지 않는 경우가 없는 것이다.

① 有大有小有顯有微.

補註 疏曰: 有大, 謂以大及多爲貴也. 有小, 謂以小及少爲貴也. 有顯, 謂以高及文爲貴也. 有微, 謂以素及下爲貴也."

번역 소에서 말하길, '유대(有大)'는 크게 하거나 또는 많게 하는 것을 귀한 것으로 여기는 경우도 있다는 뜻이다. '유소(有小)'는 작게 하거나 또는 적게 하는 것을 귀한 것으로 여기는 경우도 있다는 뜻이다. '유현(有顯)'은 높게 하거나 또는 화려하게 하는 것을 귀한 것으로 여기는 경우도 있다는 뜻이다. '유미(有微)'는 소박하게 하거나 또는 낮게 하는 것을 귀한 것으로 여기는 경우도 있다는 뜻이다.

② 其致一也.

補註 鄭註: 一, 謂誠也.

번역 정현의 주에서 말하길, '일(一)'자는 정성을 뜻한다.

補註 ○按: 以下章兩誠若觀之, 則恐鄭註是, 陳註以一爲敬, 恐非.

번역 ○살펴보니, 아래 문장에 나온 2개의 성(誠)자를 통해 살펴보면, 아마도 정현의 주가 옳은 것 같고, 진호의 주에서 일(一)을 경(敬)으로 여긴 것은 잘못된 풀이인 것 같다.

참고─集説

①朱子曰: 禮儀三百, 便是儀禮中士冠 · 諸侯冠 · 天子冠禮之類. 此是大節, 有三百條. 如始加再加三加, 又如坐如尸 · 立如齊之類, ②皆是其中小目. 呂與叔云, "經便是常行底, 緯便是變底." 恐不然. 經中自有常有變, 緯中亦自有常有變.

번역 주자가 말하길, 예의(禮儀)는 300가지라고 했는데,[1] 이것은 곧 『의례』 중에 나타나는 사 계급의 관례, 제후 계급의 관례, 천자의 관례 등의 부류에 해당한다. 이것들은 큰 절목에 해당하며, 거기에는 300가지의 조목이 있다. 또한 관례에서 첫 번째 관을 주고, 다시 두 번째 관을 주며, 마지막으로 세 번째 관을 주는 것과 같은 일[2] 또는 앉을 때 시동이 앉은 것처럼 근엄하게 앉고, 서 있을 때 재계를 한 것처럼

---

1) 『중용』 「27장」: 優優大哉, 禮儀三百, 威儀三千.
2) 이것은 관례(冠禮)를 시행할 때의 삼가(三加)에 해당한다. 『의례』 「사관례(士冠禮)」에 기록된 '삼가'는 처음에 치포관(緇布冠)을 주고, 그 다음에 피변(皮弁)을 주며, 마지막으로 작변(爵弁)을 주는 것을 뜻한다. 즉 시가(始加)는 첫 번째 치포관을 주는 절차이고, 재가(再加)는 두 번째 피변을 주는 절차이며, 삼가(三加)는 세 번째 작변을 주는 절차이다. '삼가'는 세 번째 작변을 주는 절차를 가리키기도 하지만, 이러한 절차들을 모두 일컫는 용어로도 사용된다.

엄숙하게 서 있는 일[3] 등의 부류는 모두 그 중에서도 작은 절목에 해당한다. 여여숙이 말하길, "경도(經道)는 항상 시행되는 것이며, 위도(緯道)는 변화된 상황에 맞춰서 시행되는 것이다."라고 했다. 그러나 아마도 그렇지 않을 것이다. 경도 자체에도 항상 시행되는 것도 있고, 변화된 상황에 맞춰서 시행되는 것도 있으며, 위도 자체에도 또한 항상 시행되는 것도 있고, 변화된 상황에 맞춰서 시행되는 것도 있다.

① 朱子曰禮儀三百.

補註 按: 禮儀, 語類作經禮, 蓋語類此說乃論禮器此章, 非論中庸禮儀三百, 則經禮爲是.

번역 살펴보니, '예의(禮儀)'를 『어류』에서는 경례(經禮)로 기록하였으니, 아마도 『어류』에서 말한 내용은 곧 「예기」편의 이 장에 대해서 논의한 것이지 『중용』에 나온 '예의삼백(禮儀三百)'에 대한 논의가 아니다. 따라서 경례(經禮)로 기록하는 것이 옳다.

② 皆是其中小自.

補註 按: 語類小目下, 有便有三千條五字.

번역 살펴보니, 『어류』에는 '소목(小目)'이라는 글자 뒤에 "곧 3,000가지의 조목이 있다[便有三千條]."는 다섯 글자가 더 기록되어 있다.

---

3) 『예기』「곡례상(曲禮上)」若夫坐如尸, 立如齊. / 『대대례기』「증자사부모(曾子事父母)」: 孝子唯巧變, 故父母安之. 若夫坐如尸, 立如齊, 弗訊不言, 言必齊色, 此成人之善者也, 未得爲人子之道也.

「예기」 44장

참고-經文

> 君子之於禮也, 有所竭情盡愼, 致其敬而①誠若, 有美而文而
> 誠若.

번역 군자가 예를 시행할 때, 어떤 경우에는 자신의 정감을 모두 발휘하고, 신중함을 다하며, 공경함을 지극하게 해서 내적으로 진실하게 하고, 또 어떤 경우에는 아름답고 화려하게 하여, 외적으로 진실하게 한다.

① 誠若.

補註 鄭註: 若, 順也.

번역 정현의 주에서 말하길, '약(若)'자는 순종함을 뜻한다.

補註 ○按: 鄭與陳異, 而陳似長.

번역 ○살펴보니, 정현의 주와 진호의 주는 차이를 보이는데, 진호의 주가 더 나은 것 같다.

참고-集說 誠, 實也. 若, 語辭. 謂以少者‧小者‧下者‧素者爲貴, 是內心之敬, 無不實者. 以多者‧大者‧高者‧文者爲貴, 美而有文, 是外心之實者.

번역 '성(誠)'자는 진실됨[實]이다. '약(若)'자는 어조사이다. 즉 이 말은 예에서는 적은 것, 작은 것, 낮은 것, 소박한 것 등을 귀중한 것으로 여기는 경우가 있는데, 이것은 곧 마음을 안으로 향하게 하는 공경함에 대해서, 진실하지 않은 것이 없게 하는 것이다. 그리고 예에서는 많은 것, 큰 것, 높은 것, 화려한 것을 귀중한 것으로 여기는 경우도 있는데, 이것은 아름답게 하여, 화려함을 나타내는 것으로, 곧 마음을 외부로 향하게 했을 때의 진실함에 해당한다.

「예기」 45장

君子之於禮也, 有直而行也, 有曲而殺也, 有經而等也, 有順而
討也, 有擩而播也, 有推而進也, ①有放而文也, 有放而不致
也, 有順而摭也.

번역 군자가 예를 시행할 때, 곧바로 진솔한 감정을 그대로 드러내어, 그에 따라
행동하는 경우가 있고, 완화시켜서 줄이는 경우가 있으며, 일정한 기준이 되는 예법
에 따라서, 모두 똑같이 시행하는 경우가 있고, 예법의 순차에 따라서, 차등적으로
줄이는 경우가 있으며, 상위 계층의 것들을 가져다가 하위 계층에게 베푸는 경우가
있고, 신분이 낮은 자의 예법을 끌어올려서 그들로 하여금 그들보다 신분이 높은
자가 따르는 예법을 시행할 수 있게 하는 경우가 있으며, 현상을 본떠서 무늬를 넣
는 경우가 있고, 형상을 본뜨되, 무늬를 모두 갖추지 않는 경우가 있으며, 상위 계
층이 시행하는 예법을 그대로 따라서 취하는 경우가 있다.

① ○有放而文也.

補註 疏曰: 放, 法也. 天子畫日月·星辰於衣服, 是法天以爲文.

번역 소에서 말하길, '방(放)'자는 본받는다는 뜻이다. 천자의 경우에는 의복
에 해와 달 및 별을 그려 넣게 되는데, 이것이 바로 하늘의 형상을 본떠서
무늬로 삼는다는 뜻이다.

補註 ○按: 音註放上聲, 蓋從疏說, 而陳註不釋其義, 恐未瑩. 一說, 放,
侈大之意, 如字讀, 亦可.

번역 ○살펴보니, 『음주』에서는 '방(放)'자를 상성으로 읽었는데, 아마도 소
의 주장에 따른 것 같다. 진호의 주에서는 그 의미를 풀이하지 않았는데, 아
마도 명확하지 않은 것 같다. 일설에 따르면 '방(放)'자는 융성하고 크다는
뜻으로, 글자대로 풀이하는 것 또한 가능하다.

親始死而哭踊無節, 是直情而徑行也, 故曰直而行. 父在則爲母服期, 尊者在則卑者不杖, 是委曲而減殺之也, 故曰曲而殺. 父母之喪, 無貴賤皆三年, ①大夫士魚俎皆十五, 是經常之禮, 一等行之也, 故曰經而等. 順而討者, 順其序而討去之, 若自天子而下, ②每等降殺以兩是也. 撕而播者, 芟取在上之物而播施於下, 如祭俎之肉及群臣, 而③胞翟之賤者亦受其惠是也. 推而進者, 推卑者使得行尊者之禮, 如二王之子孫得用王者之禮, 及旅酬之禮, 皆得擧觶於其長是也. 冕服旗常之章采, 樽罍之刻畫, 是放而文也. 公侯以下之服, 其文采殺於天子而不敢極致, 是放而不致也. 摭, 猶拾取也. 雖拾取尊者之禮而行之, 不謂之僭逆, 如④君沐梁, 士亦沐梁, 又有⑤君・大夫・士一節者, 是順而摭也. 言君子行禮有此九者, 不可不知也.

번역 부모가 막 돌아가셨을 때에는 곡을 하고 용(踊)[1]을 함에 절제함이 없는데,[2] 이것은 곧 감정을 그대로 드러내어, 그에 따라 행동하는 것이다. 그렇기 때문에 곧바로 드러내어 행동한다고 말한 것이다. 부모 중 부친이 아직 생존해 있는 경우라면, 돌아가신 모친을 위해서는 삼년상이 아닌 기년상을 지내며,[3] 존귀한 자가 생존해 있는 경우라면, 상대적으로 신분이 낮은 자가 돌아가셨을 때, 그를 위해 지팡이를 잡지 않는데,[4] 이것은 곧 완화시켜서 줄이고 낮추는 것이다. 그렇기 때문에 굽혀서 줄인다고 말한 것이다. 부모의 상을 치를 때에는 신분의 귀천에 상관없이 모두 삼년상으로 치르고,[5] 대부와 사는 제사 때 물고기를 담는 도마를 모두 15개 사

---

1) 용(踊)은 상중(喪中)에 취하는 행동으로, 곡(哭)에 맞춰서 발을 구르는 행위이다.

2) 『예기』「문상(問喪)」: 三日而斂, 在牀曰尸, 在棺曰柩. 動尸擧柩, 哭踊無數.

3) 『예기』「상복사제(喪服四制)」: 資於事父以事母而愛同. 天無二日, 土無二王, 國無二君, 家無二尊, 以一治之也, 故父在爲母齊衰期者, 見無二尊也. / 『의례』「상복(喪服)」: 傳曰, 何以期也? 父之所不降, 子亦不敢降也.

4) 『예기』「잡기상(雜記上)」: 爲妻, 父母在不杖不稽顙. / 『의례』「상복(喪服)」: 何以不杖也? 父在則爲妻不杖.

용하는데, 이것은 곧 일정한 기준이 되는 예법으로, 모두 똑같이 시행하는 것들이다. 그렇기 때문에 변함이 없게 동등하게 한다고 말한 것이다. 따르되 줄인다는 말은 예법의 질서에 따르되, 제거하는 것이니, 마치 천자로부터 그 이하의 계층에서 매 등급마다 2만큼씩 개수나 횟수를 줄이는 것6)이 바로 이러한 경우에 해당한다. 가져다가 베푼다는 말은 상위 계층의 물건을 가져다가 하위 계층에게 베푼다는 뜻으로, 마치 제사 때 도마에 올린 희생물의 고기를 뭇 신하들에게 베풀고, 포(胞)7)나 적(翟)8)과 같은 하급 관리들에게까지 주어서, 그들에게도 은택이 베풀어지도록 하였으니,9) 바로 이러한 경우들을 가리킨다. 미루어 나아간다는 말은 신분이 낮은 자의 예법을 끌어올려서, 그들로 하여금 그들보다 신분이 높은 자가 따르는 예법을 시행할 수 있게 한다는 뜻으로, 마치 하나라와 은나라의 후손들이 천자의 예법을 시행할 수 있도록 하는 것10)과 여수(旅酬)의 예법에 있어서, 모두가 치(觶)를 들어서 그들의 연장자에게 술잔을 바칠 수 있는 것 등이 바로 이러한 경우에 해당한다. 면류관과 예복 및 의식에 사용하는 깃발 등에 들어가는 무늬와 채색, 준(樽: 술동이의 일종)과 뇌(罍: 술동이의 일종)에 새기는 조각과 그림들이 바로 형상을 모방하여 무늬를 새기는 것이다. 공작과 후작 이하의 복장에서는 들어가는 무늬와 채색을 천자보다 낮추게 되어, 감히 무늬를 모두 새길 수가 없으니, 이것이 바로 형상을 본뜨되, 무늬를 모두 새기지 않는다는 것이다. '척(撫)'자는 가져다 취한다는 뜻이다. 비록 존귀한 자에게 해당하는 예법을 그대로 가져다가 시행한다고 하더라도, 그것을 두고 참람되게 규정을 거스른다고 부르지 않으니, 예를 들어 시신의 머리를 감길 때 군주의 경우에는 조 씻은 물을 사용하는데, 사 또한 조 씻은 물을 사용하

---

5) 『중용』 「18장」 : 期之喪達乎大夫, 三年之喪達乎天子, <u>父母之喪無貴賤一也</u>.

6) 『춘추좌씨전』 「양공(襄公) 26년」 : 曰, "<u>自上以下, 降殺以兩, 禮也</u>. 臣之位在四, 且子展之功也, 臣不敢及賞禮, 請辭邑."

7) 포(胞)는 제사 때 사용되는 고기를 담당하는 말단 관리이다. 『예기』 「제통(祭統)」편에는 "<u>胞者, 肉吏之賤者也</u>."라는 기록이 있다.

8) 적(翟)은 우무(羽舞)의 교육을 담당했던 말단 관리이다. 『예기』 「제통(祭統)」편에는 "<u>翟者, 樂吏之賤者也</u>."라는 기록이 있고, 이에 대한 정현의 주에서는 "翟謂敎羽舞者也."라고 풀이했다.

9) 『예기』 「제통(祭統)」 : 夫祭有畀<u>煇胞翟閽者, 惠下之道也</u>.

10) 『예기』 「예운(禮運)」 : 孔子曰: 嗚呼哀哉! 我觀周道, 幽厲傷之, 吾舍魯何適矣? 魯之郊禘, 非禮也, 周公其衰矣. <u>杞之郊也, 禹也, 宋之郊也, 契也, 是天子之事守也</u>. 故天子祭天地, 諸侯祭社稷.

며, 또한 군주 · 대부 · 사에게 동일하게 적용되는 예법도 있으니,[11] 이것들이 바로 그대로 가져다가 시행하는 것이다. 따라서 이 문장의 내용은 군자가 예법을 시행할 때에는 위에서 언급한 것과 같이 아홉 가지 등의 경우가 있으니, 자세히 파악하지 않을 수가 없다는 뜻을 말하고 있다.

① 大夫士魚俎皆十五.

補註 特牲饋食記: "魚十有五." 註曰: "少牢饋食禮亦云十有五而俎, 尊卑同. 此所謂經而等也."

번역 『의례』「특생궤식례(特牲饋食禮)」편의 기문에서는 "물고기를 담은 도마는 15개이다."[12]라고 했고, 주에서는 "『의례』「소뢰궤식례(少牢饋食禮)」편에서도 '15로 하여 도마에 담는다.'[13]라고 했으니, 신분에 상관없이 동일하다. 이것은 바로 '경이등(經而等)'이라는 경우에 해당한다."라고 했다.

② 每等降殺以兩.

補註 按: 王制, 天子七廟, 諸侯五, 大夫三, 士一. 上文公九介, 侯 · 伯七, 子 · 男五. 天子七月而葬, 諸侯五月, 大夫三月. 天子之堂九尺, 諸侯七尺, 大夫五尺, 士三尺. 天子十二旒, 諸侯九, 上大夫七, 下大夫五, 士三. 雜記, 天子飯九貝, 諸侯七, 大夫五, 士三. 士三虞, 大夫五, 諸侯七. 註云: "然則天子九虞." 此其類也.

번역 살펴보니, 『예기』「왕제(王制)」편에서는 천자는 7개의 묘를 두고 제후는 5개를 두며 대부는 3개를 두고 사는 1개를 둔다고 했다. 앞의 문장에서 공작은 9명의 개(介)를 두고 후작과 백작은 7명을 두며 자작과 남작은 5명의

---

11) 『예기』「증자문(曾子問)」: 曾子問曰: 君出疆, 以三年之戒, 以槾從, 君薨, 其入, 如之何. 孔子曰: 共殯服, 則子麻弁絰, 疏衰, 菲杖, 入自闕, 升自西階, 如小斂, 則子免而從柩, 入自門, 升自阼階, <u>君 · 大夫 · 士, 一節也.</u>

12) 『의례』「특생궤식례(特牲饋食禮)」: 魚十有五.

13) 『의례』「소뢰궤식례(少牢饋食禮)」: 司士三人, 升魚 · 腊 · 膚. 魚用鮒, <u>十有五而俎</u>, 縮載, 右首, 進腴.

개를 둔다고 했다. 또 천자는 7개월이 지나서 장례를 치르며 제후는 5개월이 지나서 장례를 치르고 대부는 3개월이 지나서 장례를 치른다고 했다. 또 천자의 당은 그 높이가 9척이고 제후는 7척이며 대부는 5척이고 사는 3척이라고 했다. 또 천자의 면류관에는 12줄의 유가 들어가고 제후는 9줄이며 상대부는 7줄이고 하대부는 5줄이며 사는 3줄이라고 했다. 『예기』「잡기(雜記)」편에서는 천자의 반함(飯含)에는 9개의 조개를 사용하고 제후는 7개이며 대부는 5개이고 사는 3개라고 했다. 또 사는 3번의 우제를 치르고 대부는 5번이며 제후는 7번이라고 했고, 주에서는 "그렇다면 천자는 9번의 우제를 치를 것이다."라고 했다. 이것이 바로 그 부류에 해당한다.

③ 胞翟之賤.

補註 祭統: 胞者, 肉吏之賤者也. 翟者, 樂吏之賤者也.

번역 『예기』「제통(祭統)」편에서 말하길, '포(胞)'는 고기를 담당하는 미천한 관리이다. '적(翟)'은 음악을 담당하는 미천한 관리이다.[14]

④ 君沐粱士亦沐粱.

補註 喪大記: "君沐粱, 大夫沐稷, 士沐粱." 註: "君與士, 同用粱者, 士卑不嫌於僭上也."

번역 『예기』「상대기(喪大記)」편에서는 "군주의 경우에는 조를 사용하고, 대부의 경우에는 기장을 사용하며, 사의 경우에도 조를 사용한다."[15]라고 했

---

14) 『예기』「제통(祭統)」: 夫祭有界煇 · 胞 · 翟 · 閽者, 惠下之道也. 唯有德之君爲能行此, 明足以見之, 仁足以與之. 界之爲言與也, 能以其餘界其下者也. 煇者, 甲吏之賤者也; 胞者, 肉吏之賤者也; 翟者, 樂吏之賤者也; 閽者, 守門之賤者也, 古者不使刑人守門. 此四守者, 吏之至賤者也. 尸又至尊, 以至尊旣祭之末而不忘至賤, 而以其餘界之, 是故明君在上, 則竟內之民無凍餒者矣. 此之謂上下之際.

15) 『예기』「상대기(喪大記)」: 管人汲授御者, 御者差沐于堂上. 君沐粱, 大夫沐稷, 士沐粱. 甸人爲垡于西牆下, 陶人出重鬲, 管人受沐, 乃煮之. 甸人取所徹廟之

고, 주에서는 "군주와 사가 동일하게 조를 사용하는 것은 사는 미천하여 상위 예법을 참람되게 따른다는 혐의를 받지 않기 때문이다."라고 했다.

⑤ 君大夫士一節者.

補註 按: 曾子問, 君出疆而薨, 其入也, 子麻弁経, 疏衰, 菲杖, 入自闕, 升自西階. 如小斂, 則子免而從柩, 入自門, 升自阼階. 君大夫士一節也. 喪大記, 遷尸于牀, 幠用斂衾, 去死衣, 楔齒用角柶, 綴足用燕几, 君大夫士一也. 又云, 含一牀, 襲一牀, 遷尸于堂又一牀, 君大夫士一也. 雜記, 小斂環経, 公大夫士一也. 此亦其類也.

번역 살펴보니, 『예기』「증자문(曾子問)」편에서는 군주가 국경을 벗어나 타지에 있다가 죽게 되면, 그 시신이 국경으로 들어올 때 군주의 아들은 마변질(麻弁経)을 하고, 소최(疏衰)를 하며, 짚신을 신고, 지팡이를 들게 되며, 영구가 빈소로 들어올 때에는 영구와 영구를 뒤따르는 상주는 궐(闕)을 통해서 들어오고, 당으로 올라갈 때에는 서쪽 계단을 통해서 올라간다. 만일 소렴인 경우라면, 군주의 아들은 문복(免服)을 하고 영구를 따라 들어오니, 빈소로 들어올 때에는 문을 통해서 들어오고, 당으로 올라갈 때에는 동쪽 계단을 통해서 올라간다. 이러한 예법은 군주·대부·사가 모두 동일하다고 했다.[16] 또 『예기』「상대기(喪大記)」편에서는 땅바닥에 있던 시신을 들어서 침상으로 옮기고, 대렴(大斂) 때의 이불로 시신을 덮으며, 새로 입혔던 옷을 벗기고, 뿔로 만든 수저를 이용해서 입을 벌리게 하며, 연궤를 사용하여 발을 고정시키니, 이러한 예법은 군주·대부·사에게 모두 동일하게 적용된다고 했다.[17] 또 함(含)을 할 때 하나의 침상이 놓이고, 습(襲)을 할 때 하나의

西北厞薪, 用爨之. 管人授御者沐, 乃沐. 沐用瓦盤, 挋用巾, 如他日. 小臣爪手翦須. 濡濯棄于坎.

16) 『예기』「증자문(曾子問)」: 曾子問曰: "君出疆, 以三年之戒, 以椑從, 君薨, 其入, 如之何?" 孔子曰: "共殯服, 則子麻弁経, 疏衰, 菲杖, 入自闕, 升自西階, 如小斂, 則子免而從柩, 入自門, 升自阼階, 君·大夫·士, 一節也."

17) 『예기』「상대기(喪大記)」: 始死, 遷尸于牀, 幠用斂衾, 去死衣, 小臣楔齒用角

침상이 놓이며, 당으로 시신을 옮길 때에도 또한 하나의 침상이 놓이는데, 이러한 예법은 군주·대부·사에게 모두 동일하게 적용된다고 했다.[18] 또 『예기』「잡기(雜記)」편에서는 소렴을 치를 때 환질(環絰)을 두르는 것은 제후·대부·사가 모두 동일하다고 했다.[19] 이러한 내용들 또한 그 부류에 해당한다.

栖, 綴足用燕几, 君大夫士一也.

18) 『예기』「상대기(喪大記)」: 君設大盤, 造冰焉. 大夫設夷盤, 造冰焉. 士倂瓦盤, 無冰. 設牀襢第, 有枕. 含一牀, 襲一牀, 遷尸于堂又一牀, 皆有枕席, 君大夫士一也.

19) 『예기』「잡기상(雜記上)」: 小斂環絰, 公大夫士一也.

「예기」 46장

참고―經文

三代之禮一也, 民共由之, ①或素或青, 夏造殷因.

번역 하·은·주 삼대 때 각각 시행되었던 예는 동일하니, 백성들이 모두 그것에 연유하여 따랐던 것이다. 그런데 어떤 때에는 백색을 숭상하고, 또 어떤 때에는 흑색을 숭상하였는데, 이것은 지엽적인 부분에 불과할 따름이다. 근원적인 측면에서 봤을 때 하나라에서 그것들을 창조하였고, 은나라에서도 하나라의 것을 따랐던 것이다.

① 或素或青夏造殷因.

補註 鄭註: "言所尙雖異, 禮則相因耳. 孔子曰: '殷因於夏禮, 所損益可知也.'" 疏曰: "往來之禮雖同, 而先從夏始, 故曰夏造."

번역 정현의 주에서 말하길, "숭상하는 것에 비록 작은 차이를 보이지만, 예의 측면에서 본다면 서로 그 본질을 그대로 답습하고 있을 뿐이라는 뜻이다. 공자는 '은나라는 하나라의 예를 따르고 있으니, 가감된 바를 알 수 있다.'1)"라고 했다. 소에서 말하길, "각 왕조에서 서로 주고받은 예가 비록 동일하지만, 우선적으로 하나라가 처음 만든 것에 따랐기 때문에 하나라가 만들었다고 말한 것이다."라고 했다.

補註 ○按: 據註疏, 則青下當著是那吐, 而陳註欠明, 諺讀青下著隱吐, 未可曉.

번역 ○살펴보니, 주와 소의 주장에 따르면 '청(靑)'자 뒤에는 마땅히 이나[是那]토를 붙여야 하며, 진호의 주는 다소 불명확하고, 『언독』에서는 청(靑)자 뒤에 은[隱]토를 붙였는데, 그 뜻을 이해할 수 없다.

---

1) 『논어』 「위정(爲政)」: 子張問十世可知也. 子曰, "殷因於夏禮, 所損益, 可知也, 周因於殷禮, 所損益, 可知也. 其或繼周者, 雖百世, 可知也."

「예기」 47장

周坐尸, 詔侑武方, ①其禮亦然, 其道一也.

번역 주나라에서 시동에게 적용했던 예는 시동을 인도하여 자리에 나아가 앉게 하며, 시동에게 아뢰고 시동에게 음식을 권유하는 일에 있어서는 이전 왕조의 예와 달리 그것을 고정적으로 담당하는 사람이 없었으나 그 예들은 또한 은나라 때의 예와 동일한 것이며, 그것에 담겨진 도리 또한 동일하였다.

① ○其禮亦然.

補註 按: 此恐是禮當如此之意. 小註方說, 長於陳註.

번역 살펴보니, 이것은 아마도 예법은 마땅히 이와 같아야 한다는 뜻인 것 같다. 소주에 나온 방씨의 주장이 진호의 주보다 낫다.

참고-經文 嚴陵方氏曰: 夏立尸而殷坐尸, 殷雖坐尸而詔侑未必無方, 周則文又備, 不惟坐尸, 而且詔侑無方, 爲此特文備之事爾, 而於禮莫不然也, 故曰其禮亦然, 以其道未始不相因, 故曰其道一也.

번역 엄릉방씨가 말하길, 하나라 때에는 시동을 세워 두었고, 은나라 때에는 시동을 자리에 앉혀 두었는데, 은나라에서 비록 시동을 앉혀 두었더라도, 시동에게 아뢰고 음식을 권유하는 일에 있어서는 반드시 정해진 규정과 인원이 없었던 것은 아니다. 그런데 주나라는 보다 문식을 꾸미게 되어, 그 절차들을 더욱 세세하게 갖추었으니, 단지 은나라 때의 예처럼 시동을 앉혀두기만 했던 것이 아니라, 또한 아뢰고 권유하는 일에 있어서도 고정된 인원이 없었던 것이다. 그런데 이러한 것들은 다만 형식을 세세하게 갖추는 사안에 해당할 뿐이며, 예의 큰 틀은 기존 왕조의 예에서 달라진 것이 없다. 그렇기 때문에 그 예가 또한 은나라 때의 예와 같다고 말한 것이다. 그리고 예 속에 갖춰진 도리는 애초부터 서로 따르고 있지 않은 경우가 없기 때문에, 그 도리가 동일하다고 말한 것이다.

「예기」 48장

①夏立尸而卒祭, 殷坐尸.

번역 하나라에서 시동에게 적용했던 예는 시동을 제 자리에 세워두게 되며, 세워둔 상태에서 제사를 끝냈다. 그러나 은나라에서는 시동이 시행해야 할 일들이나 그 외의 다른 절차와 상관없이 시동을 계속 자리에 앉혀두었다.

① ○夏立尸[止]殷坐尸.

補註 疏曰: 更本殷 · 周所損益之因也.

번역 소에서 말하길, 은나라와 주나라에서 가감했던 부분과 서로 답습한 부분에 재차 기준을 두고 있다.

「예기」 49장

참고—經文

①周旅酬六尸. 曾子曰: "周禮其猶醵與."

번역 주나라에서 시동에게 적용했던 예는 후직(后稷)의 시동을 뺀 나머지 6명의 시동들에게 골고루 술잔을 주고받게 했다. 증자는 "주나라에서 시행하였던 이러한 예는 오늘날 돈을 갹출하여 균평하게 술을 마시는 일과 같다."라고 평가했다.

① ○周旅酬六尸.

補註 疏曰: 此周又因殷而益之也.

번역 소에서 말하길, 이것은 주나라가 은나라의 예에 따르면서도 더 보탠 측면에 대한 내용이다.

「예기」 50장

君子曰: "①禮之近人情者, 非其至者也. 郊血, 大饗腥, ②三獻
爓, 一獻孰."

번역 군자가 말하길, "예 중에서도 사람의 정감과 친근한 것들은 예법을 지극하게
갖춘 것이 아니다. 교(郊)제사를 지낼 때에는 희생물의 피[血]를 가장 먼저 진설하
고, 대향(大饗)을 할 때에는 희생물의 피와 생고기[腥]를 동시에 진설하며, 삼헌
(三獻)에 해당하는 제사를 지낼 때에는 희생물의 피와 생고기뿐만 아니라 데친 고
기[爓] 또한 함께 진설하고, 일헌(一獻)에 해당하는 제사를 지낼 때에는 단지 삶은
고기[孰]만을 진설하게 된다."라고 했다.

① ○禮之近人情.

補註 楊梧曰: 人情有二, 有道心之情, 原於性命之正者, 聖人稱情而立
文, 有人心之情, 發於形氣之私者, 聖人緣情而爲戒. 此云近人情者, 非
至, 乃飮食之欲, 人心之情也.
번역 양오가 말하길, 사람의 정감에는 두 종류가 있으니, 도심에 따른 정감
은 성명의 바름에 근원을 둔 것이어서 성인이 그 정을 헤아려 제도를 수립하
였고, 인심에 따른 정감은 형기의 삿됨에서 발원한 것이어서 성인이 그 정감
에 따라 경계를 했던 것이다. 여기에서 사람의 정감에 가까운 것은 지극한
것이 아니라고 했으니, 이것은 곧 음식에 대한 욕구와 인심에 따른 정감에
해당한다.

② 三獻爓.

補註 按: 爓, 陸音似廉反, 與陳註差異.
번역 살펴보니, '爓'자에 대해 육덕명의 『음의』에서는 '似(사)'자와 '廉(렴)'자
의 반절음이라고 했으니, 진호의 주와는 차이를 보인다.

補註 ○沙溪曰: 韻會, 爓, 徐廉切, 湯中瀹肉也. 亦作燅‧燖‧黏‧燅.

번역 ○사계가 말하길, 『운회』에서는 '爓'자는 '徐(서)'자와 '廉(렴)'자의 반절음이며, 탕 안에서 데친 고기를 뜻한다. 이 글자는 또한 섬(燅)‧첨(燖)‧점(黏)‧섬(燅)자로도 쓴다.

「예기」52장

故, 魯人將有事於上帝, 必先有事於頖宮; 晉人將有事於河, 必
先有事於①惡池; 齊人將有事於泰山, 必先有事於配林. 三月
繫, 七日戒, ②三日宿, 愼之至也.

번역 그러므로 노나라 사람들은 상제(上帝)에게 제사를 지내고자 할 때, 반드시 그
보다 앞서서 반궁(頖宮)에서 제사를 지냈고, 진나라 사람들은 황하[河]에 제사를
지내고자 할 때, 반드시 그보다 앞서서 호타[惡池]에 제사를 지냈으며, 제나라 사람
들은 태산(泰山)에 제사를 지내고자 할 때, 반드시 그보다 앞서서 배림(配林)에 제
사를 지냈다. 상제에게 사용할 소를 3개월 동안 우리에 묶어두고, 7일 동안 산제(散
齊)를 하며, 3일 동안 치제(致齊)를 하는 것은 신중함의 지극함이다.

① ○惡池.

補註 鄭註: 惡, 讀爲呼, 呼池, 幷州川.
번역 정현의 주에서 말하길, '오(惡)'자는 호(呼)자로 풀이하니, '호타(呼池)'
는 병주(幷州)에 속한 천이다.

補註 ○陸音: 池, 大河反.
번역 ○육덕명의 『음의』에서 말하길, '池'자는 '大(대)'자와 '河(하)'자의 반
절음이다.

補註 ○周禮·夏官·職方: 幷州其山鎭曰恒山, 其川虖池. 註: "池, 徒多
反."
번역 ○『주례』「하관(夏官)·직방씨(職方氏)」편에서 말하길, "병주에는 큰
산이 있으니 항산(恒山)이라 부르고, 하천으로는 호타(虖池)가 있다."[1]라고
했고, 주에서는 "'池'자는 '徒(도)'자와 '多(다)'자의 반절음이다."라고 했다.

補註 ○按: 虖池, 卽滹沱河, 漢光武所渡處. 考職方註及史註及輿圖, 可見.

번역 ○살펴보니, '호타(虖池)'는 호타하(滹沱河)에 해당하니, 한나라 광무제가 건넜던 곳이다. 『주례』「직방씨」편의 주 및 『사기』의 주와 『여도』를 살펴보면 이러한 사실을 확인할 수 있다.

② **三日宿.**

補註 按: 疏曰, "宿之言肅, 肅敬之義." 累見上文.

번역 살펴보니, 소에서는 "숙(宿)자는 엄숙하다는 뜻으로, 엄숙하고 공경한다는 의미이다."라고 했는데, 앞 문장에 여러 차례 나온다.

참고-集說

此因上章言兩君相見之禮漸次而進, 故言祭祀之禮亦有漸次, 由卑以達尊者. 魯人將祭上帝, 必先有事頖宮. 頖宮, 諸侯之學也. 魯郊祀以后稷配, ①先於頖宮告后稷, 然後郊也. 虖池, 幷州川之小者, 河之從祀也. 配林, 林名, 泰山之從祀也. ②帝牛必在滌三月. 繫, 繫牲於牢也. 七日戒, 散齊也. 三日宿, 致齊也. 敬愼之至如此, 故以積漸爲之, 何敢迫遽而行之乎?

번역 앞 문장에서는 양국의 군주가 서로 만나볼 때의 예에서 점차적으로 개진되는 점이 있음을 언급하고 있으므로, 이곳 문장에서도 그에 따라 제사의 예에서도 또한 점차적으로 개진되는 점이 있음을 언급하였으니, 곧 낮은 곳으로부터 높은 곳에 도달한다는 점이다. 노나라 사람들은 상제에게 제사를 지내고자 할 때에는 반드시 그

---

1) 『주례』「하관(夏官)·직방씨(職方氏)」: 正北曰幷州, 其山鎭曰恒山, 其澤藪曰昭餘祁, 其川虖池·嘔夷, 其浸淶·易, 其利布帛, 其民二男三女, 其畜宜五擾, 其穀宜五種.

보다 앞서서 반궁(頖宮)에서도 제사를 지냈다. 반궁은 제후국에 있는 태학을 뜻한다.[2] 노나라에서는 교사(郊祀)를 지낼 때, 후직을 함께 배향하였는데,[3] 그보다 앞서 반궁에서 후직에게 아뢰었고, 그런 뒤에야 교제사를 지냈다. '호타(虖池)'는 병주(幷州)에 있는 작은 하천인데, 그 제사는 황하[河]에 대한 제사를 지내게 되어, 미리 지내게 되는 제사이다. '배림(配林)'은 숲 이름인데, 그 제사는 태산(泰山)에 대한 제사를 지내게 되어, 미리 지내게 되는 제사이다. 제우(帝牛)[4]는 반드시 3개월 동안 척(滌)에 가둬야 한다. '계(繫)'자는 우리[牢]에 희생물을 매어둔다는 뜻이다. 7일 동안 재계를 하는 것은 '산제(散齊)'를 뜻한다. 3일 동안 머무른다는 것은 '치제(致齊)'를 뜻한다. 공경함[敬]과 신중함[愼]의 지극함이 이와 같기 때문에, 점진적으로 그러한 일들을 시행하는 것이니, 어찌 감히 그것들을 급박하게 시행할 수 있겠는가?

① **先於頖宮告后稷.**

補註 疏曰: 魯人無后稷之廟, 故今將祭天配后稷, 而於頖宮先告后稷也.
번역 소에서 말하길, 노나라에는 후직에 대한 묘가 없었으므로, 하늘에게 제사를 지내려고 할 때에는 반궁(頖宮)에서 후직에게 먼저 아뢰었던 것이다.

② **帝牛必在滌三月.**

補註 郊特牲文.
번역 『예기』「교특생(郊特牲)」편의 기록이다.[5]

---

2) 『예기』「왕제(王制)」: 天子命之敎然後, 爲學, 小學, 在公宮南之左, 大學, 在郊. 天子曰辟雍, 諸侯曰頖宮.

3) 『효경』「성치장(聖治章)」: 昔者, 周公郊祀后稷以配天. 宗祀文王於明堂以配上帝.

4) 제우(帝牛)는 교(郊)제사 때 희생물로 사용되는 소를 뜻한다. 교제사는 상제(上帝)에 대한 제사였으므로, 그 희생물에 대해서도 '제(帝)'자를 붙여서 부르는 것이다.

5) 『예기』「교특생」: 帝牛不吉, 以爲稷牛. 帝牛必在滌三月, 稷牛唯具, 所以別事天神與人鬼也. 萬物本乎天, 人本乎祖, 此所以配上帝也. 郊之祭也, 大報本反始也.

「예기」 53장

故, 禮有擯詔, 樂有相步, ①溫之至也.

번역 그러므로 예에서는 부관을 두어서 그를 통해 아뢰는 일을 하도록 했고, 악공 (樂工)에 대해서는 부축해주는 자를 두었으니, 온화함[溫]의 지극함이다.

① 溫之至也.

補註 按: 此與內則柔色以溫之之溫, 同義.

번역 살펴보니, 이것은 『예기』「내칙(內則)」편에서 "얼굴빛을 유순하게 하여 부모 및 시부모의 뜻을 받든다."[1]라고 했을 때의 온(溫)자와 의미가 같다.

補註 ○按: 上段言禮之不失於戁, 此段言禮之不失於愨.]

번역 ○살펴보니, 앞 문단에서는 예는 너무 각박하게 해서는 안 됨을 말했고, 이곳 문단에서는 예는 너무 질박하게 해서는 안 됨을 말했다.

禮容不可急遽, 故賓主相見, 有擯相者以詔告之; 樂工無目, 必有扶相其行步者. 此二者, 皆溫藉之至也. 溫藉之義, ①如玉之有承藉然, 言此擯詔者, 是承藉賓主, 相步者, 是承藉樂工也.

---

1) 『예기』「내칙(內則)」: 及所, 下氣怡聲, 問衣燠寒, 疾痛苛癢, 而敬抑搔之. 出入, 則或先或後而敬扶持之. 進盥, 少者奉槃, 長者奉水, 請沃盥, 盥卒授巾, 問所欲而敬進之, 柔色以溫之.

번역 예에 따른 용모와 행동거지에 있어서는 급작스럽게 할 수 없다. 그렇기 때문에 빈객과 주인이 서로 만나볼 때에는 보좌하여 도와주는 자를 두어서, 그를 통해 이런저런 사안들을 알려주도록 한 것이다. 한편 악공(樂工)들은 맹인이므로, 반드시 부축해주는 자를 두어야 한다. 이러한 두 가지 배려사항들은 모두 온화함의 지극함이다. 온화함의 도리는 마치 옥을 바칠 때 받치는 깔개를 두는 것과 같으니, 이 말은 곧 부관이 아뢰는 것은 빈객과 주인이 격식에 맞춰 행동할 수 있도록 바탕을 마련해주는 것과 같으며, 이동할 때 부축하며 도와주는 것은 악공이 연주를 잘할 수 있도록 바탕을 마련해주는 것과 같다는 뜻이다.

① **如玉之有承藉然.**

補註 覲禮註: 繰, 所以藉玉, 以韋衣木, 廣袤各如其玉之大小.

번역 『의례』「근례(覲禮)」편의 주에서 말하길, '조(繰)'는 옥을 받치는 것으로 무두질한 가죽을 나무에 입혀서 만드는데, 너비와 길이는 각각 옥의 크기에 맞춘다.

補註 ○按: 繰藉, 乃承玉之物, 故曰承藉.

번역 ○살펴보니, 조자(繰藉)는 옥을 받치는 물건이다. 그렇기 때문에 '승자(承藉)'라고 부른다.

補註 ○又按: 繰, 與繰同, 亦作藻.

번역 ○또 살펴보니, '繰(조)'자는 조(繰)자와 동일하며 또한 조(藻)자로도 기록한다.

「예기」 56장

是故, 先王之制禮也, ①必有主也, 故可述而多學也.

번역 이러한 까닭으로, 선왕이 예를 제정할 때에는 반드시 근본을 돌이키고, 옛것을 정비하는데 주안점을 둠이 있었다. 그렇기 때문에 이러한 것에 기준을 두고 다방면에서 탐구를 해본다면, 예를 자세히 서술하며 여러 모로 배울 수 있을 것이다.

① 必有主也[止]多學也.

補註 楊梧曰: 昧其所主, 則見禮之文甚煩, 而苦其難得, 得其所主, 則見禮之體甚約, 而欲罷不能矣.

번역 양오가 말하길, 주안점을 둔 것에 어둡다면 예의 형식이 매우 번잡한 것만 보게 되어 터득하기가 매우 어렵게 되지만, 주안점을 둔 것을 파악한다면 예의 본체가 매우 간략함을 보게 되어 파해하려고 해도 할 수 없게 된다.

補註 ○徐志修曰: 可述, 與論語述而不作之述, 同義. 陳註以爲稱述, 似意短.

번역 ○서지수가 말하길, '가술(可述)'은 『논어』에서 "조술하며 창작하지 않았다."[1]고 했을 때의 술(述)자와 의미가 같다. 진호의 주에서는 칭술(稱述)의 뜻으로 여겼는데, 아마도 그 풀이가 미약한 것 같다.

---

1) 『논어』 「술이(述而)」: 子曰, "<u>述而不作</u>, 信而好古, 竊比於我老彭."

「예기」 57장

君子曰: ①<u>無節於內者, 觀物弗之察矣. 欲察物而不由禮, 弗之得矣. 故作事不以禮, 弗之敬矣; 出言不以禮, 弗之信矣, 故曰, 禮也者, 物之致也.</u>

번역 군자가 말하길, "자신의 내면에 예법을 가지고 있지 않은 자는 어떤 사물에 대해 살펴본다고 하더라도 그것의 잘된 점과 잘못된 점을 살펴볼 수 없다. 또한 사물을 살펴보고자 한다고 하더라도 예에 따라서 하지 않는다면, 시비의 실상을 터득할 수가 없다. 그렇기 때문에 일을 추진하더라도 예에 따라서 하지 않는다면, 공경의 마음을 보존할 수가 없으며, 말을 하더라도 예에 따라서 말하지 않는다면, 자신의 말을 믿게 만들 수가 없다. 그러므로 '예라는 것은 모든 사물에 대한 최상의 기준이다.'"라고 하였다.

① ○無節於內[止]弗之信矣.

補註 楊梧曰: 此言禮爲觀人修己之要, 上四句屬觀人, 下四句屬修己.
번역 양오가 말하길, 이것은 예가 남들을 관찰하고 자신을 수양하는 요체임을 말하고 있는데, 앞의 네 개 구문은 남을 관찰하는 내용에 해당하고, 뒤의 네 개 구문은 자신을 수양하는 내용에 해당한다.

補註 ○按: 觀物·察物, 兩物字. 當兼人與事看.
번역 ○살펴보니, 관물(觀物)과 찰물(察物)이라고 했을 때의 2개 '물(物)'자는 사람과 어떤 사안을 함께 나타낸다는 의미로 보아야 한다.

補註 ○徐志修曰: 節, 似是節度之義. 註以爲不通禮之節文, 恐不便.
번역 ○서지수가 말하길, '절(節)'자는 아마도 절도(節度)의 의미인 것 같다. 주에서는 예의 법칙과 형식을 통달하지 못한다는 뜻으로 여겼는데, 아마도 마땅하지 않은 해석인 것 같다.

참고─經文

是故, 昔先王之制禮也, 因其財物而致其義焉爾. 故作大事必
順天時, ①爲朝夕必放於日月, 爲高必因丘陵, 爲下必因川澤.
是故, ②天時雨澤, 君子達, 亹亹焉.

번역 이러한 까닭으로, 옛날에 선왕이 예를 제정함에는 그것에 사용되는 재화[財]
와 물건[物]을 통해서 해당하는 사안의 도의[義]를 지극히 하였을 따름이다. 그러
므로 제사를 지낼 때에는 반드시 천시(天時)에 따라서 했고, 조일(朝日)을 하고 석
월(夕月)을 할 때에는 반드시 해와 달의 성향에 따라서 했으며, 높은 곳에 위치한
신들에 대해 제사를 지낼 때에는 반드시 구릉(丘陵) 지역에서 지냈고, 낮은 곳에
위치한 신들에 대해 제사를 지낼 때에는 천택(川澤) 지역에서 지냈다. 이러한 까닭
으로 천시(天時)는 항상 때에 맞게 비를 내려주어 온 세상을 윤택하게 만들었고,
군자는 이러한 뜻을 알고 있어서, 더욱 근면성실하게 임했던 것이다.

① ○爲朝夕必放於日月.

補註 鄭註: "日出東方, 月生西方." 疏曰: "爲朝, 謂天子春分之朝, 朝日
於東門之外, 爲夕, 謂天子秋分之夕, 祀月於西門之外. 日旦出自東方,
故於東方而朝之, 月初生出自西方, 故於西方而祀之. 朝禮有東西之異,
是放法於日月之始."

번역 정현의 주에서 말하길, "해는 동쪽에서 떠오르고, 달은 서쪽에서 나타
난다."라고 했다. 소에서 말하길, "'위조(爲朝)'라는 것은 천자가 춘분의 아침
에 동문 밖에서 조일(朝日)[1]을 한다는 뜻이며, '위석(爲夕)'은 천자가 추분

---

1) 조일(朝日)은 고대에 제왕이 해에 대해서 지낸 제사를 뜻한다. 해가 떠오를 무렵에
해에게 절을 하였기 때문에 '조(朝)'자를 붙여서 부른 것이다. 『한서(漢書)』「교사지
상(郊祀志上)」편에는 "十一月辛巳朔旦冬至. 昒爽, 天子始郊拜泰一, 朝朝日, 夕
夕月, 則揖."이라는 기록에 있고, 이에 대한 안사고(顏師古)의 주에서는 "以朝旦拜

의 저녁에 서문 밖에서 사월(祀月)²⁾을 한다는 뜻이다. 태양은 음양으로 따지면, 양(陽)에 해당한다. 그렇기 때문에 아침 일찍 제사를 지내는 것이다. 반면 달은 음(陰)에 해당한다. 그렇기 때문에 저녁 늦게 제사를 지내는 것이다. 그리고 태양은 아침 일찍 동쪽에서 출현한다. 그렇기 때문에 동쪽에서 제사를 지내는 것이다. 반면 달이 최초 형태를 갖추며 출현하는 것은 서쪽으로부터 시작된다. 그렇기 때문에 서쪽에서 제사를 지내는 것이다. 조일(朝日)을 하고 석월(夕月)을 할 때, 동서의 차이가 있는 것은 곧 해와 달이 처음 출현하는 위치를 본떠서 했기 때문이다.

補註 ○按: 下文云, "大明生於東, 月生於西, " 祭義, "日出於東, 月生於西." 鄭註蓋本於此.

번역 ○살펴보니, 아래문장에서는 "태양은 동쪽에서 생겨나고, 달은 서쪽에서 생겨난다."³⁾라고 했고, 『예기』「제의(祭義)」편에서는 "해는 동쪽에서 떠오르고 달은 서쪽에서 나타난다."⁴⁾라고 했는데, 정현의 주는 아마도 여기에

日爲朝."라고 풀이하였다. 또한 '조일'은 각 계절의 기운이 도래할 때, 교외(郊外)에서 지낸 제사를 뜻하기도 한다. 『주례』「천관(天官) · 장차(掌次)」편에는 "朝日, 祀五帝, 則張大次小次, 設重帟重案."이라는 기록이 있는데, 이에 대한 정현의 주에서는, "朝日, 春分拜日於東門之外."라고 풀이하였다. 한편 제왕이 조정에서 정사를 듣는 행위 또는 그러한 날을 뜻하기도 한다. 『전국책(戰國策)』「제책육(齊策六)」편에는 "王至朝日, 宜召田單而揖之於庭, 口勞之."라는 기록이 있다.

2) 사월(祀月)은 석월(夕月)과 같은 뜻이다. 고대에 제왕이 달에 대해서 지낸 제사를 뜻한다. 춘분(春分) 때에는 조일(朝日)을 하고, 추분(秋分) 때에는 '석월'을 했고, 서쪽 성문 밖에서 지낸 제사라고 설명하기도 한다. 『국어(國語)』「주어상(周語上)」편에는 "古者, 先王旣有天下, 又崇立於上帝 · 明神而敬事之, 於是乎有朝日 · 夕月以敎民事君."이라는 기록이 있고, 이에 대한 위소(韋昭)의 주에서는 "禮, 天子搢大圭 · 執鎭圭, 繅藉五采五就, 以春分朝日, 秋分夕月, 拜日於東門之外, 然則夕月在西門之外也."라고 풀이했다.

3) 『예기』「예기(禮器)」: 天道至敎, 聖人至德. 廟堂之上, 罍尊在阼, 犧尊在西; 廟堂之下, 縣鼓在西, 應鼓在東. 君在阼, 夫人在房, 大明生於東, 月生於西, 此陰陽之分, 夫婦之位也. 君西酌犧象, 夫人東酌罍尊. 禮交動乎上, 樂交應乎下, 和之至也.

4) 『예기』「제의(祭義)」: 祭日於壇, 祭月於坎, 以別幽明, 以制上下. 祭日於東, 祭月

근본을 둔 것 같다.

補註 ○又按: 月生於西, 指每月載生明時, 初見西方也. 而祭義註, 月生於西, 言其明生於輪郭之西也, 與此不同, 當參考.
번역 ○또 살펴보니, 달은 서쪽에서 나타난다고 했는데, 이것은 매월마다 밝음이 생겨나서 커져가는 시기에 최초 서쪽에서 나타난다는 것을 가리킨다. 그런데 「제의」편에 대한 주에서는 "달은 서쪽에서 나타나는데, 이것은 전체 테두리의 서쪽에서 밝음이 생성된다는 뜻이다."라고 하여 이곳과 차이를 보이니, 마땅히 참고해보아야 한다.

補註 ○漢書賈誼上疏曰: "三代之禮, 天子春朝朝日, 秋暮夕月." 顔註: "朝日以朝, 夕月以暮, 皆迎其初出也."
번역 ○『한서』가의의 상소에서는 "삼대 때의 예법에서 천자는 봄날 아침에 조일을 했고 가을 저녁에 석월을 했습니다."라고 했고, 안사고의 주에서는 "조일을 아침에 하고 석월을 저녁에 하는 것은 모두 최초 출현하는 것을 맞이하기 위해서이다."라고 했다.

② 天時雨澤[止]亹亹焉.

補註 鄭註: "達, 猶皆也. 亹亹, 勉勉也. 君子愛物, 見天雨澤, 皆勉勉勸樂." 疏曰: "天地感祭而降雨澤, 天子皆愛物生而勉勉勸樂."
번역 정현의 주에서 말하길, "'달(達)'자는 모두[皆]라는 뜻이다. '미미(亹亹)'는 근면하고 성실하게 노력한다는 뜻이다. 군자는 만물을 사랑하므로, 하늘이 비를 내려주어 만물을 윤택하게 만드는 것을 보게 되면, 모두들 근면 성실히 노력하며 흥겨워했다는 뜻이다."라고 했다. 소에서 말하길, "천지는 제사를 지내는 것에 감응하여 비를 내려서 세상을 윤택하게 만들어주고, 천자

於西, 以別外內, 以端其位. <u>日出於東, 月生於西</u>, 陰陽長短, 終始相巡, 以致天下之和.

들은 모두 만물이 생장하는 것을 사랑하고, 근면하게 노력하면서도 즐거워하는 것이다."라고 했다.

補註 ○陽村曰: 此卽察天行以自强之意.
번역 ○양촌이 말하길, 이것은 하늘의 운행을 관찰하여 스스로 굳건하게 힘쓴다는 뜻이다.

補註 ○按: 陳註以亹亹爲天地之亹亹, 恐不然. 蓋聖人因其財而致其義, 以之祭天祭地, 則天地亦以時而雨澤, 而聖人於是乎, 益達其勉勉之心, 自强不息也.
번역 ○살펴보니, 진호의 주에서는 '미미(亹亹)'를 천지가 근면 성실한 것으로 풀이했는데 아마도 그렇지 않은 것 같다. 성인은 재화를 통해서 그 도의를 지극히 하여 이로써 천지에 대한 제사를 지냈으니, 천지 또한 때에 맞게 알맞은 비를 내려 윤택하게 만들고, 성인은 이에 근면하게 노력하는 마음을 더욱 지극히 해서 스스로 굳건하게 힘쓰며 그치지 않기 때문이다.

참고-集說

財物, 幣玉·牲牢·黍稷之類. 無財無物, 不可以行禮, 故先王制禮, 必因財物而致其用之之義焉. 然財物皆天時之所生, 故祭祀之大事, 亦必順天時而行之. 如①啓蟄而郊, 龍見而雩, 始殺而嘗, 閉蟄而烝, 皆是也. 大明生於東, 故春朝朝日必於東方; 月生於西, 故秋莫夕月必於西方. 爲高上之祭, 必因其有丘陵而祭之; 爲在下之祭, 必因其有川澤而祭之. 一說, ②爲高, 爲圜丘也; 爲下, 爲方丘也. 祭有輕重, 皆須財物, 故當天時之降雨澤也. 君子知夫天地生成財物之功, 如此乎勉勉而不已也. 則安得不用財物爲禮, 以致其報本之誠乎?

번역 '재물(財物)'은 패옥(幣玉)·희생물[牲牢]·곡식[黍稷] 등의 부류를 뜻한다. 이러한 재화나 사물이 없다면, 예를 시행할 수 없다. 그렇기 때문에 선왕이 예를 제정할 때에는 반드시 재화나 사물에 따라서, 그 쓰임을 다하는 도의를 지극히 하였던 것이다. 그런데 재화나 사물은 모두 하늘의 운행에 따라 생성되는 것이다. 그렇기 때문에 제사처럼 중대한 사안에 대해서는 또한 반드시 천시(天時)에 따라서 시행해야만 하는 것이다. 예를 들어 계칩(啓蟄)이 있고 난 뒤에 교(郊)제사를 지냈고, 용현(龍見)⁵⁾을 한 뒤에 기우제를 지냈으며, 음기가 처음으로 숙살하는 기운을 뿜어내면, 상(嘗)제사를 지냈고, 폐칩(閉蟄)⁶⁾이 있고 난 뒤에는 증(烝)제사를 지냈다고 했으니, 이러한 것들이 바로 위에서 언급하는 뜻에 해당한다. 대명(大明)⁷⁾은 동쪽에서 생겨난다. 그렇기 때문에 봄철의 아침에는 조일(朝日)을 하면서 반드시 동쪽에서 제사를 지냈던 것이다. 달[月]은 서쪽에서 생겨난다. 그렇기 때문에 가을철의 저녁에는 석월(夕月)을 하면서 반드시 서쪽에서 제사를 지냈던 것이다. 높은 곳에 위치한 신들에 대해서 제사를 지낼 때에는 반드시 구릉(丘陵) 지역이 있는 장소에서 제사를 지냈고, 아래에 있는 신들에 대해서 제사를 지낼 때에는 반드시 천택(川澤) 지역이 있는 장소에서 제사를 지냈다. 일설에는 '위고(爲高)'라는 말은 원구(圓丘)⁸⁾를 만든다는 뜻이고, '위하(爲下)'는 방구(方丘)를 만든다는 뜻으로

---

5) 용현(龍見)은 하늘에 창룡칠수(蒼龍七宿)가 출현한다는 뜻으로, 건사(建巳: 음력 4월)을 가리킨다. 『춘추좌씨전』「환공(桓公) 5년」편에는 "龍見而雩."라는 기록이 있는데, 이에 대한 두예(杜預)의 주에서는 "龍見, 建巳之月. 蒼龍宿之體, 昏見東方, 萬物始盛. 待雨而大, 故祭天. 遠爲百穀祈膏雨也."라고 풀이하였다. 즉 창룡 칠수가 출현하는 것은 음력 4월로써, 만물(萬物)이 왕성하게 자라날 때이므로, 비를 구원하며 하늘에 제사를 지내고, 백곡(百穀)이 잘 여물도록 기원하는 것이다.

6) 폐칩(閉蟄)은 동물 및 곤충들이 동면(冬眠)에 들어가는 시점을 뜻한다. 하(夏)나라 때의 역법에 따르면, '폐칩'은 10월인 맹동(孟冬)의 계절에 해당한다.

7) 대명(大明)은 태양[日]을 가리킨다. 태양은 밝음[明] 중에서도 가장 큰 밝음에 해당함으로, '대명'이라고 부르게 되었다. 『역』「건괘(乾卦)」편에는 "雲行雨施, 品物流行, 大明終始, 六位時成."이라는 기록이 있는데, 이에 대한 이정조(李鼎祚)의 『집해(集解)』에서는 후과(侯果)의 설을 인용하여, "大明, 日也."라고 풀이했다. 한편 '대명'은 달[月]을 가리키기도 하고, 해와 달을 모두 가리키기도 한다. 또한 태양을 군주에 비유했으므로, '대명'은 군주를 지칭하는 용어로도 사용되었다. 이곳 문장에서는 첫 번째 뜻으로 사용되었다.

8) 원구(圓丘)는 환구(圜丘)라고도 부른다. 고대에 제왕이 동지(冬至)에 제천(祭天)

풀이한다. 제사에는 그 대상에 따라 경중의 차이가 있지만, 모든 경우에 있어서 재화와 사물을 필요로 하게 된다. 그렇기 때문에 이러한 재화와 사물을 얻기 위해서라도, 천시(天時)가 비를 내려서 만물을 윤택하게 해주는 작용에 맞춰야 한다. 군자는 천지가 재화와 사물을 생성하고 성숙하게 만드는 공덕이 이처럼 근면성실하며, 끊임이 없었다는 사실을 알고 있었다. 따라서 어찌 재화와 사물을 이용하여 예를 시행하고, 이것을 통해 근본에 보답하는 정성을 다하지 않을 수 있었겠는가?

① 啓蟄而郊[止]閉蟄而烝.

補註 左傳桓五年文.

번역 『좌전』 환공 5년의 기록이다.[9]

補註 ○按: 啓蟄而郊, 謂建寅之月, 蟄蟲啓戶, 郊祭天也. 龍見而雩, 謂建巳之月, 龍星昏見, 雩祭天求雨也. 始殺而嘗, 謂建酉之月, 陰氣始殺, 而嘗祭宗廟. 閉蟄而烝, 謂建亥之月, 烝祭宗廟.

번역 ○살펴보니, 계칩이 되어 교제사를 지낸다는 것은 북두칠성의 자루가 인(寅)의 방위에 오는 달에 칩거했던 곤충들이 문을 열고 나타나서 교외에서 하늘에 대한 교제사를 지낸다는 뜻이다. 용현을 하고서 기우제를 지낸다는 것은 북두칠성의 자루가 사(巳)의 방위에 오는 달에 용성이 저녁에 출현하여 기우제를 지내며 하늘에게 비를 구원한다는 뜻이다. 처음으로 숙살하는 기운이 나타나 상제사를 지낸다는 것은 북두칠성의 자루가 유(酉)의 방위의 오는 달에 음기가 처음으로 숙살하게 되어 종묘에서 상제사를 지낸다

의식을 집행하던 곳이다. 자연적으로 형성된 언덕의 형상을 본떠서, 흙을 높이 쌓아 올려 만들었기 때문에, '구(丘)'자를 붙여서 부른 것이며, 하늘의 둥근 형상을 본떴다는 뜻에서 '환(圜)' 또는 '원(圓)'자를 붙여서 부른 것이다. 『주례』「춘관(春官)·대사악(大司樂)」편에는 "冬日至, 於地上之圜丘奏之."라는 기록이 있고, 이에 대한 가공언(賈公彦)의 소(疏)에서는 "土之高者曰丘, 取自然之丘. 圜者, 象天圜也."라고 풀이했다.

9) 『춘추좌씨전』「환공(桓公) 5년」: 秋, 大雩. 書, 不時也. 凡祀, <u>啓蟄而郊, 龍見而雩, 始殺而嘗, 閉蟄而烝</u>. 過則書.

는 뜻이다. 폐칩을 하여 증제사를 지낸다는 것은 북두칠성의 자루가 해(亥)
의 방위에 오는 달에 종묘에서 증제사를 지낸다는 뜻이다.

② **爲高爲圓丘[止]方丘也.**

補註 鄭註: 爲高, 謂冬至, 祭天於圓丘之上. 爲下, 謂夏至, 祭地在方澤
之中也.

번역 정현의 주에서 말하길, 위고(爲高)는 동지 때 원구(圓丘)의 제단 위에
서 하늘에 대한 제사를 지낸다는 뜻이다. 위하(爲下)는 하지 때 방택(方澤)
의 제단 안에서 땅에 대한 제사를 지낸다는 뜻이다.

「예기」 59장

是故, 昔先王尚有德, 尊有道, 任有能, ①擧賢而置之, 聚衆而誓之. 是故, 因天事天, 因地事地, 因名山升中于天, 因吉土以饗帝于郊. ②升中于天, 而鳳凰降, 龜龍假; 饗帝于郊, 而風雨節, 寒暑時. 是故, 聖人南面而立, 而天下大治.

번역 이러한 까닭으로 옛날에 선왕은 유덕한 자를 숭상하였고, 도를 갖춘 자를 존숭하였으며, 유능한 자를 임명하였고, 현명한 자를 등용해서 해당하는 지위에 앉혔으며, 여러 관리들을 모아서 맹세를 하였던 것이다. 이러한 까닭으로 하늘이 높은 곳에 위치한다는 사실에 따라서 하늘을 섬기는 예법을 제정하여 섬겼고, 땅이 낮은 곳에 위치한다는 사실에 따라서 땅을 섬기는 예법을 제정하여 섬겼으며, 순수(巡守)를 하여 명산을 지나치게 되면, 그 기회를 빌미로 그 산에 올라가서, 그 지역을 다스리는 제후의 공적을 하늘에 아뢰었고, 수도를 건립한 땅에서는 남쪽 교외에서 상제에게 제사를 지냈던 것이다. 하늘에 그 공적을 아뢰게 되니, 봉황이 내려오고, 신령스러운 거북과 용이 찾아오며, 교외에서 상제에게 제사를 지내게 되니, 바람과 비가 적절하게 되고, 추위와 더위가 때에 맞게 되었다. 이러한 까닭으로 성인이 남면을 하고 서 있음에, 천하가 크게 다스려졌다.

① 擧賢[止]誓之.

補註 楊梧曰: 賢與衆, 卽指道德能也. 一說, 將祭而擧賢能, 置之祭位, 則射以擇士, 是也. 聚衆誓戒, 如郊特牲, 獻命庫門之內, 戒百官, 大廟之命, 戒百姓, 是也.

번역 양오가 말하길, 현(賢)과 중(衆)은 도를 갖추고 덕을 갖추며 유능한 자를 가리킨다. 일설에 따르면 제사를 지내려고 하여 현명하고 유능한 자를 선발해서 제사를 지내는 장소에 배치하게 되니, 활쏘기를 하여 사를 선발한다는 것이 여기에 해당하고, 대중들을 모아 맹세하고 경계하게 되니, 마치 『예기』「교특생(郊特牲)」편에서 "유사가 모든 관리들에게 훈계할 내용을 기록하여, 천자에게 바치면, 천자는 그것을 가지고 고문(庫門) 안에서 모든 관리들에게 주의를 준다. 그리고 태묘에서도 명령을 내려서, 동족의 신하들에게 주의를 준다."1)라고 한 말에 해당한다고 주장한다.

② 升中于天.

補註 陽村曰: 中, 恐是言中心之誠.

번역 양촌이 말하길, '중(中)'자는 아마도 마음의 진실됨을 뜻하는 것 같다.

참고-集說

置, 如置諸左右之置, 謂使之居其位也. 禮莫重於祭, 當大事之時, 必擇有道德才能者執其事, 又從而誓戒之. 周禮冢宰掌百官之誓戒是也. 因天之尊而制爲事天之禮, 因地之卑而制爲事地之禮, 郊社是也. 中, 平也, 成也. 巡守而至方岳之下, 必因此有名之大山, 升進此方諸侯治功平成之事以告於天, 舜典柴岱宗, 卽其禮也. 吉土, 王者所卜而建都之地也, 兆於南郊. 歲有常禮, 其瑞物之臻, 休徵之應, 理或然耳. 而後世封禪之說, 遂根著於此, 牢不可破, 皆①鄭氏祖緯說啓之也.

번역 '치(置)'자는 좌우에 둔다고 할 때의 "둔다[置]."라는 뜻이니, 그로 하여금 해당하는 지위에 머물도록 한다는 의미이다. 예 중에는 제사보다 중요한 것이 없으니, 제사[大事]를 지내야 할 때에는 반드시 도덕(道德)과 재능(才能)을 갖춘 자를 가려내서, 그 일들을 맡아보도록 해야 하고, 또한 그 일에 따라 맹세를 하였다. 『주례』에서 총재(冢宰)가 백관(百官)들의 맹세에 대한 일을 담당한다고 한 말2)이 바로 그 뜻에 해당한다. 하늘이 높은 곳에 위치함에 따라서 하늘을 섬기는 예법을

---

1) 『예기』「교특생(郊特牲)」: 獻命庫門之內, 戒百官也. 大廟之命, 戒百姓也.

2) 『주례』「천관(天官)·대재(大宰)」: 祀五帝, 則掌百官之誓戒, 與其具脩.

제정한 것이며, 땅이 낮은 곳에 위치함에 따라서 땅을 섬기는 예법을 제정한 것이니, 교사(郊社)가 바로 그 예법에 해당한다. '중(中)'자는 "다스린다[平]." 또는 "이룬다[成]."는 뜻이다. 즉 천자가 순수(巡守)를 하여, 방악(方岳)의 아래에 당도하게 되면, 반드시 그곳의 저명한 큰 산에 당도한 것에 따라서 그곳에 올라가서, 그 지역의 제후가 그 나라를 다스린 공적과 국가를 통치하는 사안들을 알려서, 하늘에게 아뢰게 되니, 『서』「순전(舜典)」편에서 대종(岱宗)에게 시(柴)[3]를 하였다는 일[4]이 곧 그 예법에 해당한다. '길토(吉土)'는 천자가 점을 쳐서 수도로 정한 땅을 뜻하니, 남쪽 교외에 조(兆)[5]를 설치한다. 해마다 정규적으로 지내는 제례가 있는데, 그때 상서로운 사물들이 모여들고, 상서로운 조짐들이 나타난다는 말은 이치상 혹여 그러하기도 할 따름이라는 뜻이다. 후세의 봉선(封禪)[6]에 대한 주장들은 결

---

3) 시제(柴祭)는 일종의 하늘에 대한 제사이다. 초목을 태워서 그 연기를 하늘로 올려 보내며 아뢰는 의식이다. 『서』「우서(虞書)·순전(舜典)」편에는 "歲二月, 東巡守, 至于岱宗, 柴."라는 기록이 있고, 이에 대한 공안국(孔安國)의 전(傳)에서는 "燔柴祭天告至."라고 풀이했다.

4) 『서』「우서(虞書)·순전(舜典)」: 歲二月, 東巡守至于岱宗, 柴, 望秩于山川, 肆覲東后, 協時月正日, 同律度量衡, 修五禮, 五玉, 三帛, 二生, 一死, 贄, 如五器, 卒乃復.

5) 조(兆)는 고대에 사교(四郊)에 설치했던 일종의 제단(祭壇)이다. 또한 사교(四郊)에서 제사를 지내는 장소를 뜻한다. 『예기』「표기(表記)」편에는 "詩曰, 后稷兆祀, 庶無罪悔, 以迄于今."이라는 기록이 있고, 이에 대한 정현의 주에서는 "兆, 四郊之祭處也."라고 풀이했다. 한편 『예기』「예기(禮器)」편에는 "有以下爲貴者, 至敬不壇, 埽地而祭."라는 기록이 있다. 즉 지극히 공경을 표해야 하는 제사에서는 제단을 쌓지 않고, 단지 땅만 쓸고서 제사를 지낸다는 뜻이다. 이 문장에 대해 진호(陳澔)의 『집설(集說)』에서는 "封土爲壇, 郊祀則不壇, 至敬無文也."라고 풀이한다. 즉 흙을 높게 쌓아서 제단을 만들게 되는데, 교사(郊祀)와 같은 경우는 지극히 공경을 표해야 하는 제사에 해당하므로, 제단을 만들지 않는다. 그 이유는 이러한 제사에서는 화려한 꾸밈을 하지 않기 때문이다. 한편 『예기』「예기」편의 문장에 대해 공영달(孔穎達)의 소(疏)에서는 "此謂祭五方之天, 初則燔柴於大壇, 燔柴訖, 於壇下掃地而設正祭, 此周法也."라고 설명한다. 즉 지극히 공경을 표해야 하는 제사는 오방(五方)의 천신(天神)들에게 지내는 제사를 뜻하는데, 제사 초반부에는 태단(太壇)에서 섶을 태워서 신들에게 알리고, 섶 태우는 일이 끝나면, 제단 아래에서 땅을 쓸고, 본격적인 제사를 지내게 되는데, 이것은 주(周)나라 때의 예법에 해당한다.

6) 봉선(封禪)은 고대의 제왕들이 천지(天地)에 대한 제사를 지낼 때 따르게 되었던

국 이곳 문장에 근거를 두게 되어, 그 구속력을 깨트릴 수가 없게 되었는데, 이러한 병폐들은 모두 정현이 위서(緯書)의 주장들에 근본을 두고 설명을 한 것에서 비롯되었다.

① 鄭氏祖緯說.

補註 按: 鄭註於因名山升中于天, 引孝經緯曰: "封乎泰山, 考績燔燎, 禪乎梁甫, 刻石記號."

번역 살펴보니, 정현의 주에서는 '인명산승중우천(因名山升中于天)'이라는 구문에 대해 위서인『효경위』를 인용해서 "태산(泰山)에서 봉(封)을 하며, 관리들의 공적을 고찰하고 섶을 태워 하늘에 제사를 지내며, 양보(梁甫)에게 선(禪)을 하고, 돌에 조각을 하여 명칭을 드러낸다."라고 했다.

규범을 뜻한다. 태산(泰山)에 흙으로 제단을 쌓고, 제사를 지내며 하늘의 공덕(功德)에 보답을 하였는데, 이것을 '봉(封)'이라고 부르는 것이며, 태산 밑에 있는 양보산(梁父山)에서 땅을 정돈하여, 땅에 대한 제사를 지내며, 땅의 공덕에 보답을 하였는데, 이것을 '선(禪)'이라고 부른다.

「예기」 60장

참고-集說

天道陰陽之運, 極至之教也; 聖人禮樂之作, 極至之德也. 無以
復加, 故以至言. 甒尊, 夏后氏之尊也. 犧尊, 周尊也. 縣鼓大,
應鼓小. 設禮樂之器, 一以西爲上, 故犧尊·縣鼓皆在西, 而甒
尊與應鼓皆在東也. ①天子諸侯皆有左右房, 此夫人在西房也.
君在東而西酌犧象, 夫人在西而東酌甒尊, 此禮交動乎堂上
也; 縣鼓·應鼓相應於堂下, 是樂交應乎下也. ②甒尊畫爲山
雲之形. 犧尊畫鳳羽而象骨飾之, 故亦曰犧象. 此章言諸侯時
祭之禮.

번역 하늘의 도는 음양의 기운을 운행하니, 지극한 교화에 해당하고, 성인은 예악을 제정하였으니, 지극한 덕에 해당한다. 더 이상 더할 것이 없기 때문에, '지극[至]'이라고 말한 것이다. '뇌준(甒尊)'은 하후씨 때 사용하던 술동이이다. '희준(犧尊)'은 주나라 때 사용하던 술동이이다. 북 중에서 '현고(縣鼓)'는 큰 북이고, '응고(應鼓)'는 작은 북이다. 예악과 관련된 기물들을 설치할 때, 한결같이 서쪽에 위치하는 것을 더 높은 것으로 삼는다. 그렇기 때문에 희준(犧尊)과 현고(縣鼓)를 모두 서쪽에 두는 것이며, 뇌준과 응고는 모두 동쪽에 두는 것이다. 천자와 제후의 종묘에서는 좌우측에 방(房)을 설치하게 되니, 이러한 까닭으로 부인(夫人)이 서쪽 방에 위치할 수 있는 것이다. 군주는 동쪽에 있다가 서쪽으로 가서 희상(犧象)에서 술잔을 따르고, 부인은 서쪽에 있다가 동쪽으로 가서 뇌준에서 술잔을 따르는 것이니, 이것은 바로 "예가 당상에서 교대로 진행된다."는 뜻이다. 그리고 현고와 응고는 당하에서 교대로 호응하니, 이것은 바로 "악이 당하에서 교대로 호응한다."는 뜻이다. 뇌준에는 산과 구름의 무늬를 그려 넣는다. 희준에는 봉황의 날개를 그리고, 상아로 치장을 한다. 그렇기 때문에 이 술동이를 '희상(犧象)'이라고도 부르는 것이다. 이곳 문장은 제후가 사계절마다 지내는 정규 제사의 예에 대해서 언급하고 있다.

① ○天子[止]左右房.

補註 疏曰: 卿大夫以下, 唯有東房.

번역 소에서 말하길, 경과 대부로부터 그 이하의 계층은 오직 동쪽 방만 둔다.

② 罍尊畫爲山雲之形.

補註 周禮·司尊彝: "再獻用兩山尊, 皆有罍." 註: "山罍, 刻而畫之, 爲山雲之形." 疏曰: "罍之字, 於義無所取, 字雖與雷別, 以聲同, 故以雲罍解之. 以其雷有聲無形, 但雷起於雲, 雲出於山, 故本而釋之, 以爲刻畫山雲之形也."

번역 『주례』「사준이(司尊彝)」편에서는 "재헌에는 한 쌍의 산준(山尊)[1]을 사용하는데, 모두 뇌(罍)가 포함된다."라고 했고, 주에서는 "산뢰(山罍)는 새기고 그림을 그려서 산과 구름의 형상을 만든다."라고 했으며, 소에서는 "뇌(罍)라는 글자는 의미상 취할 바가 없는데, 글자가 비록 뇌(雷)자와 구별되지만 소리는 같다. 그렇기 때문에 운뢰(雲罍)로 풀이를 한 것이다. 우뢰는 소리는 나지만 형체가 없기 때문인데, 다만 우뢰는 구름에서 나타나고 구름은 산에서 나타난다. 그렇기 때문에 그것에 근본하여 풀이를 하고, 산과 구름의 형상을 새기고 그림을 그린 것이라고 여겼다."라고 했다.

---

1) 산준(山尊)은 술동이이다. 육준(六尊) 중 하나이다. 산뢰(山罍)를 가리킨다. 구름에 끼인 산을 그려 넣었기 때문에 '산준'이라고 부른다. 『주례』「춘관(春官)·소종백(小宗伯)」편에는 "辨六尊之名物, 以待祭祀·賓客."이라는 기록이 있는데, 이에 대한 정현의 주에서는 정사농(鄭司農)의 주장을 인용하여, "六尊, 獻尊·象尊·壺尊·著尊·大尊·山尊."이라고 풀이했다. 『주례』「춘관(春官)·사준이(司尊彝)」편에는 "其再獻用兩山尊."이라는 기록이 있는데, 이에 대한 정현의 주에서는 "山尊, 山罍也. …… 山罍, 亦刻而畫之, 爲山雲之形."이라고 풀이했다.

延平周氏曰: 天道無非教, 凡有象者, 皆至教也. 聖人無非德,
凡在於動作之間者, 皆至德也. 自罍在阼而下, 皆所謂至教至
德者也. 雷, 陽也, 牛, 陰也, 故罍尊在左, 而犧尊在右者, 陰陽
之位也. 以縣鼓而對應鼓, 則應鼓非縣乃提之者也. 以應鼓而
對縣鼓, 則縣鼓非應乃倡之者也. 倡者爲陽, 和者爲陰, 故縣鼓
在右, 而應鼓在左者, 陰陽之配也. 君在東阼, 所以祖日之生於
東, 夫人在西房, 所以祖月之生於西, 此陰陽之位也. 君在東階
而西酌犧象, 所以祖①日之西行, 夫人在西房而東酌罍尊, 所
以祖①月之東行, 此陰陽之配也. 君陽也, 夫人陰也, 君與夫人
之禮交擧於上, 此陰陽之體見於禮者也. 六律陽聲也, 六呂陰
聲也, 律呂之聲交應於下, 此陰陽之聲發於樂者也. 一陰一陽
謂之道, 而道者, 德教之所自出也.

번역 연평주씨가 말하길, 천도에는 교화가 아닌 것들이 없으니, 무릇 형상을 가진
모든 것들은 지극한 교화에 해당한다.[2] 성인에게는 덕에 따르지 않는 것이 없으니,
무릇 성인의 행동 속에 나타나는 모든 것들은 지극한 덕에 해당한다.[3] 뇌(罍)를
동쪽에 둔다는 말로부터 그 이하의 내용들은 모두 지극한 교화와 지극한 덕에 해당
하는 것들이다. 우레[雷]는 양(陽)에 해당하고, 소[牛]는 음(陰)에 해당한다. 그렇
기 때문에 뇌준(罍尊)은 양(陽)에 해당하는 좌측에 두는 것이고, 희준(犧尊)은 음
(陰)에 해당하는 우측에 두는 것이니, 이것은 음양에 따른 위치이다. 현고(縣鼓)를
응고(應鼓)에 대비한다면, 응고(應鼓)는 틀에 매다는 것이 아니니, 곧 손으로 휴대
하는 북이다. 응고(應鼓)가 현고(縣鼓)에 대비된다면, 현고(縣鼓)는 노래에 호응
하며 치는 것이 아니니, 곧 노래를 인도하며 치는 북이다. "인도한다[倡]."는 것은

---

2) 『예기』 「공자한거(孔子閒居)」 : 天有四時, 春秋冬夏, 風雨霜露, 無非教也. 地載
神氣, 神氣風霆, 風霆流形, 庶物露生, 無非教也.

3) 『예기』 「표기(表記)」 : 子言之, 君子之所謂仁者, 其難乎. 詩云, "凱弟君子, 民之
父母." 凱以强教之, 弟以說安之. 樂而毋荒, 有禮而親, 威莊而安, 孝慈而敬, 使
民有父之尊, 有母之親. 如此而后可以爲民父母矣, 非至德, 其孰能如此乎?

양(陽)에 해당하고, "호응한다[和]."는 것은 음(陰)에 해당한다. 그렇기 때문에 현고(縣鼓)는 음(陰)에 해당하는 우측에 두는 것이고, 응고(應鼓)는 양(陽)에 해당하는 좌측에 두는 것이니, 이것은 음양에 따라 짝을 이룬 것이다. 군주가 동쪽 계단에 있는 것은 해가 동쪽에서 떠오르는 것을 본받기 위함이고, 부인(夫人)이 서쪽 방(房)에 있는 것은 달이 서쪽에서 출현하는 것을 본받기 위함이니, 이것은 곧 음양에 따른 위치이다. 군주가 동쪽 계단에 있다가 서쪽으로 이동하여 희상(犧象)에서 술을 따르는 것은 해가 서쪽으로 이동하는 것을 본받기 위함이고, 부인이 서쪽 방에 있다가 동쪽으로 이동하여 뇌준(罍尊)에서 술을 따르는 것은 달이 동쪽으로 이동하는 것을 본받기 위함이니, 이것은 곧 음양에 따라 짝을 이룬 것이다. 군주[君]는 양(陽)에 해당하고, 부인(夫人)은 음(陰)에 해당하는데, 군주와 부인이 당상에서 예에 따라 교대로 거동하게 되니, 이것은 음양의 본체가 예를 통해 나타난 것에 해당한다. 육률(六律)은 양(陽)에 해당하는 소리이고, 육려(六呂)[4]는 음(陰)에 해당하는 소리인데, 육률과 육려의 소리들은 당하에서 교대로 호응하게 되니, 이것은 음양의 소리가 음악을 통해 발현된 것에 해당한다. "한번 음(陰)하고 한번 양(陽)하는 것을 도라고 부른다."[5]라고 하였으니, '도(道)'라는 것은 도덕이 유래되어 나온 대상이다.

① 日之西行月之東行.

補註 按: 月之東行云者, 殊可異, 而此出鄭註曰: "君西酌犧象, 夫人東酌罍尊, 象日出東方而西行, 月出西方而東行", 豈以每月三日始生明時, 月在西, 四日以後, 漸近東方, 至朢時, 始昏見東方, 故云歟?

번역 살펴보니, 달이 동쪽으로 이동한다고 말한 것에 있어서는 자못 기이하게 여길 수도 있지만, 이것은 정현의 주에서 "군주는 동쪽에 있다가 서쪽으로 이동하여 희준에서 술을 따르며, 부인은 서쪽에 있다가 동쪽으로 이동하여 뇌준에서 술을 따른다는 것은 해가 동쪽에서 솟아올라서 서쪽으로 이동

---

4) 육려(六呂)는 12율(律) 중 음률(陰律)에 해당하는 임종(林鍾), 중려(仲呂), 협종(夾鍾), 대려(大呂), 응종(應鍾), 남려(南呂)를 가리키는 용어이다. 육동(六同)이라고도 부른다.

5) 『역』「계사상(繫辭上)」: 一陰一陽之謂道. 繼之者善也, 成之者性也.

하는 것을 본뜨고, 달이 서쪽에서 출현하여 동쪽으로 이동하는 것을 본뜬 것이다."라고 한 말에서 도출한 것이니, 매월 3일째가 되었을 때 비로소 달의 밝음이 생겨나기 시작하는데 달은 서쪽에 있게 되고, 4일 이후에는 점진적으로 동쪽으로 가까워져서 보름이 되었을 때 비로소 저녁에 동쪽에서 출현하기 때문에 이처럼 말한 것이 아니겠는가?

補註 ○徐志修曰: 月東行云者, 似與月行右旋, 一日一周, 天過十三度十九分度之七之說, 相同.

번역 ○서지수가 말하길, 달이 동쪽으로 이동한다는 것은 아마도 달이 우측으로 선회하며 하루 동안 한 차례 선회하는데 하늘의 도수에서 13과 19분의 7도를 움직인다는 설과 같은 것 같다.

「예기」 61장

禮也者, 反其所自生; 樂也者, 樂其所自成. 是故先王之制禮也
以節事, 修樂以道志. 故觀其禮樂, 而治亂可知也. 蘧伯玉曰,
"君子之人達." 故觀其器而知其工之巧, ①觀其發而知其人之
知. 故曰, "君子愼其所以與人者."

번역 예라는 것은 유래되어 생겨나게 된 것을 반추하는 것이고, 악이라는 것은 완
성을 이룬 원인을 흥겹게 한 것이다. 이러한 까닭으로 선왕이 예를 제정할 때에는
인사(人事)의 의로운 준칙으로써 했고, 악을 정비함에는 마음속에 있는 답답한 뜻
을 밖으로 표출하도록 했던 것이다. 그러므로 그 나라의 예악을 관찰해보면, 그 나
라가 다스려지는지 또는 혼란스러운지를 알 수 있다. 거백옥은 "군자라는 사람은
그 마음이 밝아서 사리(事理)에 통달한 자이다."라고 했다. 그러므로 기물을 살펴
보면, 그것을 만든 공인(工人)의 솜씨가 좋은지 또는 조잡한지를 알 수 있는 것이
고, 그 사람의 행동을 살펴보면, 그 사람이 지혜로운지 또는 어리석은지를 알 수
있는 것이다. 그러므로 "군자는 다른 사람과 더불어 교류하는 것들에 대해서 신중
을 기한다."라고 했다.

① 觀其發.

補註 類編曰: 發, 謂射之發矢也.
번역 『유편』에서 말하길, '발(發)'자는 활쏘기에서 화살을 쏜다고 한 뜻에 해
당한다.

「예기」 62장

①君出廟門迎牲, 親牽以入, 然必先告神而後殺, 故大夫贊佐執幣而從君, 君乃用幣以告神也. 殺牲畢而進血與腥, 則君親割制牲肝以祭神於室. 此時君不親獻酒, 惟夫人以盎齊薦獻. 盎齊見前篇. 及薦熟之時, 君又親割牲體, 然亦不獻, 故惟夫人薦酒也.

번역 군주는 묘문(廟門) 밖으로 나와서 희생물을 맞이하고, 직접 희생물을 끌고서 묘문 안으로 들어가지만, 반드시 신에게 아뢴 뒤에야 희생물을 도축한다. 그렇기 때문에 대부가 군주를 도와서 폐물을 들고서 군주를 뒤따르니, 군주는 곧 대부가 가져온 폐물을 사용하여 신에게 아뢰는 것이다. 희생물에 대한 도축이 모두 끝나면, 희생물의 피[血]와 생고기[腥]를 진상하게 되는데, 그렇게 되면 군주는 직접 희생물의 간(肝)을 도려내서 묘실(廟室)에서 신에게 제사를 지낸다. 이때 군주는 직접 술을 따라서 바치지 않고, 오직 군주의 부인(夫人)만이 앙제(盎齊)를 따라서 술을 바치게 된다. '앙제(盎齊)'에 대한 설명은 앞 편에 나온다. 그리고 익힌 고기[熟]를 바칠 때에 이르게 되면, 군주는 또한 직접 희생물의 몸체를 해부하게 된다. 그러나 이때에도 또한 술을 바치지 않는다. 그렇기 때문에 오직 부인만이 술을 바치는 것이다.

① ○君出廟門迎牲.

補註 按: 疏此上, 有灌鬯旣訖之語.

번역 살펴보니, 소에서는 이 구문 앞에 울창주를 뿌려서 신을 강림시키는 일이 끝났다는 등의 설명이 있다.

「예기」 64장

納牲詔於庭, 血毛詔於室, ①羹定詔於堂. 三詔皆不同位, 蓋道
求而未之得也.

번역 종묘의 마당으로 희생물을 들어서 신에게 아뢰고, 희생물의 피[血]와 털[毛]
을 가져다가 묘실(廟室)에서 아뢰며, 희생물을 삶은 고깃국과 익힌 고기를 차려내
서 당에서 아뢰게 된다. 이처럼 세 차례 아뢰는 의식에서는 모두 해당하는 장소가
다른데, 그것은 신을 찾으나 확실히 어디에 있는지 알 수 없기 때문이라는 뜻을 나
타낸다.

① 羹定.

補註 按: 音註, 丁聲反, 而古經及諺讀皆作丁磬反, 聲字恐訛.

번역 살펴보니,『음주』에서는 '丁(정)'자와 '聲(성)'자의 반절음이라고 했는
데,『고경』과『언독』에서는 모두 '丁(정)'자와 '磬(경)'자의 반절음이라고 기
록했으니, '성(聲)'자는 아마도 잘못 기록된 것 같다.

詔, 告也. 牲入在庭以幣告神, 故云納牲詔於庭. 殺牲取血及
毛, 入以告神於室, 故云血毛詔於室. 羹, 肉汁也. 定, 熟肉也.
羹之旣熟, 將迎尸入室, 乃先以俎①盛羹及定, 而告神於堂, 此
是②薦熟未食之前也. 道, 言也. 此三詔者各有其位, 蓋言求神
而未得也.

번역 '조(詔)'자는 "아뢴다[告]."는 뜻이다. 희생물을 들어서 마당에 놓아두고서,

폐물을 사용하여 신에게 아뢴다. 그렇기 때문에 "마땅으로 희생물을 들여서 아뢴다."고 말한 것이다. 희생물을 도축한 뒤, 희생물의 피[血]와 털[毛]을 가져다가 묘실(廟室)에 들어가서 신에게 아뢴다. 그렇기 때문에 "묘실에서 피와 털로 아뢴다."고 말한 것이다. '갱(羹)'은 고깃국[肉汁]이다. '정(定)'은 '익힌 고기[熟肉]'이다. 고기를 삶아서 충분히 익게 되면, 장차 시동을 맞이하여 묘실로 들어가려고 하여, 우선적으로 도마에 고깃국과 익힌 고기를 담아서 올리고, 당에서 신에게 아뢰니, 이것은 곧 익힌 고기를 올렸으나 아직 맛보기 이전인 때에 해당한다. '도(道)'자는 "말한다[言]."는 뜻이다. 이처럼 세 차례 아뢰는 의식에서는 각각 해당하는 장소가 있으니, 신을 찾으나 확실히 어디에 있는지 알 수 없다는 뜻을 나타낸다.

① 盛羹及定.

補註 鄭註: "肉, 謂之羹." 疏曰: "此出爾雅·釋器文."
번역 정현의 주에서 말하길, "고기를 삶은 국을 '갱(羹)'이라고 부른다."라고 했다. 소에서 말하길, "이것은 『이아』「석기(釋器)」[1]편에서 도출된 말이다."라고 했다.

補註 ○儀禮·鄕飮禮: "羹定, 主人速賓." 註: "肉, 謂之羹. 定, 猶熟也." 疏曰: "肉熟, 卽定止然, 故以定言之. 不敢勞賓久俟, 故以羹定爲速賓之限也."
번역 ○『의례』「향음주례(鄕飮酒禮)」에서는 "갱정(羹定)하고 주인이 빈객을 초대한다."[2]라고 했고, 주에서는 "고기를 삶은 국을 갱(羹)이라고 부른다. '정(定)'은 익혔다는 뜻이다."라고 했다. 소에서는 "고기를 익히게 되면 덩어리가 단단하게 고정된다. 그렇기 때문에 정(定)자를 붙여서 말한 것이다. 감히 빈객을 수고롭게 만들어 오래도록 기다리게 만들 수 없기 때문에 고깃국을 끓이는 것을 빈객을 초대하는 기한으로 삼은 것이다."라고 했다.

---

1) 『이아』「석기(釋器)」: 肉謂之羹. 魚謂之鮨. 肉謂之醢, 有骨者謂之臡.
2) 『의례』「향음주례(鄕飮酒禮)」: 羹定, 主人速賓.

補註 ○按: 以註疏說觀之, 則陳註誤.

번역 ○살펴보니, 주와 소의 주장을 통해 살펴보면 진호의 주에 나온 설명은 잘못된 것 같다.

② 薦熟未食.

補註 食, 音似.

번역 '食'자는 그 음이 '似(사)'이다.

「예기」 65장

嚴陵方氏曰: 君子固無所不用其敬, 然於大廟之事必夫婦親之,
而且求之非一方, 祭之非一日, 則其敬也尤見於此, 故曰大廟
之內敬矣. 下文所言皆其事也. 言制祭, 亦割之矣. 以方殺而多
少未定, 故曰制, 及旣孰而多少已定, 故曰割也. 祭言其用也,
牲言其體也. 或言其用, 或言其體, 互相備也. 夫人薦酒者, 謂
凡酒也. 牲雖以天産爲陽, 然對酒言之, 則養人之陰而已. 君親
割牲以養其陰, 夫人薦酒以養其陽, 亦陰陽相濟之義也. 薦盎,
其義亦若是而已. 且制祭薦盎, 朝事之時也. 割牲薦酒, 饋食之
時也. 朝事以神事之, 故制祭以腥, 而薦以齊, 蓋腥與齊神道故
也. 饋食以人事之, 故割牲以孰, 而薦以酒, 蓋孰與酒人道故
也. 然君以盎齊饋食, 而夫人用之於朝踐, 君以酒獻尸, 而夫人
用之於饋食者, 蓋殺禮於君故也. 牲自外至而納之, 故納牲詔
於庭, 以庭在室之外故也. ①血毛, 告幽全之物, 故詔於堂, 以
堂比室爲明故也. 三詔求之, 固有可得之理, 而曰求而未之得,
特疑其如此而已, 故以蓋言之. 道, 猶言也. 設祭于堂, 言正祭
之時也. 爲祊乎外, 言索祭之時也. 言堂以見外之爲門, 言外以
見堂之爲內. 祭言其事也, 祊言其所也. 謂之祊者, 祝祭求神以
此爲所在之方故也. 且神無方也, 祊特人爲之爾, 故言爲. 祭必
有所陳焉, 故言設. 孝子不知神之所在, 或於彼或於此, 而祭之
非一日, 求之非一處, 故曰於彼乎於此乎.

번역 엄릉방씨가 말하길, 군자는 진실로 자신의 공경함을 드러내지 않을 때가 없
다. 그런데도 태묘(太廟)의 제사에서는 반드시 부부가 직접 그 일을 맡아서 하고,
또 신을 찾음에 한 장소에서 하지 않으며, 제사를 지내는 것도 하루만 하지 않으니,
공경함을 나타냄이 여기에서 더욱 드러나게 된다. 그렇기 때문에 "태묘 안에서는

공경함을 다한다."라고 말한 것이다. 그 아래 문장에서 언급하는 내용들은 모두 공경함을 드러내는 일들에 해당한다. '제제(制祭)'라고 한 말 또한 희생물을 해부한다는 뜻이다. 희생물을 막 도축하게 되면, 부위별로 그 양이 아직 정돈된 것이 아니기 때문에, '제(制)'라고 말한 것이고, 익혀서 이미 부위별로 그 양이 정돈되었기 때문에, '할(割)'이라고 말한 것이다. '제(祭)'라는 말은 그 활용[用]적인 측면을 언급한 것이고, '생(牲)'이라는 말은 그 본체[體]적인 측면을 언급한 것이다. 어떤 곳에서는 활용적인 측면을 언급하고, 또 어떤 곳에서는 본체적인 측면을 언급하여서, 서로 보완이 되도록 한 것이다. "부인이 술을 바친다[夫人薦酒]."라고 하였는데, 여기에서 말하는 술은 '모든 술들[凡酒]'을 뜻한다. 희생물[牲]은 비록 하늘이 태어나게 해준 산물로 양(陽)에 해당하지만, 술[酒]과 대비시켜서 말하면, 사람의 음(陰)을 길러줄 따름이다. 군주가 직접 희생물을 부위별로 갈라서, 음(陰)의 기운을 길러주고, 부인(夫人)이 술을 바쳐서 양(陽)의 기운을 길러주기 때문에, 이 또한 음양이 서로 돕는다는 뜻에 해당한다. 앙제(盎齊)를 따라서 바치는 뜻 또한 이와 같을 따름이다. 또한 제제(制祭)를 하고 앙제(盎齊)를 따라서 바치는 것은 조사(朝事)를 시행하는 때에 해당한다. 희생물을 부위별로 가르고 술을 따라서 바치는 것은 궤식(饋食)을 시행하는 때에 해당한다. 조사(朝事)는 신의 도리로써 섬기는 것이다. 그렇기 때문에 제제(制祭)를 하여 생고기[腥]를 바치는 것이고, 오제(五齊)를 바치는 것이니, 무릇 생고기와 오제는 신의 도리에 해당하기 때문이다. 궤식(饋食)은 사람의 도리로써 섬기는 것이다. 그렇기 때문에 희생물을 해체하여 익힌 고기를 바치는 것이고, 술[酒]을 따라서 바치는 것이니, 무릇 익힌 고기와 술은 사람의 도리에 해당하기 때문이다. 그런데 군주는 앙제(盎齊)를 사용하여 궤식(饋食)을 하는데, 부인(夫人)은 조천(朝踐) 때 앙제(盎齊)를 사용하며, 군주는 술[酒]을 사용하여 시동에게 술잔을 바치는데, 부인은 궤식(饋食) 때 술을 사용한다. 이것은 부인이 군주에 대한 예법보다 낮추기 때문이다. 희생물은 외부로부터 가져와서 들여놓는다. 그렇기 때문에 마당에 희생물을 들이고서 신에게 아뢰는 것이니, 마당[庭]은 묘실(廟室)의 바깥쪽에 있기 때문이다. 희생물의 피[血]와 털[毛]은 희생물이 내외적으로 이상이 없다는 사실을 아뢰는 사물이다.[1] 그렇기 때문에 당(堂)에서 아뢰는 것이니, 당은 묘실에 비해서 밝은[明] 장소에 해당하기 때문이다. 세 차례나 아뢰며 신을 찾는 것에는 진실로 신이 위치하는 곳을 알 수 있는 도리를 포함하고 있다.[2]

---

1) 『예기』「교특생(郊特牲)」: 祊之爲言倞也. 肵之爲言敬也. 富也者福也. 首也者, 直也. 相, 饗之也. 嘏, 長也, 大也. 尸, 陳也. <u>毛血, 告幽全之物也</u>, 告幽全之物者, 貴純之道也.

그런데도 "찾으나 정확히 어디에 있는지 알 수 없다."라고 말한 것은 단지 이처럼 의문스럽다는 뜻일 뿐이다. 그렇기 때문에 '아마도[蓋]'라고 말한 것이다. '도(道)' 자는 "말한다[言]."는 뜻이다. 당에서 제사를 지낸다는 말은 '정규 제사[正祭]'를 지내는 때를 뜻한다. 밖에서 팽(祊)을 한다는 말은 신령을 찾으며 제사를 지내는 때를 뜻한다.3) 당(堂)이라고 언급하여, 밖[外]이 문(門)이 됨을 나타낸 것이고, 밖 [外]이라고 언급하여, 당(堂)이 안[內]이 됨을 나타낸 것이다. '제(祭)'라는 말은 해당하는 일의 측면을 언급한 것이고, '팽(祊)'이라는 말은 그 장소를 언급한 것이다. 그 제사를 '팽(祊)'이라고 부르는 것은 축관이 제사를 지내며 신을 찾는데, 이 장소를 신이 위치하는 장소로 여겼기 때문이다. 또한 신이 위치하는 장소는 고정되어 있지 않은데, '팽(祊)'이라는 것은 단지 그곳이 신이 위치하는 장소라고 사람들이 여긴 것일 뿐이다. 그렇기 때문에 '위(爲)'라고 말한 것이다. 제사에는 반드시 진설되는 것들이 있다. 그렇기 때문에 '설(設)'이라고 말한 것이다. 자식들은 신이 위치하는 장소를 알 수 없는데, 어떤 때에는 저기에 있기도 하고, 또 어떤 때에는 여기에 있기도 하여,4) 그들에게 제사를 지내는 것은 하루만 하는 것이 아니고, 그들의 위치를 찾는 것도 한 장소에서만 하는 것이 아니다. 그렇기 때문에 "저기에 계신가? 여기에 계신가?"라고 말한 것이다.

① ○血毛告幽全之物故.

補註 按: 此下必有脫文.

번역 살펴보니, 이 구문 뒤에는 분명 누락된 문장이 있을 것이다.

---

2) 세 차례나 아뢰며, 신을 찾게 되면, 신이 위치하는 곳을 모를 수가 없다는 뜻이다.

3) 『예기』「교특생(郊特牲)」: 魂氣歸于天, 形魄歸于地, 故祭, 求諸陰陽之義也. 殷人先求諸陽, 周人先求諸陰. 詔祝於室, 坐尸於堂, 用牲於庭, 升首於室, 直祭祝于主, <u>索祭祝于祊</u>. 不知神之所在, 於彼乎? 於此乎? 或諸遠人乎? 祭于祊, 尙曰求諸遠者與?

4) 『예기』「교특생(郊特牲)」: 魂氣歸于天, 形魄歸于地, 故祭, 求諸陰陽之義也. 殷人先求諸陽, 周人先求諸陰. 詔祝於室, 坐尸於堂, 用牲於庭, 升首於室, 直祭祝于主, 索祭祝于祊. <u>不知神之所在, 於彼乎? 於此乎?</u> 或諸遠人乎? 祭于祊, 尙曰求諸遠者與?

「예기」 66장

獻, 酌酒以薦也. 祭群小祀則一獻, 其禮質略. 祭社稷五祀三
獻, 其神稍尊, 故有文飾. 五獻, 祭四望山川之禮也. 察者, 顯盛
詳著之貌. ①祭先公之廟則七獻, 禮重心肅, 洋洋乎其如在之
神也.

번역 '헌(獻)'은 술을 따라서 바친다는 뜻이다. 뭇 소사(小祀)들에 대한 제사를 지
낸다면, 한 차례만 헌(獻)을 하니, 그 예법이 질박하고 간략한 것이다. 사직(社
稷)·오사(五祀)에 대한 제사를 지내게 되면 세 차례 헌(獻)을 하니, 해당하는 신들
이 소사(小祀)의 신보다 존귀하기 때문에, 문식(文飾)을 꾸미는 것이다. 다섯 차례
헌(獻)을 하는 경우는 사망(四望) 및 산천(山川)에게 제사를 지내는 예법이다. '찰
(察)'이라는 말은 그 성대함이 구체적으로 드러나는 모양을 뜻한다. 선대 군주들의
묘(廟)에서 제사를 지내게 되면 일곱 차례 헌(獻)을 하게 되는데, 그 예법이 중대하
고 마음 또한 엄숙하게 되니, 성대하게도 마치 신령이 찾아와 계신 듯한 것이다.[1]

① ○祭先公之廟則七獻.

補註 楊梧曰: 此諸侯禮, 下節大饗九獻, 乃天子之禮.

번역 양오가 말하길, 이것은 제후에게 해당하는 예법이며, 아래 단락에서 대
향(大饗)에 구헌을 한다는 것은 천자의 예법에 해당한다.

---

1) 『중용』「16장」: 使天下之人齊明盛服以承祭祀, <u>洋洋乎如在其上, 如在其左右.</u>

「예기」 67장

참고–經文

①大饗其王事與! 三牲·魚·腊, 四海九州之美味也. 籩豆之
薦, 四時之和氣也. ②內金, 示和也. 束帛加璧, 尊德也. ③龜爲
前列, 先知也. ④金次之, 見情也. ⑤丹·漆·絲·纊·竹·
箭, 與衆共財也. 其餘無常貨, 各以其國之所有, 則致遠物也.
其出也, 肆夏而送之, 蓋⑥重禮也.

번역 대향(大饗)은 천자에게 해당하는 일이구나! 소·양·돼지라는 세 가지 희생
물과 물고기와 말린 고기는 사해(四海) 및 구주(九州)에서 거둬온 맛좋은 음식들
이다. 변(籩)과 두(豆)에 담아 올리는 여러 음식들은 사계절의 조화로운 기운이 생
성시킨 산물이다. 제후가 공납한 금(金)은 제후들의 친근함을 드러낸다. 속백(束
帛)에 벽(璧)을 올리는 것은 덕성을 존숭하는 것이다. 거북껍질을 가장 앞줄에 진
열하는 것은 길흉을 판별할 수 있는 지혜를 갖추고 있으므로 가장 앞에 두는 것이
다. 금(金)을 그 다음 줄에 진열하는 것은 사람의 정감을 드러내는 것이다. 단칠
재료[丹]·옻칠 재료[漆]·명주[絲]·솜[纊]·대나무[竹]·작은 대나무[箭] 등을
모두 진열하는 것은 대중들과 함께 재화를 공유하는 것이다. 기타 오랑캐들이 가져
오는 공물에는 정해진 규정이 없는데, 각자 그들의 나라에서 생산되는 것들을 가져
온 것이므로, 멀리 떨어져 있는 지역의 사물들도 찾아오게끔 한 것이다. 제사를 도
왔던 빈객들이 밖으로 나감에는 해하(陔夏)를 연주하여 그들을 전송하니, 무릇 이
러한 의식은 중대한 예에 해당하기 때문이다.

① 大饗其王事與章.

補註 疏曰: "此一節明天子大饗, 諸侯各貢方物奉助祭之禮." 又曰: "鄭
謂祫祭先王者, 以有三牲魚腊, 則非祭天, 以內金布庭實, 又非饗賓, 饗
賓時無此庭實故也. 知非朝而貢物者, 以朝而貢物, 不名大饗, 孝經云:
'四海之內, 各以其職來助祭', 故知此大饗是祫祭也."

번역 소에서 말하길, "이곳 문장은 천자가 대향의 행사를 거행할 때 제후들은 각각 그들 지역에서 생산되는 물건들을 공납하여 제사를 돕는 예에 대해서 밝히고 있다."라고 했다. 또 말하길, "정현이 선왕에 대한 협제사를 뜻한다고 했는데, 세 가지 희생물과 물고기 및 말린 고기가 포함되어 있다면, 이 제사는 하늘에 대한 제사를 가리키는 것이 아니고, 또한 금(金)을 마당으로 들여서 진열하여 마당을 채운다고 했다면, 이것은 또한 빈객에게 향연을 베푸는 것이 아니니, 빈객에게 향연을 베풀 때에는 이처럼 마당에 진열해두는 품목들이 없기 때문이다. 또 조회를 하며 공납품을 올리는 것이 아니라는 사실을 알 수 있는데, 그 이유는 조회를 하며 공납품을 바칠 때에는 그것을 '대향(大饗)'이라고 부르지 않기 때문이다. 『효경』에서는 '사해 안의 제후들은 각자 그들이 맡은 직무를 수행하고, 찾아와서 제사를 돕는다.'[1]라고 하였다. 그러므로 이곳 문장에서 말하는 '대향(大饗)'이 곧 협제사에 해당한다는 사실을 알 수 있다."라고 했다.

補註 ○按: 禮之言大饗, 或謂祭饗, 或謂宴饗, 其義已具於曲禮下補註. 郊特牲之文, 亦有類此者, 註以爲饗賓之禮, 而此章則謂之祫祭先王者, 不但疏說已詳, 以其上承七獻神下, 與不足以大饗相照, 故知也.

번역 ○살펴보니, 예에서 '대향(大饗)'이라고 말한 것은 간혹 제사를 뜻하기도 하고 또 연회를 뜻하기도 하는데, 그 의미에 대해서는 이미 『예기』「곡례하(曲禮下)」편의 보주에서 설명했다. 『예기』「교특생(郊特牲)」편의 기록 중에도 이와 유사한 내용이 있는데, 주에서는 빈객에게 연회를 베푸는 예법으로 여겼다. 그런데 이곳에서는 선왕에 대한 협제사라고 했는데, 이것은 소의 설명에서 이미 상세히 나타날 뿐만 아니라 이 문장 앞에는 "신에게 칠헌을 한다."[2]는 기록이 있어서 연회를 뜻하는 대향(大饗)과는 서로 호응하지 않는다. 그렇기 때문에 이러한 사실을 알 수 있다.

---

1) 『효경』「성치장(聖治章)」: 昔者周公郊祀后稷以配天. 宗祀文王於明堂以配上帝. 是以四海之內, 各以其職來祭.
2) 『예기』「예기(禮器)」: 一獻質, 三獻文, 五獻察, 七獻神.

② 内金示和也.

補註 鄭註: "内之庭實, 先設之. 荊·楊貢金三品." 疏曰: "云先設金者, 首先云内金, 故知也."

번역 정현의 주에서 말하길, "금(金)은 종묘 안으로 들여서 마당을 채우게 되는데, 우선적으로 그것들을 설치한다."라고 했다. 소에서 말하길, "먼저 금(金)을 진열해둔다고 하였는데, 경문에서 가장 먼저 금을 마당 안쪽에 둔다고 언급했기 때문에, 이러한 사실을 알 수 있다."라고 했다.

③ 龜爲前列先知也.

補註 鄭註: 陳於庭在前. 荊州納錫大龜.

번역 정현의 주에서 말하길, 마당에서도 가장 앞쪽에 진열한다. 형주(荊州)에서는 주석[錫]과 대귀(大龜)를 공납하였다.

④ 金次之見情也.

補註 鄭註: "金, 炤物. 金有兩義, 先入後設." 疏曰: "金能炤物, 露見其情." 又曰: "金炤物者, 解經見情. 有兩義者, 一示和, 二是見情. 先入後設者, 此經先云内金, 是先入, 陳在龜後, 是後設."

번역 정현의 주에서 말하길, "금(金)은 사물을 비춰준다. 금에는 이러한 두 가지의 의미가 포함되어 있으니, 가장 먼저 마당으로 들여보내지만 그 뒷줄에 진열한다."라고 했다. 소에서 말하길, "금은 사물들을 비춰줄 수 있으니, 그 성정을 밝게 드러내는 것이기 때문이다."라고 했다. 또 말하길, "금은 사물을 비춰준다고 했는데, 이것은 경문의 '현정(見情)'이라는 말을 풀이한 것이다. 금에는 이러한 두 가지의 의미가 포함되어 있다고 했는데, 첫 번째는 온화함을 나타낸다는 것이며, 두 번째는 실정을 드러낸다는 것이다. 가장 먼저 마당으로 들여보내지만 그 뒷줄에 진열한다고 했는데, 이곳 경문에서는 앞서 마당에 금을 채우고, 온화함을 드러낸다고 하였으니, 이것은 먼저 들여보낸다는 뜻에 해당한다. 그리고 거북껍질이 진열된 곳 뒷줄에 진열하게 되니, 이것이 그 뒷줄에 진열을 한다는 뜻에 해당한다."라고 했다.

補註 ○楊梧曰: 金是前面有了, 此只在次字, 見義當依陳註, 見人情之欲, 有節情輕欲意.

번역 ○양오가 말하길, 금은 앞쪽에 있게 되는데, 다만 차(次)자에 있어서 '현(見)'자의 뜻은 마땅히 진호의 주에 따라야 하니, 사람의 정감 중 욕망하는 것을 드러낸다는 뜻으로, 정감을 절제하고 욕망을 경시한다는 의미가 포함되어 있다.

補註 ○按: 郊特牲作鍾次之, 若作鍾, 則與此不叶.

번역 ○살펴보니, 『예기』「교특생(郊特牲)」편에서는 "종을 그 다음에 진열한다."[3]라고 했는데, 만약 종이라고 기록한다면 이곳의 내용과는 합치되지 않는다.

⑤ **丹漆絲纊竹箭**.

補註 鄭註: "荊州貢丹, 兗州貢漆絲, 豫州貢纊, 楊州貢篠簜." 疏曰: "龜金之後陳此."

번역 정현의 주에서 말하길, "형주(荊州)에서는 단칠 재료를 공납하였고, 곤주(兗州)에서는 옻칠 재료와 명주를 공납하였으며, 예주(豫州)에서는 솜을 공납하였고, 양주(楊州)에서는 가는 대나무와 큰 대나무를 공납하였다."라고 했다. 소에서 말하길, "거북껍질과 금 뒤에 이러한 것들을 진열한다."라고 했다.

⑥ **重禮**.

補註 按: 似是重其禮之意, 小註馬說是, 陳註誤.

번역 살펴보니, 아마도 그 예법을 중시한다는 의미인 것 같으니, 소주에 나온 마씨의 주장이 옳고, 진호의 주는 잘못되었다.

---

3) 『예기』「교특생(郊特牲)」: 旅幣無方, 所以別土地之宜, 而節遠邇之期也. 龜爲前列, 先知也. 以鍾次之, 以和居參之也. 虎豹之皮, 示服猛也. 束帛加璧, 往德也.

馬氏曰: 君子之於祭祀, 愼終如始, 祭之畢則飮酒無算, 又慮其禮之無節, 故奏肆夏以節之, 使之安宴而不亂. 蓋重禮也, 重其禮者, 重其大饗之禮也.

번역 마씨가 말하길, 군자는 제사에 대해서 시종일관 신중을 기하니, 제사가 끝나게 되면, 음주를 할 때 잔의 수에 제한이 없고, 또한 예법이 무절제할 것을 염려하였기 때문에, '사하(肆夏)'라는 악곡을 연주하여 조절을 해서, 그들로 하여금 편안하게 연회를 즐기면서도 문란하지 않게끔 했던 것이다. '개중례야(蓋重禮也)'라고 하였는데, 그 예법을 중시한다는 뜻으로, 곧 대향의 예를 중시한다는 의미이다.

大饗, 祫祭也. 言王事者, 明此章所陳, 非諸侯所有之事也. 三牲, 牛·羊·豕也. ①腊, 獸也. 少牢禮云, "腊用麋." 籩豆所薦品味, 皆四時和氣之生成. 內金, 納侯邦所貢之金也. 示和, 示諸侯之親附也. 一說, 金性或從或革隨人, 故言和也. 君子於玉比德, 諸侯來朝, 璧加於束帛之上, 尊德也. 陳列之序, 龜獨在前, 以其知吉凶, 故先之也. 金在其次, 以人情所同欲, 故云見情也. 自三牲以下至丹·漆等物, 皆侯邦所供貢, 並以之陳列, 或備器用. 與衆共財, 言天下公共所有之物也. 其餘無常貨, 謂九州之外, 蠻夷之國, 或各以其國所有之物來貢, 亦必陳之, 示其能致遠方之物也, 但不以爲常耳. 諸侯爲助祭之賓, 禮畢而出, 在無算爵之後, 樂工歌陔夏之樂章以送之. 設施如此, 蓋重大之禮也. 註讀肆爲陔者, 周禮②鍾師掌九夏, 尸出入奏肆夏, 客醉而出, 則奏陔夏, 故知此當爲陔也.

번역 '대향(大饗)'은 협(祫)제사이다. '왕사(王事)'라고 언급한 것은 이곳 문장에서 진열되는 물건들은 제후들이 갖출 수 있는 사안이 아니라는 뜻을 나타낸다. '삼생(三牲)'은 소[牛]·양[羊]·돼지[豕]이다. '석(腊)'은 '짐승의 말린 고기[獸]'이다. 『의례』「소뢰궤식례(少牢饋食禮)」편에서는 "'석(腊)'은 큰사슴[麋]의 고기를 이용한다."[4]라고 했다. 변(籩)과 두(豆)에 차려내는 맛좋은 음식들은 모두 사계절의 조화로운 기운이 생성시킨 산물이다. '내금(內金)'은 제후들의 나라에서 공납으로 들여온 금(金)을 마당으로 들인다는 뜻이다. '시화(示和)'는 제후들이 친근하게 따른다는 뜻을 나타낸다는 의미이다. 일설에는 금의 성향은 사람에 따라서 따르기도 하고 바뀌기도 한다. 그렇기 때문에 '조화[和]'를 언급했다고 말한다. 군자는 옥을 통해 자신의 덕을 비견하니,[5] 제후들이 찾아와서 조회를 함에, 속백(束帛) 위에 벽(璧)을 올려두는 것은 그 덕을 존숭하기 때문이다. 물건들을 진열하는 순서에 있어서, 거북껍질[龜]을 유독 가장 앞에 놓아두는 것은 그것이 길흉을 알 수 있기 때문에, 가장 앞에 진열하는 것이다. 금을 그 다음에 놓아두는 것은 사람의 정감상 모두가 동일하게 갖고 싶어 하는 것이기 때문이다. 그래서 "사람의 정감을 드러낸다."라고 말한 것이다. 삼생(三牲)으로부터 그 이하로 단칠 재료[丹]·옻칠 재료[漆] 등의 사물들에 이르기까지, 이 모두는 제후들의 나라에서 공납한 것들이니, 이 모두를 진열하게 되는데, 그 중 어떤 것들은 기물을 만드는 재료로 사용된다. "대중들과 그 재물을 함께한다."는 것은 천하의 모든 사람들이 공동으로 소유한 사물이라는 뜻이다. "그 나머지는 정해진 것이 없는 재화이다."라고 한 말은 구주(九州) 이외의 오랑캐 나라에서는 간혹 각각 그들의 나라에서 생산되는 사물들을 가지고 찾아와서 공납을 하게 되니, 이 또한 반드시 진열하게 되며, 이를 통해서 멀리 떨어져 있는 나라의 사물들도 가져올 수 있다는 뜻을 나타내는 것이다. 다만 그것들은 고정된 품목으로 정형화시킬 수 없을 따름이다. 제후들은 제사를 돕는 빈객이 되는데, 의례 행사가 모두 끝나서 밖으로 나오게 되는 시기는 무산작(無算爵)을 한 이후에 놓이게 되며, 악공(樂工)들은 '해하(陔夏)'라는 악장을 연주하여, 그들을 전송하게 된다. 시행과 베풂을 이처럼 하는 이유는 이것이 중대한 예법에 해당하기 때문이다. 정현의 주에서는 '사(肆)'자를 '해(陔)'자로 해석하였는데, 『주례』「종사(鍾師)」편에서는 종사(鍾師)가 구하(九夏)를 담당한다고 하였고,[6] 시동이 출입을

---

4) 『의례』「소뢰궤식례(少牢饋食禮)」: 司士又升魚·腊. 魚十有五而鼎. 腊一純而鼎, 腊用麋.

5) 『예기』「옥조(玉藻)」: 凡帶必有佩玉, 唯喪否. 佩玉有衝牙. 君子無故玉不去身, 君子於玉比德焉.

6) 『주례』「춘관(春官)·종사(鍾師)」: 凡樂事, 以鍾鼓奏九夏: 王夏·肆夏·昭夏·納夏·章夏·齊夏·族夏·祴夏·驁夏. / 개하(祴夏)를 해하(陔夏)라고도 부른다.

할 때, '사하(肆夏)'를 연주하며, 빈객들이 술을 충분히 마시고 밖으로 나오게 되면, '해하(陔夏)'를 연주한다고 하였다.[7] 그렇기 때문에 '사(肆)'자가 마땅히 '해(陔)'자가 되어야 함을 알 수 있다.

① 腊獸也.

補註 按: 字書, 腊, 乾肉也. 周禮·腊人掌乾肉, 而陳註云獸也, 蓋亦謂獸之乾也, 然未瑩.

번역 살펴보니, 『자서』에서는 석(腊)을 말린 고기라고 했다. 『주례』「석인(腊人)」편에서는 말린 고기를 담당한다고 했는데,[8] 진호의 주에서는 수(獸)라고 풀이했다. 아마도 이 또한 짐승의 말린 고기를 뜻하는 것 같지만 명확하지 못한 설명이다.

② 鍾師掌九夏.

補註 鍾師, 宗伯屬官.

번역 '종사(鍾師)'는 대종백(大宗伯)에게 소속된 관리이다.

補註 ○鍾師掌金奏. 凡樂事, 以鍾鼓奏九夏. 王夏·肆夏·昭夏·納夏·章夏·齊夏·族夏·祴夏·驁夏. 註: "王出入奏王夏, 尸出入奏肆夏, 牲出入奏昭夏, 四方賓來奏納夏, 臣有功奏章夏, 夫人祭奏齊夏, 族人侍奏族夏, 客醉而出奏陔夏, 公出入奏驁夏."

번역 ○종사는 쇠로 된 악기 연주를 담당한다. 음악과 관련된 사안에 대해서는 종과 북으로 구하를 연주한다. 구하는 「왕하(王夏)」·「사하(肆夏)」·「소

---

7) 『주례』「춘관(春官)·종사(鍾師)」편의 "凡樂事, 以鍾鼓奏九夏: 王夏·肆夏·昭夏·納夏·章夏·齊夏·族夏·祴夏·驁夏."에 대한 정현의 주: 杜子春云, "內當爲納, 祴讀爲陔鼓之陔. 王出入奏王夏, 尸出入奏肆夏, 牲出入奏昭夏, 四方賓來奏納夏, 臣有功奏章夏, 夫人祭奏齊夏, 族人侍奏族夏, 客醉而出奏陔夏, 公出入奏驁夏."

8) 『주례』「천관(天官)·석인(腊人)」: 腊人掌乾肉, 凡田獸之脯腊膴胖之事.

하(昭夏)」·「납하(納夏)」·「장하(章夏)」·「제하(齊夏)」·「족하(族夏)」·「개하(祴夏)」·「오하(鶩夏)」이다. 주에서 말하길, "천자가 출입할 때에는 「왕하」를 연주하고, 시동이 출입할 때에는 「사하」를 연주하며, 희생물이 출입할 때에는 「소하」를 연주하고, 사방의 빈객이 찾아왔을 때에는 「납하」를 연주하며, 신하에게 공적이 있을 때에는 「장하」를 연주하고, 부인이 제사를 지낼 때에는 「제하」를 연주하며, 족인이 시중을 들 때에는 「족하」를 연주하고, 빈객이 취하여 밖으로 나갈 때에는 「해하」를 연주하고, 공이 출입할 때에는 「오하」를 연주한다."라고 했다.

補註 ○按: 九夏, 皆詩篇之別名.
번역 ○살펴보니, 구하(九夏)는 모두 『시』에 속한 편들의 별칭이다.

「예기」 68장

참고-經文

祀帝於郊, 敬之至也; 宗廟之祭, 仁之至也; ①喪禮, 忠之至也; 備服器, 仁之至也; 賓客之用幣, 義之至也. 故君子欲觀仁義之道, 禮其本也.

번역 교외에서 상제에게 제사를 지내는 것은 경(敬)의 지극함에 해당한다. 종묘에서 조상에게 제사를 지내는 것은 인(仁)의 지극함에 해당한다. 상례를 치름에 성심을 다하는 것은 충(忠)의 지극함에 해당한다. 장례를 치르며 의복 및 기구들을 빠짐없이 갖추는 것은 인(仁)의 지극함에 해당한다. 빈객들이 폐물을 가지고 찾아오는 것은 의(義)의 지극함에 해당한다. 그렇기 때문에 군자는 이러한 예의 시행 속에서 인(仁)과 의(義)의 도(道)를 관찰하고자 하는 것이니, 예(禮)는 그것들의 근본이 된다.

① 喪禮忠之至.

補註 鄭註: "謂哭踊袒襲也." 疏曰: "親戚之喪, 盡心追念, 故云忠之至也."
번역 정현의 주에서 말하길, "곡(哭)을 하고, 발 구르기를 하며, 단(袒)을 하고, 습(襲)을 한다는 뜻이다."라고 했다. 소에서 말하길, "친척의 상사에서는 반드시 충심을 다하여 회상을 해야 한다. 그렇기 때문에 충(忠)의 지극함이라고 말한 것이다."라고 했다.

補註 ○按: 陳註以附身附棺, 必誠必信, 爲喪禮, 以斂之衣服, 葬之器具, 爲服器, 未免重疊.
번역 ○살펴보니, 진호의 주에서는 시신에 부장하고 관에 부장할 때에는 반드시 성심과 신의를 다해야 하는 것을 상례(喪禮)라고 여겼고, 염을 할 때의 의복과 장례를 치를 때의 기구들을 복기(服器)라고 여겼는데, 해석이 겹친다는 것은 잘못을 면하지 못한다.

「예기」 69장

①君子曰: 甘受和, 白受采. 忠信之人, 可以學禮. 苟無忠信之人, 則禮不虛道. 是以得其人之爲貴也.

번역 군자가 말하길, "단맛[甘]은 모든 맛의 조화를 받아들이고, 백색[白]은 모든 채색을 받아들인다. 이를 통해 비유하자면, 단맛과 백색은 충(忠)과 신(信)에 해당하니, 충(忠)과 신(信)을 갖춘 사람만이 예(禮)를 배울 수 있다. 충(忠)과 신(信)이 없는 사람이라면, 예(禮)는 헛되이 시행되지 않는다. 이러한 까닭으로 충(忠)과 신(信)을 갖춘 사람을 얻는 것이 매우 중요한 일이다."라고 했다.

① ○君子曰甘受和章.

補註 陽村曰: 篇首言忠信禮之本, 義理禮之文. 上文諸節皆是發明義理之文, 故此又言忠信可以學禮之意.

번역 양촌이 말하길, 편의 첫 부분에서는 "충심[忠]과 신의[信]는 예의 근본에 해당하며, 의리[義]와 이치[理]는 예의 형식에 해당한다."[1]라고 했다. 앞의 여러 문단들은 모두 의리와 이치에 따른 예의 형식을 드러내었다. 그렇기 때문에 이곳에서는 재차 충심과 신의를 갖추면 예를 배울 수 있다는 뜻을 언급한 것이다.

---

1) 『예기』「예기(禮器)」: 先王之立禮也, 有本有文. 忠信, 禮之本也, 義理, 禮之文也. 無本不立, 無文不行.

「예기」 70장

不學詩, 無以言. 然縱使誦三百篇之多, 而盡言語之長, 其於議
禮, 猶概乎未有所聞也, 一獻小禮, 亦不足以行之. 使能一獻,
不能行大饗之禮, 謂祫祭也. 能大饗矣, 不能行①大旅之禮, 謂
祀五帝也. 能具知大旅之禮矣, 不能行饗帝之禮也, 謂祀天也.
禮其可輕議乎?

번역 시(詩)를 배우지 않으면, 말을 제대로 할 수 없다.[1] 그러나 가령 삼백여 편의
많은 시를 암송하여, 언어의 장점을 모두 발휘한다고 하더라도, 예(禮)를 의론하는
것에 있어서, 오히려 들어서 배운바가 있지 않다면, 일헌(一獻)을 하는 매우 사소
한 예에 있어서도 또한 제대로 시행할 수 없게 된다. 그리고 그 자로 하여금 일헌의
예를 시행할 수 있게끔 하더라도, 대향(大饗)의 예를 시행할 수 없으니, 여기에서
말하는 '대향(大饗)'은 곧 협제사를 뜻한다. 그리고 대향을 시행할 수 있게끔 하더
라도, 대려(大旅)의 예를 시행할 수 없으니, 여기에서 말하는 '대려(大旅)'[2]는 오
제(五帝)에 대한 제사를 뜻한다. 그리고 대려의 예를 모두 충분히 알게끔 하더라
도, 상제(上帝)에게 향례(饗禮)를 시행할 수는 없으니, 여기에서 말하는 '향제(饗
帝)'는 하늘에 대한 제사를 뜻한다. 그러므로 예에 대해서 가벼이 의론할 수 있겠
는가?

---

1) 『논어』「계씨(季氏)」: 陳亢問於伯魚曰, "子亦有異聞乎?" 對曰, "未也. 嘗獨立, 鯉
趨而過庭. 曰, '學詩乎?' 對曰, '未也.' '不學詩, 無以言.' 鯉退而學詩. 他日, 又獨
立, 鯉趨而過庭. 曰, '學禮乎?' 對曰, '未也.' '不學禮, 無以立.' 鯉退而學禮. 聞斯
二者."

2) 대려(大旅)는 제천(祭天) 의식 중 하나이다. 원구(圓丘)에서 하늘에 대한 제사를
지내는 것을 뜻한다. 국가의 변고가 발생했을 때 제사를 지냈기 때문에 '려(旅)'자를
붙여서 부르는 것이다. '려'자는 제사를 지내게 된 원인을 진술한다는 뜻이다. 『주례』
「천관(天官)·장차(掌次)」편에는 "至大旅上帝, 則張氈案·設皇邸."라는 기록이
있고, 이에 대한 정현의 주에서는 "大旅上帝, 祭天於圓丘. 國有故而祭亦曰旅."라
고 풀이했다.

① ○大旅[止]祀五帝也.

補註 疏曰: “知大旅五帝者, 春官·典瑞云: ‘兩圭有邸, 以祀地旅四望’, 與上‘四圭有邸, 以祀天旅上帝’, 其文相對. 祀地云: ‘旅四望’, 則知上云: ‘旅上帝’, 是旅五帝也.” 又曰: “大旅, 雖總祭五帝, 其禮簡略, 不如饗帝正祭之備.”

번역 소에서 말하길, “대려(大旅)가 오제(五帝)에 대한 제사를 뜻한다는 사실을 알 수 있는 이유는 『주례』 「전서(典瑞)」편을 살펴보면, ‘저(邸)가 있는 양규(兩圭)로써 땅에 대한 제사를 지내고, 사망(四望)에 대한 여(旅)제사를 지낸다.’라고 하였으며, 그 앞에서는 ‘저(邸)가 있는 사규(四圭)로써 하늘에 대한 제사를 지내고, 상제(上帝)에 대한 여(旅)제사를 지낸다.’라고 하여, 두 문장이 서로 대비가 되기 때문이다.[3] 땅에 대한 제사를 말하면서, ‘사망에 대한 여제사를 지낸다.’라고 하였다면, 앞 구문에서 ‘상제에게 여제사를 지낸다.’라고 한 말이 오제에 대한 여제사를 뜻한다는 사실을 알 수 있다.”라고 했다. 또 말하길, “대려(大旅)가 비록 오제에 대한 총괄적인 제사라고 하지만, 해당하는 예가 간략하여, 향제(饗帝)처럼 정규적으로 지내는 제례에서 세세한 절차를 구비한 것만은 못하다.”라고 했다.

補註 ○語類: 問, “禮註中所說祀五帝神名, 如靈威仰·赤熛怒·白招拒·叶光紀之類, 果有之否?” 曰, “皆是妄說. 漢時已祀此神, 漢是火德, 故祀赤熛怒, 謂之感生帝. 本朝火德, 亦祀之.” 問, “感生之義?” 曰: “如玄鳥卵·大人跡之類.” “漢赤帝子事, 果有之否?” 曰, “豈有此理? 盡是鄙俗相傳, 傅會之談.”

번역 ○『어류』에서 말하길, 묻기를 “『예』에 대한 주의 설명 중에서 오제의 신 이름을 설명한 것들이 있는데, 예를 들어 영위앙(靈威仰)·적표노(赤熛怒)·백초거(白招拒)·협광기(叶光紀)와 같은 부류들은 정말로 있는 것입

---

3) 『주례』 「춘관(春官)·전서(典瑞)」: 瑑圭璋璧琮, 繅皆二采一就, 以覜聘. <u>四圭有邸, 以祀天·旅上帝, 兩圭有邸, 以祀地·旅四望.</u> 祼圭有瓚, 以肆先王, 以祼賓客.

니까?"라고 하자 "이 모두는 망령된 설명이다. 한나라 때에는 이미 이러한 신에게 제사를 지냈는데, 한나라는 화의 덕에 해당했기 때문에 적표노에게 제사를 지냈으니, 그를 감생제(感生帝)[4]라고 부른다. 본조도 화덕에 해당하기 때문에 그에게 제사를 지낸다."라고 대답했다. 묻기를 "감생(感生)이란 무슨 뜻입니까?"라고 하자 "현조의 알이나 거인의 발자국과 같은 부류를 뜻한다."라고 대답했다. 묻기를 "한나라의 천자에게도 적제의 자식이라는 설화가 정말로 있습니까?"라고 하자 "어찌 이러한 이치가 있겠는가? 이 모두는 비루한 세속의 말들이 서로 전해지며 견강부회한 말들일 뿐이다."라고 대답했다.

補註 ○按: 古註疏五帝之名, 東方靑帝靈威仰, 南方赤帝赤熛怒, 中央黃帝含樞紐, 西方白帝白招拒, 北方黑帝叶光紀. 如月令迎春云祭蒼帝靈威仰於東郊之兆, 是也.

번역 ○살펴보니, 옛 주와 소에서는 오제의 명칭을 설명하며, 동방의 청제는 영위앙이고, 남방의 적제는 적표노이며, 중앙의 황제는 함추뉴이고, 서방의 백제는 백초거이며, 북방의 흑제는 협광기라고 했다. 예를 들어 『예기』「월령(月令)」편에서 봄의 기운을 맞이하며 동쪽 교외의 조(兆)에서 창제인 영위앙에게 제사를 지낸다고 한 말이 바로 이것을 가리킨다.

補註 ○又按: 陳註月令, 迎氣, 每以本章上文所謂其神爲言, 如迎春, 註: "迎春, 東郊祭太皥·句芒也." 此蓋不用古註五帝之名也. 然則此註所謂五帝, 亦指太皥·炎帝·黃帝·少皥·顓頊歟.

번역 ○또 살펴보니, 「월령」편에 대한 진호의 주에서는 해당 계절의 기운을 맞이한다고 했을 때, 매번 그 장의 앞 문장에서 언급한 해당 계절의 신으로

---

4) 감생제(感生帝)는 감제(感帝)·감생(感生)이라고도 부른다. 태미오제(太微五帝)의 정기를 받아서 태어난 인간세상의 제왕을 뜻한다. 고대에는 각 왕조의 선조들이 모두 상제(上帝)의 기운을 받아서 태어났다고 여겼기 때문에, '감생제'라는 명칭이 생기게 되었다.

설명했다. 예를 들어 봄의 기운을 맞이한다는 대목에 대해 진호의 주에서는 "봄의 기운을 맞이한다는 것은 동쪽 교외에서 태호와 구망에게 제사를 지내는 것이다."라고 했다. 이것은 아마도 옛 주에서 설명한 오제의 명칭을 사용하지 않고자 했기 때문일 것이다. 그렇다면 이곳 주에서 언급한 오제(五帝) 또한 태호(太皞)·염제(炎帝)·황제(黃帝)·소호(少皞)·전욱(顓頊)을 가리킬 것이다.

「예기」71장

참고—經文

子路爲季氏宰. ①<u>季氏祭</u>, 逮闇而祭, ②<u>日不足</u>, 繼之以燭. 雖有强力之容, 肅敬之心, 皆倦怠矣. 有司跛倚以臨祭, 其爲不敬大矣.

번역 자로가 계씨의 가신이 되었다. 계씨가 제사를 지내게 되어서, 동틀 무렵이 되기 전에 제사를 지내기 시작했는데, 낮 동안 끝내기에는 시간이 부족하여, 등불을 밝히고 밤까지 계속 지냈다. 비록 반듯한 몸가짐과 엄숙하고 공경하는 마음가짐을 갖추고 있다고 하더라도, 모두들 피로하여 나태해졌다. 그래서 유사(有司)들은 삐딱하게 서거나 어딘가에 의지해서 제사에 임했으니, 그 불경함이 매우 큰 것이다.

① 季氏祭.

補註 鄭註: "謂舊時也." 疏曰: "言往舊以來祭時恒如此."
번역 정현의 주에서 말하길, "이전인 과거에 있었던 일을 뜻한다."라고 했다. 소에서 말하길, "오래전부터 제사를 지낼 때에는 항상 이처럼 했다는 뜻이다."라고 했다.

② 日不足.

補註 日, 今本誤作曰.
번역 '일(日)'자를 『금본』에서는 왈(曰)자로 잘못 기록했다.

「예기」 72장

他日祭, 子路與, 室事交乎戶, 堂事交乎階, 質明而始行事, 晏朝而退. 孔子聞之曰, "①誰謂由也, 而不知禮乎!"

번역 다른 시일에 동일한 제사를 지내게 되었는데, 자로 또한 그 제사에 참여하였다. 자로는 번잡한 절차들을 간소화하였으니, 시동을 섬기며 묘실(廟室)에 음식을 들일 때에는 방문에서 주고받도록 하였고, 당에서 시동을 대접할 때에는 계단에서 음식을 주고받도록 하였으며, 정확히 동틀 무렵이 되어서 비로소 제사를 시행했는데, 저녁 무렵이 되자 제사가 모두 끝나서 사람들이 물러가게 되었다. 공자는 이러한 이야기를 듣고, "누가 자로더러 예(禮)를 모른다고 했단 말인가!"라고 했다.

① ○誰謂由也[止]禮乎.

補註 楊梧曰: 孔子此言, 殆亦不若禮不足而敬有餘之意.

번역 양오가 말하길, 공자의 이 말은 또한 "차라리 예에 대해서 부족한 면이 있더라도, 공경하는 마음을 지극히 하는 것이 더 낫다."[1]라고 한 뜻에 해당한다.

---

1) 『예기』 「단궁상(檀弓上)」 : 子路曰: "吾聞諸夫子, 喪禮, 與其哀不足而禮有餘也, 不若禮不足而哀有餘也. 祭禮, 與其敬不足而禮有餘也, 不若禮不足而敬有餘也."

| 저자 소개 |

김재로金在魯, 1682~1759

· 조선 후기 때의 학자
· 본관은 청풍(淸風)이고 자는 중례(仲禮)이며 호는 청사(淸沙)·허주자(虛舟子)이
  고 시호는 충정(忠靖)이다.

| 역자 소개 |

정병섭鄭秉燮

· 1979년 출생
· 2002년 성균관대학교 유교철학과 졸업
· 2004년 성균관대학교 대학원 유학과 석사
· 2013년 성균관대학교 대학원 유학과 철학박사
· 『역주 예기집설대전』을 완역하였다.
· 『의례』, 『주례』, 『대대례기』 번역과 한국유학자들의 예학 관련 저작들의 번역을
  계획 중이다.

譯註
禮記補註 ④ 曾子問·文王世子·禮運·禮器

초판 인쇄   2018년 3월 2일
초판 발행   2018년 3월 15일

저   자 | 김 재 로(金在魯)
역   자 | 정 병 섭(鄭秉燮)
펴 낸 이 | 하 운 근
펴 낸 곳 | 學古房

주   소 | 경기도 고양시 덕양구 통일로 140 삼송테크노밸리 A동 B224
전   화 | (02)353-9908 편집부(02)356-9903
팩   스 | (02)6959-8234
홈페이지 | hakgobang.co.kr
전자우편 | hakgobang@naver.com, hakgobang@chol.com
등록번호 | 제311-1994-000001호

ISBN   978-89-6071-734-3 94150
          978-89-6071-718-3 (세트)

값 : 35,000원

이 도서의 국립중앙도서관 출판예정도서목록(CIP)은 서지정보유통지원시스템 홈페이지
(http://seoji.nl.go.kr)와 국가자료공동목록시스템(http://www.nl.go.kr/kolisnet)에서 이용
하실 수 있습니다. (CIP제어번호 : CIP2018005077)

※ 파본은 교환해 드립니다.